# সমস্যার সমাধান

## —করেন যেমন তেনালি রামন

# FIX Your PROBLEMS

## —The Tenali Raman Way

বাংলায় অনুবাদ
মৃত্যুঞ্জয় কুণ্ডু

*Published by:*

*V&S* PUBLISHERS

F-2/16, Ansari road, Daryaganj, New Delhi-110002
☎ 23240026, 23240027 • Fax: 011-23240028
Email: info@vspublishers.com

**Regional Office : Hyderabad**
-707/1, Brij Bhawan (Beside Central Bank of India Lane)
Bank Street, Koti, Hyderabad - 500 095
☎ 040-24737290
E-mail: vspublishershyd@gmail.com

**Branch Office : Mumbai**
Jaywant Industrial Estate, 2nd Floor–222, Tardeo Road
Opposite Sobo Central Mall, Mumbai – 400 034
☎ 022-23510736
*E-mail:* vspublishersmum@gmail.com





ISBN 978-93-579400-0-9

**Edition: 2015**



*Printed at:* Param Offsetters, Okhla, New Delhi

## উৎসর্গ

আমার প্রয়াতা প্রিয়তমা পত্নী

শ্রীমতী ঊষা কুণ্ডু,

যাঁর প্রেরণা

আমার জীবন পথের পাথেয়

তাঁর স্মৃতি স্মরণে

# তেনালি রামনের প্রতি শ্রদ্ধার্ঘ্য

(একটি ভবিষ্যৎ বার্তা)

বর্তমানে এবং আগামীদিনেও এই বইটির কিছু সযত্ন নির্বাচিত এবং সংগৃহীত গল্পের মাধ্যমে আমরা সুচারু এবং সার্বিকভাবে রাজা কৃষ্ণদেব রাও এবং তেনালি রামনের জীবন শৈলী তাঁদের মিলিত হবার এবং সমন্বয়ের কাহিনীসহ বিজয়নগর রাজ্যের সমস্ত বিবরণ যথোপযুক্ত ভাবে জানতে পারবো।

এই গল্পগুলি আমাদের আলোকদীপ্ত করবে, পরামর্শ দেবে, চালিত, উৎসাহিত এবং বিনোদিত করবে। ছড়িয়ে দেবে বুদ্ধির বার্তা, সময়ের সুর এবং সুপরিকল্পিত সচেতনতা। এছাড়া আছে স্বাদে গন্ধে ভরপুর প্রাণবান বুদ্ধিমত্তা, সরস চাতুর্য এবং মজাদার রসিকতা। যা নিশ্চিতভাবে আমাদের দৈনন্দিন জীবনের দুঃখ কষ্টে, কঠিন পরীক্ষায় এবং গভীর সমস্যার সমধানে কার্যকরী হবে।

এইসব ব্যতিরেকে, বিগতকালের বিশ্ব-বিশ্রুত জ্ঞানী মানুষ তেনালি রামনের প্রত্যেকটি গল্পই গভীর অর্থব্যঞ্জিত, দৃঢ়বদ্ধ, উপদেশ সম্বলিত—যা কিনা ব্যক্তিগত পুষ্টি এবং উন্নতির জন্য প্রতিটি পাঠকের হৃদয়সংগম করা একান্তভাবে প্রয়োজন।

যদিও তেনালি রামনের মতো উচ্চমাপের মানুষের চারিত্রিক বৈশিষ্ট্য এবং ব্যক্তিত্বের দীপ্তি নিরূপন করা খুবই সুকঠিন কাজ তবুও সংক্ষেপে তেনালি রামন যে সব গুণাবলীর এবং বিশিষ্টতার অধিকারী ছিলেন তার সার সংকলন ভাষায় আঁকার চেষ্টা করা যেতে পারে। কারণ এগুলি যে কোনও মানুষেরই উপলব্ধি করা দরকার।

**ব্যক্তি জীবন ঃ**

নাম—গারিয়াপতি তেনালি রামকৃষ্ণ। সুপরিচিত ছিলেন তেনালি রামন বা তেনালি রাম লিঙ্গ হিসাবে।

**পারিবারিক জীবন ঃ**

তেনালি ছিলেন একজন ব্রাহ্মণ পরিবারের মানুষ। যিনি প্রাক যোড়শ শতাব্দীতে জীবিত ছিলেন। মূলত তিনি ছিলেন সমুদ্র উপকূলবর্তী শহর তেনালির নিকটস্থ গ্রাম

টুমুলুরুর (বর্তমানে অন্ধ্রপ্রদেশের গুন্টুর জেলার অন্তর্গত) বাসিন্দা।

**কর্মজীবন ঃ**

তিনি ছিলেন রাজা কৃষ্ণদেব রাওয়ের রাজসভা 'ভুবন বিজয়ম্'-এর 'অষ্টদিগগজের' (আটটি হস্তি স্বরূপ যারা আটটি থামের মতো কাজ করে) আটজন কবির মধ্যে অন্যতম একজন কবি।

টুলুভা শ্রী কৃষ্ণদেব রাও (১৫০৯-১৫২৯) [এ. কে. এ কৃষ্ণরাও, কান্নাড়া রাজ্য রামা রামানা, মুরু রায়ারা গণ্ডা এবং অন্ধ্র ভোজা] ছিলেন বিজয়নগর রাজ্যের (বর্তমানে কর্ণাটক রাজ্য) একজন প্রখ্যাত রাজা। তিনি তার সময়কে 'স্বর্ণযুগে' রূপান্তরিত করেন।

**সংক্ষিপ্ত গুণাবলী ঃ**

- তেনালি রামন ছিলেন মারাঠি, তামিল, কানাড়া, তেলেগু এবং সংস্কৃতসহ বিভিন্ন ভাষার সু-পণ্ডিত।
- তিনি ছিলেন জ্ঞান-কবি, তীক্ষ্ণ বুদ্ধিধর, সুরসিক, বিচক্ষণ এবং 'উদ্ভাবনী শক্তি' সম্পন্ন।
- তেনালি রামন ছিলেন রাজা কৃষ্ণদেব রাওয়ের একজন বিচক্ষণ উপদেষ্টা।

তিনিছিলেন একজন বুদ্ধিদীপ্ত রসিক মানুষ, যিনি রাজা কৃষ্ণদেব রাওয়ের রাজসভা অলংকৃত করেন।

তেনালি রামনের ছিল সমস্তরকম সঙ্কটপূর্ণ অবস্থাকে জয় করার এবং প্রতিযোগিতা থেকে সুবিধা আদায়ের ক্ষমতা। তিনি খুব বিচক্ষণতার সঙ্গে 'F.A.C.T.S' রণচাতুর্য গ্রহণ করেছিলেন। যেটা রাজসভার সমস্ত অনুষ্ঠানেই ছিল বিশেষভাবে কার্যকরী। তেনালির এই 'F.A.C.T.S' রণচাতুর্যের বিষয়টি নিম্নলিখিত পংক্তিগুলি অনুধাবন করলে বোঝা যাবে।

* Fairness to achieve high Performance.
* Appropriateness to enhance knowledge.
* Consistency to Think and act.
* Timeliness to establish parameters.
* Sincerity towards the country.

> উচ্চতর সাফল্যের জন্য চাই সততা।

> জ্ঞান বৃদ্ধির জন্য চাই যথাযথ কার্যক্রম।

> চিন্তা এবং কাজের সঙ্গে চাই সংগতি রক্ষা।

> কাজের জন্য চাই সময়সীমা স্থির করা।

> দেশের প্রতি চাই আন্তরিকতা।

**সৃষ্টিমূলক কাজ ঃ**

তেনালি রামন বেশকিছু উচ্চমানের কাব্য এবং ধর্মগ্রন্থ রচনা করেছিলেন যেমন—

উদ্ভাতরাধ্যায় চরিত্রামু

পাণ্ডুরঙ্গা মহাত্ম্যায়ামু

ঘটিকাচলা মহাত্ম্যায়ামু

**উপাধি ঃ**

তেনালি তাঁর কঠোর এবং তীক্ষ্ণ বুদ্ধির দৌলতে অনেক সময় রাজা কৃষ্ণদেবের সম্মান রক্ষার জন্য এগিয়ে এসে তাঁকে জটিল অবস্থা থেকে উদ্ধার করেন।

**তেনালি রামন যে সমস্ত উপাধিগুলি অর্জন করেছিলেন ঃ**

বিখ্যাত কবি (পরিহাসকারী লোক কবি)।

কুমার ভারতী।

অন্ধ্র পারিস।

নিকট বিশ্লেষণের মধ্যে দিয়ে নিম্নলিখিত আদ্যাক্ষরের তাৎপর্যগুলি যে শ্রেষ্ঠ বুদ্ধিদীপ্ত চরিত্র তেনালি রামনের (T.E.N.A.L.I. R.A.M.A.N) নামের সাথে সঙ্গতিপূর্ণ সেটা সহজেই অনুধাবন করা যাবে।

1. Talent Devalopment Through Leveraging resources and achieving 'stratagicfit'.
2. Effective collaboration of knowledge, wit and humour.
3. Nurture open, honest and effective communication.
4. Accumulating resources through experience to achieve faster leaning and capabilities.
5. Leadership Qualities to be displayed in all crucial circumstances.

6. Inspiring a shared vision to practice visible Management.
7. Realistic focus on extrinsic & instrinsic vision.
8. Align S.M.A.R.T. objectives for the kingdom and individual aspirations for promoting Mutual benifits (The S.M.A.R.T.—objectives are Specific, Measurable, Attainable, Realistic, Time specific.
9. Modeling the way enabling other to act.
10. Appraise personal performance to embed vision.
11. Need to control everything very carefully.

১। সঠিক পরিকল্পনা এবং জ্ঞান আহরনের মাধ্যমে প্রতিভার উন্নতিসাধন।

২। জ্ঞান-বুদ্ধি এবং রসিকতার কার্যকরী সমন্বয়।

৩। মুক্ত ভাবনার সৎ এবং কার্যকরী যোগাযোগ।

৪। অভিজ্ঞতার মাধ্যমে জ্ঞান সঞ্চয় করে দ্রুত কাজ করার প্রবণতায় এবং যোগ্যতায় সাফল্য লাভ।

৫। সমস্তরকম ঘোরালো পরিস্থিতিতে নেতৃত্বের গুণাবলী প্রদর্শন।

৬। যথাযথ পরিচালনার স্বার্থে সম্মিলিত দৃষ্টিভঙ্গিকে অনুপ্রাণিত করা।

৭। বস্তুগত এবং আত্মমুখী বিষয়ের ওপর বাস্তব সম্মত দৃষ্টিপাত।

৮। S.M.A.R.T. অক্ষরগুলিকে সারিবদ্ধভাবে দাঁড় করালে যেটা বোঝায় সেটা হল রাজ্যের উদ্দেশ্যাবলী, এবং পারস্পরিক উপকারের লক্ষে ব্যক্তিকেন্দ্রিক উচ্চভাবনা। (S.M.A.R.T.-এর বিষয়বস্তু হল নির্দিষ্ট, পরিমেয়, অর্জনীয়, বাস্তবসম্মত, সময় নির্দিষ্ট)

৯। অন্যদের কাজ করার জন্য একটা আদর্শ পথ দেখানো।

১০। ব্যক্তিকাজের গুণবিচারের জন্য গভীর দৃষ্টি নিহিত করা।

১১। সবকিছু খুব সতর্কতার সঙ্গে নিয়ন্ত্রণ করা।

যদিও এটা যান্ত্রিকতার যুগ, তথাপি তেনালি রামনকে 'সকল গুরুর গুরু' হিসাবে বর্ণনা করা যায় কারণ এর অনুষঙ্গে যেটা আমাদের সঙ্গে সঙ্গে স্মরণীয় সেটা হল জন. এফ. কেনেডির একদা উচ্চারিত একটি উক্তি, 'মানুষ এখনও সমস্ত কিছুর মধ্যে শ্রেষ্ঠ কম্পিউটার।'

# প্রস্তাবনা

ভারতবর্ষ বেশ কিছু অতিপ্রাচীন সভ্যতার মাতৃভূমি এবং বহুবিধ আকর্ষণের কেন্দ্রস্থল। ভারতবর্ষ এত বিশাল যে অন্যান্য অনেক দেশের একশো ভাগও এর একভাগের সমান নয়।

আমরা যারা সূতিবস্ত্র পরিধান করি, দশমিক প্রথা ব্যবহার করি, মুরগীর স্বাদ গ্রহণ করি, দাবা অথবা পাশা খেলি, আম এবং হাতি ভালেবাসি এবং মনের শান্তি খুঁজি, মাথার ওপর দাঁড়িয়ে অথবা ধ্যানের মাধ্যমে, নিরুপদ্রব, সুস্বাস্থ্য কামনা করি, তারা সকলেই ভারতবর্ষের কাছে ঋণী।

প্রাচীন জ্ঞান ভাণ্ডার রক্ষিত আছে বেদে, উপনিষদে, স্মৃতিতে, ধর্মশাস্ত্রে এবং বুদ্ধিদীপ্ত লোককাহিনীতে। এগুলি শক্তিশালী রাজবংশীয় প্রশাসকদের সময়ের সাক্ষী এবং ভারতের পুরাতন ধ্যান-ধারণার প্রধান পরিপোষক এবং বলতে গেলে এগুলিই প্রধান উৎস যেখানে নতুন নতুন চিন্তাধারার সৃষ্টি হয়েছে।

জনগণের এই স্বতপ্রবৃত্ত চিন্তার এবং অনুভূতির বৈশিষ্ট্য সে যাঁরা দীর্ঘদিন ধরে সামাজিক, রাজনৈতিক এবং অর্থনৈতিক ভাবে অনুপম ভারতবর্ষকে সুসজ্জিত করেছেন, তাঁরা যে কেবল লক্ষ লক্ষ ভারতবাসীর প্রত্যেককে চিত্তাকর্ষক আলোকদীপ্তিতে উজ্জ্বল করতে চেয়েছেন তা নয় সমগ্র বিশ্ববাসীর মধ্যে এর দীপ্তি ছড়িয়ে দিতে চেয়েছেন।

বলতে গেলে ভারতবর্ষের জলযাত্রা, বৃটেন থেকে, আটলান্টিক হয়ে, পর্তুগালের নিকটবর্তী উপকূল এবং স্পেনে এবং তারপর ভূমধ্যসাগরের মধ্যে, আলজেরিয়ার উপকূল ছুঁয়ে এইরকম অনেক দেশে বিস্তৃত ছিল। লক্ষ্য করলে দেখা যাবে মনুষ্য বসবাসকারী ভূমি সমূহ অদ্ভুত এবং নির্দোষ জীবনধারা প্রদর্শন করছে। এবং বিয়েগান্ত মিলনান্ত বিষয়গুলি, যেগুলি আদি ভারতবাসীর দ্বারা প্রতিদিন তাদের গৃহে অভিনীত হচ্ছিল, সেগুলি নিরবচ্ছিন্ন ভাবে সৃষ্টি করছিল সামঞ্জস্যহীন বুদ্ধিমত্তার।

আধুনিক ভারতের অবর্ণনীয় মোহ এর বহুদিনের জটিল সহ-অবস্থানিক বাস্তবতার গুণফল। এই দেশ পুনর্গঠনের ব্যাপারে কোনকিছুই সম্পূর্ণভাবে কোনদিনের জন্য ভুলে

যাবার নয়।

আপাতদৃষ্টিতে অসম্ভব হলেও সত্য যে তথাকথিত পাশ্চাত্যবাসীদের সাংস্কৃতিক শ্রেষ্ঠত্ব জোরের সঙ্গে বলতে চেয়েছে, ভারতবর্ষের সবকিছুই রহস্যময়। অবৈজ্ঞানিক, পুরুষতান্ত্রিক, দলীয়, অলৌকিক এবং স্বেচ্ছাচারিতায় ভরা এবং সব ক্ষেত্রেই তাঁরা নিজেদের শ্রেষ্ঠ বলে প্রতিপন্ন করতে চেয়েছেন।

ভারতবর্ষের গুণাবলী, ঐতিহ্য এবং ধর্ম সম্পর্কে গভীরভাবে প্রথিত পক্ষপাতিত্ব ব্যাপকভাবে বর্তমান শতাব্দীর পাশ্চাত্য ভাবনার চরিত্র বৈশিষ্ট্যকে দেখিয়ে দেয়, তাঁরা সম্পূর্ণভাবে ভুলে যান যে ভারতবর্ষের প্রাচীন সভ্যতা সংস্কৃতি কত উচ্চমানের এবং বিক্রমশালী, তাঁরা ভুলে যান বীরবল, চাণক্য, মনু এবং তেনালি রামনের মতো অনেক জ্ঞানী মানুষের শিক্ষা-সংস্কৃতির কথা, যাঁরা ভারতবর্ষকে উর্বর করেছেন এবং ভারতের কয়েকজন শক্তিশালী শাসকের রাজপ্রাসাদকে সুশোভিত করেছেন। এর কারণ হল অন্ধ আধুনিকতার অনুসরণ এবং চক্ষু বন্ধ করে ভারতবর্ষের ঐতিহাসিক শ্রেষ্ঠত্বের সৌন্দর্য না দেখার দৈন্যতা এবং বিশ্বের কাছে এগুলো লুকিয়ে রাখার অপচেষ্টা।

এখানে বর্তমান গ্রন্থে, দক্ষিণ ভারতের বিজয়নগর রাজ্যে যোড়শ শতাব্দীতে অবস্থানকারী এইরকমই একটি রাজকীয় চরিত্রের কথা বলার চেষ্টা করা হয়েছে।

পর্তুগীজরা বিজয়নগর রাজ্যকে উল্লেখ করেছেন বিষ নাগের রাজ্য হিসাবেও, এবং বলেছেন দক্ষিণ ভারতীয় রাজ্যের ভিত্তি ছিল দক্ষিণ মালভূমি। রাজ্যটি গড়ে উঠেছিল হাম্পির আসল ধর্মীয় কেন্দ্র বিরূপাক্ষ মন্দিরকে ঘিরে। বিজয়নগর বর্তমানে উত্তর কর্ণাটকের ভেলারি জেলার একটি ধ্বংসপ্রাপ্ত শহর হিসাবে বিরাজ করছে।

যেহেতু বিজয়নগর তার সময়ে সমগ্র ভারতবর্ষের মধ্যে সবচেয়ে বৃহৎ এবং শক্তিশালী রাজ্যের সমৃদ্ধশালী রাজধানী, সেইজন্য বিজয়নগর আজও পৃথিবীর সব মানুষকে সমানভাবে আকর্ষণ করে। এই ধ্বংসপ্রাপ্ত শহর এখন UNESCO WORLD Heritage site (যাকে বলা হয় 'হাম্পির ধ্বংসাবশেষ')।

হাম্পি শহর ক্ষতিগ্রস্থ হবার কারণ বর্তমান বছরগুলিতে ভারি মালবাহী গাড়ির যাতায়াত এবং কাছাকাছি জায়গায় বড় বড় সেতু নির্মাণ। হাম্পি বর্তমানে বিশ্ব ঐতিহ্যের 'বিপজ্জনক' স্থান হিসাবে তালিকাভুক্ত হয়েছে এবং UNESCO list of world heritage in Danger : 1999-এর অন্তর্ভুক্ত।

এটা ব্যাপক ভাবে বিশ্বাস করা হয় যে পঞ্চদশ শতাব্দীর শেষভাগে বিজয়নগর ছিল ভারতের মধ্যে বৃহত্তম এবং পৃথিবীর মধ্যে দ্বিতীয় বৃহত্তম শহর। এবং এখানকার

লোকসংখ্যা ছিল ৫,০০,০০০(পাঁচ লক্ষ)। এই শহর চতুর্দ্দশ শতাব্দী থেকে ষষ্ঠদশ শতাব্দীর মধ্যে সমৃদ্ধশালী হয়ে ওঠে। এটা সেই সময় যখন বিজয়নগর রাজ্য তার শক্তির চরম চূড়ায় আরোহন করে। এবং এই সময়ে তাকে প্রায়ই মুসলিম রাজ্যগুলির সাথে যুদ্ধ বিগ্রহে জড়িয়ে পড়তে হয়। যেটা উত্তর দাক্ষিণাত্যে একটা স্থায়ী বিষয় হয়ে উঠেছিল এবং যেগুলিকে একসাথে আখ্যায়িত করা হত দাক্ষিণাত্যের সুলতানী সাম্রাজ্য বলে।

যখন দিল্লির শক্তিশালী সুলতানরা, আলাউদ্দিন খিলজী এবং মহম্মদ বিন তুঘলক দাক্ষিণাত্যের হিন্দু রাজ্যগুলির ওপর বারবার আক্রমণ সূচিত করেছিলেন, সেই সময় দু'জন হিন্দু রাজকুমার যারা সঙ্গমভাই হিসাবে বিশেষ পরিচিত সেই হুক্কা (হরিহর) এবং বুক্কা রায় 'বিজয়নগর' নামে একটি স্বাধীন রাজ্যের প্রতিষ্ঠা করেন। এ অঞ্চলটি ছিল কৃষ্ণা এবং তুঙ্গাভদ্রা নদীর মাঝামাঝি। সময়টা ১৩৩৬। দক্ষিণে ইসলামী অগ্রগতিকে বাধা দেবার জন্যই এর সৃষ্টি। হুক্কা এবং বুক্কা ছিলেন বৈশালা রাজের রাজসভার অন্যতম প্রধান, সঙ্গমের পুত্র।

হুক্কা ছিলেন বিজয়নগর রাজ্যের প্রথম রাজা তাঁর মৃত্যুর পর তাঁর ভাই বুক্কা রায় পরবর্তী রাজা হন। এরপর যাঁরা বিজয়নগর রাজ্যের শাসক হিসাবে আসেন তাদের দশবছর ধরে বাইরের আক্রমণ, আভ্যন্তরীণ বিদ্রোহের মোকাবিলা করতে হয়। এরফলে বিজয়নগর রাজ্য ক্রমশ দুর্বল হতে থাকে এবং পঞ্চদশ শতাব্দীর শেষভাগে সেনানায়ক সালুভা নরসিমা দেবরাওয়ের অনলস চেষ্টায় (১৪৮৫) এবং সেনাপতি টুলুভা নরসা নায়কের (১৪৯১) আন্তরিক প্রচেষ্টায় এই রাজ্য পুনর্গঠিত এবং শক্তিশালী হয়।

প্রায় দুই দশক ধরে বিদ্রোহী নায়কদের সাথে সংগ্রাম করার পর অবশেষে সৈন্যাধ্যক্ষ টুলুভা নরসা নায়ক এবং নাগালদেবীর পুত্র টুলুভা শ্রী কৃষ্ণদেব রাওয়ের শাসনকালে তাঁর সৈন্যদলের জয়যাত্রা অব্যাহত থাকে। যার ফলে সেই সময়ে বিজয়নগর রাজ্য সমগ্র দক্ষিণভারতে আধিপত্য বিস্তার করে এবং সর্বোচ্চ স্থানে পৌঁছয়।

যখন দক্ষিণ ভারত অধীনস্তদের দ্বারা রক্ষণাবেক্ষণ এবং নিয়ন্ত্রিত হচ্ছিল সেই সময় রাজা কৃষ্ণদেব প্রাথমিকভাবে কলিঙ্গসহ সুলতানদের শাসিত উত্তর দাক্ষিণাত্য, পূর্ব দাক্ষিণাত্যের স্থানগুলিতে তাঁর প্রভাব বিস্তার করেন।

কৃষ্ণদেব রাওয়ের শাসনকার্য দীর্ঘদিন সৈন্যদের দ্বারা বাধাপ্রাপ্ত, রক্তাক্ত হয়। এবং

উড়িষ্যার গজপতি, বাহমনী সুলতান, উম্মাটুর-এর জায়গীর প্রধান, কোন্ডাভিরু রেড্ডিস, ভুবনগিরির ভেলা মাসের নিরবচ্ছিন্ন ভয় প্রদর্শনের সাথে কৃষ্ণদেবকে নির্দয় সংঘর্ষে লিপ্ত হতে হয় এবং বিদুর, গুলবার্গ, গোলকুণ্ডা, কোভিলকোণ্ডা এবং বিজাপুরের আক্রমণের বিরুদ্ধে সংগ্রামে সামিল হতে হয়।

কৃষ্ণদেব রাও (১৫০৯-১৫২৯) ছিলেন ভারতবর্ষের একজন অন্যতম শ্রেষ্ঠ রাজা। তিনি কান্নাড়া রাজ্য রামা রামানা, মুরু রায়ারা গণ্ডা এবং অন্ধ্রভোজা উপাধি লাভ করেন।

রাজা কৃষ্ণদেব কেবল যে একজন সার্থক প্রশাসক ছিলেন তা নয়। একজন দক্ষ সেনাধ্যক্ষ হিসাবেও সমগ্র রাজ্যের মাথার মনি হয়ে রাজ্য পরিচালনা করেন। সমস্ত ভারতবাসী তাঁকে সম্মান করতেন দেবতার মতো। বিশেষ করে টুলুভাস, কন্যাদিগস এবং তেলেগুরা।

রাজা কৃষ্ণদেব রাওয়ের পর প্রাদেশিকভাবে এই রাজ্য আস্তে আস্তে দুর্বল হয়ে পড়ে। রাজা কৃষ্ণদেব রাওয়ের শাসন কাল ছিল বিজয়নগরের ইতিহাসে এক গৌরবজ্জ্বল অধ্যায়। এই সময় মহারাজের সৈন্যবাহিনী সর্বত্রই সাফল্য লাভ করছিল। এটা ছিল স্বর্ণযুগ। রাজা কৃষ্ণদেব রাওকে আজও সম্রাট অশোক, সমুদ্রগুপ্ত এবং হর্ষবর্ধনের সমগোত্রীয় বলে মনে করা হয়।

সম্প্রতি ২০১০ সালের ২৭ থেকে ২৯শে জানুয়ারি কর্নাটক সরকার অন্যতম শ্রেষ্ঠ রাজা কৃষ্ণদেব রাওয়ের রাজ্যাভিষেকের পাঁচশতম পূর্তি উৎসব পালন করেন। এঁর সময়ে সুশাসনে, আড়ম্বরে বিজয়নগর রাজ্য শীর্ষ বিন্দুতে পৌঁছেছিল।

মধ্যযুগের ইউরোপীয়ান ভ্রমণকারী ডোমিনগো পায়াস, ফার্নাও নুনিজ এবং নিক্কোলো দ্য কন্টির লেখা এবং স্থানীয় ভাষার সাহিত্য ও প্রত্নতাত্ত্বিক খনন থেকে জানা যায় মহারাজের শক্তি ও সম্পদের কথা।

বিজয়নগর রাজের পৃষ্ঠপোষকতায় ললিতকলা এবং সাহিত্য সক্ষম হয়েছিল নতুন উচ্চতায় পৌঁছতে। দক্ষিণ ভারতের ইতিহাসে তিনি এমন একটি যুগের সূচনা করেছিলেন যেটা প্রাদেশিকতাবাদকে ছাড়িয়ে হিন্দুত্ববাদের প্রবর্তনকে একতার সূত্রে বাঁধতে পেরেছিল।

রাজা কৃষ্ণদেব রাওয়ের শাসনকাল ছিল বিভিন্ন ভাষার সাহিত্যকে উর্বর করার যুগ।

অসংখ্য তেলেগু, সংস্কৃত, কানাড়া এবং তামিল কবি রাজার পৃষ্ঠপোষকতা লাভ করেন।

আটজন কবি যাঁরা অষ্টদিগগজালু বা অষ্টদিগগজ (আটটি হস্তি আটটি দিক চতুষ্টয়ের)—যেমন উত্তর, দক্ষিণ ইত্যাদি নামে পরিচিত তাঁরা 'ভূবন বিজয়ম' রাজসভায় অংশ নিয়েছিলেন।।

বৈষ্ণব ধর্ম অনুসারে আটটি হস্তি মহাশূন্যের আটটি কোন থেকে পৃথিবীকে যেমনি ধারণ করে আছে অনুরূপভাবে এই আটজন কবি ছিলেন রাজা কৃষ্ণদেব রাওয়ের সাহিত্য সভার আটটি স্তম্ভ বিশেষ। এঁরা ছিলেন আল্লাসানি পেড্ডানা, নান্দি থিম্মানা, মাধোয়াগিরি মাল্লানা, ধূর্জ্জটি, আয়ালা-রাজু-রামা, ভাদ্রুদু, পিঙ্গলি সুরানা, রামারাজা ভূষনুদু এবং তেনালি রামকৃষ্ণ প্রমুখ।

যদিও অষ্টদিগগজদের সাহিত্য সভার আটটি স্তম্ভ হিসাবে চিহ্নিত করা হয়েছে, তবুও তেনালি রামন একজন অত্যন্ত জনপ্রিয়, রসজ্ঞ, বুদ্ধিমান ব্যক্তি হিসাবে আজকের ভারতবর্ষেও সসম্মানে স্থান করে নিয়েছেন। তিনি তাৎক্ষণিক বুদ্ধির দৌড়ে সকল শক্তিশালী রাজার সভাসদদের ছাড়িয়ে গেছেন।

গারিয়াপতি তেনালি রামকৃষ্ণ, তেনালি রামন এবং তেনালি রামলিঙ্গ হিসাবে অধিক জনপ্রিয় ছিলেন। তিনি মূলত সমুদ্র উপকূলবর্তী শহর তেনালির নিকটবর্তী টুমুলুরু (বর্তমানে অন্ধ্রপ্রদেশের গুন্টুর জেলার অন্তর্গত) গ্রামের এক ব্রাহ্মণ পরিবারে জন্মগ্রহণ করেন। তিনি ছিলেন মা কালীর অত্যন্ত ভক্ত।

অসাধারণ বুদ্ধিমত্তা, রসসমৃদ্ধ চাতুর্য এবং বিচক্ষণতার জন্য তিনি রাজা কৃষ্ণদেব রাওয়ের রাজসভা অলঙ্কৃত করার সুযোগ পান। অষ্টদিগগজ এবং অন্যান্য পারিষদদের মধ্যে তিনি ছিলেন হীরকখচিত মুকুটের একটি মূল্যবান রত্ন বিশেষ। রাজা কৃষ্ণদেব রাওয়ের মুকুটেও তিনি একটি খ্যাতির পালক যুক্ত করেন। অনেক সময় খুব জটিল অবস্থা থেকে মহারাজের সম্মান রক্ষার জন্য তিনি ছিলেন উদ্ধারকারী সহায়ক ব্যক্তি।

তেনালি ছিলেন অত্যন্ত জনপ্রিয়, দার্শনিক এবং জ্ঞানী ব্যক্তি। তাঁর বুদ্ধিদীপ্ত, রসময় ছোটগল্প এবং জীবন কাহিনির জন্য তিনি আজও স্মরণীয়।

তেনালি রামনের ওপর আরোপিত জীবন কাহিনি প্রতিভাত করে যে তার বিদ্রূপাত্মক ব্যক্তিত্বের সঙ্গে তীব্র ব্যঙ্গোক্তির ক্ষমতা তার সময়কার দিল্লির অত্যাচারী সুলতানদের বিরুদ্ধে কিছু বলাতে ও তাঁকে ভীত করত না। সাধারণ চিন্তাধারার

দৃষ্টান্তকে পাশে সরিয়ে রেখে এইসব কাহিনির মধ্য দিয়ে তেনালির কিছু মূল্যবান চিন্তা-ভাবনাকে প্রকাশ করা হয়েছে।

এই বইটি সংক্ষেপে একটি সম্পদ বিশেষ। এই বইটির প্রতিটি পাতায় তেনালি রামনের জীবন কাহিনি ভিত্তি করে যে সব গল্প কথিত হয়েছে তার মধ্যে দিয়ে ঝলসে উঠেছে ব্যবহার্য, উদ্ধৃতিযোগ্য বুদ্ধিমত্তা এবং প্রাজ্ঞতার পরিচয়। এইসব কাহিনি তা সে কৃষ্ণদেব রাওয়ের রাজসভায় হোক বা বিজয়নগর রাজ্যের নাগরিক জীবনে ঘটুক, তার মধ্যে যে সম্পদ আছে তা আমাদের ব্যবহারের জন্য প্রতীক্ষিয় মান।

তেনালি রামনের অধিকাংশ কাজকেই খুব স্পষ্টভাবে বলা যায় অদ্ভুত অথচ স্বাভাবিক, সরল অথচ গভীর, সহজ অথচ তীক্ষ্ণ, সোজা অথচ যৌক্তিক এবং দ্রুত অথচ বিচারবুদ্ধি সম্পন্ন। এরপরেও যেটা তার অসাধারণত্ব হিসাবে সংযোজিত করা যায়, সেটা হল তার পথ নির্দেশ। যেভাবে তিনি তার বার্তা এবং অপ্রচলিত রহস্যময় অবস্থার কথা বলেছেন সেটা গভীর কথাকে সরলভাবে বলার খুব কার্যকরী পদ্ধতি। এই বইটি একই সঙ্গে বিস্তৃত পরিসরের ঘটনাবলী এবং সাধারণ বিষয়বস্তুর গল্পসমূহকে একসাথে মেলাতে পেরেছে। এবং এর মধ্যে দিয়ে পাঠকেরা ভাবতে পারবেন কিভাবে প্রতিদিনের ভয়ঙ্কর অবস্থাকে প্রতিহত করা যায়। এই উপকথাগুলি এমনভাবে সাজানো হয়েছে যাতে বিভিন্ন স্তরের অর্থ খুঁজে নিয়ে তুমি নিপুণ এবং যুক্তিযুক্ত ভাবে তোমার ভয়াবহ অবস্থা থেকে রেহাই পাবার উদ্দেশ্য সাধন করতে পার। এবং এইগুলি সর্বোপরি আমাদের দুঃখ কষ্টকে জয় করার প্রেরণা এবং কার্যকরী ভূমিকা গ্রহণের সাহস জুগিয়েছে।

সম্ভবত এখানে অসকার ওয়াইল্ডের ১৮৯২ সালের একটা মন্তব্য স্মরণ করা যেতে পারে যেটা হতাশ এবং পরাজিত পাঠকদের অনুপ্রাণিত করতে পারে ঃ

"We are all in the gutter, but some of us are looking at the stars."

'Fix your Problems The Tenali Raman way' বইটির পাতা ওল্টালে দেখতে পাবে তোমাকে শক্তিশালী করার জন্য প্রচুর স্বচ্ছভাবনা তোমার সামনে মজুত। তেনালির গল্পের মধ্যে এমনকিছু আছে যেগুলি নিজস্ব সময়সীমার বাইরে। গল্পের বিষয়গুলি হয়ে উঠেছে লোকসাহিত্যের অঙ্গ, যেগুলো প্রায় সব উপলক্ষেই উপযুক্ত।

ওপর ওপর বলতে গেলে তেনালির বেশিরভাগ গল্পই মজাদার কাহিনি, তথাপি সেগুলি উপদেশের মোড়কে আবদ্ধ এবং এই শিক্ষামূলক উপদেশগুলি অবিরাম

কথিত হচ্ছে দক্ষিণ ভারতের চা মহলে গৃহপ্রাঙ্গনে এবং শিক্ষালয়ে। তেনালির গল্পের একটি সহজাত গুণ হচ্ছে এগুলি বিভিন্ন স্তরেই বোধগম্য। এক একটা জীবন কাহিনি, পরিচালন শিক্ষা অথবা উপদেশ সম্বলিত এবং স্বাভাবিকভাবে একটু অতিরিক্ত যেটা, সেটা হল আধ্যাত্মিক অর্থপূর্ণ, আত্মজ্ঞানে ফলদায়ক, এছাড়াও বলা যেতে পারে উপলব্ধির পথ প্রসস্ত করে।

তুমি দেখতে বাধ্য হবে যে চিন্তা-প্রক্রিয়ার আপত্তিকর বিষয়গুলি ছেঁটে ফেলা হয়েছে অথবা তাদের ফিরে আসাকে আত্মশক্তিতে লড়াই করে প্রতিহত করা হয়েছে।

সুতরাং ভুলে যেওনা ১৫৯৭ সালে স্যার ফ্র্যানসিস বেকম যেটা লিখেছিলেন সেই অমর বাণী 'জ্ঞানই শক্তি' সুতরাং পাতা উল্টে শক্তিমান হও।

## তেনালি রামন কতৃক উদ্ধৃতি ...

- মানুষ এবং পশু উভয়েই কাঁদে, কিন্তু কেবল মানুষই হাসতে পারে।
- হাসি দেয় হাল্কা হবার এবং সতেজতার চেতনা এবং নতুন উদ্যমের জোগান।
- সমস্ত মানুষই হাসে, কিন্তু খুব কম মানুষই আছেন যারা অন্যকেও হাসাতে পারেন। কেবলমাত্র বিশেষ প্রতিভাদীপ্ত মানুষ এমন একজন রাজা তৈরি করতে পারেন, যিনি রাজ্য পরিচালনার দায় মাথায় নিয়েও হাসতে পারেন।
- হাসিই মানুষের স্বভাবকে প্রতিবিম্বিত করে। কি জন্য মানুষ উপহাসের পাত্র হন, কাকে হাসির খোরাক করা হয় এবং কেন এগুলিই দেখিয়ে দিতে পারে তার মন কতখানি পরিণত। একজন মানুষ যখন একজন খোঁড়া অথবা অন্ধ কিংবা রাস্তায় পা পিছলে পড়ে যাওয়া মানুষ দেখে হাসে, তখনই তার অপরিণত মনের পরিচয় পাওয়া যায়। অনুরূপ ভাবে যে মানুষ নিজের অহংকারে বা অন্যের অনুভূতিকে আঘাত করে হাসে, তারও অপরিণত মনের পরিচয় পাওয়া যায়। কৌতুক হচ্ছে সেটাই যা অন্যের গর্বিত হওয়ার বোকামিকে দেখিয়ে দেয় এবং তাদের শোধিত করার চেষ্টা করে এবং এগুলি হচ্ছে উত্তম পর্যায়ের কৌতুক; এই কৌতুকগুলি ভালো কারণ এগুলি দুষণমুক্ত মন থেকে আসে।

# স্বীকৃতি

২০১২ সালে ব্যাঙ্গালুরুতে আমার জামাই মেয়ের বাড়িতে বেড়াতে গিয়েছিলাম। ওদের বাড়িতে বেশ কিছু বিশিষ্ট বইয়ের সংগ্রহ আছে। সেই বইগুলি নাড়াচাড়া করতে করতে আমার হাতে এসে গেল, 'FIX your PROBLEMS. —The Tenali Raman Way' ৭৪+৪টে অতিরিক্ত গল্পের অভিনব সংকলন। লেখক Vishal Goyal. তাঁর লেখা গল্পগুলির রসচাতুর্য আমাকে বিশেষভাবে মুগ্ধ করলো। স্বীকার করতে দ্বিধা নেই, এর আগে বীরবল, গোপালভাঁড় এবং মোল্লা নাসিরুদ্দীনের গল্প আমার পড়া থাকলেও তেনালি রামনের কোন লেখাই আমার পড়া ছিল না। তাঁর গল্পগুলি পড়তে পড়তে আমার মনে হল, হয়তো আমার মতো অনেক বাঙালি পাঠক তেনালি রামনের অসাধারণ বুদ্ধিমত্তা, বিচক্ষণতা, রসিকতা এবং কৌতুক সমৃদ্ধ গল্পের স্বাদ গ্রহণে বঞ্চিত আছেন। এই ভাবনা থেকেই আমি কয়েকটি গল্প অনুবাদ করে ফেললাম। ইচ্ছা ছিল বাংলা ভাষায় গল্পগুলি প্রকাশ করে আমি বাঙালি পাঠকের দরবারে হাজির করবো।

কিন্তু হঠাৎই কপি রাইটের ফরমান চোখে পড়ায় আমাকে থমকে দাঁড়াতে হল। বিধিনিষেধের বেড়াজাল ভাঙা যাবে না। ইতিমধ্যে আমার ছাব্বিশটা গল্পের অনুবাদের প্রকাশ ভাবনার নীরবতা আমাকে নৈরাশ্যে নিমজ্জিত করলেও তেনালি রামনের গল্পের নির্যাস—হাল না ছাড়ার বার্তা আমাকে বলল তুমি একবার প্রকাশনা সংস্থা 'V&S Publishers'-এর সাথে কথা বলে তোমার অবস্থাটা জানাও।

সেই মতো আমি আমার অনুবাদের কথা 'V&S Publishers'-কে জানালাম। প্রকাশনা সংস্থার পক্ষ থেকে সহৃদয় প্রস্তাব এলো ছাব্বিশটা গল্প নয় বইয়ের সবকটা গল্পের অনুবাদ এবং তার সাথে গ্রন্থে অঙ্গীভূত বিষয়গুলিকে বাংলায় অনুবাদ করে তাদের কাছে হস্তান্তরিত করলে তারাই অনুবাদ গ্রন্থটি প্রকাশ করবেন। ওদের আন্তরিক অনুমোদন এবং প্রস্তাব সাপেক্ষে এই বইটির অনুবাদ কৃতি। বলাবাহুল্য বইটির আক্ষরিক অনুবাদ নয়, ভাবানুবাদ।

আমার অনুবাদ কৃতির বিষয়ে যাঁদের আগ্রহ, উৎসাহ এবং পরামর্শ আমার লেখনী

চালনায় বিশেষ সহায়তা করেছেন তাঁরা হলেন 'একুশ শতাব্দী' এবং 'কবিতা বাসর' পত্রিকার সম্পাদক দ্বয় যথাক্রমে শ্রী সাগর বিশ্বাস এবং শ্রী প্রভঞ্জন হালদার, অগ্রজ প্রতিম শ্রী আদিত্য মুখোপাধ্যায় এবং শ্রী সঞ্জিত চক্রবর্তী—এদেরকে জানাই আমার আন্তরিক কৃতজ্ঞতা।

কৃতজ্ঞতা জানাই 'Fix your Problems. —The Tenali Raman Way'-এর গ্রন্থকার 'Vishal Goyal'-কে যাঁর অনিন্দ্যসুন্দর লেখা আমাকে অনুপ্রাণিত করেছে।

V&S Publishers-এর পক্ষে Shri Sahil Gupta এবং Shri Subash Tyagi যাঁরা আমাকে উল্লেখিত বইটি অনুবাদ করার সুযোগ দিয়েছেন তাঁদের প্রতিও আমার কৃতজ্ঞতার অন্ত নেই।

যিনি ডিটিপি-র দায়িত্বে যত্নশীল ছিলেন সেই বিকাশ চৌধুরীকে জানাই বিশেষ ধন্যবাদ। তাছাড়া যাঁরা এই বইটিকে সর্বাঙ্গসুন্দর করার জন্য অনলস পরিশ্রম করেছেন তাঁদেরকেও জানাই কৃতজ্ঞতা।

পরিশেষে জানাই, যাঁদের জন্য এই বই সেই সমৃদ্ধ পাঠককূল যদি গল্পের মধ্য থেকে মনের খোরাক খুঁজে পান তবেই এ লেখার সার্থকতা।

**মৃত্যুঞ্জয় কুণ্ডু**

# —ঃ সূচিপত্র ঃ—


| | | | |
|---|---|---|---|
| নতুন সূর্য | 19 | মোক্ষম চাল | 111 |
| বুমেরাং | 26 | একটি চমৎকার পরিকল্পনা | 114 |
| দাবার চাল | 29 | জটিল বন্ধন | 119 |
| শেষ হেঁয়ালি | 33 | শিকড়ের স্বাদ | 123 |
| খাদ্য তথ্য | 37 | স্থান বিচার | 126 |
| তাৎক্ষণিক উত্তর | 41 | সুবিচারের জন্য | 130 |
| ঠগ সাধু | 44 | চূড়ান্ত সমাধান | 135 |
| বয়সাঙ্কা | 47 | বুদ্ধিমানের চাল | 137 |
| বড় খেলোয়াড় | 51 | সারমেয়র পদাঙ্ক | 140 |
| এক টুকরো শান্তির জন্য | 55 | মাননীয়কে মান্য করার জন্য | 143 |
| ঠগের ওপর ঠগদারি | 58 | কথার চালাকি | 146 |
| জলৌষধি | 64 | দোষীর শাস্তি | 149 |
| একটি সঠিক রায় | 68 | অভাবিত সমাধান | 152 |
| একটি যথার্থ শিক্ষা | 72 | ইচ্ছা তালিকা | 156 |
| একটি হিসাবী কার্যক্রম | 76 | চমকপ্রদ প্রশ্নাবলী | 159 |
| অনিশ্চিত ভ্রমণার্থী | 79 | একটি কুৎসিত সত্য | 163 |
| অনুমানের খেলা | 83 | আভাসে ইঙ্গিতে | 166 |
| দশের মধ্যে নয় | 88 | উপযুক্ত পুত্র | 169 |
| লোভে অন্ধ | 91 | ধনী বনাম দরিদ্র | 173 |
| একটা বেপরোয়া কাজ | 94 | দুঃখের পেয়ালা | 176 |
| ন্যায় বিচার | 97 | মানুষ মানুষের জন্য | 179 |
| আনন্দ নগরীর আনন্দ | 101 | সহজ সন্ধান | 182 |
| কল্পনার ডানা মেলে | 105 | একটি যুগান্তকারী জয় | 186 |
| একজন চক্ষু উন্মোচক | 108 | আবরণের আড়ালে | 189 |

| | | | |
|---|---|---|---|
| মূর্খের সাহচর্য | 192 | আবার সেখানেই গেল | 242 |
| শব্দের শক্তি | 196 | নামের জন্য | 245 |
| বোকামিসুলভ কর্মকাণ্ড | 198 | একটি কৌশল কর্ম | 248 |
| প্রাজ্ঞ প্রয়োগ | 201 | খোলামনে | 252 |
| একটি জরুরি সমাধানের জন্য | 204 | বুদ্ধির দৌড় | 256 |
| চাক্ষুস বিচার | 207 | হাতের দৌলতে | 260 |
| সবক্ষেত্রেই জয়ী | 211 | দৃশ্যান্তর | 262 |
| একটি বিশিষ্ট প্রতিআক্রমণ | 214 | এরপর কী | 267 |
| পুরস্কার লাভ | 218 | সতর্কতামূলক ব্যবস্থাপনা | 271 |
| হারানো প্রাপ্তি | 222 | উপদেশের সারবত্তা | 274 |
| স্বপ্ন সম্ভব | 225 | রামনকে শেষ বিদায় সম্ভাষণ | 277 |
| সেয়ানে সেয়ানে | 229 | বুদ্ধির জোর | 280 |
| বুদ্ধির মার | 232 | রত্ন বিচার | 283 |
| আপনার সে এখানে | 235 | কিছুই অসম্ভব নয় | 286 |
| কার কে | 238 | অন্ধ বিশ্বাস দুঃখ আনে | 289 |

# নতুন সূর্য

প্রাচীনকালে দক্ষিণ ভারতের উপকূলবর্তী স্থানে টুমুলুরু নামে একটি গ্রাম ছিল। সেই গ্রামের একটি ব্রাহ্মণ পরিবারে তেনালি রামনের জন্ম হয়। খুব ছোটবেলাতেই তেনালি তার বাবাকে হারায়। সংসারে একমাত্র অনাথা বিধবা মা ছাড়া তাকে দেখাশোনা করার কেউ ছিল না। তেনালি ভবঘুরের মতো এখানে সেখানে ঘুরে বেড়াতো। গ্রামের কিছু দুরন্ত আর বখাটে ছেলে ছিল তার সব সময়ের সঙ্গী। সকাল থেকে রাত্রি পর্যন্ত তাদের সঙ্গে দুরন্তপনা করেই তার দিন কাটতো।

তারদিকে কারও কোনও নজর ছিল না বলে সে পড়াশোনার ধারে কাছে ঘেঁষতো না। বরং নানা অজুহাতে পড়াশোনাকে এড়িয়ে চলতো।

এদিকে সেদিকে ঘুরে বেড়াবার সময় হঠাৎ একদিন তার এক সাধুর সঙ্গে দেখা হয়। অস্থিরমতি এই ছেলেটাকে দেখে সাধুবাবার কেমন যেন একটু মায়া হল। তিনি খোঁজ খবর নিয়ে জানতে পারলেন ১৯ছেলেটির নাম তেনালি। ব্রাহ্মণ পরিবারের এক অনাথা বিধবার ছেলে। ছেলেটি খুব দুরন্ত, কিন্তু বুদ্ধিমান। পড়াশোনার কোন বালাই নেই কেবল এদিক সেদিক টো টো করে ঘুরে বেড়ায়। টুমুলুরু গ্রামে একটা প্রাচীন কালীমন্দির ছিল। সাধুবাবা অস্থায়ীভাবে সেখানে আশ্রয় নিয়েছিলেন। তিনি একদিন তেনালিকে সেই মন্দিরে তার সাথে দেখা করবার জন্য ডেকে পাঠালেন। কিন্তু তেনালি সাধুবাবার ডাককে কোন আমল না দিয়ে আগের মতো দুরন্তপনা করে বেড়াতে লাগল।

এইভাবে কিছুদিন যাবার পর, হঠাৎ তেনালির কি মর্জি হল একদিন সাধুবাবার আস্তানায় এসে হাজির। সাধুবাবা তাকে দেখে খুব খুশি হলেন। কাছে ডেকে সস্নেহে বললেন—'শোন তেনালি, তোমাকে এটা মন্ত্র শিখিয়ে দেবার জন্য ডেকে পাঠিয়েছি, তুমি যদি সেই মন্ত্রটা এক হাজার বার আওড়াও তা হলে মা কালী দেখা দিয়ে তোমাকে একটা বর দেবেন। সেই বর পেলে তোমাদের আর কোনও অভাব থাকবে না। তবে

হ্যাঁ, মন্ত্রটা খুব ভক্তিভরে এবং নিষ্ঠার সঙ্গে আওড়াতে হবে। তুমি পারবে তো?'

তেনালি খুব উৎসাহ দেখিয়ে বলল সে পারবে। শুধু তাই নয়, তখুনি মন্ত্রটা শিখিয়ে দেবার জন্য সাধুবাবাকে পেড়াপেড়ি করতে লাগল।

তেনালির উৎসাহ দেখে সাধুবাবা বললেন, 'মন্ত্রটা আমি এখনি তোমাকে শিখিয়ে দিচ্ছি, কিন্তু এই মুহূর্তে সেটা আওড়ালে চলবে না। মন্ত্রটা আওড়াবার জন্য একটা নির্দিষ্ট সময় ও দিন আছে। ঘোর অমাবস্যার রাতে যখন তোমার আশেপাশে কেউ থাকবে না তখন এই মন্দিরে এসে যদি মন্ত্রটা আওড়াও তা হলেই মা কালী দেখা দেবেন। তুমি একা একা মন্দিরে এসে মন্ত্রটা আওড়াতে পারবে তো? ভয় করবে না?'

এরপর সাধুবাবা বললেন, 'আগামী শনিবারই অমাবস্যা। ওই দিন কাউকে কিছু না জানিয়ে কালী মন্দিরে এসে আমার কথামতো কাজ করলে তোমার অভিষ্ট সিদ্ধ হবে।' এই বলে তিনি তেনালিকে মন্ত্রটা শিখিয়ে দিলেন।

মন্ত্রটা শেখার পর থেকে তেনালির মধ্যে কেমন যেন একটা ভাবান্তর আসল। সে আর তার সেই বখাটে সঙ্গীদের সাথে দুরন্তপনা করে বেড়ায় না। অধিকাংশ সময়

ঘরেই থাকে। আর আপন মনে কি যেন বিড়বিড় করে।

অবশেষে উল্লেখিত অমাবস্যার রাত এসে হাজির হল। তেনালি কাউকে কিছু না বলে রাত্রে একা একা সেই প্রাচীন কালীমন্দিরে চলে আসল।

চারিদিকে ঘন অন্ধকারের আস্তরণ। কেউ কোথাও নেই। শুধু কটা জোনাকি টিপ টিপ করে আলো ছড়িয়ে মন্দিরের চত্বরটাকে ভয়াবহ করে তুলেছে। তেনালি মন্দিরের সামনে এসে দাঁড়াল। তারপর সাধুবাবার শেখানো মন্ত্রটা পরম ভক্তি ভরে আওড়াতে লাগল। এক হাজারবার সেই মন্ত্রটা উচ্চারণ করার সাথে সাথেই মা কালী এসে দেখা দিলেন। বললেন, 'আমি তোমার ভক্তি এবং নিষ্ঠাতে খুশি হয়েছি—আমি তোমাকে একটা বর দিতে চাই।'

তেনালি অবাক হয়ে দেখল তার সামনে দাঁড়িয়ে আছে এক ভয়ঙ্করদর্শন নারী মূর্তি। তার হাজারটা মুখ। সেই মুখগুলো থেকে কেমন যেন নীলাভ আলো বের হচ্ছে। মা কালীর এই অদ্ভুত দর্শন ভয়ঙ্কর মূর্তি দেখে তেনালি মোটেও ভয় পেল না। কিছুক্ষণ তাঁর দিকে নিবিষ্টভাবে তাকিয়ে থেকে হঠাৎই হো হো করে হেসে উঠল।

তেনালিকে এরকম অদ্ভুতভাবে হাসতে দেখে মা কালী কৌতুহলী হয়ে জিজ্ঞাসা করলেন, 'কি ব্যাপার, তুমি আমাকে দেখে এভাবে হেসে উঠলে কেন?'

তেনালি হাত জোড় করে বলল, 'এভাবে হাসার জন্য আমি ক্ষমা চাইছি, সত্যি কথা বলতে গেলে, তোমাকে দেখে আমার মাথায় একটা উদ্ভট ভাবনা এসে হাজির হল। আমি ভাবলাম আমার তো একটা নাক, সেটা যদি সর্দ্দিতে সুড়সুড় করে, আমি আমার দুটো হাত দিয়ে সেটা সামাল দিতে পারি না—তোমার তো হাজারটা নাক, সেই নাকগুলো যখন সর্দ্দিতে সুড়সুড় করে তোমার দুটো হাতে সেই হাজারটা নাককে কিভাবে সামাল দাও—একথা ভেবে আমার খুব হাসি পেল।'

মা কালী, তেনালির সরল স্বীকারোক্তি শুনে মৃদু হেসে বললেন, 'তোমার ভাবনাটা উদ্ভট হলেও মজাদার। তুমি যে খুব রসিক তোমার কথাবার্তা শুনে সেটা বোঝা যায়। যাইহোক তোমাকে আমি একটা বর দিচ্ছি যার দৌলতে যাবৎ মানুষের মুখে তুমি হাসি ফোটাতে পারবে এবং তোমার কল্পনা শক্তির জন্যে তুমি একজন বিশিষ্ট কবি হিসাবে বিপুল খ্যাতি লাভ করবে।'

তেনালি মা কালীর মুখে বরের কথা শুনে সবিনয়ে জানাল—'মা গো, তুমি আমাকে যে বরটা দিতে চাইছ সত্যি কথা বলতে কি, এই বরটা আমার পছন্দ নয়,

কারণ এই বরটা পেয়ে আমার কোনও লাভ হবে না।'

তেনালির এই কথা শুনে দেবী কিছুক্ষণ চিন্তা করে বললেন, 'ঠিক আছে, তোমার যদি এই বরটা পছন্দ না হয়, তোমাকে একটা অন্য বর দিচ্ছি, তবে তার আগে তোমাকে একটা ছোটখাটো পরীক্ষা দিতে হবে।'

পরীক্ষার কথা শুনে তেনালির মুখটা কেমন যেন পাংশু হয়ে গেল। মনে মনে ভাবল আবার পরীক্ষা কেন।

মা কালী তেনালির মনোভাব বুঝতে পেরে বললেন, 'পরীক্ষাটা এমন কিছু কঠিন নয়, আমার দিকে ভালো করে চেয়ে দেখ, আমার দু'হাতে দুটো পাত্র ধরা আছে। আমার ডান হাতে যে পাত্রটা আছে সেটা সোনার তৈরি আর বাঁ হাতে যে পাত্রটা আছে সেটা রূপোর তৈরি। সোনার পাত্রে কিছুটা দুধ আছে, আর রূপোর পাত্রে রাখা আছে কিছুটা দই। সোনার পাত্রে যেটা রাখা আছে তুমি যদি সেটা পান করো তুমি হয়ে উঠবে বিশাল শিক্ষাবিদ, আর রূপোর পাত্রে যেটা রাখা আছে সেটা খেলে তুমি হবে ধনকুবের। এবার বল দুধ না দই কোনটা তুমি খেতে চাও।'

তেনালি মনে মনে ভাবল আমাকে দুধ আর দই দুটোই খেতে হবে। কারণ একটা বাদ দিলে অন্যটার কোনও মূল্যই নেই। আমি যদি শুধু শিক্ষাবিদ হই অথচ অর্থ না থাকে তাহলে আমার কোনও দাম থাকবে না। আবার মূর্খ থেকে ধনকুবের হলে আমি যথাযথ সম্মান পাব না।

তেনালি দেবীর কথার সঙ্গে সঙ্গে উত্তর না দিয়ে এমন একটা ভাব করতে লাগল যাতে মনে হবে সে উত্তরটা নিয়ে খুব ধন্দে পড়েছে।

তেনালিকে নিরুত্তর দেখে মা কালী বললেন, 'তেনালি চুপচাপ না থেকে আমার প্রশ্নের একটা উত্তর দাও।'

আর নীরব থাকাটা ঠিক হবে না ভেবে তেনালি খুব বিনীত ভাবে বলল, 'মাগো, আমি কোনওদিন দুধও খাইনি, দইও খাইনি। তাই বুঝতে পারছি না কোনটার স্বাদ বেশি ভালো। কাজেই আমার পক্ষে দুটোর স্বাদ গ্রহণ না করে কোনটা আমার বেশি পছন্দের বলাটা ঠিক হবে না।'

'তোমার কথাটা খুবই যুক্তিসঙ্গত', এই কথা বলে দেবী তাঁর দুটো হাতই প্রসারিত করে দিলেন। তেনালি আর কাল বিলম্ব না করে মা কালীর হাত থেকে দুটো পাত্র নিয়ে দই আর দুধ এক নিঃশ্বাসে শেষ করে দিল।

মা কালী বুঝতে পারলেন তেনালি তার সাথে চাতুরী করে এক সাথে দুধ আর দই খেয়ে দুটো বরেরই সুফল লাভ করতে চাইছে। তেনালির চাতুরীতে মা কালী খুবই অসন্তুষ্ট হলেন। দেবীর এই অসন্তোষ দেখে তেনালি খুব বিনীতভাবে বলল, 'মাগো, আমি বুঝতে পারছি আমার আচরণে তুমি খুবই ক্ষুব্ধ হয়েছ। কিন্তু ভেবে দেখ, শুধুমাত্র বিদ্যা দিয়ে আমি কি করব আমার যদি অর্থের অভাব থাকে, তাই আমি বিদ্যা এবং অর্থ একসাথে পাবার জন্য এই ধরনের আচরণ করেছি। আমার এই আচরণের জন্য আমি ক্ষমা চাইছি।'

মা কালী তেনালির স্পষ্টবাদিতায় এবং উপস্থিত বুদ্ধিতে খুশি হয়ে বললেন, 'আমি তোমাকে আশীর্বাদ করছি, তোমার বুদ্ধি, চাতুর্য এবং সরসতা একদিন শত্রু মিত্র সকলের মন জয় করবে'—এই কথা বলে তাকে বর প্রদান করে মা কালী অদৃশ্য হলেন।

এরপর দিনে দিনে তেনালি সর্ব বিষয়ে পারদর্শী হয়ে উঠতে লাগল। তার কবিত্বের সুনাম ছড়িয়ে পড়ল। রসিক এবং বিশিষ্ট শিক্ষাবিদ হিসাবে গ্রামের সকলে তাকে শ্রদ্ধার দৃষ্টিতে দেখতে লাগলেন।

কিন্তু তেনালি ভাবল জীবনে যদি প্রতিষ্ঠা পেতে হয় তবে শুধু এই গ্রামের গন্ডীর মধ্যে নিজেকে আটকে রাখলে চলবে না—বাইরের জগতের সঙ্গে সম্পর্ক তৈরি করতে হবে। এবং সেক্ষেত্রে বিজয়নগর রাজ্যের ঐশ্বর্যময়ী রাজধানী হাম্পিতে যাওয়ার কথাই তার প্রথম মনে পড়ল—সেখানে গেলে হয়তো তার আকাঙ্ক্ষা পূর্ণ হবার সুযোগ আসবে। কারণ তেনালি শুনেছিল বিজয়নগর রাজ্যের রাজা কৃষ্ণদেব রাও গুণী জ্ঞানীদের তাঁর রাজসভায় সসম্মানে স্থান দিয়েছেন। তেনালি ভাবল, সে যদি কোনওভাবে রাজা কৃষ্ণদেব রাওয়ের দরবারে গিয়ে হাজির হতে পারে তবে তার গুণপনা দেখিয়ে নিশ্চয়ই কৃষ্ণদেবের কৃপাদৃষ্টি লাভ করবে। কিন্তু কিভাবে যে সেখানে গিয়ে রাজা মশায়ের দৃষ্টি আকর্ষণ করবে অনেক ভেবেচিন্তেও তেনালি কোনও উপায় বের করতে পারছিল না।

এমন সময় হঠাৎই একটা সুযোগ এসে গেল। তেনালি জানতে পারল তাদের গ্রাম থেকে কিছু দূরে বিজয়নগর রাজ্যের রাজগুরু কিছুদিন এসে থাকবেন। তেনালি ভাবল যদি বাছাই করা তার কিছু কবিতা নিয়ে রাজগুরুর সাথে দেখা করে তাকে শোনাতে পারে তবে হয়তো রাজগুরুর কৃপায় তার রাজদরবারে যাওয়ার একটা সুযোগ ঘটলেও ঘটতে পারে।

আর সময় অপচয় না করে অবিলম্বে তেনালি তার কবিতাগুচ্ছ নিয়ে রাজগুরুর সাক্ষাৎপ্রার্থী হল। এবং রাজগুরুর অনুমতি নিয়ে বেশ কিছু কবিতা তাঁকে পাঠ করে শোনাল। কবিতাগুলি ছিল খুবই উচ্চমানের। মনে মনে তারিফ করলেও রাজগুরু তেনালির কবিতা সম্পর্কে সামনে কোনও প্রশংসাবাক্য উচ্চারণ করলেন না।

রাজগুরুকে চুপচাপ থাকতে দেখেও হতোদ্যম না হয়ে তেনালি তাঁকে বিনয়ের সাথে বলল, 'গুরুদেব আমি মহারাজ কৃষ্ণদেব রাওয়ের সাথে দেখা করতে চাই আপনি যদি একটু যোগাযোগ করিয়ে দেন তবে চির কৃতজ্ঞ থাকব।' এবারেও রাজগুরু কোনও উচ্চবাচ্য করলেন না। তেনালি ভাবল মৌনতা সম্মতির লক্ষণ। সে তাই রাজগুরুকে প্রণাম করে নিজের গ্রামে ফিরে গেল।

কিছুদিন পরে গ্রামের তল্পিতল্পা গুটিয়ে তেনালি একদিন বিজয়নগর রাজ্যের উদ্দেশ্যে রওয়ানা দিল। মনে মনে সঙ্কল্প করল যে করেই হোক রাজদরবারে গিয়ে হাজির হবে। কিন্তু বিজয়নগর রাজ্যে এসে প্রথমটা সে খুব বিড়ম্বনার মধ্যে পড়ে গেল। এখানকার কাউকেই সে চিনতো না। একমাত্র রাজগুরুই তার কিছুটা পরিচিত। এই পরিচিতিটুকু সম্বল করে, আশায় বুক বেঁধে সে সরাসরি রাজগুরুর সাথে দেখা করল।

রাজগুরু আগেই তেনালির কবিত্বশক্তির পরিচয় পেয়েছেন। তিনি ভাবলেন রাজা কৃষ্ণদেব রাওয়ের সুনজরে পড়ে তেনালি যদি রাজসভায় স্থান পেয়ে যায় তবে ভবিষ্যতে তাঁর গুরুত্ব কমে যেতে পারে। তাই তিনি তেনালিকে অচেনার ভান করলেন। রাজগুরুর সাথে পূর্ব পরিচয়ের কথা স্মরণ করিয়েও তেনালির কোনও লাভ হল না। বরং উল্টো ফলটাই ঘটল। তেনালি যাতে রাজা কৃষ্ণদেব রাওয়ের সাথে দেখা না করতে পারে তার জন্যে রাজগুরু সচেষ্ট হলেন।

কিন্তু ছোটবেলা থেকেই তেনালি ছিল অসীম সাহসী। দৃঢ় প্রতিজ্ঞ। কোনও কাজ করব ভাবলে সেটা শেষ পর্যন্ত করেই ছাড়ত। তেনালি যখন বুঝতে পারল রাজগুরু তার সাথে অসহযোগিতা করছে তখন তার মনে একটা জেদ চেপে গেল। যত বাধা আসুক না কেন সে হাল ছাড়বে না। যেমন করেই হোক সে রাজা কৃষ্ণদেব রাওয়ের সাথে দেখা করবেই।

একদিন যখন রাজা কৃষ্ণদেব রাজসভায় বসে সভাসদদের সঙ্গে হাল্কা আলোচনা করছেন, দেখলেন কিছুটা খর্বকায় একজন টিকিধারী ব্রাহ্মণ সভার দ্বার প্রান্তে দাঁড়িয়ে তাঁর দৃষ্টি আকর্ষণ করার চেষ্টা করছে।

রাজা কৃষ্ণদেব দ্বাররক্ষীদের বললেন, 'দরজার প্রান্তে দাঁড়ানো লোকটিকে ভেতরে ঢুকতে দাও—ও কি বলতে চায় শুনি।'

রাজদরবারে প্রবেশের অনুমতি পেয়ে তেনালি রাজা কৃষ্ণদেবকে অভিবাদন জানিয়ে খুব নম্র ভাবে বলল, 'মহারাজ, আমার নাম তেনালি রামন আপনার রাজ্যের এক প্রত্যন্ত গ্রাম থেকে আসছি। আমি শুনেছি অনেক জ্ঞানী গুণী মানুষ আপনার রাজসভায় স্থান পেয়েছে। আপনি প্রকৃত গুণীর সমজদার। যদি অনুমতি করেন আমার কয়েকটি কবিতা আপনাকে শুনিয়ে ধন্য হই।'

রাজা কৃষ্ণদেব রাও তেনালিকে কবিতা শোনানোর অনুমতি দিলেন। এবং পরপর কয়েকটি কবিতা শুনে এতই মুগ্ধ হলেন যে সেই দিনই তাঁর সভাতে ঘোষণা করলেন—

'আজ থেকে নবাগত ব্রাহ্মণ তেনালি রামন অষ্টদিগগজের অন্যতম দিগগজ হয়ে 'ভূবন বিজয়ম' রাজসভা অলঙ্কৃত করবে।'

এরপর আর তেনালিকে পিছন ফিরে তাকাতে হয়নি। নিজের অনন্য সাধারণ প্রতিভা শক্তিতে উন্নতির চরম শিখরে পৌঁছে ছিল। ধীরে ধীরে হয়ে উঠেছিল রাজা কৃষ্ণদেব রাওয়ের নয়নের মণি। এভাবেই তার জীবনে নতুন সূর্যের উদয় হল। তার সাহস, নিষ্ঠা, অধ্যবসায়, ধৈর্য, কর্মক্ষমতা এবং দৃঢ়প্রতিজ্ঞ মনোভাব, শিক্ষায় জ্ঞানে গৌরবে তাকে পৌঁছে দিয়েছিল শ্রেষ্ঠত্বের উচ্চাসনে।

**জীবন থেকে শেখা**

সততাই মূলধন। তুমি যেটা অনুভব করেছ সেটা যদি আন্তরিকতার সঙ্গে সৎভাবে সহানুভূতির সঙ্গে জানাও তবেই এর মূল্য। যে কোনও ক্ষেত্রে সাফল্য অর্জন করতে হলে ঠিক সুযোগটা গ্রহণ করার জন্য তোমাকে ক্ষমতা বাড়াতে হবে। দ্রুত চিন্তার সাথে শীঘ্র সিদ্ধান্ত নিতে হবে। শিক্ষাগত যোগ্যতা জরুরি, কিন্তু সেটাই যথেষ্ট নয়। লক্ষ্যে পৌঁছতে গেলে এর সাথে অধ্যবসায়, জেদ থাকা দরকার।

**জ্ঞান কণা**

* সত্যবাদী এবং সৎ হও। * তোমার যা কিছু কাজ দেবদেবীকে উৎসর্গ কর। * বড়দের মান্য কর * দৃঢ়চেতা এবং বিনীত হও।

## Quotable Nuggets

"Vidya Dadati Viniyam. Knowledge makes one humble"

—Niti Vakya

# বুমেরাং

দাক্ষিণাত্যের বিজয়নগর রাজ্যে টেনালি শহরের কাছে টুমুলুরু নামে একটি গ্রাম ছিল। সেই গ্রামে একটি ব্রাহ্মণ পরিবারে তেনালি রামনের জন্ম। খুব ছোটবেলাতেই তার বাবা মারা যাবার ফলে তাকে বেশ দুঃখ কষ্টের মধ্যে জীবন কাটাতে হয়। তেনালি ছিল অত্যন্ত দুরন্ত এবং বেপরোয়া স্বভাবের। তার দুরন্তপনার জন্য প্রতিবেশীরা অতিষ্ঠ হয়ে যেত ঠিকই, কিন্তু তার বুদ্ধি এবং বিচক্ষণতার জন্য আবার সকলে তাকে ভালোওবাসত।

রাজমৌলি নামে তার এক প্রতিবেশী ছিল। রাজমৌলি ছিল পরোপকারী এবং উদার স্বভাবের মানুষ। তেনালিকে সে নিজের সন্তানের মতোই স্নেহ করত। তেনালিও রাজমৌলিকে গভীরভাবে শ্রদ্ধা করত।

তেনালির গ্রামে নগেন্দ্ররাও নামে এক প্রভাব প্রত্তিশালী জমিদার বাস করতেন। তেনালি যখন ছোট রাজমৌলি তাকে সঙ্গে নিয়ে একদিন জমিদার বাড়িতে হাজির হল। রাজমৌলির উদ্দেশ্য ছিল জমিদারের কাছে তেনালির বুদ্ধিমত্তার পরিচয় দেওয়া যাতে তেনালির বুদ্ধির পরিচয় পেয়ে জমিদার মশাই তাকে কোনও উপকার করেন।

রাজমৌলি নগেন্দ্র রাওয়ের সাথে সাক্ষাৎ করে বলল, "আমার সাথে যে ছেলেটা এসেছে এর নাম তেনালি রামন, আমাদেরই গ্রামের ছেলে। এ অত্যন্ত প্রতিভাবান। এর মতো বুদ্ধিমান ছেলে খুব কমই দেখা যায়। আপনি একে যে কোনও প্রশ্ন করলেই দেখবেন এর উত্তরের মধ্যে বুদ্ধি ও বিচক্ষণতার পরিচয় আছে।"

নগেন্দ্র রাও ছিলেন অত্যন্ত দাম্ভিক প্রকৃতির। কিছুটা অহংকারী এবং উদ্ধত স্বভাবেরও। মনে মনে তার গর্ব ছিল গোটা রাজ্যের মধ্যে তিনিই সবচেয়ে বুদ্ধিমান ব্যক্তি। এবং চাতুর্যে তার সমকক্ষ কেউ নেই। তিনি অন্যের প্রশংসা শুনতে একেবারেই ভালোবাসতেন না। কাজেই রাজমৌলির মুখে তেনালির প্রশংসা শুনে নগেন্দ্ররাও মোটেই উৎফুল্ল হলেন না।

তেনালির দিকে এক ঝলক তাকিয়ে রাজমৌলিকে শুনিয়ে নগেন্দ্ররাও বললেন, "তুমি বলছ তোমাদের গ্রামের মধ্যে এই ছেলেটি সবচেয়ে বুদ্ধিমান?"

নগেন্দ্ররাওয়ের কথা শুনে রাজমৌলি আপ্লুত হয়ে বলল, 'শুধু আমাদের গ্রামের মধ্যে নয় এত কমবয়সে এর মতো বুদ্ধিমান আমাদের রাজ্যে আর আছে কিনা আমার জানা নেই।'

নগেন্দ্ররাও আর একবার তেনালিকে ভালো করে নিরীক্ষণ করে বললেন, 'কই একে দেখে আমার তো তেমন বুদ্ধিমান বলে মনে হচ্ছে না। তবে আমি জানি ছোটবেলায় যে যত বুদ্ধিমান থাকে বড় হলে সে তত বোকা হয়ে যায়।'

নগেন্দ্র রাওয়ের কথা শুনে তেনালি দু-এক মুহূর্ত কি যেন চিন্তা করল, তারপর কণ্ঠে যারপরনাই সরলতা ফুটিয়ে বলল, "আপনি যেটা বলছেন সেটা কি সত্যি?" নগেন্দ্ররাও জোরালভাবে বললেন, "সত্যি মানে, শতকরা একশোভাগ সত্যি।"

নগেন্দ্র রাওয়ের কথা শুনে তেনালির মুখে একটা তির্যক হাসি ফুটে উঠল। কণ্ঠকে যথাসম্ভব নম্র করে বলল, "তাহলে মহাশয়, আমি একটা কথা বলি, আপনাকে এই বড়বেলায় দেখে আমার মনে হচ্ছে ছোটবেলায় আপনি আমার চেয়ে অনেক অনেক বেশি বুদ্ধিমান ছিলেন।"

তেনালির কথা শুনে নগেন্দ্ররাও খুশিতে ডগমগ হতে হতে পর মুহূর্তেই বুঝতে পারলেন তেনালির এই কথার মধ্যে একটা ব্যঙ্গের খোঁচা আছে। নগেন্দ্র রাও যে আদতে বুদ্ধিমান নন তেনালি তার রসিকতার খোঁচাতে সেটা বোঝাতে চেয়েছেন।

নগেন্দ্র রাওয়ের কথা যে এভাবে বুমেরাং হয়ে তাঁর কাছেই ফিরে আসবে এটা তিনি কল্পনা করতেই পারেননি। তেনালির এই সরস উত্তরে নগেন্দ্র রাওয়ের মুখটা কেমন যেন নিষ্প্রভ হয়ে গেল।

**জীবন থেকে শেখা**

যাঁরা সত্যিকারের মহৎ তাঁরা সাধারণত বিনয়ী হন। তাঁরা এটাই জানেন যে তাঁরা কত কম জানেন। যাইহোক যশ বিলিং বলেছেন, 'অধিকাংশ মানুষই ডিমের মতো নিরেট তারা নিজের ছাড়া অন্য আর কিছু ভাবতে পারে না। কিন্তু অহংকার পতনের আগে আগে চলে।'

**জ্ঞান কণা**

* অহংকার যত নষ্টের গোড়া। * সমস্ত বড় ধরনের ভুলের ভিত্তি হচ্ছে অহংকার যা মানুষকে নির্বোধ করে। * অন্য সব ভাবাবেগ মাঝে মাঝে ভালো করলেও সেই কাজে যখন অহংকার মেশে, তখন সব কিছুই ভ্রান্তিতে পর্যবসিত হয়। * মানুষ যখন অহংকার থেকে বিমুক্ত হয়, তখনই সে ভালো কিছু আহরণ করতে পারে, অন্যথায় তাকে বিদ্রুপ এবং অপমানের সম্মুখীন হতে হয়।

## Quotable Nuggets

"Pride, like the magnet constantly points to one object, SELF, but unlike the magnet it has no attractive pole, but at all points repels."

—C. Colton

# দাবার চাল

প্রাক স্বাধীন দক্ষিণভারতে বিজয়নগর রাজ্যের রাজাদের মধ্যে কৃষ্ণদেব রাও ছিলেন অন্যতম শ্রেষ্ঠ রাজা। তাঁর রাজত্বকালকে তিনি স্বর্ণযুগে পরিণত করেন। এই সময়ে টুমুলুরু গ্রামের সাধারণ ব্রাহ্মণ পরিবারের এক বিদগ্ধ কবি তেনালি রামন, আর্থিক দুরবস্থার মধ্যে পড়ে রাজা কৃষ্ণদেব রাওয়ের সাক্ষাৎপ্রার্থী হয়ে হাম্পিনগরের রাজদরবারের উদ্দেশে রওয়ানা হন। কারণ তিনি শুনেছিলেন রাজা কৃষ্ণদেব রাও প্রতিভাবানদের বিশেষ সমাদর করেন এবং তাঁর ঔদার্য ভুবনবিদিত। যখন তেনালি 'ভূবন বিজয়ম' রাজসভায় এসে মহারাজকে অভিবাদন করে নিজের পরিচয় জানালেন তখৰ মহারাজ তাঁকে একটি কবিতা আবৃত্তি করে শোনাতে বললেন এবং তেনালির কবিতা শুনে পরমপ্রীত হয়ে—কি পুরস্কার পেলে তেনালি খুশি হবে

জানতে চাইলেন। তিনি আরও জানালেন তেনালি যে পুরস্কার চাইবে সেটাই তিনি প্রসন্ন চিত্তে তাঁকে দান করতে প্রস্তুত।

তেনালি লক্ষ্য করে দেখলেন রাজদরবারে রাজা কৃষ্ণদেবের সামনে একটি দাবার ছক পাতা আছে, ছকে চৌষট্টিটা ঘর এবং কোনও ঘরেই কোনও ঘুঁটি নাই।

দু-এক মুহূর্ত চিন্তা করে তেনালি, কৃষ্ণদেবকে সবিনয়ে জানাল, 'মহারাজ, আমার কবিতা শুনে আপনি প্রীত হয়েছেন এটাই আমার কাছে সবচেয়ে বড় পুরস্কার। আপনি যদি এরপরেও আমাকে পুরস্কৃত করতে চান তবে আপনার কাছে আমার পুরস্কার হিসেবে প্রার্থনা একটি শষ্য কণার।'

রাজা কৃষ্ণদেব এবং তাঁর পারিষদবর্গ তেনালির এই ধরনের পুরস্কার গ্রহণের চিন্তাকে মূর্খামি ভেবে বিস্মিত হলেন। ইচ্ছা করলে তেনালি পুরস্কার হিসেবে প্রচুর স্বর্ণমুদ্রা, মহার্ঘ অট্টালিকা, উর্বর জমি চাইতে পারতেন—তা নয় সামান্য একটি শষ্য কণা। সকলেই তেনালির বুদ্ধিমত্তা এবং বিচক্ষণতার কথা শুনেছেন, এ তার কি ধরনের বুদ্ধি-বিবেচনা—একথা ভেবে রাজা কৃষ্ণএদব এবং তাঁর পারিষদজন তেনালির নির্বুদ্ধিতায় স্তম্ভিত হয়ে গেলেন।

রাজা কৃষ্ণদেব আর একটা সুযোগ দেবার জন্য তেনালিকে বললেন, "আপনি ভেবে বলুন পুরস্কার হিসেবে যেটা চাইলেন সেটা পেলে আপনি সন্তুষ্ট হবেন তো।"

তেনালি স্মিত হেসে বললেন, "হ্যাঁ মহারাজ, আমি এতেই সন্তুষ্ট। তবে আমার একটা শর্ত আছে।"

কৃষ্ণদেব সাগ্রহে বললেন, "বলুন আপনার কি শর্ত?"

তেনালি বললেন, "আপনার সামনে যে দাবার ছক পাতা আছে তাতে চৌষট্টিটা ঘর। প্রথম ঘরে যদি একটি শষ্য কণা দেন, তবে দ্বিতীয় ঘরে তার দ্বিগুণ অর্থাৎ দুটি শষ্য কণা দিতে হবে এবং তৃতীয় ঘরে দ্বিতীয় ঘরের দ্বিগুণ চারটি শষ্য কণা দিতে হবে এবং চতুর্থ ঘরে তৃতীয় ঘরের দ্বিগুণ আটটি শষ্য কণা দিতে হবে—এইভাবে পরপর প্রতি ঘরে দ্বিগুণ হারে শষ্য কণা দিয়ে দাবার চৌষট্টিঘর পূরণ করলেই আমি খুশি হবো।"

রাজা কৃষ্ণদেব তেনালির শর্ত শুনে তৎক্ষণাৎ রাজি হয়ে গেলেন। বললেন, "আপনার সোনা দানা, ভূ-সম্পত্তি কোনও কিছুতেই লোভ নেই, সামান্য শষ্য কণা হলেই চলবে জেনে আমি খুব অবাক হচ্ছি।"

তেনালি মুখে মৃদু হাসি ফুটিয়ে বললেন, "হ্যাঁ মহারাজ সামান্য শষ্য কণাই আমার কাছে অসামান্য।"

রাজা কৃষ্ণদেব তাঁর কর্মচারীদের নির্দেশ দিলেন তেনালি যে ভাবে চাইছেন সেই ভাবেই শষ্য কণা সাজিয়ে দেওয়া হোক।

রাজার নির্দেশ মতো তাঁর কর্মচারীরা দাবা ছকের প্রথম ঘরে একটি, দ্বিতীয় ঘরে দু'টি, তৃতীয় ঘরে চারটি এইভাবে শষ্য কণা দিয়ে দশম ঘরে যখন পূরণ করতে গেল তখন গণনা করে দেখল ইতিমধ্যে (৫১২) পাঁচশত বারোটি শষ্য কণা রাখা হয়ে গেছে।

বিংশতি সংখ্যক ঘরে শষ্য কণার সংখ্যা দাঁড়াল (৫,২৪,২৮৮) পাঁচ লক্ষ চব্বিশ হাজার দুশো অষ্ট আশিটি। যখন দাবা বোর্ডের অর্ধেক অর্থাৎ ৩২ ঘর শষ্য কণায় পূর্ণ করা হল তখন তার সংখ্যা (২১৪) দুশো চোদ্দ কোটি ছাড়িয়ে গিয়েছে। খুব তাড়াতাড়ি সেটা লক্ষ কোটিতে পৌঁছে গেল।

রাজা কৃষ্ণদেব এবং তাঁর সভাসদেরা এই বিষয়টি লক্ষ্য করে চিন্তিত হয়ে পড়লেন। যদি এইরকম বৃদ্ধির হারে শষ্য কণা রাখতে হয় তবে চৌষট্টি ঘরে পৌঁছলে রাজ্যের সমগ্র শষ্য ভাণ্ডারটি বুদ্ধিমান কবি তেনালির হাতে তুলে দিতে হবে।

রাজা কৃষ্ণদেবকে দুশ্চিন্তাগ্রস্থ দেখে তেনালি তাঁকে আশ্বস্ত করে বললেন, "মহারাজ আপনি নিশ্চিন্ত থাকতে পারেন আমি আপনার এবং আপনার রাজ্যর কাছ থেকে কিছু গ্রহণ করবো না—এই শষ্য কণা আপনারই থাকবে। আমি শুধু আমার এই পুরস্কার চাওয়ায় শর্ত আরোপের মধ্যে দিয়ে বোঝাতে চাইছিলাম ক্ষুদ্র বলে কোন কিছু তুচ্ছ নয়। এবং ছোট ছোট পদক্ষেপ সমন্বিত হয়ে বড় জয় সংগঠিত করতে পারে। আমি চাই আপনিও এভাবেই আপনার সার্বিক অগ্রগতিকে বহাল রাখুন।"

এই কথা শুনে রাজা কৃষ্ণদেব রাও তেনালির প্রতি খুবই প্রীত হলেন। কারণ একটি মাত্র শষ্য কণার দৃষ্টান্ত দিয়ে তেনালি তাঁকে বোঝাতে পেরেছিলেন সমন্বয় শক্তির জোর কতখানি। এই ঘটনার পর তেনালি রমন 'ভূবন বিজয়ম্' রাজসভার অষ্টদিগগজের অন্যতম দিগগজ হিসাবে রাজা কৃষ্ণদেব রাওয়ের আস্থাভাজন হন। তিনি তেনালির জ্ঞানের গভীরতা, অসীম বুদ্ধিমত্তা, তীক্ষ্ণ বিচক্ষণতা এবং অনন্যসাধারণ উদ্ভাবনী শক্তির পরিচয়ে মুগ্ধ হন।

এরপর থেকে তেনালি রামন অষ্টদিগগজের মধ্যে সবচেয়ে মূল্যবান রত্ন হিসাবে বিরাজ করতে লাগলেন।

### জীবন থেকে শেখা

অনেক সময় আমরা তাকাই কিন্তু দেখি না, আমরা শুনি কিন্তু কর্ণপাত করি না। আমরা কল্পনা করতে পারি না যে ভীষণ জটিলতাকে সারল্য দিয়ে আবৃত করা যায়। যতক্ষণ না ক্ষুরকে অনুবীক্ষণ যন্ত্র দিয়ে দেখা যায় ততক্ষণ একে মনে হয় সোজা এবং ধারাল। অনুবীক্ষণ দিয়ে দেখলে বোঝা যায় এর ধারগুলো কত অসমান।

### জ্ঞান কণা

* অগ্রগতিই জীবনের নিয়ম * এটা কোনও অপ্রত্যাশিত ঘটনা নয় এটা প্রয়োজন, এটা প্রকৃতিরই একটা অংশ * অগ্রগতি আজকের কার্যক্রম এবং আগামীকালের নিশ্চিন্তি। * ধাপে ধাপে অগ্রগতি যেমন শিশুকে নিয়ে যায় আবরণের দিকে, তেমনি ব্যক্তিকে প্রতিষ্ঠা করে উন্নততর ক্ষেত্রে।

## Quotable Nuggets

"Nature knows no pause in progress and development."

J. W. Goethe

# শেষ হেঁয়ালি

রাজা কৃষ্ণদেব রাওয়ের রাজত্বকালে বিজয়নগর রাজ্যে আম্মাটুরে থোড়সাম চান্দু নামে এক ধনী জমিদার বাস করতেন। তাঁর তিন ছেলে ছিল। একদিন সেই জমিদার হঠাৎ খুব অসুস্থ হয়ে পড়েন। তিনি বুঝতে পারলেন তাঁর অন্তিম সময় ঘনিয়ে আসছে। তাই তিনি রোগ শয্যার পাশে তিন ছেলেকে ডেকে পাঠালেন। তিনি খুব স্তিমিত কণ্ঠে তাদেরকে বললেন, ‘‘আমার অবস্থা দেখে তোমরা নিশ্চয়ই বুঝতে পারছ, আমার আয়ু শেষ হয়ে আসছে। আমি হয়তো আর বেশিক্ষণ বেঁচে থাকব না, তাই এই মুহূর্তে তোমাদের সকলকে একটা কথা বলে যেতে চাই—তোমরা মনোযোগ দিয়ে সেই কথাটা শোন।’’

বাবার কথা শুনে তিনজনই বাবার দিকে বিমর্ষভাবে তাকিয়ে রইল।

থোড়সাম চোখ বুজে খুব ধীরে ধীরে বলতে লাগলেন, ‘‘আমার বিছানার নিচে

তোমাদের তিন ভাইয়ের জন্য কিছু সম্পদ রেখে যাচ্ছি। আমার মৃত্যুর পর বিছানা সরিয়ে মাটি খুঁড়লেই সেই সম্পদ পাবে। তোমরা তিন ভাই যদি সেগুলো যথাযথভাবে ভাগ করে নাও তাহলে তোমাদের আর কোনও অভাব থাকবে না।”

কিছুক্ষণ নীরব থেকে তিনি আবার বলতে আরম্ভ করলেন, “আর একটা কথা বলে যাচ্ছি, সম্পদ ভাগের সময় তোমাদের যদি কোনও অসুবিধা হয় তবে আমাদের পারিবারিক বন্ধু তেনালি রামনের পরামর্শ মতো কাজ কোরো।” এই কথা বলতে বলতে থোডসাম শেষ নিঃশ্বাস ত্যাগ করলেন।

বাবার মৃত্যুর পর কয়েকটা দিন শোক তাপের মধ্যেই কেটে গেল। এরপর একদিন তারা বাবার কথামতো মাটি খুঁড়ে দেখল তিনটি মাটির কলসি একটার ওপর একটা সুন্দরভাবে সাজানো।

তারা দেখল, সবচেয়ে ওপরের কলসিটা মাটি দিয়ে পূর্ণ। তারপরের কলসিটা শুকনো গোবরে ভর্তি। আর সবচেয়ে নিচের কলসিটা খড় দিয়ে পরিপূর্ণ। এবং তার নিচে একটি স্বর্ণমুদ্রার থলি।

এগুলো দেখে তারা কিছুটা নিরাশ হয়ে পড়ল। তারা কিছুতেই বুঝে উঠতে পারছিল না বাবা এগুলোকে সম্পদ বলেছেন কেন?

বড়ভাই কিছুক্ষণ চিন্তা করে বলল, “বাবা নিশ্চয়ই এই বস্তুগুলির মধ্যে দিয়ে কোনও গভীর কথা বলতে চেয়েছেন, এরমধ্য দিয়ে কোনও গূঢ় নির্দেশ করে গেছেন। কিন্তু সেই নির্দেশটা কী?”

তিন ভাই মিলে এই নিয়ে অনেকক্ষণ চিন্তাভাবনা করেও কোনও কূল কিনারা করতে পারল না। শেষমেষ তারা ভাবল বাবাতো মৃত্যুশয্যায় বলে গিয়েছিলেন আমাদের যদি কোনও অসুবিধা হয় তাহলে আমরা যেন আমাদের পারিবারিক বন্ধু তেনালি রামনের সঙ্গে কথা বলি।

এই কথা ভেবে অবশেষে তিনভাই মিলে অগতির গতি তেনালি রামনের বাড়িতে গিয়ে হাজির হল। এবং তার কাছে বাবার মৃত্যু শয্যা থেকে কলসি প্রাপ্তি পর্যন্ত সব কথা সবিস্তারে বর্ণনা করল।

সমস্ত ঘটনা শোনার পর তেনালি মৃদু হেসে বললে, “তোমাদের স্বর্গত পিতা ছিলেন অত্যন্ত বুদ্ধিমান এবং হেঁয়ালিপ্রিয় মানুষ। সেইজন্য শেষ সময়েও তিনি সম্পত্তি ভাগের ব্যাপারে একটি হেঁয়ালি করে গেছেন। সবচেয়ে ওপরের কলসি যেটা মাটি

দিয়ে ভরাট, সেটি বড়ছেলের জন্য। মাটি বলতে উনি জমিজমা শষ্যক্ষেত্রের কথা বোঝাতে চেয়েছেন। কাজেই সমস্ত জমিজমা বড়ছেলের প্রাপ্য। পরের কলসি যেটা শুকনো গোবরে ভর্তি, সেটা মেজ ছেলের জন্য। গোবরের মাধ্যমে তিনি গো-সম্পদের কথা বলতে চেয়েছেন। অর্থাৎ গাভী ইত্যাদি গৃহপালিত পশু সম্পদের অধিকারী হবে মেজ ছেলে। সব নিচের কলসিটি তিনি তাঁর ছোটছেলের জন্য নির্দিষ্ট করে গেছেন। যেহেতু শেষের কলসিটি খড় দ্বারা পরিপূর্ণ এবং খড়ের রঙ সোনালী সেই জন্য তিনি তার সমস্ত সোনাদানার প্রাপক হিসাবে ছোটছেলের কথাই চিন্তা করেছেন। এবং সোনাদানার বিষয়ে যাতে কোনও ধোঁয়াশা সৃষ্টি না হয়, সেইজন্য নিচের কলসির তলায় একটি স্বর্ণমুদ্রার পুঁটলি ও প্রতীক হিসাবে রেখে গেছেন।"

তিন ভাই-এর জন্য তিনরকমের সম্পদ রাখা নিয়ে যাতে কোনও ভুল বোঝাবুঝি না হয় সেইজন্য তেনালি আরও বলল, "আমার ধারণা তোমাদের সম্পদের আর্থিক মূল্য সমান সমান।"

বাবা যেভাবে তাঁর সম্পত্তি তিন ভায়ের জন্য ভাগ ভাগ করে রেখে গেছেন, তাতে তিন ভাই-ই খুব খুশি। তারা আরও খুশি তাদের পারিবারিক বন্ধু তেনালি রামনের তীক্ষ্ণ বুদ্ধি সম্পন্ন বিশ্লেষণী ক্ষমতা দেখে।

কিন্তু একটা বিষয় তাদের প্রশ্ন রয়েই গেল। কলসির তলায় একটি থলিতে যে দশটি স্বর্ণমুদ্রা পাওয়া গেল সেটা তবে কার?

এক মুহূর্ত ভেবে তেনালি মৃদু হেসে বলল, "তোমাদের স্বর্গত পিতা ছিলেন অত্যন্ত বিবেচক মানুষ। তাঁর দূরদর্শীতাও ছিল অসাধারণ। তিনি জানতেন তাঁর সম্পত্তির ভাগাভাগির বিষয়ে তোমরা আমার সাথে পরামর্শ করতে আসবে। সেইজন্য তিনি আমার সম্মান দক্ষিণা হিসেবে দশটি স্বর্ণমুদ্রা আলাদ করে রেখে গেছেন। এই কথা বলে তেনালি স্বর্ণমুদ্রাগুলি নিজের কাছে রেখে দিলেন।

আসলে স্বর্ণমুদ্রাগুলি নিয়ে ভাইদের মধ্যে যাতে কোনও জটিলতা সৃষ্টি না হয় সেইজন্য তেনালি বুদ্ধিকরে নিজে স্বর্ণমুদ্রাগুলি নিয়ে বিষয়টির একটি সহজ নিষ্পত্তি করে দিলেন। এরপর তিনভাই খুশি হয়ে তেনালির বুদ্ধির তারিফ করতে করতে বাড়ি ফিরে গেল।

**জীবন থেকে শেখা**

সন্তোষজনকভাবে সমস্যার সমাধান করেও দশটি স্বর্ণমুদ্রা নিয়ে যাতে ভাইদের মধ্যে বিবাদ না বাঁধে সেইজন্য তেনালি রামন একটা চমৎকার সুরাহা করে গেলেন। এখানেই সলোমন এবং তেনালির মতো শ্রেষ্ঠ মানুষদের বুদ্ধিমত্তা, তাৎক্ষণিক এবং নিরপেক্ষ চিন্তার পরিচয় পাওয়া যায়।

**জ্ঞান কণা**

* একজন কর্মদক্ষ মানুষ অবিচ্ছিন্ন ভাবে সংযোগ রক্ষা এবং মধ্যস্থতার মাধ্যমে সঠিক উপদেশ দেন এবং সমস্তরকম ঝুঁকি এবং বিরোধিতার কথা চিন্তা করেও সম্পদ এমনভাবে ভাগ করেন যাতে তাঁর কাজে সবাই সন্তুষ্ট হন।

## Quotable Nuggets

"Logical consequences are the scarecrows of fools and the beacons of wise men."

T. H. Huxley

## খাদ্য তথ্য

একবার বিজয়নগর রাজ কৃষ্ণদেব রাও অনেকদিন ধরে মারাত্মক সর্দ্দিকাশিতে ভুগছিলেন। নানারকম ওষুধপত্র খেয়েও তাঁর রোগের কোনও উপশম হচ্ছিল না। বরং দিন দিন সেটা আরও বেড়ে যাচ্ছিল। এরজন্য রাজপরিবারের সকলে যেমন চিন্তিত হয়ে পড়ছিলেন, তেমনি রাজার পারিষদবর্গের মধ্যেও দুশ্চিন্তা ঘনীভূত হচ্ছিল। তাঁরা বুঝতে পারছিলেন সাধারণ সর্দ্দিকাশি ভেবে একে অবহেলা করলে চলবে না। তাই তাঁরা শেষমেষ রাজবৈদ্যের স্মরণাপন্ন হলেন।

রাজবৈদ্য এসে নানারকম পরীক্ষা-নিরীক্ষা করে একটা উদ্বেগসূচক 'হুম্' শব্দ উচ্চারণ করে বেশ কিছুক্ষণ নীরব হয়ে রইলেন। মনে হল তিনি রাজা মশাইয়ের দীর্ঘ রোগভোগের কারণ অনুসন্ধান করে চলেছেন।

মহামন্ত্রী খুবই উদ্বিগ্ন হয়ে রাজবৈদ্যকে জিজ্ঞাসা করলেন, তিনি রাজামশায়ের অসুস্থতার কোনও কারণ খুঁজে পেলেন কিনা এবং অনুরোধ করলেন মহারাজ যাতে অচিরেই সুস্থ হয়ে যান তার জন্য যথাযথ ব্যবস্থা করতে।

বৈদ্যরাজ মহামন্ত্রীর দিকে একপলক তাকিয়ে বললেন, "রাজামশাই যাতে অবিলম্বে সুস্থ হয়ে ওঠেন তারজন্য আমি যথাসাধ্য চেষ্টা করব, তার আগে আমাকে কয়েকটি বিষয় সম্পর্কে অবহিত হতে হবে।" এই কথা বলে তিনি সরাসরি রাজামশাইকে জিজ্ঞাসা করলেন, "আচ্ছা মহারাজ, আপনার কী খেতে সবচেয়ে ভালো লাগে—টক, মিষ্টি, না ঝাল।

'টক'—কথাটা উচ্চারণ করার সাথে রাজা কৃষ্ণদেবের মুখটা বেশ উদ্ভাসিত হয়ে উঠল।

এরপর বৈদ্যমশাই রাজার আত্মীয়বর্গের কাছে খোঁজ নিয়ে জানতে পারলেন, রাজামশায়ের খাদ্যাভ্যাসের মধ্যে বেশ গণ্ডগোল আছে, তিনি প্রতিদিন টক দই, টক ঘোল এবং নানারকম টক আচার খেয়ে থাকেন। এসব শুনে রাজবৈদ্য মাথা নাড়িয়ে বললেন, "রাজা মশায়ের রোগ না সারার এটাই আসল কারণ। কাশির সাথে টকের আড়াআড়ি সম্পর্ক।"

এরপর তিনি রাজা কৃষ্ণদেবকে কয়েকটি ওষুধ দিয়ে বললেন, 'মহারাজ, আমি আপনাকে যে ওষুধগুলো দিলাম, সেগুলি সেবন করার সাথে সাথে টক জাতীয় জিনিষ খাওয়া বন্ধ রাখতে হবে তাহলেই আপনি সর্দ্দিকাশির কষ্ট থেকে মুক্তি পাবেন। আমি আশা করছি আমার ওষুধের গুণে এবং টক জাতীয় খাদ্য বাদ দিলেই আপনি খুব তাড়াতাড়ি সুস্থ হয়ে উঠবেন।"

এই কথা বলে তিনি চলে যাবার সময় মহামন্ত্রী এবং রাজার আত্মীয়দের ডেকে বললেন, "আপনাদের বিশেষভাবে নজর রাখতে হবে যাতে মহারাজ টক দই, টক ঘোল, টক আচার ইত্যাদি টক জাতীয় জিনিষ আর না খান।"

দেখা গেল রাজবৈদ্যের বারণ সত্ত্বেও মহারাজ টক জাতীয় জিনিষ খাওয়া থেকে বিরত হলেন না। ফলে দিনে দিনে তাঁর স্বাস্থ্যের অবনতি হতে লাগল।

রাজার অবস্থা দেখে মহামন্ত্রীর কপালে আবার চিন্তার ভাঁজ পড়তে শুরু করল। তিনি আর কালবিলম্ব না করে রাজপারিষদদের সাথে আলোচনা করতে বসলেন—কি করলে রাজা কৃষ্ণদেবের খাদ্যাভ্যাসের পরিবতর্ন ঘটিয়ে তাকে সুস্থ করে তোলা

যায়।

সকলের আলোচনাসাপেক্ষে স্থির হল রাজসভার বুদ্ধিশ্রেষ্ঠ তেনালি রামনের ওপর সমস্যা সমাধানের দায়িত্ব দেওয়া হোক।

রাজবৈদ্যও সকলের সাথে একমত হয়ে রসিকপ্রবর তেনালিকে বললেন, "আমাদের প্রিয় মহারাজের স্বাস্থ্য যেভাবে অবনতির দিকে যাচ্ছে তাকে রক্ষা করতে হলে আপনাকে অবিলম্বে একটা কার্যকর ব্যবস্থা গ্রহণ করতে হবে।"

তেনালি জানাল, যত তাড়াতাড়ি সম্ভব সে একটি উপায় বার করে রাজা মশাইকে সম্পূর্ণ সুস্থ করে তুলবে।

দু-একদিন যেতে না যেতেই তেনালি রাজা কৃষ্ণদেব রাওয়ের সাথে দেখা করে বলল, "মহারাজ আমি বেলামাকোন্দায় এক প্রখ্যাত বৈদ্যের সাক্ষাৎ পেয়েছি। আপনি যে দীর্ঘদিন সর্দ্দিকাশিতে কষ্ট পাচ্ছেন তাঁকে সে কথা বলেছি। এবং টক জাতীয় জিনিষ খেতে আপনি যে ভালোবাসেন সেটাও জানিয়েছি।"

রাজা কৃষ্ণএদব কিছুটা আশান্বিত হয়ে তেনালিকে বললেন, "তাঁর অভিমত কি? আমি যদি তাঁর ওষুধের সাথে আমার পুরনো অভ্যাস মতো আমার প্রিয় টক জাতীয় খাদ্য গ্রহণ করি তাহলে আমার কাশির কষ্ট কমবে তো!"

"কমবে মানে, খুব অল্পদিনের মধ্যেই সম্পূর্ণ সুস্থ হয়ে উঠবেন, তেনালি বলল, "তাছাড়া ওনার ওষুধের সাথে আপনি সব কিছু খেতে পারেন। টক-ঝাল-মিষ্টি যা আপনার পছন্দ। তবে হ্যাঁ, ওষুধটাও নিয়মিত খেতে হবে।"

একথা শুনে রাজা কৃষ্ণদেব খুব খুশি হলেন—বিশেষ করে টক আচার খেতে পারবেন জেনে তিনি নতুন বৈদ্যের ওষুধ নিয়মিত খাওয়া শুরু করলেন।

এভাবে কিছুদিন চলারপর তেনালি, রাজা কৃষ্ণদেব রাওয়ের শারীরিক সুস্থতার খোঁজ নিতে গিয়ে জানতে পারল নতুন ওষুধ খেয়ে তার অবস্থার তেমন অবনতি না হলেও বিশেষ কোন উন্নতিও হয়নি। কাশির কষ্টে তিনি বেশ কাহিল।

এরপর একদিন তেনালি রাজা কৃষ্ণদেবের সাথে দেখা করে বলল, "আপনি ওষুধের সাথে টক দই, টক ঘোল এবং টক আচার খাওয়া বাদ দেননি তো। যারা ওষুধের সাথে উপরোক্ত তিনটি জিনিষখান তাদের কিন্তু তিনটে উপকার হয়।"

"উপকারগুলো কিরকম"—রাজা মশাই খুব আগ্রহ সহকারে জানতে চাইলেন।

তেনালি বলল, "প্রথম কথা তাদের বাড়িতে চোর আসে না। দ্বিতীয়ত তাদের

কখনও কুকুরে কামড়ায় না। তৃতীয়ত তাদের কোনওদিন বার্ধক্য আসে না।"

রাজা কৃষ্ণএদব তেনালির কথাগুলো খুব ধৈর্য সহকারে শুনে বললেন, "এতো খুব ভালো ব্যাপার—বিষয়টা একটু বিস্তারিত ভাবে বলুন তো।"

তেনালি বলল, "যারা সর্দ্দিকাশিতে ভোগেন তারা যদি টক খান তবে তাদের কাশি কোনদিনও সারে না। দিন রাত্রি কাশির দমক চলতেই থাকে। কাশির শব্দ শুনে চোর ভাবে বাড়ির লোক সজাগ আছে তাই সে আর চুরি করতে ঘরেই ঢোকে না।"

"দীর্ঘদিন কাশিতে ভুগলে মানুষ খুব দুর্বল হয়ে পড়ে। তাকে চলাফেরা করতে হলে লাঠির সাহায্য নিতে হয়। আর হাতে লাঠি থাকলে ভয়ে কুকুর আর তাকে কামড়াতে আসে না।"

"ওষুধের সাথে পথ্যের বিধিনিষেধ না মানলে ওষুধে কোনও কাজ হয় না। রোগের প্রকোপে অল্প বয়সেই অকাল মৃত্যু গ্রাস করে। কাজেই তার কাছে আর বার্ধক্য আসতে পারে না। এইভাবেই তিনটে উপকার পাওয়া যায়।"

উপরোক্ত কথাগুলি শুনে রাজা কৃষ্ণদেব বুঝতে পারলেন তেনালি সুকৌশলে তাকে টক খাওয়ার বদ অভ্যাস ত্যাগ করতে বলেছে।

মহারাজ তেনালির কথায় সচেতন হয়ে কিছুদিনের মধ্যেই টক জাতীয় জিনিষ খাওয়া ছেড়ে দিলেন। এবং ধীরে ধীরে আগের মতো সুস্থ ও সবল হয়ে রাজ্য পরিচালনা করতে লাগলেন।

**জ্ঞান কণা**

* কোনও মানুষই 'আত্ম-নিয়ন্ত্রণ' এবং 'আত্ম-নিয়মানুবর্তিতা' ছাড়া নিজেকে রক্ষা করতে পারেন না। * তিনিই সবচেয়ে শক্তিশালী মানুষ যিনি নিজেকে নিয়ন্ত্রণ করতে পারেন। যাঁর নিজের ওপর আধিপত্য নেই তিনি কখনো মুক্ত হতে পারেন না।

## Quotable Nuggets

"Atma Sanyam and Indriya Riproha, control over self and senses, are needed for health and happiness."

Yoga Sutra

"It is better to have self-control than to control an army."

The Bible

# তাৎক্ষণিক উত্তর

একদিন বিজয়নগর রাজ্যের রাজা কৃষ্ণদেব রাও তাঁর 'ভূবন বিজয়ম' রাজ সভায় বসে পারিষদদের সঙ্গে খোশমেজাজে গল্প করছিলেন। তাঁর পারিষদদের মধ্যে অষ্ট দিগগজের অন্যতম দিগগজ তেনালি রামনও উপস্থিত ছিলেন। হঠাৎ ভাবলেন, দেখিতো পরীক্ষা করে রসিকপ্রবর তেনালির তাৎক্ষণিক বুদ্ধির জোর কতটা। এই কথা ভেবে তিনি তাকে বললেন—

'একটা বিষয়ে আপনার কাছে আমার খুব জানতে ইচ্ছা করছে—জন্মের সাথে সাথে আমার মাথাভর্তি চুল হল, যখন আমি বড় হলাম আমার গোঁফ দাড়ি হল কিন্তু আমার হাতের তালুতে কোনও চুল হলনা কেন?

রাজা কৃষ্ণদেবের এই কথায় তেনালি রামন কিছুটা অনুমান করে বুঝতে পারলেন, মহারাজ নিশ্চয়ই তার বুদ্ধিমত্তার পরীক্ষা করতে চাইছেন। তাই তিনি সহাস্য মুখে বললেন—

'মহারাজ, এটাতো খুব সাধারণ ব্যাপার, আপনার মতো প্রজাবৎসল রাজা আমি আর দ্বিতীয় দেখিনি। প্রজাদের দুঃখে আপনি সদা চিন্তিত, বিচলিত। সব সময়েই আপনার দুটো হাত গরিব দুঃখীদের দান ধ্যানের জন্য ব্যস্ত থাকে। আপনি যখন আপনার গরিব প্রজাদের কিছু দান করেন তখন হাতে হাতে ঘর্ষণ লাগে-এর ফলে আপনার হাতের তালুতে আর চুল গজায় না।'

রাজা কৃষ্ণএদব রাও, তেনালির উত্তরে খুবই খুশি হলেন। কিন্তু তবু তিনি মনে মনে ভাবলেন, তেনালির বুদ্ধির বিচার ঠিকমতো হল না—আর একটু পরীক্ষা করে দেখা যাক।

মহারাজ বললেন, 'আচ্ছা তেনালি আপনি বললেন প্রজাদের দানসামগ্রী দেবার জন্য আমার হাতে হাতে ঘর্ষণ লাগে এবং তারফলে আমার হাতের তালুতে চুল গজায় না—ঠিক আছে এটা না হয় মেনে নিলুম কিন্তু আপনার হাতের তালুতে চুল গজায় না কেন?'

তেনালি দু-এক মুহূর্ত নীরব থেকে বললেন, 'মহারাজ আমার হাতের তালুতে চুল না গজানোর একটা কারণ আছে।'

মহারাজ বললেন, 'কি কারণ, আমাকে একটু খোলসা করে বোঝান তো।'

তেনালি বললেন, 'কারণটা খুবই সহজ-সরল। আপনি যেভাবে প্রতিদিন আমাকে পুরস্কৃত করেন, আমার হাতে নানান উপহার তুলে দেন সেগুলো গ্রহণ করার সময়ে আমার হাতে হাতে ঘর্ষণ লাগে—তার ফলে আমার তালুতে চুল গজায় না।'

তেনালির এবারের উত্তরে মহারাজ কৃষ্ণদেব সন্তুষ্ট হলেও, ভাবলেন ঠিকমত তেনালির তাৎক্ষণিক বুদ্ধির পরিমাপ করা যাচ্ছে না। তাই তিনি তেনালির বুদ্ধি পরীক্ষার জন্য শেষ অস্ত্র প্রয়োগ করলেন—তিনি বললেন, 'ঠিক আছে আমার তালুতে এবং আপনার তালুতে চুল না গজানোর একটা মোটামুটি যুক্তি গ্রাহ্য কারণ না হয় জানা গেল, কিন্তু আমার পারিষদদের হাতের তালুতে চুল গজায় না কেন, তার কারণ কী?'

তেনালি মহারাজের কথা শুনে স্মিত হেসে বললেন, 'এর কারণও খুব সহজ মহারাজ—আপনার পারিষদদের মধ্যে দু'ধরনের মানসিকতার মানুষ আছেন, একদল পরশ্রীকাতর আর একদল তোযামোদকারী।'

তেনালির কথা শুনে উপস্থিত পারিষদদের মধ্যে চাঞ্চল্য দেখা গেল। তবু তারা

তেনালির বক্তব্য শোনার জন্য নীরবে অপেক্ষা করে রইল।

রাজা কৃষ্ণদেব অবাক দৃষ্টিতে তেনালির দিকে তাকিয়ে বললেন, 'আপনি কি বলতে চাইছেন খোলসা করে বলুন তো—

তেনালি বললেন, 'আপনি যখন আপনার দরিদ্র প্রজাদের নানান সামগ্রী দিয়ে তাদের দুঃখ মোচনের চেষ্টা করেন এবং আমাকে নানা পুরস্কারে ভূষিত করেন তখন আপনার কিছু পারিষদ ঈর্ষান্বিত হয়ে রাগে হাত কচলান। হাত কচলানোর ফলে ওদের তালুতে চুল গজায় না। আর একদল আপনাকে তোষামদ করার জন্যও দু'হাত কচলান, সেইজন্য তাদের তালুতেও চুল গজায় না।' তেনালির এই কথা শুনে রাজা কৃষ্ণদেব মনে মনে তেনালির বুদ্ধির তারিফ করলেন, কিন্তু তাঁর সভাসদরা মনে মনে গোমড়াতে লাগলেন।

**জীবন থেকে শেখা**

উপস্থিত বুদ্ধি এবং দ্রুত চিন্তাশীলতার মেধা তেনালি রামন এবং বীরবলের মধ্যে দেখা যেত। সেই কারণেই তাদেরকে সঠিকভাবে বলা হয় 'জ্ঞানী মানুষ'। তাঁদের এক মুষ্ঠি বালিতে বিশ্বদর্শনের পারঙ্গমতা ছিল অসাধারণ। আমরা সকলেও তাঁদের মতো উচ্চ ভাবনা পোষণ করতে পারি। গৌরব এই সূত্রেই বাঁধা।

**জ্ঞান কণা**

* কোনও মানুষকেই সম্পূর্ণভাবে অসফল বলা যায় না যতক্ষণ না সে সফল মানুষকে অপছন্দ করতে শুরু করে। * হিংসা একমাত্র এমন একটি পাপ যেটা সব সময়ে সর্বত্র পুনঃ পুনঃ সংগঠিত করা যায়। * যে ঈর্ষা করে সে তার নিকৃষ্টতা প্রমাণ করে। জং যেমন লোহাকে নষ্ট করে তেমনি ঈর্ষা ঈর্ষান্বিতকে নষ্ট করে। * খুব কম মানুষই আছেন যাঁরা বন্ধুর সাফল্যকে ঈর্ষা না করে সম্মান করার শক্তি ধরেন। * সম্মান এবং প্রশংসা ভালো মানুষকে আরো ভালো করে এবং মন্দ মানুষকে মন্দতর।

## Quotable Nugget

"When the grass looks greener on the other side of the fence, it may be that they take better care of it over there."

Anonymous

# ঠগ সাধু

কোন এক সময়ে বিজয়নগর রাজ্যের রাজধানী হাম্পি শহরের নিকটবর্তী একটি গ্রামের মন্দিরে এক সাধুর আবির্ভাব ঘটল। শোনা গেল সেই সাধু অলৌকিক ক্ষমতার গুণে নানারকম অদ্ভুত এবং রহস্যময় ঘটনা ঘটাচ্ছেন। তার ধর্মীয় আলোচনা নাকি মুগ্ধ হয়ে শোনার মতো।

এইসব কথা শুনে সংস্কারাচ্ছন্ন গ্রামবাসীরা সাধু মহারাজের দর্শন পাবার জন্য এবং তাঁর অমৃতময় বাণী শোনার জন্য মৌমাছির মতো ঝাঁকে ঝাঁকে এসে মন্দিরের চারপাশে ভিড় জমাতে শুরু করল। সকাল থেকে সন্ধ্যা তাদের অবিরাম যাতায়াতে মন্দির প্রাঙ্গন মুখর হয়ে উঠল। তারা নানারকম দান সামগ্রী, ফলমূল আর সুস্বাদু খাবার নিয়ে সাধুদর্শনের উন্মাদনায় নিজেদের গৃহকর্মের কথাও ভুলে যেতে লাগল।

বিজয়নগর রাজের রাজসভার অষ্টদিগগজের অন্যতম দিগগজ তোনালি রামনের কাছে যখন এই খবর গিয়ে পৌঁছল তখন তার মনে কেমন যেন এটা সন্দেহের দানা বাঁধল।

তিনি ভাবলেন একবার নিজে গিয়ে দেখতে হয় কিসের টানে গ্রামবাসী এমন উন্মাদের মতো ছুটোছুটি করছে।

সন্দেহ নিরসনের জন্য কয়েকদিন পরে গ্রামবাসীদের সঙ্গে তেনালিও মন্দিরে এসে হাজির হলেন। তেনালি দেখলেন সাধুবাবা মন্দির চাতালে একটা উঁচু বেদীর ওপর বসে আছেন। তার চারপাশে ফলমূল সহ নানারকম খাদ্যবস্তু সজ্জিত। পাশে ধূপধুনোর ধোঁয়ায় বেশ একটা রহস্যময় পরিবেশ।

অন্যান্য গ্রামবাসীদের সঙ্গে তেনালিও সাধুবাবার সামনে এসে বসলেন। কিছুক্ষণ পরেই সেই সাধুবাবা কতগুলি শ্লোক আওড়াতে আরম্ভ করলেন। তেনালি দেখলেন তিনি একই শ্লোক বারবার আওরে যাচ্ছেন এবং শ্লোকগুলির কোনও মাথা মুণ্ডু নেই।

গ্রামবাসীরা সেগুলোই সাধু মহারাজের অমৃতময় বাণী ভেবে আপ্লুত হচ্ছে।

সাধুবাবার এ হেন কার্যকলাপ দেখে তেনালি স্থির সিদ্ধান্তে আসলেন যে সাধুবাবা একজন মস্তবড় ঠগ। উল্টো পাল্টা শ্লোক আওড়ে নিজেকে পণ্ডিত প্রতিপন্ন করে এবং কিছু সস্তা ম্যাজিক দেখিয়ে সরল গ্রামবাসীদের ঠকাচ্ছে।

সাধুর আসল রূপ চিনিয়ে দেবার জন্য তিনি মনে মনে একটা ছক কষে উপস্থিত গ্রামবাসীদের শুনিয়ে শুনিয়ে বলতে লাগলেন—

'আমরা অত্যন্ত সৌভাগ্যবান এমন একজন মহাপণ্ডিত সাধুর দর্শন পেয়ে।

এনাকে স্পর্শ করলেই আমরা যে পূণ্য অর্জন করব তা আমাদের দেহ মনকে পবিত্র করে তুলবে।'

এই বলে তেনালি সাধুর খুব কাছে এসে হঠাৎই সাধুর সাদা একগুচ্ছ দাড়ি উপড়ে নিয়ে সোল্লাসে চিৎকার করে বলতে লাগলেন, 'পেয়ে গেছি, পেয়ে গেছি, সজ্ঞানে স্বর্গে যাবার চাবি পেয়ে গেছি। এবার আমি স্বর্গে যেতে পারব।'

তিনি আরও বলতে লাগলেন, 'আমাদের সাধুবাবা যে সে সাধু নন, পৃথিবীতে এমন মহান পণ্ডিত সাধু খুব কমই দেখা যায়। ইনি সত্যি সত্যি একজন মহাপুরুষ এর সারা অঙ্গ পূতঃ পবিত্র। সাধুবাবার দাড়ির গুচ্ছ যার কাছে থাকবে তার আর কোনও দুঃখ কষ্ট থাকবে না। আধি ব্যাধি থাকবে না। পায়ের ওপর পা তুলে মহা আরামে জীবন কাটাতে পারবে।'

তেনালির কথা শোনার পর গ্রামবাসীদের মধ্যে সাধুর দাড়ির গুচ্ছ পাবার জন্য হুড়োহুড়ি পড়ে গেল। আর সাধু মহারাজ গ্রামবাসীদের হাত থেকে উদ্ধার পাবার জন্য তল্পিতল্পা নিয়ে সেই যে দৌড় লাগালেন আর তাকে কোনওদিন এই মন্দিরের ত্রিসীমানায় দেখা যায়নি।

এইভাবে তেনালি রামন যে শুধু ঠগ সাধুর মুখোশ খুলে দিলেন তাই নয়। গরিব গ্রামবাসীদের ভূয়ো সাধুর হাত থেকে বাঁচালেন।

**জীবন থেকে শেখা**

একজনকে শত্রু করার সবচেয়ে নির্ভরযোগ্য উপায় তাকে বলা, 'তুমি ভ্রান্ত'। এই পদ্ধতি কখনও বিফল হয় না। আমরা এটাই করে থাকি এবং এই ভাবেই অনেককে

শত্রু করি। সমালোচনাকে প্রশংসায় পরিবর্তিত করার জন্য বিচক্ষণতা দরকার।

**জ্ঞান কণা**

* মিথ্যা বলা যত সহজ, সত্য বলা তত কঠিন। * মন্দ লোকের কাজ মিথ্যা দিয়ে অন্যকে প্রতারণা করা। * যাদের সৎ হবার মত মেধা নেই, তারাই চালাকি এবং বিশ্বাসঘাতকতাকারী হদ্দ বোকা। * যারা মানুষের কাছে সত্যকে লুকিয়ে রাখে তারা হয় ভিতু নয় দুষ্কৃতী অথবা দুই-ই। * যতই তুমি তোমার কাছে সত্য লুকিয়ে রেখে ভাব এটা খুব গোপনে আছে কিন্তু আসলে সেটা গোপনে থাকে না।

## Quotable Nugget

"Satyam vadet, priyam vadet; speak the truth sweetly."

Niti Vakya

"It is twice the pleasure to deceive the deceiver.

Jean De La Fontaine

# বয়সাঙ্কা

বিজয়নগর রাজ্যের রাজা কৃষ্ণদেব রাওয়ের রাজত্বকালে তাঁর সাথে পর্তুগীজদের সম্পর্ক খুব মধুর হয়ে উঠেছিল। সেই সময় ডোমিনগো পায়াস নামে এক পর্তুগীজ ভ্রমণকারী প্রায়ই বিজয়নগরে আসতেন। এর বিশালত্ব এবং আড়ম্বর তাঁকে মুগ্ধ করেছিল। এককভাবে তিনি বেশ কিছুদিন বিজয়নগর রাজ্যের রাজসভা 'ভূবন বিজয়ম'-এ কাটিয়ে যান। তিনি যে সময়ে বিজয়নগরে এসেছিলেন সেই সময়কার গুরুত্বপূর্ণ বিষয়গুলি তিনি খুব সুচারুভাবে লিপিবদ্ধও করেন।

তাঁর কাছে বিজয়নগরের আভিজাত্য, জাঁকজমক এবং শিল্প সমৃদ্ধির কথা শুনে

একজন ধনবতী পর্তুগীজ মহিলা এখানকার ভেঙ্কটেশ্বর, বিরূপাক্ষ এবং বিজয়লক্ষ্মী মন্দিরের স্থাপত্য এবং কারুকার্যময় গঠনশৈলী দেখার ইচ্ছা প্রকাশ করেন। এবং এ ব্যাপারে ডোমিনগোর সাহায্যপ্রার্থী হন।

তাঁর আগ্রহ দেখে ডোমিনগো পায়াস তাকে সঙ্গে করে হাম্পির রাজধানী শহরে নিয়ে আসতে সম্মত হন। এবং রাজাকৃষ্ণদেবকে তাদের অভিপ্রায় জানান।

রাজাকৃষ্ণদেব, ডোমিনগো এবং পর্তুগীজ মহিলার ইচ্ছার কথা জানতে পেরে রাজমহলে আসার জন্য তাদের আমন্ত্রণ জানালেন। শুধু তাই নয় রাজভবনে তাদের সৌজন্যে দিবা ভোজনেরও ব্যবস্থা করলেন।

কৃষ্ণদেব শুনেছিলেন পর্তুগীজ মহিলাটি একটু দাম্ভিক প্রকৃতির এবং আত্ম-অহংকারী। সাজসজ্জার জন্য প্রচুর অর্থ ও সময় ব্যয় করে থাকেন। তিনি চান সকলে তাঁর রূপ এবং সাজসজ্জার প্রশংসা করুক। তারমধ্যে অল্প বয়সী থাকার প্রবণতার কথাও কৃষ্ণদেব জানতে পারেন। সেইজন্যে সেই মহিলার রাজমহলে আসার আগে রাজা কৃষ্ণদেব তার পারিষদবর্গকে সতর্ক করে বলে দিয়েছিলেন ভদ্র মহিলার সঙ্গে কথা বলার সময় বা তার কোনও প্রশ্নের উত্তর দেবার সময় তাঁরা যেন খুব সাবধান থাকেন।

সেই মহিলা যখন রাজমহলে আসলেন তখন তাকে খুব উষ্ণ ও আন্তরিক অভ্যর্থনা জানানো হল। ঘুরিয়ে দেখানো হল রাজমহলের বিশিষ্ট স্থানগুলি। রাজা কৃষ্ণদেব এবং তার পারিষদবর্গের সৌজন্যপূর্ণ ব্যবহারে খুবই মুগ্ধ হলেন তিনি।

এরপর দিবা ভোজনের পর্ব সমাপ্ত হলে—রাজা এবং তাঁর পারিষদবর্গের সঙ্গে পর্তুগীজ মহিলা খোশ গল্প শুরু করলেন।

নানারকম কথাবার্তার মধ্যে হঠাৎ ভদ্র মহিলা মহারাজকে বললেন, 'আচ্ছা বলুন তো আমার কী রকম বয়স হতে পারে।'

মহিলার এই আচমকা প্রশ্নে, কৃষ্ণদেব রাও কিছুটা হকচকিয়ে গেলেন। কি বলবেন তিনি কিছুই স্থির করতে পারলেন না। কারণ তিনি জানতেন এই মহিলার প্রশ্নের উত্তর দিয়ে তাঁকে প্রসন্নকরা খুবই অসুবিধাজনক। তাই তিনি কিছুক্ষণ নীরব হয়ে রইলেন। তাঁর এই নীরবতা দেখে ভদ্রমহিলা আবার বললেন, 'আমার বয়স সম্পর্কে আপনার ধারণা কি?'

এবারে কৃষ্ণদেব স্মিত হেসে বললেন, 'আপনার মতো একজন সুরুচিসম্পন্ন মহিলার সঠিক বয়স নির্ধারণ করা যে কোনও মানুষের পক্ষেই কঠিন। এরজন্য

একজন বিচক্ষণ এবং বয়স বিশারদ মানুষের প্রয়োজন যিনি আপনার বয়স সঠিকভাবে অনুমান করতে পারবেন। এ ক্ষেত্রে তেনালি নামে আমার একজন বিচক্ষণ পারিষদ আছেন তার পক্ষে আপনার বয়সের অনুমান সম্ভব। তাকেই আপনার বয়স বিচারের জন্য বলছি।' এই কথা বলে রাজা কৃষ্ণদেব তেনালির দিকে বিমূঢ়ভাবে তাকালেন।

মহিলার সামনে রাজা কৃষ্ণদেবকে একটু বিচলিত দেখে তেনালি এগিয়ে এলেন হালধরবার জন্য।

তেনালিকে এক পলক অপাঙ্গে দেখে নিয়ে ভদ্র মহিলা কপট গাম্ভীর্যে বললেন, 'বলুন তো আমাকে দেখে আমার কত বয়স বলে মনে হয়?'

তেনালি ভদ্রমহিলাকে একটু নিরীক্ষণ করে বললেন, 'মহাশয়া, আপনার ঝকমকে নিপাট দাঁত দেখলে মনে হয় আপনার বয়স উনিশের বেশি নয়। আবার আপনার ঢেউ খেলানো বাদামী রঙের চুলের বাহার দেখে কিছুতেই আপনার বয়স আঠারোর বেশি বলতে পারি না। আবার আপনার দুধে আলতা গোলা স্বর্ণাভ গায়ের রঙের কথা যখন ভাবি তখন আপনার বয়স ষোলোর বেশি বললে মুর্খামির পরিচয় দেওয়া হবে।'

ভদ্রমহিলা তেনালির তোষামোদপুষ্ট কথায় তুষ্ট হয়ে বললেন, 'আপনার সুচিন্ত্য অভিমতের জন্য ধন্যবাদ—কিন্তু আমি আপনার কাছে আমার বয়স সম্পর্কে একটা সুনির্দিষ্ট অভিমত চাইছি সত্যি সত্যি বলুন তো আমার সঠিক বয়স কত বলে আপনার মনে হয়।'

মহিলার কথা শুনে তেনালি এবার সহাস্যে বললেন, 'মেয়েদের বয়স এবং ছেলেদের মাইনে সম্পর্কে জানতে চাওয়া এবং নির্দিষ্ট করে কিছু বলতে যাওয়া দুটোই অত্যন্ত গর্হিত কাজ—

তবু আপনি যখন জানতে চাইছেন বলি, 'আমি ইতিমধ্যেই আপনার বয়সের একটা হিসেব দিয়েছি—তবে বলতে লজ্জা নেই চিরকালই আমি অঙ্কে খুব কাঁচা। এই দুর্বলতার জন্য আমি কোনও দিনই যোগ, বিয়োগ, গুণ, ভাগ ঠিকমতো করতে পারিনি। আপনি যদি অনুগ্রহ করে ১৯, ১৮ এবং ১৬ যোগটা করে নিতে পারেন তবে আপনার বয়সের অনুমান সম্পর্কে আমার ধারণাটা স্পষ্ট হবে—আশাকরি আপনার সঠিব বয়স জানার জন্য আপনি এটুকু কষ্ট করতে অরাজী হবেন না।'

পর্তুগীজ মহিলা তেনালি রামনের রসসিদ্ধ চাতুর্যে মুগ্ধ হয়ে হো হো করে হেসে উঠলেন।

ভদ্রমহিলার হাসিতে রাজা কৃষ্ণদেব ও তাঁর পারিষদবর্গ সানন্দে যোগ দিলেন। রাজসভা ঝড়ের পাদুর্ভাব থেকে বসন্ত বাতাসের দাক্ষিণ্যে ফুরফুরে হয়ে উঠল।

**জীবন থেকে শেখা**

তুমি নিজে যদি অশালীন না হও তবে অপ্রীতিকর কথা কী করে বলবে। হূলওলা মৌমাছি বলে যে, বসন্ত এসেছে, কিন্তু প্রজাপতি তার পাখনায় পরশে একই কথা বলে কিন্তু হূলের ব্যবহার করে না। তোষামোদের কৌশলে মানুষকে কাছাকাছি আনা যায়। এই কৌশলই বলে দিতে পারে তুমি কতদূর পর্যন্ত যেতে পারো।

**জ্ঞান কণা**

* কৌশল একটা প্রয়োজনীয় বাস্তব গুণ, কাউকে শত্রু না করেও আসল বিষয়টা অনুধাবন করানোর এটা একটা বিশেষ ক্ষমতা। * মৌমাছি হূল ফুটিয়ে বলে যে বসন্তকাল এসে গেছে কিন্তু প্রজাপতির পাখনা একই বিষয় জানান দেয় কিন্তু কত মনোরম ভাবে। কৌশলই সমস্ত হেঁয়ালির ব্যাখ্যাদাতা, সমস্ত অসুবিধার অতিক্রমকারী, বাধা-বিঘ্নের অপসরণকারী। কৌশল না শিখলে, কিছুই শেখা হয় না।

## Quotable Nugget

"Tact is an art of putting it nicely but not precisely."

Anonymous

# বড় খেলোয়াড়

কোন এক সময়ে তেনালি রামন রাজধানী শহর হাম্পিতে একটি সুন্দর বাড়ি করে চলে এল। যেখানে বাড়ি করল সেই জায়গাটি খুব নিরিবিলি। তেনালি রামনেরও খুব পছন্দের জায়গা। শান্তিতে কাব্যচর্চার পক্ষে এমন মনোরম পরিবেশ, এমন নির্জন স্থান তেনালির মনকে খুশিতে ভরিয়ে দিল। তেনালি মনে মনে এমন একটি নির্জন নিরিবিলি জায়গায় বাড়ি করার কথাই বহুদিন ধরে ভাবছিল। কাজেই এখানে বাড়ি করে সে খুব খুশি হল।

কিন্তু কিছু দিন যেতে না যেতেই তেনালি বুঝতে পারল এখানে বাড়ি করাটা তার পক্ষে মারাত্মক ভুল হয়েছে। শান্তিতে কাব্য চর্চার জন্য যে নিরিবিলি-নির্জন জায়গা সে নির্বাচন করেছিল সেখানে যে একটা অনিবার্য উপদ্রব তার জন্য অপেক্ষা করে আছে তেনালি সেটা ভাবতেই পারেনি।

সে দেখল একটা হৈ-হুল্লোড়ে দুরন্ত ছেলের দল প্রতিদিন সন্ধ্যা থেকে রাত্রি পর্যন্ত

এখানে ভিড় জমাচ্ছে। শুধু ভিড় জমানো নয় এটা তাদের খেলার জায়গা। এখানে অনেক রাত্রি পর্যন্ত তারা হৈচৈ করে। তাদের হৈচৈ-তে তেনালির মাথা ঠিক রাখা দায় হয়ে উঠছে। সন্ধে থেকেই ছেলেরা নানা দলে বিভক্ত হয়ে এখানে আসে। কেউ ডাণ্ডাগুলি নিয়ে মেতে ওঠে—কেউ কানামাছি খেলে, আবার কোনও দল বা পাথরের স্তুপ সাজিয়ে বল ছুঁড়ে পাথর ভাঙাভাঙির খেলা খেলে। তাদের হৈ-হুল্লোড় চেঁচামিচি এমন একটা পর্যায়ে পৌঁছায় যে—তখন এখানে বাড়ি করার জন্য ভাগ্যকে দোষারোপ করা ছাড়া তেনালির আর কোনও উপায় থাকে না।

কিন্তু তেনালি ভাবল, কেবল ভাগ্যের ওপর দোষ চাপিয়ে নিশ্চুপ হাত গুটিয়ে বসে থাকলে তো আর চলবে না—ছেলের দলের হৈ-হট্টগোলের হাত থেকে বাঁচার জন্য একটা উপায় বের করতে হবে। উপায়ের কথা ভাবতে ভাবতে হঠাৎই তেনালির মাথায় একটা বুদ্ধি খেলে গেল।

একদিন সন্ধেবেলা যখন ছেলের দল এসে খেলাধূলা হৈ-হুল্লোড় শুরু করছে—তেনালি ঘর থেকে বেরিয়ে এসে তাদের কাছে গিয়ে হাজির হল।

তেনালিকে দেখে ছেলেরা একটু চুপচাপ হয়ে গেল।

তেনালি বলল, 'না না, তোমরা যেমন খেলাধূলা করছ, হৈচৈ করছ কর। আমি তোমাদের শুধু একটা কথা বলতে এসেছি।'

ছেলের দল তেনালির শান্ত মূর্তি দেখে এবং তার নম্র কথাবার্তা শুনে উৎসুক হয়ে বলল, 'আমাদের কি বলতে চান বলুন।'

তেনালি বলল, 'তোমরা যে প্রতিদিন এখানে এসে সন্ধে থেকে রাত্রির পর্যন্ত খেলাধূলা কর, হৈচৈ কর, সেটা আমার খুব ভালো লাগে। তোমরা হয়তো জাননা, আমি একজন কবি, সময় পেলেই কবিতা লিখি। তোমরা যখন এখানে খেলতে এসে হৈ-হুল্লোড় শুরু কর—সেই হুল্লোড় আমার কানে গেলে আমার মনে নতুন ভাব আসে। আমি নতুন নতুন কবিতা লিখিতে পারি। ওই সময়টা আমার কাছে সবচেয়ে আনন্দের সময়। তোমরা যখন কানামাছি খেল, কাবাডি বা ডাংগুলি খেল তখন আমার ছেলেবেলার কথা মনে পড়ে যায়। আমি ও তো আমার ছোটবেলায় তোমাদের মতো দল পাকিয়ে খেলাধূলা করেছি, চেঁচামিচি করেছি। সময় নেই অসময় নেই সব বন্ধুরা মিলে সারা পাড়া দাপিয়ে বেড়িয়েছি।

কাজেই তোমরা যখন আমার বাড়ির চারধারে খেলায় মেতে উঠে হৈ-হুল্লোড় শুরু কর তখন যেন আমি একটা প্রাণ পাই। আবার যদি তোমরা আসতে দেরি কর বা কোনওদিন না আস তখন আমার যেন কেমন ফাঁকা ফাঁকা লাগে— যাইহোক যা

বলছিলাম শোন, তোমরা যদি প্রতিদিন এইখানে এসে এরকম খেলাধূলা আর চেঁচামিচি কর তাহলে খুশি হয়ে প্রতি সপ্তাহের শেষে তোমাদের আমি দশটা করে স্বর্ণমুদ্রা পুরস্কার দেব।'

তেনালির কথা শুনে ছেলের দল খুব উৎসাহিত হল। তারা ভাবল খেলাধূলো, হৈ-হুল্লোড়ের জন্য প্রতি সপ্তাহে দশটি করে স্বর্ণমুদ্রা এর চেয়ে ভালো পুরস্কার আর কি হতে পারে।

তাই তারা প্রতিদিন সন্ধ্যা থেকে অনেক রাত্রি পর্যন্ত পূর্ণ উদ্যমে খেলাধূলা চালিয়ে যেতে লাগল। এইভাবে এক সপ্তাহ কেটে যাবার পর তারা তেনালির সাথে দেখা করে বলল, 'আপনি বলেছিলেন সপ্তার শেষে দশটি স্বর্ণমুদ্রা দেবেন—আজকে এক সপ্তা শেষ হয়েছে আমাদের পুরস্কারের দশটি স্বর্ণমুদ্রা দিন।

ছেলের দলকে তার বাড়ির দিকে আসতে দেখে তেনালি আগে থেকেই স্বর্ণমুদ্রা নিয়ে অপেক্ষা করছিল। ওরা আসতে তেনালি খুশি খুশি মুখে ওদেরকে দশটি স্বর্ণমুদ্রা দিয়ে দিল।

আগের মতো সাতদিন খেলাধূলা করে দ্বিতীয় সপ্তার শেষে ছেলের দল এসে শর্ত মতো তেনালিকে দশটি স্বর্ণমুদ্রা দিতে বলল।

তেনালি কিছুটা ইতস্তত করে ওদেরকে বলল, 'এ সপ্তাহে আমি কিছুটা অসুবিধার মধ্যে আছি তাই দশটি নয় এবারে তোমরা আমার কাছ থেকে সাতটি স্বর্ণমুদ্রা নিয়ে যাও।'

ছেলেরা আর কোনও উচ্চবাচ্য না করে সাতটি স্বর্ণমুদ্রা নিয়ে খুশি হয়ে চলে গেল।

এইভাবে তৃতীয় সপ্তার শেষে ছেলের দল তেনালির কাছে পারিতোষিক নিতে হাজির হলে তেনালি বলল, 'দেখ হে, আমার মালিক এখনও আমাকে একমাসের বেতন দিতে পারেনি—যাইহোক তোমাদের জন্য আমি পাঁচটি স্বর্ণমুদ্রা জোগাড় করে রেখেছি—এবারের মতো ওই পাঁচটি স্বর্ণমুদ্রাই তোমরা নিয়ে যাও।'

দশটির জায়গায় পাঁচটি স্বর্ণমুদ্রা পাওয়াতে ছেলেরা কিছুটা খুন্ন হলেও মুখে কিছু না বলে কিছুটা অসন্তুষ্ট হয়ে ওই পাঁচটি স্বর্ণমুদ্রা নিয়েই চলে গেল।

চতুর্থ সপ্তার শেষে ছেলের দল এসে হাজির হলে তেনালি বলল, 'আমার সময়টা বড্ড খারাপ যাচ্ছে। এবারে পাঁচটি স্বর্ণমুদ্রাও দিতে পারব না—কোনরকমে দুটো স্বর্ণমুদ্রা জোগাড় করে রেখেছি এ দুটো নিয়ে যাও। আর একটা কথা দুটো হোক একটা হোক সপ্তার শেষে তোমরা যে স্বর্ণমুদ্রা পাবে এ ব্যাপারে নিশ্চিত থাকতে পার।'

তেনালির কথা শুনে এবারে ছেলের দল খুবই ক্ষুব্ধ হল—তারা শান্ত ভাবে বলল,

'আপনি কি ভেবেছেন সামান্য একটা দুটো স্বর্ণমুদ্রার জন্য আমরা আপনার কথায় এখানে প্রতিদিন খেলতে আসব—সেটা কখনওই সম্ভব নয়। আমরা এখানে আর কখনও খেলতেই আসব না।' এই কথা বলে তারা সেখান থেকে ঝড়ের মতো চলে গেল। তেনালির বুদ্ধির চালে ছেলেরা মাৎ হয়ে সেই যে চলে গেল আর কখনও এ মুখো হল না। তেনালিও খুশি হয়ে নতুন বাড়িতে নিরুদ্বিগ্ন ভাবে কাব্যচর্চা চালিয়ে যেতে লাগল।

**জীবন থেকে শেখা**

যা কিছু করনা কেন একটা পরিকল্পনা মাফিক করবে। স্বল্পস্থায়ী এবং দীর্ঘস্থায়ী যাই হোক না কেন। এমনকি শহরের এক প্রান্ত থেকে অপরপ্রান্তে যাওয়ার জন্যও একটা পরিকল্পনা দরকার। চিনারা যেমন বলে থাকেন, 'তুমি যদি না জানো কোথায় যাচ্ছ, যে কোনও রাস্তাই তোমাকে সেখানে নিয়ে যাবে', কোথায়? যে কোনও জায়গায়। কিন্তু তেনালি রামনের মতো মানুষেরা জানেন তাঁদের গন্তব্য কোথায়।'

**জ্ঞান কণা**

* আনন্দ এবং সুখকে যখন অর্থ উপার্জনের ব্যবসায়িক মনোবৃত্তিতে খাটানো হয় তখন সুখ এবং অর্থ দুটোই হারিয়ে যায়। * অর্থের প্রতি অতিরিক্ত লোভ এবং স্বার্থযুক্ত ভাবনা সমস্ত নষ্টের গোড়া। * অর্থ যেন মানুষকে এমন না অন্ধ করে যাতে সে ব্যবসা থেকে আনন্দকে আলাদা করতে অপরাগ হয়।

## Quotable Nugget

"He that is of the opinion money will do everything may well be suspected of doing everything, for money."

Proverb

# এক টুকরো শান্তির জন্য

বাসু রাও নামে তেনালির এক কৃপণ বন্ধু ছিল। অনেকদিন ধরে সে একটা সমস্যায় ভুগছিল। তার বাড়িটা ছিল ছোট্ট এবং কোলাহল পূর্ণ। সে চাইছিল বেশি খরচাপাতি না করে বাড়িটা বড় করতে এবং শান্ত রাখতে।

যাতে তার সমস্যার সমাধান হয় সেইজন্য সে একদিন বন্ধু তেনালির কাছে গিয়ে হাজির হল। এবং তার প্রয়োজনের কথা তেনালিকে ব্যাখ্যা করে জানাল। তেনালি বললেন, 'ঠিক আছে আমি তোমার সমস্যার সমাধান করে দিতে পারি তবে আমি যা বলব সেটা তোমাকে শুনতে হবে।'

কোনও দ্বিরুক্তি না করে বাসু রাও তেনালির কথায় রাজি হয়ে গেল। তেনালি বলল, 'বাসু তোমার যদি কোনও মুরগীর ছানা, ভেড়া, শূকর, গরু এবং ঘোড়া থাকে

তাহলে তাদেরকে তুমি যে ঘরে থাক সেখানে নিয়ে এসো। ওরা তোমার সঙ্গে থাকবে।

বাসু ভাবল এটা করা একটা বোকামির কাজ হবে নাতো! যাই হোক তবু সে তেনালির কথা মতো কাজ করল। তার বাড়িটা একেই ছোট ছিল, তারপর এই সব গণ্ডগোলে প্রাণী রাখার পর বাড়িতে আর কোনও জায়গা থাকল না।

এই অবস্থায় সে তেনালি রামনের কাছে পাগলের মতো গিয়ে হাজির হল এবং চিল্লেমিল্লে বলল, 'আমার ছোট ঘরকে আরও বড় করতে চেয়েছিলাম—হৈ-হল্লাকে শান্ত রাখতে চেয়েছিলাম—এ যে দেখছি উল্টো ফল। জন্তু জানোয়ারদের রেখে আমার ঘরে আর পা রাখার জায়গা পাচ্ছি না। তাদের নানারকম বিদঘুটে আওয়াজে আমার শান্তি নষ্ট হয়েছে। তুমি যেভাবে পারো আমার এই নিদারুণ অবস্থা থেকে আমাকে বাঁচাও।'

তেনালি শান্ত ভাবে বলল, 'এত উদ্বিগ্ন হবার কিছু নেই। এক কাজ করো, এই জন্তু জানোয়ারকে তোমার বাড়ি থেকে বাইরে নিয়ে গিয়ে যে যেখানে ছিল তাকে সেখানে রেখে এসো।' বাসুরাও, তেনালির কথা মতো সব জন্তু-জানোয়ারকে বাইরে নিয়ে গিয়ে যার যার আগের জায়গায় রেখে আসল।

সে বাড়িতে ফিরে এসে অবাক বিস্ময়ে দেখল হঠাৎ যেন যাদুকাঠির ছোঁয়ায় জন্তু-জানোয়ার হীন বাড়িটা বিশাল হয়ে গেছে। গরুর হাম্বা, ভেড়ার ভ্যা-ভ্যা মিলিয়ে গিয়ে নেমে এসেছে অপার নীরবতা। বসুরাও আবিষ্কার করল কিছু খরচা না করেই তার সমস্যার সমাধান হয়ে গেছে।

**জীবন থেকে শেখা**

প্রত্যেকটি সমস্যার একটা পূর্ব সূত্র আছে। তুমি যদি সেটার পরিবর্তন করতে পারো তাহলে সমস্যাটা আর নাও থাকতে পারে।

**জ্ঞান কণা**

* ভালো এবং মন্দ কেবলমাত্র অভিমত, এটা আমাদের ক্ষমতা অনুযায়ী যেমন খুশি বিবেচনা করতে পারি * জিনিষটা একই থাকে কেবল আমাদের উপলব্ধি এবং মতের

পরিবর্তন হয়। * আমরা কমবেশি আমাদের অভিমতের দাস। * আমাদের মতামত আমাদের জীবনধারা এবং অভ্যাসের ওপর নির্ভর করে। * যে কখনও নিজের মতকে পাল্টায় না এবং ভুলকে সংশোধন করতে পারে না, সে কখনও জ্ঞানী হতে পারে না। * সুতরাং খোলা মন নিয়ে, মতামতকে বিচার করতে হবে এবং বুদ্ধিমত্তার সাথে সেটা নির্দেশে রূপান্তরিত করতে হবে।

## Quotable Nugget

"As our inclinations are, so our opinions would be."

Proverb

# ঠগের ওপর ঠগদারি

কোন এক সময়ে তেনালি রামন তার এক জমিদার বন্ধুর কাছ থেকে এক হাজার স্বর্ণমুদ্রা ধার নেয়। এরপর বিজয়নগর রাজ্যের রাজসভায় অষ্ট দিগগজের অন্যতম দিগগজ হিসাবে স্থান পাবার পর তেনালির অবস্থার উন্নতি ঘটলে সে সেই স্বর্ণমুদ্রা শোধ করে দেবার জন্য মনস্থির করে। তার বন্ধুর জমিদারী ছিল হাম্পি শহরের কাছে রায়চূড়া দোয়ার নামে একটি অঞ্চলে। তখনকার সময়ে যানবাহনের কোনও বিশেষ ব্যবস্থা ছিল না। কোথাও যেতে গেলে হয় পাল্কি নয় ঘোড়ায় চড়ে অথবা পায়ে হেঁটে যেতে হত। একটা শুভদিন দেখে সহস্র স্বর্ণমুদ্রা নিয়ে তেনালি পায়ে হেঁটেই বন্ধুর জমিদারীর উদ্দেশ্যে রওয়ানা দিল।

সৌভাগ্যবশত সে তার পথযাত্রায় একজন সঙ্গীও পেয়ে গেল। দাড়ি গোঁফে আচ্ছাদিত মুখমণ্ডল, সৌম্যকান্তি এবং সুন্দর স্বাস্থ্যের অধিকারী সহযাত্রীকে পেয়ে তেনালি খুশিই হল। পথে যেতে যেতে আলাপ পরিচয়ের মাধ্যমে সহযাত্রী তেনালিকে জানাল সে একজন সর্বত্যাগী সন্ন্যাসী মাত্র। এবং সে যখন জানতে পারল হাম্পির কাছাকাছি রায়চূড়া দোয়াবে তেনালির গন্তব্যস্থল—তখন সন্ন্যাসীও খুশি হয়ে জানাল তারও গন্তব্যস্থল হাম্পির কাছাকাছি একটি অঞ্চলে।

দীর্ঘ পথযাত্রায় উভয়ে উভয়ের সঙ্গী হওয়ায় পথযাত্রা যে ক্লান্তিকর হবে না একথা ভেবে ওরা খুশ মেজাজে পথ হাঁটতে লাগল।

কথা প্রসঙ্গে সন্ন্যাসী বলল, 'আমরা যে পথে যাচ্ছি সেটা শুধু দুর্গম নয়, দুষ্কৃতীদের মৃগয়া ভূমি। প্রতি পদক্ষেপে ঠগ জুয়াচোরদের পাল্লায় পড়ার দুর্ভাবনা আছে। আপনার কাছে যদি মূল্যবান কিছু থাকে সেগুলি খুব সাবধানে রাখবেন।'

তেনালি জানাল, এক সময়ে সে তার এক বন্ধুর কাছে সহস্র স্বর্ণমুদ্রা ধার নিয়েছিল, সেই ধার শোধ করার জন্য সঙ্গে সহস্র স্বর্ণমুদ্রা নিয়ে সে হাম্পির দিকে চলেছে।

তেনালির কথা শুনে মুখে সন্তোষের ভাব ফুটিয়ে সন্ন্যাসী বলল, 'অঋণী অপ্রবাসী মানুষের মতো সুখী আর কেউ নেই। আপনি যে বন্ধুর ঋণ শোধ করার জন্য যাচ্ছেন এটা জেনে আমার খুব ভালো লাগছে।'

সন্ন্যাসী আরও বলল, 'কোথায় আপনি আপনার সহস্র স্বর্ণমুদ্রা রেখেছেন জানি না। তবে সাবধানের মার নেই—এই পথটা খুবই বিপদসঙ্কুল তাই আপনাকে বারবার সাবধান করে দিচ্ছি।'

সন্ন্যাসীর কথায় খুবই আপ্লুত হয়ে তেনালি স্বর্ণমুদ্রা রাখার গোপন স্থানটি আভাসে ইঙ্গিতে সন্ন্যাসীকে দেখিয়ে বলল, 'আপনি আমাকে যেভাবে সতর্ক করে দিচ্ছেন সেটাও আমার খুব ভালো লাগছে—এরজন্য আমি কৃতজ্ঞ।'

সন্ন্যাসী স্মিত হেসে বলল, 'আমার কথা আমি কিছু ভাবিনা—আমি লোটা কম্বল সম্বল করে দিন কাটাই—তাই আমার চোর ডাকাতেরও কোনও ভয় নাই—কিন্তু গৃহী মানুষের বিপদ পদে পদে—তারা পার্থিব সম্পদ আঁকড়ে রাখতে চায়—তা যদি চোর ডাকাতের হাতে চলে যায় তখন তার যে মনঃকষ্ট হবে সেটা আমি বুঝি তাই আমি বারবার সাবধান বাণী উচ্চারণ করছি।'

এভাবে পথযাত্রায় সন্ন্যাসী তাঁর ভগবানে বিশ্বাস নিয়ে অনেক গল্প করলেন।

সংসারজীবনের চেয়ে সন্ন্যাসজীবন যে তার কাছে অসীম আনন্দ নিয়ে এসেছে একথাও জানালেন।

কিন্তু এসব আলোচনার ফাঁকে ফাঁকে স্বর্ণমুদ্রার প্রসঙ্গ তুলে তেনালিকে সাবধান করতেও ভুললেন না। প্রথমদিকে সন্ন্যাসীর প্রতি তেনালির বিশ্বাস জন্মালেও বারবার স্বর্ণমুদ্রার প্রসঙ্গ তোলায় তেনালির কেমন যেন সন্দেহ হল, সে সন্ন্যাসীরূপী কোন ঠগের পাল্লায় পড়েনি তো! আরও কিছুটা যাবার পর তেনালি বুঝতে পারল। সন্ন্যাসী সহযাত্রীর চালচলন কথাবার্তার মধ্যে কোথায় যেন একটা মতলব খেলা করছে। আরো কিছুটা যাবার পর জোঁকের মতো গায়ে লেগে থাকা সহযাত্রী যে একজন ঘুঘু ঠগ এ ব্যাপারে তেনালি স্থির নিশ্চিত হল। সে মনে মনে ভাবল চোরের ওপর বাটপারি বলে একটা কথা আছে এবার ঠগের ওপর ঠগদারি করে তেনালি বুঝিয়ে দেবে ঘুঘুকে ঘোল খাওয়াতে সেও কিছু কম যায় না।

নানারকম গল্প করতে করতে তারা আরো কিছুটা পথ অতিক্রম করার পর দেখল সন্ধ্যা উৎরে রাত্রি ঘনিয়ে আসছে। কাজেই এবার একটা সরাইখানা খোঁজ করা জরুরি, যেখানে রাত্রিটা নিশ্চিন্তে কাটাতে পারবে।

এদিক ওদিক খুঁজতে খুঁজতে কিছুক্ষণ পরেই পথের ধারে একটা সরাইখানা দেখে রাত্রিবাসের জন্য সেখানে গিয়ে উঠল ওরা।

সারাদিনের পথ যাত্রায় তারা ক্লান্ত ছিল, কাজেই আর দেরি না করে সামান্য কিছু আহার করার পর কম্বল গায়ে দিয়ে যে যার বিছানায় গিয়ে শুয়ে পড়ল।

একে শীতের রাত্রি, তার ওপরে পথের ক্লান্তি—কিছুক্ষণের মধ্যে দু'জন ঘুমিয়ে পড়ল।

রাত্রি যখন গভীর হল, তেনালি ঘুমিয়ে থাকলেও ঠগ সন্ন্যাসী বিছানা ছেড়ে উঠে পড়ল, ভাবল এই সুযোগে তেনালির স্বর্ণমুদ্রাগুলো নিয়ে সরে পড়বে।

তাই সে ধীরে ধীরে তেনালির কাছে এসে তার পকেট, ব্যাগ, বিছানার চাদর, মাথার বালিশ তন্ন তন্ন করে স্বর্ণমুদ্রার খোঁজ করতে লাগল।

কিন্তু কোথায় স্বর্ণ মুদ্রা? অনেক খোঁজাখুঁজি করেও তার কোনও হদিস না পেয়ে হতাশ হয়ে আবার বিছানায় গিয়ে শুয়ে পড়ল।

পরের দিন ভোরবেলা ঠগটি উঠে দেখল তার আগেই তেনালি উঠে বসে আছে। এবং দেখল তেনালির একটা পকেট স্ফীত। সেখানেই যে স্বর্ণমুদ্রা আছে এ ব্যাপারে ঠগ নিশ্চিত হল। এবং কি করে ওই স্বর্ণমুদ্রাগুলো হস্তগত করা যায় তার একটা

পরিকল্পনা করে রাখল।

দ্বিতীয় দিনে তারা একটু বেলাবেলিই পথ যাত্রা শুরু করল। এবং সন্ধ্যার কিছু পরে আবার একটা সরাইখানায় এসে উঠল। তেনালি দেখল ঠগটা কিছুতেই তার কাছ ছাড়া হচ্ছে না এবং নানান কথার মাঝেও স্বর্ণমুদ্রার প্রসঙ্গ তুলতে ভুলছে না।

প্রথম দিনের তুলনায় শীতটা একটু জাঁকিয়ে পড়াতে ওরা খাওয়া-দাওয়া শেষ করে তাড়াতাড়ি শুয়ে পড়ল।

অল্প সময়ের মধ্যে তেনালি গভীর ঘুমে আচ্ছন্ন হয়ে পড়ল। ঠগটাও প্রথম দিকে কিছুটা ঘুমিয়ে আবার মাঝ রাত্রিরে উঠে বসে যথারীতি স্বর্ণমুদ্রার খোঁজে এগিয়ে এলো তেনালির বিছানার কাছে।

বিছানা সরিয়ে বালিশের তলা দেখে পকেট হাতড়ে স্বর্ণমুদ্রার কোনও চিহ্ন খুঁজে পেল না। বেকুবের মতো কিছুক্ষণ চুপচাপ বসে থাকার পর হতাশ ও নিরুদ্দম হয়ে ঠগটা আবার নিজের বিছানায় এসে শুয়ে পড়ল। পরের দিন খুব ভোরবেলা উঠে ঠগ দেখল গতকালের মতো তেনালি আজও তার আগে বিছানায় উঠে বসে আছে।

এটা সেটা কথাবার্তার পর ঠগ তেনালিকে জিজ্ঞাসা করল 'আপনার স্বর্ণমুদ্রাগুলো ঠিকঠাক আছে তো?'

তেনালি জানাল তার স্বর্ণমুদ্রাগুলো যথাস্থানেই সুরক্ষিত অবস্থায় আছে।

তেনালির কথাবার্তার মাঝে ঠগ গোপনে তাকিয়ে দেখল তেনালির পকেটটি যথারীতি স্ফিত হয়ে আছে।

তেনালি তার সহযাত্রীকে জানাল, আজকেই তাদের সরাইখানায় রাত্রিযাপনের শেষ দিন। রাত্রিটা কোনও রকমে কাটাতে পারলে আগামীকাল দুপুরের আগেই গন্তব্যস্থলে পৌঁছতে পারবে।

সেদিন তেনালি রাত্রে একটু তাড়াতাড়িই শুয়ে পড়ল। শীতটাও আগের তুলনায় তীব্র হয়েছে। কম্বলে নাক, মুখ ঢেকে কিছুক্ষণের মধ্যে ঘুমের সাগরে ডুব দিল সে। কিন্তু ঠগ ঘুমের ভান করে পড়ে থাকলেও তার দু'চোখ এক হল না। আজকেই তার শেষ সুযোগ। স্বর্ণমুদ্রার স্বপ্নে তার অস্থিরতা বেড়ে গেল। তেনালির ঘুমের ব্যাপারে যখন সে নিশ্চিত হল, তখন আস্তে আস্তে এগিয়ে গেল তেনালির দিকে। আবার তন্ন তন্ন করে খুঁজল তেনালির বিছানাপত্র কম্বল বালিশ তার রেখে দেওয়া যাবতীয় জিনিষপত্র কিন্তু কোথায় স্বর্ণমুদ্রা। সে কিছুতেই ভেবে পাচ্ছিল না কোথায় উবে যেতে পারে স্বর্ণ মুদ্রার পুঁটলি। তার এত দিনের জীবনে এরকম আশ্চর্য ঘটনা আর কোনও

দিনও ঘটেনি। স্বর্ণ মুদ্রার কোনও খোঁজ না পেয়ে নিদারুণ হতাশায় সে সারারাত ঘুমোতেই পারল না।

পরের দিন খুব ভোরবেলা উঠে তেনালি তার সবকিছু গোছগাছ করে সহযাত্রীর সঙ্গে গন্তব্যের দিকে রওয়ানা দিল। তারা যখন হাম্পি শহরের কাছাকাছি পৌঁছে গেল, তখন ঠগ বলল, 'আমাদের পথযাত্রাটা বাস্তবিকই খুব সুখকর হয়েছে। এরজন্য ঈশ্বরকে ধন্যবাদ। কিন্তু আপনার কাছে একটা বিষয় জানার জন্য আমি খুব উদগ্রীব হয়ে আছি।'

তেনালি বলল, 'কি জানতে চান বলুন।'

এটা সেটা কথার পর ঠগ জিজ্ঞাসা করল, 'আচ্ছা আপনি গত তিন রাত্তির স্বর্ণমুদ্রাগুলো কোথায় রেখেছিলেন। সত্যি কথা বলতে কি আপনার স্বর্ণমুদ্রার চিন্তায় আমার তিন রাত্তির ভালো ঘুম হয়নি।'

ঠগের কথায় তেনালি মুচকি হেসে বলল, 'আহারে বন্ধু, আপনার কথা শুনে আমার খুব দুঃখ হচ্ছে। কারণ ঠগগিরির আসল নৈপুণ্য এখনও আপনার রপ্ত হয়নি। আসলে প্রথম থেকেই আপনার বদ মতলবটা আমি বুঝতে পেরেছিলাম। আপনি যে স্বর্ণমুদ্রা হাতাবার জন্য আমার সঙ্গে জোঁকের মতো লেগে আছেন—আপনার কথাবার্তা চালচলনে আমি কিছুটা অনুমান করেছিলাম। তাই প্রতিটি রাত্রে আপনার বালিশের তলায় আমি স্বর্ণমুদ্রাগুলো লুকিয়ে রাখতাম। আবার ভোর হতে না হতে সেগুলো সুযোগ বুঝে নিজের কাছে নিয়ে রাখতাম। আমি নিশ্চিত ছিলাম আপনি কোনদিন আপনার বালিশের তলা খুঁজে দেখবেন না—কাজেই ওই জায়গাটাই আমার সবচেয়ে নির্ভরযোগ্য ও নিরাপদ স্থান। সেই কারণে আপনি প্রতিদিন আমার ব্যাগ, বালিশ, চাদরের তলা খুঁজে দেখেও স্বর্ণ মুদ্রার হদিশ পাননি। আমার দুঃখ হচ্ছে আপনার এ যাত্রাটা বৃথাই গেল বলে।'

এই কথা শুনে হতবুদ্ধি ঠগ তেনালিকে সেলাম করে বলল, 'আপনি যে ঠগদারির একজন বড় ওস্তাদ একথা আমাকে স্বীকার করতেই হবে।'

এরপর তেনালি এবং ঠগ দু'জনে দু'দিকে হাঁটা দিল।

**জীবন থেকে শেখা**

অধিকাংশ মানুষেরই একটা মোটামুটি মানের চিন্তাধারা থাকলেও তারা ব্যবহার করেন একপেশে দৃষ্টি। তারা কখনওই কাঠামোর বাইরে কিছু ভাবতে পারে না। একই

জায়গায় তারা আবদ্ধ থাকে। যারা নতুন উদ্ভাবনী চিন্তায় ছাঁচ ভাঙতে পারে তারাই অবধারিত ভাবে জয়ী হয়।

**জ্ঞান কণা**

* আমাদের দক্ষতা, চিন্তা এবং ব্যবহারের সমীক্ষা একান্তভাবে দরকার * আমাদের নৈপুণ্য আছে কিন্তু আত্ম-দর্শন নেই। আমরা লোভ এবং উচ্চাকাঙ্খার অগভীর কার্যের ইঁদুর দৌড়ে এত ব্যস্ত থাকি যে তারফলে আমরা ভারসাম্য হারাই এবং প্রেক্ষিতকে সঠিকভাবে অনুধাবন করতে পারি না। * জীবন এবং সম্পত্তি রক্ষা করতে গেলে আমাদের অভিজ্ঞতা প্রসূত বিচক্ষণতা দরকার।

## Quotable Nugget

"Look around the habitable world! How few know their own; or knowing it pursue."

William Drummond

# জলৌষধি

একদিন তেনালি যখন তার বাড়িতে একটা জরুরি কাজ নিয়ে ব্যস্ত ছিলেন, তখন প্রতিবেশী এক ভদ্রমহিলা সেখানে এসে হাজির হলেন।

'আমি একটা বিষয়ে আপনার সাথে একটু পরামর্শ করতে এসেছি—আপনি যদি আমাকে একটু সময় দেন আমি চির কৃতজ্ঞ থাকব', ভদ্রমহিলা খুব বিনয়ের সঙ্গে তেনালিকে বললেন কথাগুলো, তেনালি হাতের কাজ সরিয়ে রেখে ভদ্রমহিলাকে এক পলক দেখে বললেন, 'আপনাকে খুব বিপর্যস্ত লাগছে। যাইহোক বলুন আপনার কি সমস্যা।'

সত্যি সত্যি মহিলার চোখ মুখে কেমন যেন একটা ক্লান্তি মিশ্রিত বিষাদের ছাপ।

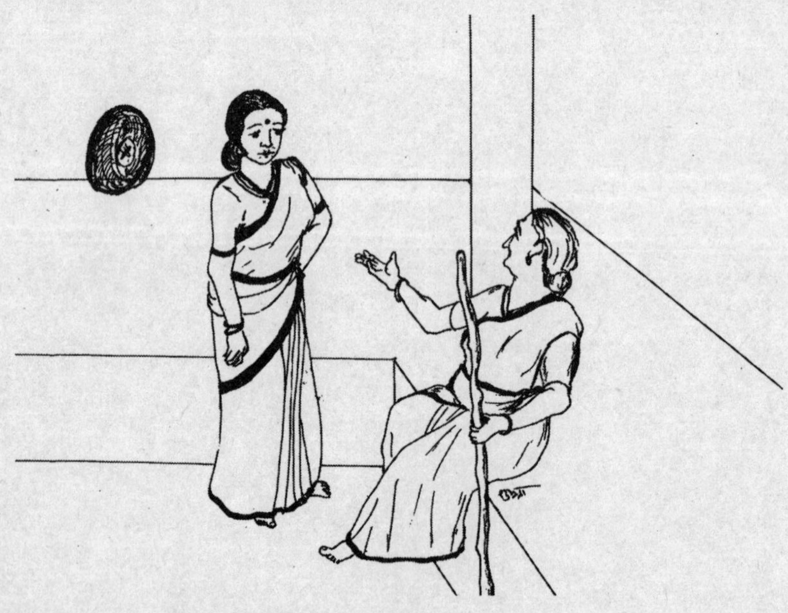

যেন কোনও দুর্গম পথ পরিক্রমায় সব উদ্যম হারিয়ে বসেছেন।

তিনি বললেন, 'আপনার বাড়ি থেকে দশ বারোটা বাড়ি দূরে আমি থাকি। বাড়িতে আমি আর আমার শাশুড়ি থাকেন। স্বামী ছোটখাটো একটা ব্যবসা নিয়ে বেশিরভাগ সময় বাইরে থাকেন। আমার শাশুড়ি আমার জীবন অতিষ্ঠ করে তুলেছেন। আপনার কাছে এসেছি এর একটা সহজ সমাধানের জন্যে।'

প্রতিবেশিনীর কাছে এই পর্যন্ত শুনে তেনালি বললেন, 'বুঝতে পারছি, আপনি সাংসারিক ঝামেলায় বিপর্যস্ত। আপনার সাথে আপনার শাশুড়ির সম্পর্ক ভালো নয়। কিন্তু কি নিয়ে আপনাদের মধ্যে এরকম একটা সমস্যাসঙ্কুল অবস্থা যদি একটু বিস্তারিত ভাবে বলেন ভালো হয়।'

তেনালির কথায় কিছুটা আশ্বস্ত হয়ে ভদ্রমহিলা বললেন—'দেখুন আমি খুব শান্তিপ্রিয় মাহিলা, সাংসারিক খিটিমিটি আমি একদমই পছন্দ করি না, অথচ আমারভাগ্যে এমন একজন শাশুড়ি জুটেছেন যিনি অকারণে আমার সঙ্গে ঝগড়া না করে জলস্পর্শ করেননা।' ভদ্রমহিলার কথা শুনে তাকে তেনালি জিজ্ঞাসা করলেন, 'আপনার শাশুড়ি বিনা কারণে আপনার সঙ্গে যখন ঝগড়া শুরু করেন আপনি তখন কি করেন?'

'কি আর করব তিনি এমন সব গা জ্বালানো কথাবার্তা বলতে আরম্ভ করেন ইচ্ছা না থাকলেও বাধ্য হয়ে আমাকেও তাঁর সঙ্গে চেঁচামিচি শুরু করতে হয়। এরফলে আমাদের সংসারের শান্তি একেবারে নষ্ট হয়ে গেছে। আপনি আমাকে একটা উপায় বলে দিন যাতে শাশুড়ির উত্তেজক কথা শুনেও আমি শান্ত থাকতে পারি।'

ভদ্রমহিলার সব কথা শুনে কিছুক্ষণ চুপচাপ থাকার পর তেনালি ভেতর বাড়িতে চলে গিয়ে কিছুক্ষণ পর একটা বোতল হাতে নিয়ে ফিরে এলেন। বোতলটা জলে পরিপূর্ণ।

বোতলটা ভদ্রমহিলার হাতে দিয়ে তেনালি বললেন, 'এই বোতলের ভেতরে যে জলটা দেখছেন সেটা একটি পবিত্র স্থান থেকে সংগ্রহ করা। এই জলের অনেক গুণ। জলটাকে আপনি শান্তির জলও বলতে পারেন। এ জলটা ঠিক মতো ব্যবহার করলে আপনার গৃহে শান্তি ফিরে আসবে। বোতলটা হাতে নিয়ে ভদ্র মহিলা তেনালির দিকে জিজ্ঞাসা ভরা দৃষ্টিতে তাকালেন। এই জলপূর্ণ বোতলটা নিয়ে তার করনীয় কি?

তেনালি ভদ্রমহিলার চোখের ভাষা বুঝতে পেরে তাঁকে বললেন, 'যখনই আপনার শাশুড়ি আপনাকে উত্তেজিত করার জন্য চেঁচামেচি শুরু করবেন—তখনই এই বোতলের জল আপনি কিছুটা মুখের মধ্যে ঢেলে সেই জল দু মিনিট মুখে রেখে

দেবেন। দেখবেন মুখ থেকে যেন কোনওক্রমে জল বাইরে না পড়ে। দু মিনিটের মধ্যে যদি জল মুখের বাইরে বেরিয়ে আসে তাহলে কিন্তু এই জল কার্যকরহবে না। বরং হিতে বিপরীত হবে। দু মিনিট পরে আপনি জলটা গিলে ফেলবেন। এইভাবে সাতদিন নিয়ম করে জলপান করে আমার কাছে আসবেন। আমি আশা করছি এই পবিত্র জল আপনার সমস্যার সমাধান করে দিতে পারবে।'

তেনালির কথা শুনে ভদ্রমহিলা আশ্বস্ত হয়ে ঘরে ফিরে গেলেন। যাবার সময় তেনালিকে জানিয়ে গেলেন অসংখ্য ধন্যবাদ।

পরের সপ্তাহে খালি বোতল নিয়ে প্রতিবেশিনী মহিলা তেনালির সাথে দেখা করলেন। তিনি খুব খুশি। তেনালিকে জানালেন বোতলের পূত পবিত্র জল অসম্ভবকে সম্ভব করেছে। তবে পরিস্থিতি যে সম্পূর্ণ স্বাভাবিক হয়েছে এমন নয়, যদি তিনি আর এক বোতল পবিত্র জল তাকে দেন তবে তিনি চিরকৃতজ্ঞ থাকবেন।

তেনালি ভদ্রমহিলার অনুরোধে আর এক বোতল জল দিয়ে বললেন, 'এতে যা জল আছে তাতে আপনার একমাস চলে যাবে। কাজেই মাসখানেক পর এসে আপনাদের ঝগড়াঝাটি কোন পর্যায়ে আমাকে জানিয়ে যাবেন।'

এক মাস পরে ভদ্রমহিলা যখন আবার তেনালির সাথে দেখা করলেন তখন তাঁকে খুব উৎফুল্ল দেখাচ্ছে। অর্থাৎ বোতলের পবিত্র জল যে ম্যাজিকের মতো কাজ করছে এটাই তার মুখ চোখে স্পষ্ট হয়ে উঠছিল। তবু তিনি তেনালিকে আর এক বোতল জল দেবার অনুরোধ করে বললেন, 'আপনার বোতলের পবিত্র জল সত্যিই অনেকটাই সংসারের শান্তি এনে দিয়েছে—আমার শাশুড়ি আর আগের মতো দিনরাত ঝগড়া ঝাটিতে মত্ত থাকেন না—তবে আমার মনে হচ্ছে আর এক বোতল জল নিয়ম মতো খেলে গৃহ শান্তি সম্পূর্ণভাবে ফিরে আসবে। আপনি আমাকে আর এক বোতল পবিত্র জল যদি দেন খুব ভালো হয়।'

তেনালি ভদ্রমহিলার কথা শুনে বললেন, 'এখন থেকে আমার কাছে জল না নিলেও চলবে। আপনি আপনার কুয়োর জল যদি নিষ্ঠার সঙ্গে ব্যবহার করেন তাতেই কাজ হবে।'

তেনালির কাছে এই কথা শুনে ভদ্রমহিলা খুব অবাক হয়ে গেলেন। পরে জানতে পারলেন তেনালির পবিত্র জল দেওয়াটা আছিলা মাত্র। বৌ-শাশুড়ির ঝগড়া থামানোর ক্ষেত্রে তেনালি একটা কৌশল ব্যবহার করেছেন।

তেনালি ভদ্রমহিলাকে বললেন, 'আমি জানতাম রাগ দমন করার সবচেয়ে কার্যকরী এবং সহজ উপায় হল উত্তেজক কথাবার্তার সময় নিজেকে সংযত রাখা।'

তেনালি আরও বললেন, 'পবিত্র জলটল কিছু না—আপনার শাশুড়ি যখন আপনাকে গালাগালি করত তখনই আপনার মধ্যে তার প্রতিক্রিয়া শুরু হত আপনিও প্রত্যুত্তরে গালাগালি করতেন। মুখে দু মিনিট জল রাখার উদ্দেশ্য হল আপনার শাশুড়ি যখন গালাগাল দেবেন তখন মুখে জল থাকার জন্য আপনাকে চুপ করে থাকতে হবে। এইভাবে আপনার ধৈর্য ধরা অভ্যাস হয়ে যাবে। এবং আপনার শাশুড়িও গালাগালি করে আপনাকে উত্তেজিত না করতে পারার দরুন তিনিও আস্তে আস্তে গালাগাল, ঝগড়া থেকে বিরত হবেন। আমি জলের কৌশল ব্যবহার করেছি মাত্র।' ভদ্রমহিলা বললেন, 'আপনার বুদ্ধিমত্তার জন্য আমাদের সংসারে শান্তি ফিরেছে। সত্যি সত্যি আপনার বুদ্ধি বিচক্ষতার তুলনা হয় না।' এই কথা বলে তিনি হাসিমুখে ঘরে ফিরে গেলেন।

**জীবন থেকে শেখা**

আলেকজাণ্ডার দুমাস একবার বলেছিলেন যাদের ওপর রাগ দেখানো হচ্ছে তারা যদি রাগান্বিত মানুষটির সামনে ধৈর্য ধরে চুপ করে থাকেন তবে রাগান্বিতর কাছে এর চেয়ে বিরক্তিকর আর কিছু নেই। রাগ দমনে শান্ত থাকাটাই একমাত্র প্রতিকার।

**জ্ঞান কণা**

* ক্রোধ হচ্ছে ক্ষণিকের উন্মত্ততা, ভয়ঙ্করতা থেকে যা এক অক্ষর কম। * ক্রোধকে নিয়ন্ত্রণ করার শ্রেষ্ঠ এবং সহজ উপায় হল নিজেকে সংযত রাখা। * ক্ষণিকের ক্রোধকে যে চেপে রাখতে পারে সে একদিনের দুঃখকেও প্রতিহত করতে পারে। * যদি আমরা নিজেকে শান্ত রাখতে পারি তাহলে আমরা প্রত্যেকের ওপর আধিপত্য বিস্তার করতে পারব।

## Quotable Nugget

"Let not Sun go down, upon you anger."

St. James

# একটি সঠিক রায়

বিজয়নগর রাজ্যে হাম্পি নামে একটি সুন্দর শহর ছিল। কোনও এক সময়ে সেখানে বসবাসকারী চার বন্ধু মিলে ঠিক করল একটা ব্যবসা শুরু করে তারা তাদের ভাগ্য ফেরাবে। হাম্পিতে তাদের একটা গুদাম ঘর ছিল। সেইজন্য তারা ভাবল এমন ব্যবসা শুরু করবে যাতে গুদাম ঘরটা ব্যবহার করা যায়। অনেক চিন্তা করে তারা দেখল যদি তুলোর ব্যবসা আরম্ভ করা যায় তবে এই গুদাম ঘরটা কাজে লাগবে। তুলোর গাঁট রাখার জন্য তাদের আর আলাদা করে কিছু ভাবতে হবে না। তাছাড়া গুদামের ভাড়াটাও বেঁচে যাবে।

এইসব ভেবেচিন্তে তারা শেষপর্যন্ত হাম্পি শহরে তুলোর ব্যবসা শুরু করল এবং অচিরেই তুলোর গাঁট এনে গুদামজাত করে রাখল। তাদের ব্যবসা বেশ ভালোই চলছিল। কিন্তু কিছু দিন যেতে না যেতেই তারা দেখল তুলোর  আকর্ষণে ইঁদুরের যাতায়াত শুরু হয়েছে। এবং তাদের উপদ্রবে তুলোর গাঁট ক্ষতিগ্রস্থ হচ্ছে। ইঁদুরেরা তুলোর গাঁট কেটেকুটে একসা করে রাখছে।

তারা ভাবল ইঁদুরের উপদ্রব থেকে রেহাই পাবার জন্য একটা বেড়াল পুষলে কেমন হয়। চার বন্ধু মিলে আলোচনায় বসে সিদ্ধান্ত নিল ইঁদুর সমস্যা মোকাবিলা করার জন্য বেড়াল পোষাটাই যুক্তিযুক্ত।

সিদ্ধান্ত অনুযায়ী অবিলম্বে তারা একটা তাগড়াই বেড়াল যোগার করে পুষতে আরম্ভ করল। দেখা গেল অল্পদিনের মধ্যেই ইঁদুরের উৎপাত প্রায় শূন্যতে নেমে এসেছে। বন্ধুরা বেড়ালের গুণপনায় মহাখুশি হয়ে ঠিক করল বেড়ালের চার পায়ের জন্য চার বন্ধু চারটি সোনার ঘুঙুর তৈরি করে দেবে।

কিছুদিনের মধ্যে বেড়ালের চার পায়ে উঠল চারটে ঝকঝকে সোনার ঘুঙুর। বেড়ালটিও সোনার ঘুঙুর পরে মহা উৎসাহে তার কাজকর্ম করে যেতে লাগল।

কোথাও কোনও ইঁদুরের দেখা পেলেই বেড়ালটি তার পিছনে তাড়া করে তাকে গুদাম ছাড়া করে ছাড়তো।

এইভাবে একদিন একটা ইঁদুরের পেছনে ধাওয়া করতে গিয়ে হঠাৎ বেড়ালটা অনেক উঁচুতে রাখা একটা তুলোর গাঁটরি থেকে পড়ে গিয়ে একটি পা ভেঙে ফেলে।

কর্তব্যপরায়ণ বেড়ালের এ হেন দুর্ঘটনায় বন্ধুরা প্রথমে খানিকটা মুষড়ে পড়লেও পরে তারা বেড়ালটি যাতে অবিলম্বে সুস্থ হয়ে ওঠে সেই জন্য তাকে খুব যত্ন আত্তি করতে লাগল।

দামি ওষুধ কিনে বেড়ালের ভাঙা পায়ে লাগিয়ে একটা মসলিন কাপড়ের ব্যাণ্ডেজ বেঁধে দিল। বেড়ালটি ভাঙা পা নিয়ে যথারীতি ইঁদুর তাড়ানোর কর্তব্যে আবার ব্যস্ত হয়ে পড়ল।

বন্ধুরা বেড়ালের এই কর্তব্যনিষ্ঠা দেখে খুবই প্রীত। শুধু তাই নয় বেড়ালটি যাতে আরও তাড়াতাড়ি সুস্থ হয়ে ওঠে তারজন্য আরও দামি দামি ওষুধের ব্যবস্থা করল।

কিন্তু ভাঙা পায়ের ব্যাণ্ডেজ নিয়ে ইঁদুরের পেছনে দৌড়াতে দৌড়াতে ব্যাণ্ডেজটি ক্রমশ আলাগা হয়ে যাচ্ছে কেউ সেটা আর লক্ষ্য করেনি।

হঠাৎ একদিন বেড়ালটা যখন ইঁদুরের পেছনে ধাওয়া করছে তার সেই ব্যাণ্ডেজটি

খুলে গিয়ে গুদাম ঘরের বাইরে রাখা একটা জ্বলন্ত উনুনে গিয়ে পড়ল। বেড়ালের পায়ের মসলিন ব্যাণ্ডেজে সঙ্গে সঙ্গে আগুন ধরে গেল।

বেড়ালটা ভয় পেয়ে এদিক ওদিক ছুটোছুটি করতে করতে গুদাম ঘরে গিয়ে হাজির হল। বেড়ালের ব্যাণ্ডেজের আগুন গিয়ে লাগল একটা তুলোর গাঁটরিতে। নিমেষের মধ্যে সে আগুন ছড়িয়ে পড়ল গুদামে রাখা তুলোর গাঁটে। চোখের পলকে তুলোর আর কোনও অস্তিত্ব রইল না। সবগুলোই ছাইতে পরিণত হল।

বেড়ালের পায়ে সোনার ঘুঙুর পরাবার সময় তার চারটে পা আলাদা আলাদা ভাবে চার বন্ধু তাদের জন্য নির্দিষ্ট করে নিয়েছিল। যেহেতু আহত পায়ের জন্য তুলোর গাঁটরিতে আগুন লাগে সেইজন্য তিন বন্ধু আহত পায়ের আধিকারীকে ক্ষতিপূরণ দেবার জন্য চাপ দিতে লাগল। এবং এ ব্যাপারে তিন বন্ধু এককাট্টা হয়ে অপর বন্ধুর প্রতি ক্রমশ নির্মম হয়ে উঠতে—তাদের এ হেন আচরণে অবাক হয়ে সেই বন্ধু বলল—'দেখো তুলোর গুদামে আগুন লেগে যাওয়া নেহাৎই একটা দুর্ঘটনা। এ ব্যাপারে আমাকে দায়ী করে ক্ষতিপূরণ চাওয়াটা ঠিক নয়।'

কিন্তু তিন বন্ধু কোনও যুক্তি শুনতে রাজি নয়—যেহেতু বেড়ালের আহত পায়ের জন্য অগ্নিকাণ্ড ঘটে গেছে এবং এই পা-টি যার তত্ত্বাবধানে তারই সমস্ত দায়-দায়িত্ব সুতরাং তাকেই ক্ষতিপূরণ দিতে হবে। এ ব্যাপারে তারা আর কোনও কথা শুনতে রাজি নয়।

ক্ষতিপূরণের বিষয়টি বন্ধুদের মধ্যে যখন বেশ একটা ঘোরালো অবস্থার সৃষ্টি করেছে, তারা কোনও সুরাহার পথ খুঁজে পাচ্ছে না—তখন তারা স্থির করল বিষয়টির মীমাংসার জন্য রাজা কৃষ্ণদেব রাওয়ের দরবারে গিয়ে হাজির হবে।

যথারীতি তারা কৃষ্ণদেব রাওয়ের দরবারে গিয়ে হাজির হয়ে তাদের সমস্যার কথা তুলে ধরল। রাজা কৃষ্ণদেব উভয় পক্ষের বক্তব্য খুব মনোযোগ দিয়ে শুনলেন। উভয়ের বক্তব্যের মধ্যে কিছু না কিছু যুক্তি থাকায় রাজা কৃষ্ণদেব নিজে কোনও সিদ্ধান্ত না জানিয়ে তাঁর রাজসভার অষ্টদিগগজের অন্যতম দিগগজ তেনালি রামনকে একটি সুচিন্তিত সমাধান করে দিতে বললেন, যাতে এ রাজ্যে ন্যায়সঙ্গত বিচারের সুনাম নষ্ট না হয় সেদিকে সচেতন থাকার বিষয়টিও তেনালিকে স্মরণ করিয়ে দিলেন রাজা কৃষ্ণদেব।

তেনালি সমস্ত ঘটনাটি পুনরায় সবিস্তারে শোনার পর জানালেন বেড়ালের আহত পায়ের অধিকারীর কোনও দায়দায়িত্ব নেই—কারণ বেড়ালের আহত পায়ের ব্যাণ্ডেজে

যখন আগুন লাগে তখন তিনটি সবল পা আহত পাটিকে নিয়ে তুলোর গুদামে যাওয়ায় তুলোর গাঁটরিগুলোতে আগুন লেগেছে। কাজেই গুদামে আগুন লাগার জন্য সবল তিনটি পা-ই দায়ী—সুতরাং তিনটি পায়ের অধিকারীকেই ক্ষতিপূরণ দিতে হবে—আহত পায়ের অধিকারীকে।

তেনালির এই সিদ্ধান্তের কথা শুনে তিন বন্ধু প্রথমে খুব হকচকিয়ে গেল। পরে তারা বুঝতে পারল তারা অন্যায়ভাবে এক বন্ধুর প্রতি অবিচার করেছে। এ তুলোর গাঁটরিতে আগুন লাগাটা একটা দুর্ঘটনা হিসেবে মেনে নিলে তাদের আর ক্ষতিপূরণের দায় মাথায় নিতে হত না। বেশি চালাকি করতে গেলে যে সমূলে বিনষ্ট হতে হয়—এই ঘটনা থেকে তারা শিক্ষা পেল।

রাজা কৃষ্ণদেব তেনালির যথার্থ বিচারে প্রীত হয়ে তাঁকে যেমন প্রশংসা করতে লাগলেন, তেমনি বন্ধু হয়ে বন্ধুর প্রতি ছলতামি করার জন্য তিন বন্ধুকে তিরস্কার করলেন।

**জীবন থেকে শেখা**

কথিত আছে ঠিক বা ভুল বলে কিছু নেই। কিন্তু দৃষ্টিভঙ্গিই এরকমটা করিয়ে থাকে। ফ্রেডরিক লঙব্রিজের উদ্ধৃতিতেও এরকম সূত্রেরই উল্লেখ আছে। 'দু'জন লোক যদি একই নদীর চড়া দেখে, তবে একজন দেখে সাদা আর একজন দেখে তারা।' একজন বুদ্ধিমান লোক একটি সমস্যাকে নানা পরিপ্রেক্ষিতে বিচার করে থাকেন।

**জ্ঞান কণা**

* ঘটনা সর্বত্র এক কেবল দৃষ্টিভঙ্গিরই পার্থক্য থাকে। * যেটা আমাদের অনেকের কাছে অসাফল্য মনে হয়, সেটাই অন্যরা সাফল্যভাবে। * ঘটনাকে যুক্তি এবং দূরদর্শিতা দিয়ে বিচার করতে হবে * কোন জিনিসকে দেখার সময় নিজেকে বিচ্ছিন্ন করে দেখা দরকার।

## Quotable Nugget

"Two men look out through the same bars;
One sees the mud, and one the stars."

Frederick Langbridge

## একটি যথার্থ শিক্ষা

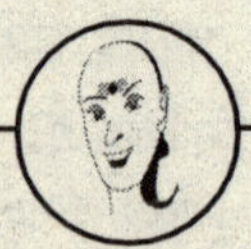

কোন এক সময়ে হাম্পিতে কোটেশ্বর রাও নামে একজন অসৎ সুদখোর মহাজন বাস করতো। কোটেশ্বর গরিব এবং দুর্দশাগ্রস্থ গ্রামের মানুষদের টাকা ধার দিয়ে তাদের কাছ থেকে অতিরিক্ত হারে সুদ আদায় করত। ফলে, যত টাকা সে বিনিয়োগ করত তার থেকে অনেক গুণ বেশি সে আদায় করত।

দরিদ্র গ্রামবাসীরা কোটেশ্বর রাওয়ের এই অসাধু কাজকর্মটি তেনালি রামনের নজরে নিয়ে আসে। তেনালি রামন গ্রামবাসীদের যন্ত্রণা অনুভব করে সঙ্গে সঙ্গে কোটেশ্বর রাওকে উচিৎ শিক্ষা দেবার জন্য একটা পরিকল্পনা ছকে ফেলেন।

পরের দিনই তেনালি রামন কোটেশ্বর রাওয়ের কাছে গিয়ে বললেন, 'আমার

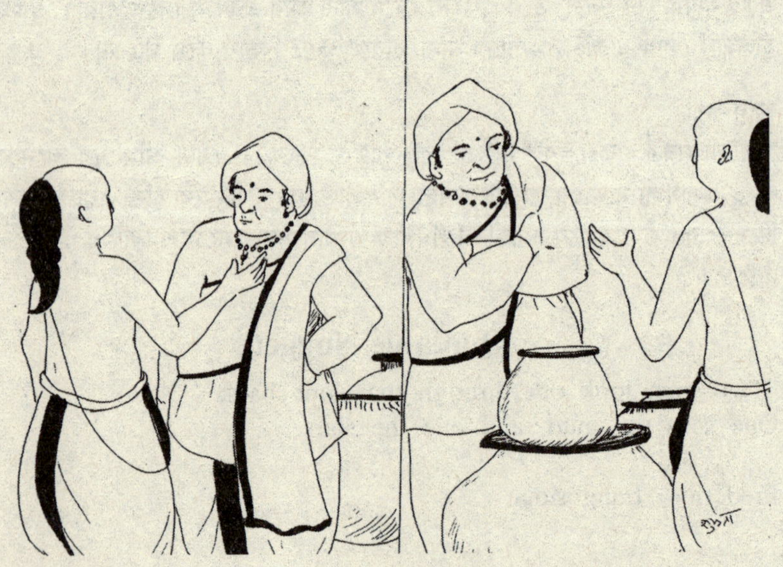

বাড়িতে একটা বড়সড় পিকনিকের আয়োজন করেছি, রান্নাবান্নার জন্য আমার দুটো বড় পাত্রের খুব জরুরি প্রয়োজন। আপনি অনুগ্রহ করে আমাকে যদি একদিনের জন্য দুটো পাত্র ভাড়া দেন তবে খুব ভালো হয়।'

'অবশ্যই আপনি পাত্র দুটো নিয়ে যেতে পারেন'—কোটেশ্বর রাও খুব সাগ্রহে বলল, 'তবে আপনাকে ওর জন্য পাঁচটি স্বর্ণমুদ্রা ভাড়া হিসেবে দিতে হবে।' তেনালি রামন, কোটেশ্বর রাওয়ের চাহিদা অনুযায়ী পাঁচটি স্বর্ণমুদ্রা অগ্রিম দিয়ে পাত্র দুটি বাড়িতে নিয়ে গেলেন।

একদিন পরেই তেনালি চারটি পাত্র নিয়ে কোটেশ্বর রাওয়ের কাছে গিয়ে হাজির হলেন। এর মধ্যে দুটি বড় এবং দুটি ছোট। বড় দুটি যেরকম ঠিক সেই রকম আকৃতির ছোট দুটো পাত্র পথেই তেনালি কিনে নিয়েছিলেন। কোটেশ্বরের বাড়িতে পৌঁছিয়ে তেনালি বললেন, 'এই যে আপনার বড় দুটি পাত্র। আপনার কাছে যখন পাত্র দুটি নিয়ে যাই তখন তারা গর্ভবতী ছিল। আজকে ভোরবেলাতে তারা এই ছোট দুটি পাত্র প্রসব করেছে—কাজে এই চারটে পাত্রই আপনার।'

কৃপণ স্বভাবের কোটেশ্বর দুটো অতিরিক্ত পাত্র পেয়ে আহ্লাদে আটখানা। সে কোনও কথা না বলে তেনালির কাছ থেকে চারটি পাত্র নিয়ে খুশিমনে বাড়িতে রেখে দিল।

এর কিছুদিন পরে তেনালি আবার কোটেশ্বর রাওকে গিয়ে বললেন, 'ব্রাহ্মণদের জন্য আমি আবার একটা বড় ভোজের আয়োজন করছি। আগামী কাল সেটা আমার বাড়িতে সম্পন্ন হবে। সেই জন্য রান্না বান্না করার কাজে আমার কিছু বড় ধরনের পাত্রের প্রয়োজন। আমি এগুলি দু'দিন পরেই আপনাকে ফেরৎ দেব।'

তেনালির চাহিদার কথা শুনে সুদখোর মহাজন খুবই খুশি হয়ে তৎক্ষণাৎ একটা গরুর গাড়ির ব্যবস্থা করে বেশ কিছু বড় পাত্রে বোঝাই করল। তেনালিকে যখন পাত্রগুলো দিচ্ছে, কোটেশ্বর রাও বলল, 'আমি গরুর গাড়ি বোঝাই করে পাত্রগুলো দিচ্ছি—এরা সকলেই গর্ভবতী—এরা যখন সন্তান প্রসব করবে তখন বাচ্ছা পাত্রগুলোর প্রতি যত্ন নিতে হবে।' তেনালি কোটেশ্বর রাওকে নিশ্চিত করে বললেন, 'সে বাচ্ছাদের প্রতি বিশেষ যত্ন নেবে' এবং এই বলে স্থান ত্যাগ করলেন।

সপ্তার পর সপ্তা কেটে গেল কিন্তু তেনালি আর পাত্র ফেরৎ দিতে এলেন না। এতে কোটেশ্বর রাও খুব ক্ষেপে গিয়ে নিজেই তেনালি রামনের বাড়ি গিয়ে উপস্থিত হল। এবং খুব উত্তেজিত হয়ে বলল, 'আপনি দু'দিনের মধ্যে পাত্রগুলি ফেরৎ দেবেন

বলেছিলেন, কিন্তু অনেক দিন হয়ে গেল আপনি সেগুলি ফেরৎ দিলেন না। আমি পাত্রগুলি অবিলম্বে ফেরৎ চাই। আমার সব পাত্রগুলি আমাকে ফেরৎ দিন।'

তেনালি খুব দুঃখ করে বললেন, 'কিন্তু মশাই সেটাতো আর সম্ভব হচ্ছে না। প্রসবের সময় সকলের দুর্ভাগ্যজনক মৃত্যু হয়েছে।'

কোটেশ্বর একথা শুনে রাগে গর্জন করে উঠল, 'ঠগ, প্রবঞ্চক, আপনি আমার সাথে চিটিংবাজি করছেন—আমার পাত্রগুলির মৃত্যু হতেই পারে না।'

তেনালি রামন খুব শান্ত ভাবে বললেন, 'বিশ্বাস করুন, আমি মোটেও মিথ্যা বলছি না। আপনি নিশ্চয়ই জানেন কিছু কিছু সন্তানসম্ভবা মহিলা যেমন নিরাপদে শিশুর জন্ম দেয়, তেমনি অনেকেই সন্তান প্রসবের সময় মারাও পড়েন। একই ভাবে আপনার পাত্রগুলির সন্তান প্রসবের সময় মৃত্যু হয়েছে। আমি যাতে সবাই সুস্থ ও সবল থাকে তার জন্য বিশেষ যত্ন নিয়েছিলাম—কিন্তু সবই বিফল হয়েছে—সন্তান প্রসবের সময় সকলেই মারা গেছে।'

একথা শুনে কোটেশ্বর চিৎকার করে উঠল, 'মিথ্যাবাদী, পাত্রের কখনো মৃত্যু হয়? তারা কি কখনও সন্তানের জন্ম দিতে পারে। আমাকে প্রতারণা করার জন্য আপনাকে আমি রাজার বিচারালয়ে নিয়ে যাব।'

তাদের বাদানুবাদ ক্রমশই তীব্র হতে তারা শেষ পর্যন্ত রাজা কৃষ্ণদেব রাওয়ের রাজসভায় গিয়ে উপস্থিত হল। রাজসভায় মহারাজ উভয় পক্ষের বক্তব্য শুনলেন। তারপর তিনি কোটেশ্বর রাওকে বললেন, 'তুমি প্রথমবার কি করে বাচ্ছা পাত্র গ্রহণ করলে? তুমি কি জানতে না কোনও পাত্র কখনও সন্তান প্রসব করতে পারে না।'

একথা শুনে কোটেশ্বর নীরবে মাথা নিচু করে দাঁড়িয়ে থাকল। মহারাজ বললেন, 'তুমি যদি তেনালির আগের কথা বিশ্বাস করে থাক তবে পরের কথাগুলোও বিশ্বাস করতে হবে। পাত্রগুলোর মৃত্যু হয়েছে।'

এখন আর মহারাজের সিদ্ধান্ত মেনে নেওয়া ছাড়া কোটেশ্বর রাওয়ের বলার কিছু থাকল না। তেনালি রামন খুব বুদ্ধিমত্তার সঙ্গে কৃপণ এবং সুদখোর কোটেশ্বর রাওকে উপযুক্ত শিক্ষা দিয়ে ছাড়লেন।

**জীবন থেকে শেখা**

লোভ প্রায়শই অসততার দিকে ছুটিয়ে নিয়ে যায়। এবং অসততা বুমেরাং-এর মতো।

যখন তুমি ভাবছো সব কিছু ঠিকঠাক আছে তখন সেটা মাথার পিছন দিকে এসে আঘাত করে।

**জ্ঞান কণা**

* ন্যায়পরায়ণতা এবং সততা সত্যিকারের সুখের দিকে পদক্ষেপ। * সততাই মূলধন, তাকে আত্মস্থ করতে হয়। * অনৈতিক কাজ অপমান আনে। * অনৈতিকতা এবং লাম্পট্য—পাপ এবং অপরাধ।

## Quotable Nugget

"Hope of ill gain is the begining of loss."

Democritus

# একটি হিসাবী কার্যক্রম

দিবাকরিয়া প্রকাশম নামে কাম্পিলের একজন ব্যবসায়ী পল্লী অঞ্চলের কাছাকাছি একটা গভীর অরণ্য অতিক্রম করার সময় পথ হারিয়ে ফেলে। সে যাচ্ছিল হাম্পির সবচেয়ে কাছের একটা শহরে। ঐখানে যাবার সময় তার ঘোড়ার গাড়িটি একটি পরিখার কাছে এসে উল্টে যায়। অলৌকিকভাবে দিবাকরিয়া বেঁচে গেলেও তার গাড়িটি ঘন কাদার মধ্যে আটকে যায়। তার ঘোড়াটি গাড়িটিকে টেনে তোলার চেষ্টা করার সময় মারা পড়ে। দুঃখময় চিত্তে, কাছাকাছি পরপর অনেকগুলো বাড়ি দেখতে পেয়ে সাহায্যের আশায় দিবাকরিয়া সেই দিকে এগোতে থাকে।

তেনালি রামনকে তাঁর বাড়ির বাইরে দাঁড়িয়ে থাকতে দেখে তাঁর কাছে গিয়ে দিবাকরিয়া ঘটনাটি সবিস্তারে বর্ণনা করে, সাহায্যের জন্য আবেদন জানায়।

'আপনার গাড়িটিকে শঙ্করাই পরিখা থেকে বের করে আনতে পারে।' একটা বৃদ্ধ ঘোড়াকে তার বাড়ির পিছন দিকে দাঁড়িয়ে থাকতে দেখে—তেনালি রামন আত্মবিশ্বাসের সাথে এই কথাগুলো বললেন।

দিবাকরিয়া দুর্বল ঘোড়াটির দিকে তাকাল। এবং দেখল তেনালি সেখানে দাঁড়িয়ে আবার একই কথা বলছেন—'হ্যাঁ, বুড়ো ঘোড়া শঙ্করাই টেনে তোলার কাজটা করতে পারে।' দিবাকরিয়া ভেবে দেখল এরকম একটা চরম মুহূর্তে তার হারাবার কিছু নেই। সেই জন্যে তেনালির কথায় সে রাজি হয়ে গেল। ওরা দুজনে শঙ্করাকে নিয়ে পরিখার কাছে এগিয়ে গেল। তেনালি একটা মোটা দড়ি দিয়ে ভারি গাড়িটার সাথে শঙ্করাকে বেঁধে দিল। এরপরই তেনালি চেঁচিয়ে বলতে আরম্ভ করলেন, রাজুলু গাড়িটা টানো, সোমা গাড়িটা টানো, রামাইয়া, বেনু, মনি, বিজয়া, শঙ্করা ভারিগাড়িটাকে পরিখা থেকে টেনে তোলো। সত্যি খুব অবাক করার মতো ঘটনা। সেই রোগা দুর্বল বৃদ্ধ শঙ্করা ভারি গাড়িটাকে পরিখা থেকে টেনে তুললো। এইসব দেখে দিবাকরিয়া বিহ্বল হয়ে গেল। শঙ্করাকে গায়ে হাতবুলিয়ে দিতে দিতে এবং তেনালিকে অসংখ্য ধন্যবাদ জানিয়ে খুব আগ্রহের সাথে জিজ্ঞাসা করলো, 'আপনি শঙ্করাকে ডাকার আগে ঐসব হাজির না থাকা ঘোড়াদের নাম ধরে ডাকছিলেন কেন?'

তেনালি দেঁতো হাসি হেসে বললেন, 'আপনার বৃদ্ধ ঘোড়া শঙ্করা প্রায় অন্ধ—যতক্ষণ না সে বিশ্বাস করতে পারছিল যে সে দলের মধ্যে একজন ততক্ষণ গাড়ি টেনে তোলার কাজে মন দিতে পারছিল না। সকলে মিলে কাজ করা, একটা অন্যরকম মানসিক শক্তি জোগায়—সেই জন্যই আমি এই ধরনের আচরণ করছিলাম।' যে ঘটনাটা দিবাকরিয়া চোখের সামনে দেখে, অবাক হয়ে গিয়েছিল যে একটা বৃদ্ধ ঘোড়া একাই একটা ভারি গাড়িকে টেনে তুলতে পারে, তার চেয়েও বেশি অবাক হল তেনালির কথা শুনে।

**জীবন থেকে শেখা**

"দলগত শক্তিই নতুন মন্ত্র। নৌকা এগোবে না যদি আমরা সকলে মিলে দাঁড় না টানি। তোমার একক শক্তি তখনই বৃদ্ধি পাবে যখন তুমি জানতে পারবে তুমি একটা দলের অংশ।" — বলেছেন হার্ভে ওক-এ।

জ্ঞান কণা

* একজন একা একা কোনও বড় সমস্যার সমাধান করতে পারে না। * সমস্যা তখনই সহজ হয়ে যায় যখন দলগত ভাবে তার সমাধান করা হয়। * যখন মাকড়সারা একত্রে জাল বোনে সেই জালে সিংহ কেও আটকানো যায়। * সংযুক্তিরই শক্তি * এটার প্রতি বিশ্বাস-ই অলৌকিক কাজ সমাধা করতে পারে।

## Quotable Nugget

"People do not lack strength; they lack will."

Victor Hugo

# অনিশ্চিত ভ্রমণার্থী

বিজয়নগর রাজ্যের হাম্পি নগরে অনেকগুলি সুন্দর সুন্দর মন্দির ছিল। তারমধ্যে বিরুপাক্ষ মন্দিরটি ছিল খুবই বিখ্যাত। এই মন্দিরের দেবতা অত্যন্ত জাগ্রত বলে নানা স্থান থেকে দর্শনার্থীরা আসতো বিরুপাক্ষ দেবকে পূজা দেবার জন্য। মন্দিরের কারুকার্যের আকর্ষণেও ভ্রমণার্থীরা মাঝে মাঝে এখানে এসে হাজির হত।

বিরুপাক্ষ মন্দিরের সুদৃশ্য চাতালে স্থানীয় এক অনাথা বৃদ্ধা মহিলা একটি ফুলের দোকান করে কষ্টে সৃষ্টে সংসার চালাতেন।

একবার সেখানে চারজন দর্শনার্থীর একটি দল মন্দিরে পূজা দেবার জন্য এসে হাজির হল। মন্দিরের চাতালে ফুলের দোকান দেখে বৃদ্ধা মহিলাকে এসে বলল,'মন্দিরে পূজা দেবার জন্য আমরা কিছু ফুল কিনতে চাই। সবচেয়ে টাটকা এবং সুন্দর ফুল যা আছে আমাদের দিন, দামের জন্য ভাববেন না।'

বৃদ্ধা দোকান খোলার সাথে সাথে চারজন এমন ধনবান ভক্তিবৎসল খরিদ্দার দেখে মনে মনে খুবই খুশি হয়ে সমাদরে তাদেরকে দোকান ঘরে বসাল এবং তরতাজা বাছাই করা কিছু ফুল তাদের হাতে তুলে দিল।

মহিলার ব্যবহারে খুশি হয়ে দর্শানার্থীরা দরাজ হাতে ফুলের দাম চুকিয়ে দিয়ে বলল, 'আমরা একটা পুঁটুলি আপনার জিম্মায় রেখে যেতে চাই। এরমধ্যে বেশ কিছু মূল্যবান জিনিষ আছে। একটু যত্ন করে রেখে দেবেন। আমরা চারজন পুজো দিয়ে একসাথে ফিরলে তখন পুঁটলিটা ফেরৎ দেবেন। আর একটা কথা আমাদের ভালো করে চিনে রাখুন আমাদের ছাড়া ভুল করে যেন পুঁটলিটা অন্য কারো হাতে তুলে দেবেন না।'

বৃদ্ধা মহিলা তাদেরকে আশ্বস্ত করে জানালেন, 'আপনারা নিশ্চিন্তে পুজো দিয়ে আসুন—আমি আপনাদের পুঁটুলিটা খুব যত্ন করে ভালো জায়গাতে তুলে রাখছি।'

মহিলার কথা শুনে চারজন দর্শনার্থী মন্দিরে পুজো দিতে চলে গেল।

কিছুক্ষণ পরে ঐ চারজনের মধ্যে একজন ফিরে এসে মহিলাকে বলল, 'আমার পুজো দেওয়া হয়ে গেছে—আমার সাথের তিনজন এখনো পুজো দিচ্ছে। আমাদের গচ্ছিত রাখা পুঁটলিটা আমাকে দিয়ে দিন। ওদের পুজো দেওয়া হয়ে গেলে আমরা সরাসরি মন্দির থেকে আমাদের গন্তব্য স্থলে চলে যাব। মন্দির থেকে এখানে আর সময় নষ্ট করে আসতে হবে না।'

ফুল বিক্রেতা মহিলা দর্শনার্থীকে ভালো করে দেখে চিনতে পারলেন যে চারজন পুঁটলি রাখার সময় হাজির ছিল ইনি তাদের একজন—তাই কোনও দ্বিধা না করে সরল বিশ্বাসে তার কাছে রাখা পুঁটলিটা ঐ লোকটির হাতে দিয়ে দিলেন।

পুঁটলিটা পেয়ে দর্শনার্থীটি মহিলাকে ধন্যবাদ জানিয়ে ওখান থেকে চলে গেলেন।

কিছুক্ষণ পর বাকি তিনজন দর্শনার্থী ফুলের দোকানে এসে হাজির হয়ে বৃদ্ধা মহিলাকে বললেন, 'আমাদের পুজো দেওয়া হয়ে গেছে এবার আমাদের পুঁটলিটা দিয়ে দিন—এখান থেকে আমরা আমাদের দেশের পথে রওয়ানা দেব।'

মহিলা কিছুটা হতচকিত হয়ে বললেন, 'একটু আগেই তো আপনাদের দলের একজন এসে পুঁটলিটা নিয়ে গেল।'

বৃদ্ধা ফুলওয়ালির কথা শুনে ভ্রমণার্থী তিনজন প্রচণ্ড রেগে গিয়ে বললেন, 'আপনার জন্য আমাদের মহামূল্যবান রত্নের পুঁটলিটা একজন ঠগ নিয়ে চলে গেছে—আপনাকে বলেছিলাম আমরা চারজন একসাথে আসলে তবেই আমাদের গচ্ছিত পুঁটলি ফেরৎ দেবেন—আপনি তার অন্যথা করেছেন—আমরা কিছু জানি না যেভাবেই হোক আমাদের পুঁটলি আমাদের হাতে ফেরৎ দিতে হবে।'

মহিলা ওদের কথা শুনে খুবই ঘাবড়ে গেলেন। সত্যি কথা বলতে গেলে সরল বিশ্বাস যে এভাবে মার খাবে তিনি ভাবতে পারেননি। পরিস্থিতির চাপে তিনি হতবুদ্ধি হয়ে গেলেন।

বৃদ্ধা মহিলাকে চুপ করে থাকতে দেখে—তিনজন দর্শনার্থী রাগতভাবে বললেন, 'আপনি যদি আমাদের পুঁটলি অবিলম্বে ফেরৎ না দেন তবে আমরা রাজা কৃষ্ণদেব রাওয়ের দরবারে আপনার বিরুদ্ধে নালিশ করব।'

বৃদ্ধাকে নিরুত্তর দেখে তিনজন দর্শনার্থী মহিলাকে নিয়ে রাজা কৃষ্ণদেব রাওয়ের রাজসভায় গিয়ে হাজির হল। এবং রাজা কৃষ্ণদেবকে সবিস্তারে সমস্ত ঘটনা শুনিয়ে সুবিচারের জন্যে প্রার্থনা জানাল।

রাজা কৃষ্ণএদব তাঁর সভার অষ্ট দিগগজের অন্যতম দিগগজ তেনালি রামনকে বললেন, একটা সুষ্ঠু এবং সৌহার্দপূর্ণ পথ বাৎলে দিতে।

তেনালি প্রথম থেকে সমস্ত ঘটনা শুনে বুঝতে পারলেন এটি একটি পরিকল্পিত ব্যাপার। বৃদ্ধার কাছে—অর্থ আদায়ের জন্য চারজনের নাটকীয় কৌশল—

তাই তিনি ঐ তিনজনকে বললেন, 'আপনাদের মূল্যবান পুঁটলিটি যেভাবেই হোক বেহাত হয়ে গেছে। আপনারা এখন কি করতে চান বলুন।'

তিনজনের মধ্যে একজন বলল, 'বৃদ্ধাকে বলুন পুঁটলির জন্য ক্ষতিপূরণ দিতে। তাহলেই আমরা ওনার থেকে নালিশ তুলে নেব।'

তেনালি বললেন, 'একটু আগেই তো আপনাদের সাথের একজন এসে পুঁটলি নিয়ে গেছে'— তিনজন একসাথে বলে উঠল, 'যে পুঁটলি নিয়ে গেছে সে আমাদের সাথে থাকলেও দলের কেউ নয়। ওর সাথে পথেই আলাপ।'

তেনালি বললেন, 'আপনারা তো এই মহিলাকে বলেছিলেন, আপনারা চারজন

এলে তবেই যেন পুঁটলিটা দেওয়া হয়।'

তিনজনের মধ্যে একজন সঙ্গে সঙ্গে বলে উঠলেন, 'হ্যাঁ, বলেছিলাম তো—উনি কেন একজনের হাতে পুঁটলি তুলে দিলেন। কাজেই আমাদের পুঁটলির জন্য ওনাকে ক্ষতিপূরণ দিতে হবে।'

তেনালি ওনাদের কথা শুনে বললেন, 'উনি কোনও ক্ষতিপূরণ দেবেন না—তারচেয়ে আপনাদের পুঁটলিটাই ফেরৎ দেবেন।'

তেনালির কথা শুনে রাজা কৃষ্ণদেব ও অন্যান্য সভাসদরা অবাক হয়ে গেলেন। তেনালি কি করে পুঁটলি ফেরৎ দেবার কথা উত্থাপন করছে—কারণ পুঁটলিতো একজন প্রতারক নিয়ে চলে গেছে—ঐ পুঁটলি পাওয়ার তো কোনও সম্ভাবনাই নেই। তবে কেন তেনালি এরকম একটা অদ্ভুত সমাধানের পথ বাৎলে দিল।

তেনালির কথা শুনে দর্শনার্থী তিনজনও পরস্পরের মুখের দিকে তাকাতে লাগল। কিছুক্ষণ নীরব থাকার পর তেনালি বলল, 'বৃদ্ধা মহিলা আপনাদের পুঁটলি ফেরৎ দেবে—তবে একটা কথা আছে, শর্ত মতো ঐ পুঁটলি ফেরৎ নিতে হলে আপনাদের চারজনকেই একসাথে হাজির হতে হবে।'

এই কথা শুনে দর্শনার্থীরা বুঝতে পারল তারা খুব কঠিন জায়গায় ঘা মেরেছেন। সেই জন্য আর কথা না বাড়িয়ে মানে মানে সেখান থেকে প্রস্থান করল।

রাজা কৃষ্ণদেব রাও তেনালির এমন একটি চমৎকার বুদ্ধিদীপ্ত সমাধানে, দরিদ্র ফুল বিক্রেতা মহিলা ক্ষতিপূরণ দেবার হাত থেকে রেহাই পেলেন বলে, খুব খুশি হলেন।

**জীবন থেকে শেখা**

একটা 'এক্স-রে' চামড়া ভেদ করে হাড়কে দেখায়। একজন বিচারবুদ্ধি সম্পন্ন জ্ঞানী মানুষ মুখোশের অন্তরালের চাতুরী ভেদ করে আসল মুখটা দেখাতে পারেন।

**জ্ঞান কণা**

* তুমি সহজেই কিছু লোককে সব সময়ের জন্য বোকা বানাতে পারো। সব লোককে কিছু সময়ের জন্য কিন্তু সব লোককে সব সময়ের জন্য বোকা বানাতে পার না।

## Quotable Nugget

"Everyone is born sincere and die deceivers."

Marquis De Vauvenargues

# অনুমানের খেলা

একসময় যখন 'ভুবন বিজয়ম' অগ্রগতির পথে তখন একদিন অষ্টদিগগজ এবং রাজ পারিষদদের মধ্যে একটি গুরুগম্ভীর আলোচনা চলছিল। আলোচনার বিষয় ছিল, রাজ্যের সার্বিক উন্নতির ক্ষেত্রে কাদের অবদান সবচেয়ে বেশি সেটা স্থির করা।

রামারাজা ভূষণ নামে অষ্টদিগগজের একজন দৃঢ়তার সঙ্গে বললেন, 'নিঃসন্দেহে রাজ্যের অগ্রগতি এবং উন্নতির কৃতিত্ব যে কোনও রাজ্যের রাজার ওপরই নির্ভরশীল। কোনও রাজ্যের রাজার দক্ষ শাসন কার্যই তাঁর প্রজাদের নাগরিক এবং ব্যক্তিগত অধিকার সংরক্ষিত করে দেশের প্রাচুর্য আনতে পারে। রাজাই দেশের সার্বভৌমত্ব রক্ষা

করেন এবং তিনিই অভ্যন্তরীণ বিদ্রোহ এবং বহিরাগতের আক্রমণকে প্রতিহত করেন। তিনিই আইনশৃঙ্খলা সুষ্ঠুভাবে বহাল রাখার কাণ্ডারী।'

এই কথা শুনে রাজা কৃষ্ণদেব রাও বললেন, 'রামারাজা, আমি স্বীকার করছি নিশ্চিতভাবে দেশের রাজাই রাজ্যের উন্নতি বিধানের অগ্রদূত, কিন্তু তার পক্ষে একা কোনও কিছু করা সম্ভব নয়। তাছাড়া রাজা যে অসাধু এবং নিষ্ঠুর হবেন না তারইবা নিশ্চয়তা কোথায়? রাজা যদি দুষ্টু প্রকৃতির হন, তবে রাজ্যের পতন সুনিশ্চিত।'

মহারানী মোহনাঙ্গি আলোচনায় অংশগ্রহণ করে তাঁর অভিমত জানিয়ে বললেন, 'আমি মনে করি জনগণই রাজ্যের আসল সম্পদ। রাজ্যের অধিবাসীরাই রাজ্যের ভাগ্যের নিয়ন্ত্রক। আমার মতে রাজ্যের সাধারণ নাগরিক যেমন কৃষক, কারিগড়, কুম্ভকার, কর্মকার, স্বর্ণশিল্পী, ছুতার মিস্ত্রী, নাপিত, মজদুর, বস্ত্রশিল্পী, চিত্রকর এরাই রাজ্যের আসল শক্তি এবং নৈতিক যোগসূত্র। কেবলমাত্র এই সব মানুষই তাদের চেষ্টা এবং আত্মত্যাগ দিয়ে নিজেদের সঙ্গে সঙ্গে দেশকেও বহুগুণ সম্পদে ভূষিত করে।'

রাজা কৃষ্ণদেব রাও মহারানীর এই অভিমতের সাথে একমত না হয়ে বললেন, 'জনগণের একক শক্তিতে রাজ্যের উন্নতি সম্ভব বলে আমার মনে হয় না। তাদের মতো অশিক্ষিত মানুষের পক্ষে রাজার, মন্ত্রীর এবং ব্রাহ্মণদের ওপর নির্ভর না করে উপায় নেই।'

মহাপ্রধান (প্রধান আমাত্য) বললেন, 'প্রধানরাই দেশের উন্নতি ও অগ্রগতির জন্য সবচেয়ে গুরুত্বপূর্ণ ব্যক্তি।'

মহারাজ এই অভিমতের সাথে একমত না হয়ে বললেন, 'এটা কি করে হতে পারে? মহাপ্রধান এবং প্রধানদেরও তো রাজার ওপর নির্ভর করতে হয়। প্রধানরা যদি দক্ষও হন তবু তাদের ভুল এবং ন্যক্কারজনক পদক্ষেপ রাজ্যকে সম্পূর্ণভাবে ক্ষতিগ্রস্থ করতে পারে।'

'আমার মনে হয় দেশের উন্নতির ব্যাপারে দণ্ডনায়ক (কম্যান্ডার)-দের গুরুত্বই সবচেয়ে বেশি'— দণ্ডনায়কদের পক্ষে একথা বলা হল।

'দণ্ডনায়কদের বেশি গুরুত্ব দিলে দেশে আর শান্তি থাকবে না—যুদ্ধ এবং অস্থিরতা লেগেই থাকবে, যদি না তাদের ওপর দেশের রাজার নিয়ন্ত্রণ থাকে।' হঠাৎই মহারাজ উক্ত উক্তি করলেন। আলাসানি পেডেন্না নামে অষ্টদিগগজের আরেকজন দিগগজ জানালেন—'রাজ্যের উন্নতির জন্য অপরিহার্য উপাদান হচ্ছে তার দূর্গসমূহ।'

মহারাজ তৎক্ষণাৎ তাঁকে সমর্থন না করে বললেন—'এইভাবনাটা মোটেও ঠিক নয়, সৈন্যদল দূর্গের চেয়ে আরো বেশি গুরুত্বপূর্ণ।'

এবার তথ্যাচার্য (রাজগুরু) আলোচনায় অংশগ্রহণ করে বললেন, 'রাজ্যের উন্নতির জন্য ব্রাহ্মণরাই সবচেয়ে উল্লেখযোগ্য চালিকা শক্তি।'

তেনালি রামন রাজসভার একটি কোণে চুপ করে বসেছিলেন—তর্ক বিষয়ক সিদ্ধান্তে কারো সাথে একমত না হয়ে রাজা কৃষ্ণদেব তেনালিকে জিজ্ঞাসা করলেন, 'এ বিষয়ে আপনার অভিমত কী?'

তেনালি খুব নম্রভাবে বললেন—'আমি রাজগুরুর বক্তব্য সমর্থন করি না। একজন মানুষ ভালো না মন্দ তার সঙ্গে ব্রাহ্মণ-অব্রাহ্মণের কোনও সম্পর্ক নাই। একজন ভালো মানুষ ব্রাহ্মণ না হয়েও সব সময়েই রাজ্যের উপকারে লাগতে পারেন। পক্ষান্তরে একজন ব্রাহ্মণও রাজ্যের প্রভূত ক্ষতি করতে পারেন।'

তেনালির কথায় রাজগুরু রাগান্বিত ভাবে বললেন, 'তেনালি আপনি, ধর্মচারী বাহ্মণদের দোষারোপ করছেন। আমি নিশ্চিত কোনও ব্রাহ্মণই রাজা এবং রাজ্যের কোনও ক্ষতির কারণ হতে পারে না। ব্রাহ্মণরা রাজা এবং রাজ্যের মঙ্গল কামনা করেন এবং তাঁরা উৎসর্গীকৃত প্রাণ।'

'রাজগুরুজি—আমি প্রমাণ করে দেখাবো আপনার দাবি ভুল, একজন দুষ্টু লোক তিনি ব্রাহ্মণ হলেও অর্থের জন্য খুব নিচে নামতে পারে।' তেনালি বললেন।

তর্ক-বিতর্ক ক্রমশ উত্তপ্ত হচ্ছে দেখে মহারাজ সভা মুলতুবী রাখলেন।

কয়েক মাস অতিক্রান্ত হল—সকলেই বিতর্কের কথা প্রায় ভুলেই গিয়েছিলেন। এমন সময় তেনালি রামন মহারাজকে জানালেন, তিনি যে রাজগুরুর মন্তব্য অন-অনুমোদন করেছিলেন সেটা প্রমাণ করতে চান। এই কথা বলে তেনালি শহরের দশজন প্রখ্যাত ব্রাহ্মণের সাথে সাক্ষাৎ করে জানালেন, মহারাজ হাম্পি শহরের দশজন পছন্দসই ব্রাহ্মণকে রূপোর থালা এবং চমৎকার কিছু স্বর্ণদান করতে চান।

এই কথা শুনে সকলেই আনন্দে আত্মহারা হয়ে তাদেরকে নির্বাচিত করার জন্য তেনালিকে কৃতজ্ঞতা জানিয়ে বলল, 'আমরা স্নান সমাপন করে এখনি আসছি।'

তেনালি জোর দিয়ে বললেন, 'না না, স্নান করার সময় নেই, মহারাজ খুব অধীর হয়ে অপেক্ষা করছেন, তাড়াতাড়ি না গেলে দানের মূল্যবান সময়টাই নষ্ট হয়ে যাবে।

এক্ষেত্রে অন্য ব্রাহ্মণদের ডাকা ছাড়া আমার আর কোনও উপায় থাকবে না।' একথা বলে তেনালি অন্য ব্রাহ্মণদের ডাকার উদ্যোগ করতে লাগলেন।

ওদের মধ্যে একজন ব্রাহ্মণ তেনালিকে বললেন, 'একটু অপেক্ষা করুন আমাদের মাথায় সামান্য একটু জল ছুঁইয়ে চলে আসছি। এটা আমাদের ধর্মতত্ব সম্মত হবে।' তেনালি রামন উত্তর না দিয়ে চুপ করে দাঁড়িয়ে রইলেন। ব্রাহ্মণেরা মাথায় সামান্য জল ছুঁইয়ে ধর্মীয় চিহ্নস্বরূপ কপালে সিঁদুর লাগিয়ে খুব উৎফুল্ল হয়ে তেনালির সাথে 'ভূবন বিজয়ম্'-এ এসে হাজির হল।

রাজসভায় বড় রূপার পাত্রে সোনা সজ্জিত দেখে তাদের খুশিতে নিঃশ্বাস-প্রশ্বাস বন্ধ হবার উপক্রম হল।

মহারাজ যখন নির্বাচিত ব্রাহ্মণদের স্বর্ণ দান করতে যাচ্ছেন, তেনালি তখন তাঁকে থামিয়ে বললেন, আমার মনে হয় ব্রাহ্মণেরা যদি স্নানাদি না করে থাকেন তবে তাঁদেরকে স্বর্ণদান করার ক্ষেত্রে বাধা আছে। তাড়াতাড়ি স্বর্ণপাবার জন্য এরা মাথায় সামান্য জল ছুঁইয়ে এখানে এসে হাজির হয়েছেন।'

মহারাজ একথা শুনে ক্রুদ্ধ হয়ে বললেন, 'এটা কি সত্যি? মহারাজের প্রশ্নে ব্রাহ্মণেরা হতবুদ্ধি হয়ে ধীরে ধীরে স্বীকার করলেন তারা স্নান সমাপন করেননি। এই কথা বলে তারা নীরবে সভা ছেড়ে চলে গেলেন।

তেনালি রামন রাজগুরুর দৃষ্টি আকর্ষণ করে বললেন, 'রাজগুরুজি—সেদিন যে বিতর্ক হয়েছিল সে বিষয়ে এখন আপনার কি কিছু বলার আছে। অর্থের লোভে ধর্মচারী ব্রাহ্মণেরাও তাঁদের ধর্মীয় আচার আচরণ ভুলে যেতে পারেন। কাজেই কেবল ব্রাহ্মণ হবার দৌলতে উচ্চাসন পেতে পারেন না। কাজেই মহারানীর যুক্তিই সঠিক, সাধারণ এবং উৎসর্গীকৃত প্রাণ নাগরিককে ধর্মচারী ব্রাহ্মণদের চেয়ে অনেক বেশি প্রয়োজন। একজন রাজার সুদক্ষ তত্ত্বাবধানে তাঁর বুদ্ধিমান প্রধান, অধিকারী এবং সাধারণ জনগণই যথাসময়ে রাজ্যের উন্নতি ও অগ্রগতি সূচিত করতে পারে।'

একথা শুনে রাজগুরুর তেনালির অভিমত মাথানত করে মেনে নেওয়া ছাড়া আর কিছু বলার থাকল না।

**জীবন থেকে শেখা**

কোনও মানুষই দ্বীপ নয় সে স্বয়ং সম্পূর্ণ। কোনও দেশ বা সংস্থার সাফল্যের জন্য যেমন নেতা তেমনি তার অনুগামীদের প্রয়োজন। সাফল্য অর্জনকারী যেমন দরকার তেমন দরকার কার্য নির্বাহকারী। নেতা এবং কর্মীর মধ্যে ভারসাম্য থাকা দরকার। প্রত্যেকেরই কিছু না কিছু কাজ আছে। কেউ কিছু করে না এই কথা অর্থহীন।

**জ্ঞান কণা**

* জনগণই দেশের শক্তি * দেশের সাফল্য অথবা বাণিজ্যিক উন্নতি দেশের জনগণের ওপর নির্ভর করে * জনগণকে বিচক্ষণতার সাথে বোঝা ছাড়া, দেশের সুশাসনের ধারণা অর্থহীন।

## Quotable Nuggets

"If you want 10 days of happiness, grow grain. If you want to years of happiness, grow a tree. If you want 100 years of happiness, grow people."

Harvey Mackey

"What makes a nation strong is not brigades, but its citizens' virtues."

Anonymous

## দশের মধ্যে নয়

একবার রাজা কৃষ্ণদেব রাও এবং তেনালি রামন উটের পিঠে চড়ে ঝলসানো রৌদ্রের মধ্যে বিশাল থর মরভূমি অতিক্রম করছিলেন। উটের মালিক তার দশটি উটকে তাড়িয়ে নিয়ে যাচ্ছিলেন গন্তব্যের দিকে। রাজা কৃষ্ণদেব এবং তেনালি আলাদা আলাদা উটের পিঠে চড়ে যাচ্ছিলেন মরুভূমির পথে। আর বাকি আটটা উটের পিঠে ছিল মহারাজের মালপত্র। মহারাজের ছোট একটা কর্মচারীর দল ঘোড়ার পিঠে চড়ে মহারাজদের অনুসরণ করে যাচ্ছিল। সেই উত্তপ্ত মরুভূমির কয়েক মাইল অতিক্রম করার পর উটের মালিক ক্লান্ত হয়ে একটা উটের পিঠে চড়ে বসেন। উটের পিঠে বসার পর উটের দলকে গুণতে আরম্ভ করেন। গুণতে গিয়ে দেখেন উটের সংখ্যা নয়। দশের জায়গায় নয় দেখে সঙ্গে সঙ্গে উটের পিঠ থেকে পিছনের দিকে গিয়ে হারিয়ে যাওয়া উটের খোঁজ করতে শুরু করলেন। হারিয়ে যাওয়া উটের কোনও চিহ্ন না দেখে ভাবলেন, তাহলে নিশ্চয়ই এই বিশাল বিজন মরুভূমিতে তার

উট পথ হারিয়েছে। তিনি খোঁজা বন্ধ রেখে তার অন্যান্য উঠের কাছে ফিরে গিয়ে নিরুৎসাহ হয়ে বিলাপ করতে শুরু করলেন। কিন্তু আবার উটগুলি যাত্রা করতে শুরু করলে, তার মন আনন্দে ভরে গেল। তিনি দেখলেন দশটা উটতো ঠিকই আছে। খুশি মনে মালিক আবার একটা উটের পিঠে চড়ে বসলেন। কিছুক্ষণ পরে তাঁর মনে হল আর একবার উটগুলো গুণতি করে দেখা যাক। গুণতে গিয়ে আবার মালিক দেখলেন, দশটা কোথায় ন'টা উটইতো আছে। খুবই ধন্দে পড়ে, নিরানন্দ মনে আবার হারানো উটের খোঁজ করতে আরম্ভ করলেন। সেটা আর খুঁজে না পেয়ে আবার উটের দলের কাছে ফিরে গেলেন। আবার গুণতে গিয়ে অবাক হয়ে দেখলেন তার দশটা উটই ধীরে সুস্থে এগিয়ে চলেছে।

এই অদ্ভুত ঘটনার জন্য মরুভূমির উত্তপ্ত আবহাওয়াকেই দোষারোপ করে মালিক একেবারে শেষের উটের পিঠে চড়ে বসলেন। এবং তৃতীয় বারের মতো বাকিগুলো গুণতে আরম্ভ করলেন। তিনি বিস্মিত হয়ে আবার দেখলেন উটের সংখ্যা ন'টাই। তিনি কিছুতেই বুঝতে পারছিলেন না কেন একটা উট তার উটের দল থেকে বারবার হারিয়ে যাচ্ছে। তিনি উটের পিঠ থেকে লাফিয়ে নিচে নেমে ক্লান্ত ভাবে পুনরায় গণনা প্রক্রিয়া শুরু করলেন। আবার দেখলেন দশটা উটই আছে। এইভাবে অনেকবার গণনার কাজ চালিয়ে গেলেন।

রাজা কৃষ্ণদেব এবং তেনালি রামন সমস্ত ঘটনাটি খুব গম্ভীর ভাবে লক্ষ্য করছিলেন এবং উটের মালিক যে ধন্দের মধ্যে পড়েছেন সেটা দেখে অবাক হচ্ছিলেন।

উভয়েই উটের মালিকের এমন অদ্ভুত আচরণ দেখে খুবই অসহিষ্ণু হয়ে উঠছিলেন। এরকম রোদ্রে সেঁকা বিজন মরুভূমিতে তাঁদের পথ যাত্রা ক্লান্তিকর, বিরক্তিজনক এবং নিরানন্দময় হয়ে উঠছিল, উটের মালিকের কার্যকলাপে। তারা ক্রমেই তিতিবিরক্ত হচ্ছিলেন।

শেষপর্যন্ত, দলের মধ্যে একটা উট কম দেখে এবং ক্ষতিটা সহ্য করতে না পেরে উটের মালিক রাজা কৃষ্ণদেব রাও এবং তেনালি রমনের কাছে গিয়ে উপদেশ চাইলেন।

'হুজুর, আমরা যখন যাত্রা শুরু করি তখন আমার উটের সংখ্যা ছিল দশ, কিন্তু এখন আমি দেখতে পাচ্ছি মাত্র ন'টা। আমার একটা উট তবে কোথায় গেল?' একথা জিজ্ঞাসা করার সময় উটের মালিক গণনা এবং পুনর্গণনার কথা বিস্তারিতভাবে কৃষ্ণদেব রাও এবং তেনালিকে জানালেন।

মালিককে শান্ত করে তেনালি বললেন, 'শুনুন বন্ধু মরুভূমির শয়তান খুবই বিপজ্জনক। এমনও হতে পারে শয়তানটি তার তৃষ্ণা মেটাবার জন্য উটের ওপর মাসুল আদায় করেছে। যাইহোক আপনার সমস্যার একটা সহজ সমাধান আছে। আপনি যদি উটের পিঠে না চড়ে পদব্রজে যান তবে আপনি দশটা উটই পেয়ে যাবেন।'

'আমার মনে হচ্ছে আপনি ঠিকই বলেছেন, আমার উটের পিঠে না চড়ে হেঁটে যাওয়াটাই সঙ্গত—' উটের মালিক এটা মেনে নিলেন।

পুনরায় যাত্রা শুরু হলে রাজা কৃষ্ণদেব এবং তেনালি তাঁরা যে উটের মালিককে কষ্ট থেকে উদ্ধার করতে পেরেছেন একথা ভেবে পরস্পরের দিকে তাকিয়ে হাসতে লাগলেন।

**জীবন থেকে শেখা**

অজ্ঞতাই আশীর্বাদ, যদি জ্ঞানী হবার আকাঙ্ক্ষা থাকে। যথা সময়ে জ্ঞানের আলোক রশ্মি ব্যবহার করে আমরা অজ্ঞতার ধোঁয়াশা কাটাতে পারি।

**জ্ঞান কণা**

* অজ্ঞতার চেয়ে ভীতিপ্রদ আর কিছু নাই। অজ্ঞতাই সব আনন্দ নষ্ট করে * অজ্ঞতাই সবচেয়ে বড় ত্রুটি * অজ্ঞতা দূর করতে জ্ঞানের প্রয়োজন।

## Quotable Nugget

"To be ignorant of one's ignorance is the malady of the ignorant."

A. B. Alcott.

# লোভে অন্ধ

রাজা কৃষ্ণদেব রাওয়ের রাজত্ব কালে বিজয়নগর রাজ্য ব্যবসা-বাণিজ্যে প্রভূত উন্নতি লাভ করে। চিন, শ্রীলঙ্কা, পর্তুগাল এবং মধ্য এশিয়ার রাজ্যগুলির সাথে বিজয়নগরের ব্যবসায়িক সম্পর্ক খুবই প্রসারিত এবং সুদৃঢ় হয়।

একবার চিন সম্রাট কৃতজ্ঞতা স্বরূপ রাজা কৃষ্ণদেব রাওয়ের জন্য খুব সুস্বাদু এবং রসালো বেশ কিছু পিচ ফল পাঠিয়েছিলেন। এবং ফলের সাথে একটা চিরকূটও লিখে পাঠিয়েছিলেন। চিরকূটে লেখা ছিল এই ফল যে ভক্ষণ করবে সে দীর্ঘজীবন এবং অদম্য জীবনীশক্তি লাভ করবে।

যখন ঝুড়ি ভর্তি ফলের সম্ভার এনে রাজা কৃষ্ণদেব রাওয়ের সামনে রাখা হল,

তেনালি রামন সুপক্ক রসালো পিচফলগুলি দেখে আর লোভ সামলাতে পারল না। ঝুড়ি থেকে একটা ফল তুলে এক কামড় বসাল।

এরকম একটা অভাবিত ঘটনা সকলকে স্তম্ভিত করে দিল। এই বয়সে এরকম যে একটা শিশুসুলভ ঘটনা তেনালি ঘটিয়ে বসবে কেউই সেটা কল্পনা করতে পারেনি।

রাজা কৃষ্ণদেব রাওয়ের জন্য পাঠানো ফল তার অনুমতি ছাড়া এভাবে ঝুড়ি থেকে তুলে খাওয়াটা কেবল যে চপলতা প্রকাশ তাই নয়, মহারাজকে অবমাননার চূড়ান্ত দৃষ্টান্ত।

তেনালি রামনের এমন অদ্ভুত আচরণে রাজা কৃষ্ণদেব রাগে ফেটে পড়লেন—অপমানে তার সারা শরীর কেঁপে উঠল। যে তেনালিকে তিনি সবচেয়ে জ্ঞানী গুণী ও বিচক্ষণ ভাবতেন সেই তেনালি যে এত লঘু চিত্তের লোভী মানুষ সেটা তার কল্পনার বাইরে ছিল—

কাজেই তেনালির এই ব্যবহার রাজা কৃষ্ণদেবকে ক্ষিপ্ত করে তুলল—তিনি তেনালিকে রাগত স্বরে বললেন, 'তোমার স্পর্দ্ধা দেখে আমি স্তম্ভিত হচ্ছি যে ফল আমার জন্য নিবেদন করা সেই ফল আমার অনুমতি ছাড়া ভক্ষণ করে তুমি ধৃষ্টতার পরিচয় দিয়েছ তার জন্য তোমার কঠোর শাস্তি পাওয়া উচিত—আমি তোমাকে মৃত্যুদণ্ডে দণ্ডিত করলাম।'

রাজা কৃষ্ণদেব রাওয়ের তেনালির প্রতি এই দণ্ডাদেশ শুনে দু'জন রক্ষী তেনালিকে বধ্যভূমিতে নিয়ে যাবার জন্য এগিয়ে এল।

এরকম একটা দণ্ডাদেশ শুনে তেনালি কিছুক্ষণের জন্য নির্বাক থাকার পর হঠাৎ যেন সম্বিৎ ফিরে পেয়ে চিৎকার করে বলে উঠল—

'চিনা সম্রাটের মতো অসৎ মিথ্যাবাদী সম্রাট আমার জীবনে আর একটিও দেখিনি। তাঁর কথা সবটাই অসত্য। তিনি চিরকূটে লিখেছেন তাঁর পাঠানো ফল যে খাবে সে দীর্ঘায়ু লাভ করবে এবং অসীম শক্তিশালী হয়ে উঠবে—এ কথাটা যে ডাহা মিথ্যা—একেবারেই ভিত্তিহীন, সেটা আমাকে দিয়েই প্রমাণিত হল। আমি তাঁর পাঠানো ফলে একটি মাত্র কামড় দিয়েছি তাতে আমার দীর্ঘায়ু হওয়াতো দূরের কথা মৃত্যু অবধারিত হল। যিনি সবগুলি ফল খাবেন তাঁর যে কি অবস্থা হবে সেটা আমি সহজেই অনুমান করতে পারছি।'

তেনালির এই কথা শুনে রাজা কৃষ্ণদেব তেনালির উপস্থিত বুদ্ধিতে মুগ্ধ হলেন। অবধারিত মৃত্যুর মুখোমুখি দাঁড়িয়ে অনন্য চাতুর্যে নিজেকে রক্ষা করা একমাত্র তেনালি বলেই সম্ভব হয়েছিল।

রাজা কৃষ্ণদেব শুধু যে তেনালির মৃত্যুদণ্ড রদ করলেন তাই নয়—সহাস্যমুখে তাকে বারোটি রসালো পিচফল ও মূল্যবান একটি রত্ন দান করলেন।

**জীবন থেকে শেখা**

দ্রুতগামীতাতে দেবদূতও ভয়পান, দ্রুত কিছু না করাই ভালো। ভাবনা-চিন্তা না করে হঠাৎ সিদ্ধান্ত, অধৈর্য মেজাজকেই প্রতি ফলিত করে। অপেক্ষা করা, একটু ভাবা এবং তারপর কার্যকর করা—এটা সকলের পক্ষেই একটা ভালো নীতি।

**জ্ঞান কণা**

* প্রলোভন বা লোভ এক দুর্নিবার শক্তি যা আমাদের দুর্দ্দশায় ফেলতে পারে * ফাঁদে পড়ে অনুতাপ এবং দুঃখ করার চেয়ে লোভের টোপ এড়িয়ে যাওয়া ভালো * প্রলোভনকে ত্যাগ করার জন্য শক্তি এবং সাহসের দরকার * প্রলোভন থেকে মুক্ত থাকাই জ্ঞানীর লক্ষণ।

## Quotable Nuggets

"Tempt not a desperate man."

William Shakespeare

"Take away the motive and you take away the sin."

Don Quixote

# একটা বেপরোয়া কাজ

একবার এক হাড় কাঁপানো শীতের রাতে যখন কেন্ডাবি থেকে ফিরছিলেন সেই সময় তেনালিকে একটি সেনা শিবিরের কাছ দিয়ে আসতে হয়েছিল। তেনালি দেখলেন সেই শিবিরের মধ্যে কাঠের আগুন জ্বালিয়ে তার চারপাশে একদল সৈন্য বসে গল্প করছেন।

এই অস্বস্তিকর আবহাওয়া থেকে বাঁচার জন্য তেনালি বেশ আরাম করে সৈনিকদের মধ্যে আগুনের সামনে গিয়ে বসলেন। কয়েক মিনিট পরে তেনালি আবিষ্কার করলেন এইসব সৈনিকেরা অত্যন্ত রসজ্ঞ এবং যুদ্ধ বিগ্রহে দক্ষ। খুব শীঘ্রই,

সৈনিকেরা যুদ্ধক্ষেত্রে যোদ্ধা হিসেবে তাঁদের অভিজ্ঞতার সবিস্তার আলোচনায় মুখর হলেন। প্রত্যেকেই তাদের জীবনের উল্লেখযোগ্য ঘটনার কথা বলতে আরম্ভ করলেন।

একজন বয়স্ক সৈনিক সীমাচলমের যুদ্ধে একা হাতে কিভাবে বিপক্ষের দশজন সৈনিককে হত্যা করেছিলেন সেই ঘটনার বর্ণনা করলেন। এই ঘটনার কথা শুনে তারপাশে বসে থাকা আর একজন সৈনিক বিনুকোন্ডা দুর্গ দখলের সময় কিভাবে একটা গোটা সৈন্যদলকে বশ্যতা স্বীকারে বাধ্য করেন তারই সবিস্তার উল্লেখ করলেন। সেই সময় আরেকজন সৈনিক বললেন, পন্টুরে যুদ্ধ চলাকালীন সময়ে কেমন করে তিনি শত্রুর জেলখানা থেকে পালিয়ে গিয়েছিলেন। এইভাবে অনেক রাত্রি পর্যন্ত সাহস আর বিক্রমের ঘটনার পর ঘটনা, বর্ণিত হতে লাগল। প্রত্যেকেই এইসব উত্তেজক কাহিনি উপভোগ করছিলেন। যখন সকলের কাহিনি বলা শেষ হল, যুদ্ধ নিয়ে অহংকার করার মতো কিছু থাকল না তখন তারা অনেকটা উপহাসের দৃষ্টিতে তেনালি রামনের দিকে তাকালেন।

'আমাদের মনে হয় তোমার এরকম কিছু দুঃসাহিসক ঘটনা বলার মতো নেই'—একজন মধ্য বয়স্ক সৈনিক বললেন, তেনালিকে উদ্দেশ্য করে।

'হ্যাঁ-হ্যাঁ-আমারও একটা বলার মতো ঘটনা আছে—' তেনালি জানালেন।

'তাই নাকি, তোমারও আছে'—অনেকটা বিদ্রূপ করে বললেন একজন।

'হ্যাঁ, আছে তো—' তেনালি বললেন, তারপর সেই ঘটনাটা ধারাবাহিকভাবে বলে যেতে লাগলেন।

'একবার যখন আমি বেলামাকোন্ডা ভ্রমণ করছিলাম তখন দৈবক্রমে একটা বিরাট শিবিরের সামনে গিয়ে পড়লাম—আমি খুব সাবধানে সেই শিবিরে প্রবেশ করলাম। সেখানে আমার জন্য একটা অদ্ভুত বিস্ময় অপেক্ষা করেছিল।

আমি দেখালাম একজন বিশাল দেহী মানুষ মাদুরের ওপর শুয়ে আছে। এরকম বিশাল দেহী মানুষ আমি জীবনে দেখিনি। আমি তখনই ভাল করে তাকে দেখে একজন ভয়ঙ্কর ডাকাত হিসেবে চিনতে পারলাম। সে বছরের পর বছর দেশের একটা অংশে ব্যাপকহারে লুণ্ঠন ও হত্যা করে মানুষকে ভীত সন্ত্রস্ত করে তুলছিল। 'তখন তুমি কি করলে?' সৈনিকরা জিজ্ঞাসা করলেন—তাঁদের আগ্রহ তখন আকাশচুম্বী।

'আমি আমার তলোয়ার বের করলাম, তারপর তার পায়ের আঙুল কেটে আমার প্রিয় প্রাণ বাঁচাতে পালিয়ে গেলাম'—তেনালি খুব উৎকণ্ঠা মিশিয়ে বললেন

কথাগুলো।

‘কেবল তার পায়ের আঙুল!’ বিস্মিত হয়ে সৈনিকেরা বললেন। ‘শুধু পায়ের আঙুল কেন? তুমি যখন সুযোগ পেয়েছিলে তখন তো তলোয়ার দিয়ে তার মাথাটা কাটতে পারতে!’ নিঃশ্বাস বন্ধ করে আর একজন সৈনিক চিৎকারে উঠলেন।

‘সেটা তো আগেই একজন কেটে রেখেছে। মাথাটা তার দেহের পাশে পড়েছিল’—তেনালি হাসতে হাসতে জানাল। তেনালির কথা শুনে সৈনিকেরা হাসতে গিয়েও হাসতে পারল না। কেমন যেন গম্ভীর হয়ে গেল। বুঝতে পারল এই লোকটি তাদের সাথে রসিকতা করেছে।

**জীবন থেকে শেখা**

একজন পণ্ডিতমন্য অহংকারী মানুষের গর্বকে খর্ব করতে পারে একজন সাধারণ মানুষ, কেবলমাত্র তার বিচক্ষণতা আর বাগ্মীতার ধারাল অস্ত্রে।

**জ্ঞান কণা**

* দুঃসাহস মানে কেবল ভয়হীনতা নয় বা ভয়ঙ্করকে অন্ধের মতো এড়িয়ে যাওয়া নয় বরং সবকিছু দেখে কৌশল এবং বুদ্ধি দিয়ে সমস্ত অবস্থাকে জয় করা। * বুদ্ধিমত্তাই হচ্ছে কথোপকথনের সার বস্তু যা দিয়ে সুনাম অর্জন করা যায়। * জ্ঞানবত্তার অভাব থাকলে কোনও মনই সম্পূর্ণভাবে গড়ে ওঠে না। * শিক্ষিত মানুষের মধ্যে বুদ্ধিমত্তা একটা বিরল গুণ। * বুদ্ধি, প্রত্যেকটি অবস্থার মধ্যে পিচ্ছিলকারী তেলের কাজ করে যা দিয়ে বিরূপতার সামাল দেওয়া যায়। * সমস্ত গুণের মধ্যে বুদ্ধির স্থান শীর্ষে।

## Quotable Nugget

"Wit is a zero added to our moral qualities; but which, standing alone, represents nothing."

C. Jordan

## ন্যায় বিচার

একদিন বিজয় নগর রাজসভার অষ্টদিগগজের অন্যতম দিগগজ তেনালি রামন যখন একটি বাজারের পাশ দিয়ে যাচ্ছিলেন তখন হঠাৎ লক্ষ্য করলেন বাজারের মধ্যে একটি মুরগীর দোকানের সামনে বেশ কিছু লোক ভিড় করে দাঁড়িয়ে আছে।

তিনি কৌতুহল বশতঃ দোকনের সামনে এগিয়ে গিয়ে জিজ্ঞাসা করলেন—'কি ব্যাপার এখানে এত ভিড় কেন?' ভিড়ের মধ্যে থেকে একজন এগিয়ে এসে বলল, 'আর বলবেন না হুজুর, এক গরিব চাষীর সঙ্গে মুরগীর দোকানের মালিকের অনেকক্ষণ ধরে একটা ঝামেলা চলছে।'

'ঝামেলা, কিসের ঝামেলা?' তেনালি রামন অনুসন্ধিৎসু হয়ে ঘটনার ভেতরে ঢুকতে চাইলেন।

ভিড় করে থাকা লোকেদের কথাবার্তা থেকে তেনালি জানতে পারলেন একটি গরিব চাষী একটি শষ্যভর্তি বস্তা নিয়ে যখন মুরগীর দোকানের সামনে দিয়ে যাচ্ছিলেন সেই সময় তার শষ্যভর্তি বস্তাটা আচমকা একটি মুরগীর ছানার ওপর পড়ে যায়—ফলে বস্তার চাপে মুরগীর ছানাটি মারা পড়ে।

ছানাটি যদিও খুব ছোট, হিসাব করলে পাঁচ স্বর্ণমুদ্রার বেশি এর দাম হবে না—কিন্তু মুরগীর মালিক গরিব চাষীর ঘাড় ধরে পঞ্চাশটি স্বর্ণমুদ্রা আদায় করতে চাইছে। তার কথা হচ্ছে মুরগীর ছানাটি যদি আরো দু'বছর বাঁচতো তাহলে তার দাম হত কমপক্ষে পঞ্চাশ স্বর্ণমুদ্রা। এই পঞ্চাশটি স্বর্ণমুদ্রার জন্য মুরগীর মালিক এবং গরিব চাষীর মধ্যে বহুক্ষণ ধরে ঝামেলা চলছে।

গরিব চাষীর পক্ষে পঞ্চাশটি স্বর্ণমুদ্রা দেওয়া কোনক্রমেই সম্ভব নয়—সে কথা চাষী খুব কাকুতি মিনতি করে জানালেও মুরগীর মালিক সেটা শুনতে চাইছেন না।

বাদানুবাদ যখন চরমে উঠেছে কোনভাবেই মুরগীর মালিককে বুঝিয়ে সুঝিয়ে নিরস্ত্র করা যাচ্ছে না—তখন ভিড় করে থাকা জনতার মধ্যে থেকে তেনালির দিকে হঠাৎ কয়েকজনের দৃষ্টি পড়ল।

তারা সকলে তেনালির বুদ্ধিমত্তার সবিশেষ পরিচয় জানতো। তেনালিকে দেখে তারা নিশ্চিন্ত হয়ে ভাবল এবার যদি তেনালি মুরগীর মালিক এবং চাষীর মধ্যে মাথা গলায় তাহলে একটা সুষ্ঠু সমাধান করে ছাড়বে। সকলেই তাই শশব্যস্ত হয়ে তেনালিকে মুরগীর মালিকের মুখোমুখি হবার জন্য রাস্তা ছেড়ে দিল।

তেনালিকে এগিয়ে আসতে দেখে মুরগীর মালিক খুব বিনয়ের সঙ্গে বলল, 'খুব ভালো হয়েছে, আপনি যখন এসে গেছেন—এবার নিশ্চয়ই একটা সুবিচার হবে।'

এই কথা বলে তার দোকানের সামনে বিমর্ষ মুখে দাঁড়িয়ে থাকা একটি লোককে দেখিয়ে বলল—

'এই লোকটা অসাবধানতায় এবং চরম অবহেলায় তার শষ্য ভর্তি বস্তাটা আমার একটা মুরগী ছানার ওপর ফেলে দেওয়ায় তার অকাল মৃত্যু হয়েছে। ওই মুরগী ছানাটা বেঁচে থাকলে আগামী দু'বছরের মধ্যে আমায় কমপক্ষে পঞ্চাশটি স্বর্ণমুদ্রা উপার্জনের ব্যবস্থা করে দিত। আমি তাই আমার মুরগীর মূল্য হিসাবে একে পঞ্চাশটি স্বর্ণমুদ্রা দিতে বলেছি। ও সেটা কিছুতেই দিতে চাইছে না—আপনি এর একটি বিহিত করে দিন।'

মুরগীর মালিকের কথা শুনে গরিব চাষীর মুখটা অপরাধীর মতো পাংশু হয়ে গেল। আত্মপক্ষ সমর্থনের জন্য ঘাবড়ে গিয়ে সে কীসব উল্টো পাল্টা কথা বলল সেটা

কারোরই বোধগম্য হল না।

উপস্থিত সকলে উদ্‌গ্রীব হয়ে অপেক্ষা করে রইল তেনালি কি বলে শোনার জন্য।

তেনালি কিছুক্ষণ চুপচাপ থেকে কি যেন চিন্তা করলেন তারপর মুরগীর মালিকের দিকে তাকিয়ে বললেন, 'আপনি মুরগীর ছানার মূল্যবাবদ পঞ্চাশটি স্বর্ণমুদ্রা চাইছেন, তাই তো?'

মালিক বলল, 'আজ্ঞে হ্যাঁ।'

তেনালি এবার গরিব চাষীর দিকে তাকিয়ে বললেন, 'যে করেই হোক পঞ্চাশটি স্বর্ণমুদ্রা মুরগীর মালিককে এখুনি দিয়ে দাও—এটাই আমার নির্দেশ।'

তেনালির এই কথা শুনে উপস্থিত জনতার মধ্যে একটা গুঞ্জন শোনা গেল। তারা সকলেই ভেবেছিল তেনালি গরিব চাষীর পক্ষেই রায় দেবেন। কিন্তু তা না হওয়াতে তারা খানিকটা বিমর্ষ হয়ে পড়ল।

এদিকে তেনালির কথা শুনে মুরগীর মালিক খুব উৎসাহিত। সে বলল, 'আপনার বিচার খুব যথাযথ—সত্যি বলছি এর চেয়ে সুন্দর এবং সঠিক বিচার আর হতে পারে না।'

মুরগীর মালিকের মুখে চোখে বেশ একটা জয়ের গৌরব ফুটে উঠল—ফুটে উঠল তেনালির প্রতি অসীম শ্রদ্ধা। সে আরও বলল, 'আমি বলতে পারি যেভাবে আপনি সুবিচারের মর্যাদা রাখলেন সেটা আইনসঙ্গত ন্যায় বিচার।

তেনালি মৃদু হেসে বললেন, 'আমি সব সময়েই আইনসঙ্গত ন্যায় বিচারেরই পক্ষপাতি। আচ্ছা একটা বিষয় আমি আপনার কাছে জানতে চাইছি—বলুন তো একটা মুরগীর ছানা পালন করার জন্য তার খাদ্য হিসেবে বছরে কতটা শষ্যকণার দরকার হয়।'

'খুব কম করে হাফ বস্তা'—মুরগীর মালিক গদগদ হয়ে বলল।

'তাহলে দু'বছরে আপনার মুরগী ছানার খাদ্য হিসেবে কমপক্ষে এক বস্তা শষ্য লাগতো।' তেনালি খুব স্বাভাবিকভাবে জানাল।

'তা তো লাগতই'—মুরগীর মালিক হিসেবী লোকের মতো উত্তর ফেরালো।

'এক বস্তা শষ্যের দাম কি রকম হতে পারে?' তেনালি খুব অনভিজ্ঞ এবং আগ্রহী লোকের মতো জানতে চাইলেন।

'তা ধরুন এখনকার বাজার অনুযায়ী একশ'ত স্বর্ণমুদ্রা তো হবেই—' পাকা ব্যবসায়ীর মতো উত্তর দিল মুরগীর মালিক।

'তাহলে দেখা যাচ্ছে আপনার মুরগী ছানাটা মেরে ফেলায় দু'বছরে এক বস্তা

শস্যের মূল্য হিসাবে এই কৃষকটি আপনার একশত স্বর্ণমুদ্রা বাঁচিয়ে দিয়েছে—কাজেই একশোটি স্বর্ণমুদ্রা আপনি এই কৃষককে দিয়ে দিন। এটাই আমার সঠিক বিচার—'

তেনালি রামনের এই কথাশুনে মুরগীর মালিকের মুখ ফ্যাকাশে হয়ে গেল। আর উপস্থিত জনতার মুখে ফুটে উঠল স্বস্তির হাসি।

**জীবন থেকে শেখা**

ধনীদের ঔদ্ধত্য, গরীব লোকের দেহের ওপর পা রেখে চলা, একটা ডাহা বদমায়েসি। আশ্চর্য হবার কিছু নেই যে পবিত্র ধর্মগ্রন্থ বলেছে একটা উট ছুঁচের মধ্যে দিয়ে গলে স্বর্গে যেতে পারে কিন্তু একজন নিষ্ঠুর ধনী মানুষ সহজে সেটা পারে না।

**জ্ঞান কণা**

* অধার্মিকতাই দুর্বলতা। * একজন দুষ্টু লোক যথোপযুক্ত কারণ ছাড়া কাজ করে। * অধার্মিকতা ক্রমান্বয়ে বাড়তে থাকে। * এটা সাময়িক ভাবে সুখী করলে এবং ঈশ্বর সেটা সাময়িকভাবে মেনে নিলেও চিরদিনের জন্য মেনে নেন না। * একটা অসৎ লোক সৃষ্টি ঈশ্বরের অভিপ্রেত নয়। সুতরাং একজন মানুষকে তার ব্যবহারে কার্যকলাপে সৎ হতে হবে, কারণ সততাই সার্থকতা।

## Quotable Nugget

"Keep 5 yards from a carriage, 10 yards from a horse, and 100 yards from an elephant; but the distance one should keep from a wicked man can't be measured."

Indian Proverb

# আনন্দ নগরীর আনন্দ

পর্তুগীজ ভ্রমণকারী দোমিনগো পায়াস সর্বদাই বিজয়নগরের ঐশ্বর্য এবং উন্নতিতে বিমোহিত ছিলেন। কিন্তু তাঁকে সবচেয়ে বেশি মুগ্ধ করতো 'ভুবন বিজয়ম্'-এর বুদ্ধিমান এবং এর রসজ্ঞ ব্যক্তির সমারোহ।

একবার রাজসভায় অবস্থানকালীন সময়ে তিনি রাজা কৃষ্ণদেব রাওকে জিজ্ঞাসা করেছিলেন, "আচ্ছা মহারাজ আপনার রাজ্যে সবচেয়ে মূল্যবান জিনিষ কি?" মহারাজ রাজ পারিষদদের কাছে এর উত্তরটা জানতে চাইলেন।

রাজপরিষদ্‌রা কিছুক্ষণ চিন্তা করেও উত্তর দিতে ইতস্তত করছিলেন।

শিক্ষাবিদ তথ্যাচার্য, রাজগুরু বলেছিলেন, ‘‘গৌরবময় রাজ প্রাসাদই এই রাজ্যের সবচেয়ে মূল্যবান জিনিষ।’’

অন্যতম অষ্টদিগগজ, নন্দী থিমান্না বলেছিলেন—‘‘তিরুপতি মন্দির, বিরূপাক্ষ মন্দির, কোডানডার্মা মন্দির এবং ভিত্তালা মন্দিরগুলিই আমাদের রাজ্যের মহার্ঘ সম্পদ।’’

আলাসানি পেড্ডানা নামে আর একজন অষ্টদিগগজ বলেছিলেন, ‘‘আমার মনে হয় রাজকীয় কোষাগারই সমস্ত জিনিষের চেয়ে বেশি মূল্য মানের।’’

এইভাবে পিঙ্গলী সুরান্না, ধূর্জুটি প্রমুখ অষ্টদিগগজগণ এবং রাজপারিষদবর্গ নানারকম মতামত জানিয়েছিলেন। কিন্তু তেনালি রামন কোনও প্রত্যুত্তর না করে চুপচাপ বসেছিলেন।

অষ্টদিগগজ এবং রাজসভাসদ কারোর উত্তরই পায়াসকে সন্তুষ্ট করতে পারল না।

কাজেই, রাজা কৃষ্ণদেব, দোমিনোগো পায়াসের প্রশ্নের উত্তর দেবার জন্য তেনালি রামনের স্মরণাপন্ন হলেন।

তেনালি রামন, দোমিনোগোর দিকে এক পলক তাকিয়ে বললেন, ‘আমি মনে করি আমাদের রাজ্যে সবচেয়ে মূল্যবান জিনিষটি হল, স্বাধীনতা। আমাদের রাজ্যের জনগণ কেউ কারো অধীন নয়। তারা সকলেই স্বাধীনভাবে আনন্দ এবং সন্তোষের মধ্যে বেঁচে থাকার অধিকারী।’

তেনালির কথা শুনে দোমিনগো বিনীতভাবে বললেন, ‘‘আমি জানি, আপনি একজন পণ্ডিত ব্যক্তি, তবে আমি চাই আপনি আপনার মতামতটাকে প্রমাণ সহ সুপ্রতিষ্ঠিত করুন।’

তেনালি, দোমিনগোর প্রস্তাবে রাজী হয়ে প্রমাণ রাখার জন্য কয়েকদিনের সময় চেয়ে নিলেন। মহারাজ, দোমিনগোকে বললেন, ‘তেনালি যখন তার অভিমত প্রমাণ করার জন্য সচেষ্ট, আপনি তখন আমাদের মাননীয় রাজ অতিথি। আপনি যাতে আমাদের অতিথিশালায় আরামে থাকতে পারেন তারজন্য তেনালি স্বয়ং সবরকম ব্যবস্থা করবেন।’

দোমিনগো রাজ অতিথিশালায় আপ্যায়িত হলেন। তাঁর জন্য সমস্তরকম সুস্বাদু খাবারের ব্যবস্থা করা হল। তাঁর অবস্থানকালীন সময়ের জন্য তাঁকে রাজকীয় বিলাসদ্রব্য দেওয়া হল। তাঁকে দেখভাল করার জন্য বিশেষ দাস-দাসী নিয়োগ করা হল। সংক্ষেপে বলতে গেলে যতদিন তিনি রাজ অতিথিশালায় থাকবেন ততদিন তাঁকে সমস্তরকম সুযোগ সুবিধা দেওয়া হবে বলে স্থির করা হয়েছিল।

প্রথম দু'দিন দোমিনগো তাঁর বিলাসবহুল অবস্থানকে বিশেষভাবে উপভোগ করলেন। তৃতীয় দিন তিনি চাইছিলেন ঘুরেবেড়ানোর জন্য বাইরে বের হতে। যখন তিনি অতিথিশালার দরজার কাছে গেলেন তখন রাজরক্ষীরা তাঁকে বাধা দিলেন—তাকে বাইরে যাবার অনুমতি দেওয়া হল না। দোমিনগো অনুমতি না দেবার কারণ জানতে চাইলে বলা হল রক্ষীদের ওপর কড়া নির্দেশ আছে যাতে তাঁকে অতিথিশালার বাইরে বের হতে না দেওয়া হয়।

দোমিনগো ভাবলেন, নিরাপত্তার জন্যই বোধহয় এই কড়াকড়ি। তিনদিনের পর থেকেই দোমিনগোর অতিথিশালায় থাকাটা খুব বিরক্তিকর, একঘেয়ে এবং একাকিত্ব লাগছিল—তিনি চাইছিলেন বাইরে বেরিয়ে একটু হাঁটাহাঁটি করতে। কিন্তু তাকে দরজার বাইরে বের হতে দেওয়া হল না। এতে দোমিনগো খুব ক্ষুব্ধ হলেন। এইভাবে পনেরো দিন চলল। দোমিনগো নিজেকে কারারুদ্ধ বলে মনে করলেন। অতিথিশালায় সবরকম বিলাসিতাতেও তিনি খুশি থাকতে পারলেন না। তিন সপ্তাহ কেটে যাবার পর মহারাজ দোমিনগোর সঙ্গে দেখা করে কেমন আছেন জানতে চাইলেন। দোমিনগো রাজা কৃষ্ণদেবকে অভিযোগ জানিয়ে বললেন, 'মহারাজ, আমি গত তিন দিন কিছু খাইনি, আমি খুব খারাপ অবস্থার মধ্যে আছি।'

'কিন্তু তেনালি কি আপনার জন্য যথাযথ ব্যবস্থা করেননি—' মহারাজ জানতে চাইলেন।

'না, সবরকম ব্যবস্থাই সুন্দর এবং বিলাসবহুল ছিল, কিন্তু আমার অতিথিশালার বাইরে বের হবার অধিকার ছিল না। আমি গত তিন সপ্তাহ যাবৎ আপনার অতিথিশালায় বন্দিজীবন যাপন করছি।'

অধিকারীর কাছে খোঁজ নিয়ে মহারাজ জানতে পারলেন তেনালি রামনের কড়া নির্দেশে দোমিনগোকে দরজার বাইরে বের হতে দেওয়া হয়নি।

মহারাজ উদ্বিগ্ন হয়ে তেনালিকে ডেকে পাঠিয়ে জানতে চাইলেন একজন মাননীয় রাজ অতিথির প্রতি দুর্বিনীত ব্যবহার কেন করা হল।

তেনালি উৎসাহের সাথে জানালেন, 'অতিথি যা চেয়েছেন আমি তাই করেছি। কিছুদিন আগে উনি আমাকে বলেছিলেন রাজ্যের মধ্যে সবচেয়ে মূল্যবান যে 'স্বাধীনতা' সেটা আমাকে প্রমাণ করে দেখাতে হবে। আমি আমার বক্তব্য প্রমাণ করার জন্যই মাননীয় অতিথিকে তিন সপ্তাহ ধরে অতিথিশালার দরজার বাইরে না যেতে দিয়ে অতিথিশালার মধ্যেই আটকে রেখেছিলাম।'

তেনালির উত্তর শুনে মহারাজ এবং দোমিনগো দু'জনেই হাসতে লাগলেন। দোমিনগো বুঝতে পারলেন স্বাধীনতার মূল্য সত্যিই অসীম।

**জীবন থেকে শেখা**

'স্বাধীনতা আমার জন্মগত অধিকার, আমি সেটা প্রাণ দিয়ে রক্ষা করবো।' এটা আমাদের স্বাধীনতা সংগ্রামীদের মূলমন্ত্র। মহাত্মা গান্ধী এবং নেলসেন মেণ্ডেলার মতো মানুষ যুগের পর যুগ, তাঁদের দেশের মানুষের স্বাধীনতার জন্য সংগ্রাম করেছেন। দেহের, মনের এবং আত্মার স্বাধীনতা বাস্তবিক পক্ষে যে কোনও বস্তুর চেয়ে মূল্যবান, যেটা সকলেই আকাঙ্ক্ষা করে।

**জ্ঞান কণা**

* স্বাধীনতা বা ব্যক্তি স্বাধীনতাই সবচেয়ে বড় কথা। * আমাদের কেবল শারীরিক বাধা মুক্তির চেষ্টা করলে চলবে না সবরকমের মানসিক বাধা-বন্ধ থেকেও মুক্ত হতে হবে। * নিজের অধিকারকে বজায় রাখাই মানুষের সবচেয়ে বড় প্রয়োজন।

## Quotable Nugget

"Better to die on one's feet than live on one's knees."

Dolores Ibrruri

# কল্পনার ডানা মেলে

একবার রাজা কৃষ্ণদেব রাও অসাধারণ সুন্দর এক রাজপ্রাসাদের স্বপ্ন দেখেছিলেন। প্রাসাদের দেওয়ালগুলোর রঙের উজ্জ্বলতা চোখে পড়ার মতো। তার থেকে প্রচুর আলো বিচ্ছুরিত হচ্ছে। দিনের আলোয় প্রাসাদটাকে মনে হচ্ছে যেন জলের মধ্যে ভেসে থাকা রাজহংসী। যেন পরিদের আবাসভূমি। স্বপ্নের রাজপ্রাসাদ দেখে মহারাজ অভিভূত। কয়েক সপ্তাহ ধরে কেবলমাত্র অলৌকিক রাজপ্রসাদেরই আলোচনাই করেছেন। এমনকি তিনি ঘোষণা করলেন যে কেউ তাঁর জন্য এইরকম রাজপ্রাসাদ বানিয়ে দেবেন তাঁকে প্রভূত পুরষ্কৃত করা হবে।

যখন অষ্টদিগগজ এবং রাজার পারিষদবর্গ মহারাজের স্বপ্নের প্রাসাদের কথা জানতে পারলেন, সঙ্গে পুরস্কারের ঘোষণা, তখন প্রত্যেকেই বিস্মিত হলেন। কারণ তাঁরা জানতেন স্বপ্ন কখনও সত্যি এবং বাস্তবায়িত হয় না। কিন্তু তারা সাহস করে

মহারাজকে একথা বলতে পারলেন না।

রাজা কৃষ্ণদেব রাজ্যের প্রখ্যাত স্থপতি এবং নকশাকারদের সম্মিলিত করে স্বপ্নে দেখা প্রাসাদের কথা বললেন। তিনি চাইছিলেন নকশাকার আর স্থপতিরা মিলে তাঁর জন্য স্বপ্নের এই সৌধ নির্মাণ করে দিক।

দক্ষ নকশাকার এবং সৌধ নির্মাণকারীদের নিয়োগ করা হল স্বপ্নের রাজপ্রাসাদের প্রতিচিত্র তৈরি করার জন্যে। তিনি নির্দেশ দিলেন প্রাসাদ তৈরির জন্য সর্বোৎকৃষ্ট মালমশলা সংগ্রহ করতে। এরফলে রাজকোষ থেকে প্রচুর অর্থ ব্যয় হতে লাগল।

কেউই মহারাজের ভয়ে এই অদ্ভুত পরিকল্পনার অসারতা সম্পর্কে কিছু বলতে সাহসী হলেন না। অবশেষে, রাজসভাসদেরা রাজকোষাগারকে বাঁচানোর জন্য তেনালি রামনকে গিয়ে ধরলেন। তেনালি রামন বললেন, 'ঠিক আছে আমি অবিলম্বে সমস্যার সমাধান খুঁজে বের করব।'

একদিন রাজা কৃষ্ণদেব যখন 'ভূবন বিজয়ম্' রাজসভায় রাজ কাজ নিয়ে আলোচনা করছেন তখন একজন প্রবীণ মানুষ রাজসভায় প্রবেশ করে কাঁদতে কাঁদতে বললেন—'মহারাজ, আমার যা কিছু ছিল সবই ডাকাতি হয়ে গেছে, আমি আপনার সাহায্য প্রার্থী।

মহারাজ অবাক হয়ে জিজ্ঞাসা করলেন—'কি হয়েছে? আমাকে একটু বিস্তারিত ভাবে বলুন।'

'হুজুর, আমি একেবারে নিস্ব হয়ে গিয়েছি।' প্রবীণ মানুষ কান্না না থামিয়ে বললেন, 'আমি কাছাকাছি কমলাপুরম গ্রামে থাকি, আমার নাম ত্রিবিক্রম। এখন আমি কপর্দকশূন্য। এই রাজ্য আমার সারা জীবনের সঞ্চয় আত্মসাৎ করেছে। আমি তাই হতদরিদ্র, আমার অভাগিনী স্ত্রী পুত্রের কি হবে তার জন্য আশঙ্কিত।'

মহারাজ রাগতভাবে বললেন, 'তার মানে আপনি বলতে চাইছেন কয়েকজন অসৎ রাজ আধিকারিক আপনার উপার্জন, আপনার সম্পত্তি কেড়ে নিয়েছে।' 'আজ্ঞে হ্যাঁ, তবে রাজ আধিকারিকরা একা নয়—তার সাথে...' বলতে বলতে ত্রিবিক্রম থেমে গেলেন। 'ভয় নেই, আপনি সমস্ত ঘটনাটা নির্ভয়ে আমাকে বিস্তারিত করে বলুন—আমার নিরাপত্তারক্ষীরা আপনাকে রক্ষা করবেন।' মহারাজ ত্রিবিক্রমকে আশ্বস্ত করলেন।

'মহারাজ, গতরাত্রে আমি যখন ঘুমাচ্ছিলাম—তখন দেখলাম আমার বাড়িতে আপনি, আধিকারিক এবং রক্ষীদের নিয়ে প্রবেশ করলেন। আমার বাক্স, যাতে আমার জীবনের সব কিছু উপার্জন রক্ষিত ছিল, সেটা নিয়ে চলে গেলেন।' ত্রিবিক্রম বললেন।

‘কি বোকার মতো কথা বলছেন, আপনি বলতে চাইছেন আমি আপনার বাক্স ভর্তি সম্পদ নিয়ে চলে যাচ্ছি এটা আপনি স্বপ্নে দেখেছেন। স্বপ্ন কখনো সত্যি হয়— আপনার কি জ্ঞান গম্যি বলতে কিছুই নেই’ মহারাজ গর্জে উঠলেন।

‘আপনি ঠিকই বলেছেন। স্বপ্ন কখনো সত্যি হয় না। সেটা আমার স্বপ্নই হোক বা আপনার স্বপ্নই হোক। স্বপ্নকে বিশ্বাস করা ডাহা পাগলামি।’ ত্রিবিক্রম সাহস করে এই কথাগুলো বললেন।

মহারাজ এবং তার পারিষদগণ এই কথাগুলো শুনে হতবাক হয়ে গেলেন। সকলেই প্রবীণ মানুষটির সাহস দেখে অবাক।

ত্রিবিক্রম আর দেরী না করে মাথার সাদা পরচুলা সরিয়ে ফেললেন, তাঁর ছদ্মবেশের আড়াল থেকে বেরিয়ে আসল রসাচার্য এবং বুদ্ধিদৃপ্ত তেনালি রামন।

মহারাজের কিছু বলবার আগেই, তেনালি তাঁকে স্মরণ করিয়ে বললেন, ‘মহারাজ, আমি যে আপনার নিরাপত্তারক্ষীদের অধীনে আছি এ কথাটা ভুলে যাবেন না।’ একটু থেমে আবার বললেন, ‘আমার এই আচরণের জন্য দয়া করে মার্জনা করবেন।’

মহারাজ তেনালির কথা শুনে হাসতে লাগলেন। তিনি বুঝতে পারলেন— স্বপ্নের রাজপ্রাসাদ বানানো একটা নির্বোধ-পরিকল্পনা। তিনি তৎক্ষণাৎ এই পরিকল্পনাটি পরিত্যাগ করলেন।

**জীবন থেকে শেখা**

উদ্ভট কল্পনা এবং ব্যবহারিক বাস্তবতার মধ্যে পার্থক্য করার জন্য চাই পরিণত মন, যে মনের যুক্তি এবং বিচার বিশ্লেষণ করার পারদর্শিতা আছে।

**জ্ঞান কণা**

* স্বপ্ন অলস মস্তিষ্কের সন্তান। * সব স্বপ্নকে বাস্তবে পরিণত করা যায় না। * একটা বাস্তব দৃষ্টিভঙ্গি দিয়ে স্বপ্নকে বিচার করা এবং বোঝা দরকার।

## Quotable Nuggets

"We sometimes congratulate ourselves at the moment of waking from a troubled dream : it may be so the moment after death."

Nathaniel Hawthorne.

"Dream is the wife, who must talk : sleep is husband who silently suffers."

R. N. Tagore

# একজন চক্ষু উন্মোচক

রাজা কৃষ্ণদেব রাও প্রতিদিন ভোরবেলায় ভারি ব্যায়ামে অভ্যস্ত ছিলেন। নিয়মিত সারা শরীরে তৈলমর্দ্দন করতেন। যতক্ষণ না তেল ঘামে পরিণত হচ্ছে ততক্ষণ তাঁর তৈলমর্দ্দন সম্পন্ন হত না। এরপর ছিল তার দীর্ঘ সময় ঘোড়ায় চড়ে ভ্রমণ করা।

একবার এসব ছেড়েছুড়ে রাজা কৃষ্ণদেব শুয়ে বসে সময় কাটাতে লাগলেন। সবরকম ব্যায়াম বাদ দিলেন। তাঁর জীবনধারাই পাল্টে গেল। অতিরিক্ত খাওয়া দাওয়াও শুরু হয়ে গেল। ফলে কিছুদিনের মধ্যে তাঁর শরীরে মেদ জমল, তিনি খুব মোটা হয়ে গেলেন। ওজনও বেড়ে গেল। তাঁর মেজাজেও অবিশ্বাস্য রকমের

পরিবর্তন আসলো।

এইসব দেখে রাজবৈদ্যরা অতিরিক্ত খাওয়ার কুফল সম্পর্কে মহারাজকে সতর্ক করলেন। বোঝালেন, এর ফলে আরও মেদ বৃদ্ধির আশঙ্কা থাকছে। আর মেদ বৃদ্ধি হলে বড় ধরনের বিপদ ঘটে যেতে পারে। তিনি যেন অতিরিক্ত ভোজন থেকে বিরত থাকেন এবং শরীরের প্রতি যথাযথ যত্ন নেন।

বারবার খাওয়া দাওয়া কম করার ব্যাপারে ডাক্তার বৈদ্যদের উপদেশ তাঁকে এতটাই ক্ষিপ্ত করল যে মহারাজ একদিন ঘোষণা করলেন, যে কেউ তার খাওয়া দাওয়ার ওপর বিধিনিষেধ না করে সহজ উপায়ে শরীরটা সুস্থ রাখতে সহায়তা করবেন তাঁকে পুরস্কৃত করা হবে। তবে তিনি একটি শর্ত আরোপ করে বললেন, "যদি কেউ সফল না হন তবে তাঁর গর্দান যাবে।"

এই শর্ত শুনে কেউ আর মহারাজের বিষয়ে দায়িত্ব নিতে সাহস করল না।

অবস্থা যখন খুব সাংঘাতিক হয়ে উঠছে—

রাজপারিষদরা তেনালিকে গিয়ে ধরলেন—'বললেন অবিলম্বে এর একটা প্রতিকার করতে।'

তেনালি স্থিরভাবে সমস্ত সমস্যার কথা শুনলেন। তারপর রাজ পারিষদদের আশ্বস্ত করে বললেন, 'আপনারা নিশ্চিন্ত থাকুন আমি একটা বাস্তবসম্মত সমাধান বের করার দায়িত্ব নিচ্ছি।'

পরের দিন দেখা গেল এক জ্যোতিষীর আবির্ভাব হয়েছে। তিনি ভবিষ্যৎবাণী করলেন—মহারাজের আয়ু আর মাত্র এক মাস। একথা যখন মহারাজের কর্ণাগাচর হল—তিনি অত্যন্ত ক্রুদ্ধ হয়ে উঠলেন। তাঁর মধ্যে একটা বিপর্যয় ঘটে গেল।

মহারাজ নির্দেশ দিলেন জ্যোতিষীকে যেন একমাসের জন্য বন্দি করে রাখা হয়। তার ভবিষ্যৎ বাণী কতটা সত্য সেটা পরীক্ষা করে দেখা যাবে।

কাজেই, অবিলম্বে জ্যোতিষীকে বন্দিশালায় পাঠানো হল। কিন্তু মহারাজ জ্যোতিষীর কথায় এতটাই ভীত সন্ত্রস্ত হয়ে উঠলেন, যে তিনি খাওয়া দাওয়া প্রায় ছেড়েই দিলেন। কাজেই দেখা গেল, এক মাসের মধ্যে তাঁর ওজন অনেকটাই কমে গেছে।

যখন একমাসের সময়সীমা শেষ হয়ে গেল এবং মহারাজের জীবনে কোনও

অঘটন ঘটল না—তিনি জ্যোতিষীকে তলব করলেন। রাগান্বিত হয়ে বললেন, 'বল কেন তোমার গর্দান নেওয়া হবে না?'

জ্যোতিষী সবিনয়ে বললেন, 'মহারাজ আপনি একবার আয়নার দিকে তাকান, দেখবেন আপনি সম্পূর্ণ সুস্থ হয়ে গেছেন।'

রাজা কৃষ্ণদেব অবাক হয়ে দেখলেন সত্যি সত্যি তিনি স্বাস্থ্যবান হয়ে গেছেন, তাঁর আর বিন্দুমাত্র মেদ নেই।

এরপর জ্যোতিষী নিজের পরিচয় দিয়ে বললেন, 'আমি জ্যোতিষী নই আসলে আমি একজন চিকিৎসক। আমি যা কিছু করেছি সবই আপনার অন্যতম রাজ বিদূষক, তেনালি রামনের পরামর্শ অনুসারে করেছি। আপনাকে মৃত্যুর ভয় দেখিয়ে খাওয়া কমানোর পেছনে তারই বুদ্ধিদৃপ্ত উপদেশ কাজ করেছে। এবং এর ফলেই আপনি সুস্থ হয়ে উঠেছেন।'

রাজা কৃষ্ণদেব তেনালির কৌশল কর্মে খুবই খুশি হলেন। তিনি প্রতিজ্ঞা করলেন আর কখনও বেশি খাওয়ার মতো বাজে অভ্যাসের শিকার হবেন না।

**জীবন থেকে শেখা**

খুব সহজেই বাজে অভ্যাসের বশ হওয়া যায় কিন্তু তাকে ত্যাগ করা খুব কঠিন। বাজে অভ্যাস ছাড়ানোর জন্য কখনো কখনো যুক্তি দেখানোর চেয়ে ভয় দেখানোই বেশি ফলপ্রসূ হয়।

**জ্ঞান কণা**

* অভ্যাস মানুষের দ্বিতীয় স্বভাব। * অভ্যাসের শৃঙ্খল যত দিন না ভাঙা যায় ততদিন বোঝা যায় না যে এ কত দুর্বল। * ভালো অভ্যাসের ফলশ্রুতি হচ্ছে প্রলোভনকে প্রতিহত করা।

## Quotable Nugget

"Habit is a stick to use, not a crutch to lean on."

A. G. Gardiner

# মোক্ষম চাল

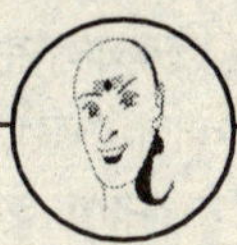

তিরুমালা নামে তেনালি রামনের এক অন্তরঙ্গ বন্ধু ছিল। রাজধানী শহর হাম্পিতে তার একটা সুন্দর পান্থনিবাস ছিল। পান্থনিবাসের নাম রেখেছিল 'দক্ষিণের সূর্য।' কিন্তু তিরুমালা এই পান্থনিবাস থেকে কোনও লাভের মুখ দেখছিল না। যদিও সে পান্থনিবাসে খরিদ্দার আকর্ষণের জন্য সবরকম চেষ্টা চালিয়ে যাচ্ছিল। কিন্তু তাতে কোনও ফল হচ্ছিল না। যাতে খরিদ্দাররা এখানকার আবাসে ভালোভাবে থাকতে পারে, সেবা যত্নের কোনও ত্রুটি না হয়, এবং খরচার দিকটাও পকেট সহ হয়, তারজন্যও সে সচেতন থাকলেও পান্থনিবাসের অবস্থার কোনও

হেরফের হচ্ছিল না। যখন এরকম নৈরাশ্যজনক অবস্থা, তখন তার বন্ধু, তেনালির কথা মনে পড়ল। ভাবল তার বুদ্ধিমান বন্ধু তেনালির সাথে পরামর্শ করে দেখা যাক, সে যদি কোনও উপায় বের করে দিতে পারে।

বন্ধু তিরুমালার মুখে তার পান্থনিবাস সংক্রান্ত দুঃখের কাহিনী ধৈর্য ধরে শোনার পর তেনালি বলল, 'এর একটা সহজ সমাধান আছে, তোমার পান্থনিবাসের নামের পরিবর্তন করতে হবে।'

"না, না এটা কোনওভাবেই সম্ভব নয়"—তিরুমালা খুব জোরের সঙ্গে তার অনিচ্ছার কথা জানাল, বলল, "তার পান্থনিবাসের নাম 'দক্ষিণের সূর্য'। নামটা দীর্ঘদিন ধরে, পুরুষানুক্রমিক ভাবে চলে আসছে, তাছাড়া রাজ্যের সর্বত্র 'দক্ষিণের সূর্য' নামটা বহুল প্রচারিত। এ নামের কোনও পরিবর্তন করা চলবে না।"

"দেখো আমি বলছি, তোমার পান্থনিবাসের নামটা যদি 'পঞ্চবাণী' রাখো এবং প্রবেশ পথের মাথায় যদি ছ'টা ঘণ্টা ঝুলিয়ে দাও, তবে আমার বিশ্বাস তুমি সুফল পাবেই—" তেনালি বন্ধুকে বলল।

"ছ'টা বড় বড় ঘণ্টা ঝোলাতে হবে? অসম্ভব ব্যাপর—এতে যে কি সুফল হবে আমি বুঝতে পারছি না'। খুব অবাক হয়ে তিরুমালা জানাল।

তেনালি হাসতে হাসতে বলল, "আরে বাবা আমি যা বলছি একবার করেই দেখ না।"

নিতান্ত অনিচ্ছা সত্ত্বে তেনালির পরামর্শ মতো তিরুমালা তার পান্থনিবাসের প্রবেশ পথে ছ'টা ঘণ্টা ঝুলিয়ে দিল এবং নাম রাখল 'পঞ্চবাণী'। এই ঘটনাটা একটা ম্যাজিকের মতো কাজ করল। সে দেখল যে সব ভ্রমণকারী তার পান্থনিবাসের কাছ দিয়ে যাতায়াত করে। তারা প্রত্যেকেই পান্থনিবাসের নাম 'পঞ্চবাণী' অথচ প্রবেশ পথে ছ'টা ঘণ্টা ঝুলছে দেখে এই ভুলটা সংশোধন করার জন্য পান্থনিবাসে ঢুকে পড়ে একবার যারা ঢোকে তারা এখানকার সহৃদয় আপ্যায়নে মুগ্ধ হয়ে এখানে থেকে যাবার মনস্থ করে। এইভাবেই দীর্ঘদিন পান্থনিবাসের মালিক যে ব্যর্থতার নৈরাশ্যে ভুগছিলেন সেটা কেটে গিয়ে তার ভাগ্য ফিরতে শুরু করে। তেনালি রামনের মোক্ষম চালেই এটা সম্ভব হয়।

**জীবন থেকে শেখা**

অধিকাংশ মানুষই প্রশংসা করার চেয়ে বিরূপ সমালোচনা করতে বেশি ভালোবাসে। এটা মানুষের স্বভাব। তারা অন্যের দোষ খুঁজে বেড়ায়, নিজেদের দোষ না দেখে।

একজন বুদ্ধিমান ব্যবসায়ী এই ঝোঁকটাকে মূলধন করে তার সাফল্যলাভের লক্ষ্যে পৌঁছতে পারে—এরজন্য অসৎ হবার প্রয়োজন হয় না।

**জ্ঞান কণা**

* অহমিকাবোধ কর্তব্যকর্মে অবহেলা ঘটায় যার ফলে সমালোচনা মাথাচাড়া দেয়। * নিজেকে চালাক প্রতিপন্ন করা, পরের দোষ ধরা, নিজেকে আলোচিত করানো মৃত্যুর পরে স্মরণীয় হওয়া, এই সব ইচ্ছা মানুষকে উৎফুল্ল করে এবং সমালোচিত হবারও ইন্ধন জোগায়। * আমাদের সমালোচনার মুখোমুখি হতে ভয় পাওয়া উচিৎ নয় কারণ এটা আমাদের কোনও একদিন হয়তো দলকে পরিচালনা করার শক্তিও জোগাতে পারে। * এমনও হতে পারে যে আমরা প্রশংসিত হবার জন্য ধ্বংস হয়ে যাচ্ছি এবং সমালোচনা আমাদের রক্ষা করছে। * আমাদের জীবন যত বেশি কর্মক্ষম এবং সুফলপ্রসূ হবে তত বেশি আমরা সমালোচনার সম্মুখীন হব।

## Quotable Nugget

"Don't be afraid of criticism. Anyone who can fill out a laundry slip thinks of himself as a writer. Anyone who can't fill out a laundry slip thinks of himself as a critic."

George Seaton

"Instead of putting others in their place, put yourself in their place."

Anonymous

# একটি চমৎকার পরিকল্পনা

তেনালি রামনের স্ত্রী জানতে পারল তার এক গ্রাম সম্পর্কের ভাই আদিনারায়ণ তাঞ্জোরের কাছে একটি গ্রামে এসে বসবাস করছে। আদিনারায়ণের সঙ্গে তেনালি রামনের স্ত্রীর ছোটবেলাতে খুবই সখ্যতা ছিল। কিন্তু পরবর্তী দীর্ঘদিন উভয়ের মধ্যে কোনও যোগাযোগ ছিল না।

আদিনারায়ণ পরবর্তী সময়ে তাঞ্জোরে বসবাস করছে শুনে তেনালি রামনের স্ত্রীর খুব ইচ্ছা হল ভাইকে একবার তাদের বাড়িতে আসতে বলে গাছের সুস্বাদু আম

খাওয়ায়।

কাজেই একদিন তেনালির স্ত্রী ভাইকে আম খাবার আমন্ত্রণ জানাতে তাঞ্জোরে একজন লোক পাঠাল। লোকটি তাঞ্জোর থেকে ফিরে এসে তেনালি রামনের স্ত্রীকে জানাল—তার ভাই দিদির আমন্ত্রণ পেয়ে খুব খুশি।

বলেছে যত তাড়াতাড়ি পারে দিদির আমন্ত্রণ রক্ষা করার জন্যে হাম্পিতে এসে হাজির হবে।

লোকটির মুখে এই খবর পেয়ে তেনালি রামনের স্ত্রীও খুব খুশি হল।

কিছুদিন পর একদিন সে জানতে পারল ভাই আদিনারায়ণ তার বাড়িতে আসার জন্য রওয়ানা দিয়েছে এবং সেদিনই বেলাবেলি এখানে এসে পৌঁছবে।

এই খবর পেয়ে তেনালির স্ত্রী তেনালিকে বলল, 'ওগো, আমার সেই গ্রামের ভাই আদিনারায়ণ কিছুক্ষণের মধ্যে আমাদের বাড়িতে এসে পৌঁছবে—তুমি গাছ থেকে দু'টি সুপক্ক আম পেড়ে সেগুলো সুন্দর করে কেটে একটা থালায় সাজিয়ে রাখ। সেই ভাই আসলে এক গ্লাস চন্দনের শরবত আর ওই আম দু'টি খেতে দেবার ব্যবস্থা করো।'

তেনালি তার স্ত্রীর এই গ্রাম সুবাদে ভাইকে মোটেও পছন্দ করত না। সে জানতো এই ভাইটি যেমন কঞ্জুষ তেমনি ধূরন্ধর। তাকে সুপক্ক আম খাওয়াবার কথায় তেনালি মনে মনে খুবই বিরক্ত হল—তবু স্ত্রীর অনুরোধে বাধ্য হয়ে গাছের শেষ দু'টি পাকা আম পেড়ে খোসা ছাড়াতে ছাড়াতে একটু করে আম মুখে ফেলে তেনালি আর লোভ সামলাতে পারল না। সুপক্ক সুস্বাদু আমের সব ক'টা টুকরোই সে আস্তে আস্তে শেষ করে ফেলল। তারপর হঠাৎ রাস্তার দিকে তাকিয়ে দেখতে পেল—আদিনারায়ণ তার বাড়ির কাছাকাছি এসে পৌঁছে গেছে।

তেনালি ভাবল যে করেই হোক আদিনারায়ণের এ বাড়িতে আসা বন্ধ করতে হবে। না হলে ভাইয়ের জন্য রাখা আম খেয়ে ফেলায় তাকে স্ত্রীর কাছে মুখ শুনতে হবে। কি করে আসা বন্ধ করা যায় ভাবতে ভাবতে হঠাৎই তার মাথায় একটা বুদ্ধি খেলে গেল।

সে দৌড়ে ঘরের ভেতর থেকে একটা ভোঁতা ছুরি এনে স্ত্রীকে বলল, 'আমি আমগুলো ঠিক মতো কাটতে পারছি না তুমি তাড়াতাড়ি এই ছুরিটা ধার দিয়ে দাও তো।'

তেনালির কথা শুনে তার স্ত্রী তেনালির কাছ থেকে ছুরিটা নিয়ে একটা পাথরের

চাঁইতে ঘষতে আরম্ভ করল।

স্ত্রীকে ছুরিটা ধার করতে দিয়ে তেনালি বলল, 'তোমার ভাই আদিনারায়ণ এসে গেছে, আমি যাই তাকে ঘরে ডেকে নিয়ে আসি।'

আদিনারায়ণকে ডাকার আছিলায় তেনালি খুব দ্রুত তার কাছে গিয়ে বলল, 'তুমি আসছো দেখে আমি খুব খুশি হয়েছি'—এই কথা বলে হঠাৎ গলার স্বর পাল্টে কিছুটা ভয়ার্ত কণ্ঠে বলল, 'আমার বাড়িতে ঢোকার সময় একটু সতর্ক হয়ে ঢুকবে।'

তেনালির কথা শুনে আদিনারায়ণ কিছুটা শঙ্কিত হয়ে বলল, 'কি ব্যাপার বলতো, তোমার ঘরে ঢোকার সময় আমাকে সতর্ক হয়ে ঢুকতে বলছো কেন?'

'তুমি একবার আমার বাড়ির দিকে তাকিয়ে দেখ'—তেনালি খুব ফিসফিস করে কথাগুলো বলল—'কিছু দেখতে পাচ্ছ?'

আদিনারায়ণ বলল, 'দেখছি তোমার স্ত্রী কি যেন একটা ধার দিচ্ছে।'

'সেই জন্যই তো বলছি'—চোখে মুখে খুব ঘনিষ্ঠ বন্ধুর ভাব ফুটিয়ে তেনালি বলল, 'এখন আমার বাড়িতে যাওয়া তোমার পক্ষে নিরাপদ নয়।'

'নিরাপদ নয়, কেন বলতো?' আদিনারায়ণ ভয়ে ভয়ে জিজ্ঞাসা করল।

'আর বোলো না, হঠাৎই আমার স্ত্রীর মাথায় একটু গণ্ডগোল দেখা দিয়েছে। দেখছো না এক মনে ছুরি শান দিয়ে চলেছে।'

'হ্যাঁ, তাতো দেখছি'—আদিনারায়ণ বিস্মিত মুখে বলল।

'আজকে তোমার দিদি আমাকে কি বলেছে জানো—বলেছে তুমি ঘরে ঢুকলেই তোমার দুটো কান কেটে নেবে।' — তেনালি জানাল।

'তুমি কি সব আজেবাজে কথা বলছ? আমি ঘরে ঢুকলেই আমার দুটো কান কেটে নেবে। ধ্যুৎ তোমার এই সব উল্টোপাল্টা কথা আমার মোটেই বিশ্বাস হচ্ছে না। তুমি নিশ্চয়ই আমার সঙ্গে রসিকতা করছ'—আদিনারায়ণ গলায় যতকানি সম্ভব অবিশ্বাসের আঁচ লাগিয়ে বলল কথাগুলো।

'দেখ, দেখ আমার ঘরের দিকে ভালো করে তাকিয়ে দেখ, তোমার দিদি কেমন উন্মাদের মতো জোরে জোরে ছুরি শান দিচ্ছে আর মাঝে মাঝে কটমট করে আমাদের দিকে তাকাচ্ছে।'

তেনালি আদিনারায়ণের দৃষ্টি তার স্ত্রীর দিকে ফেরাতে চাইল।

আদিনারায়ণ তেনালির কথায় কেমন যেন ভ্যাবাচাকা খেয়ে গেল। হতবুদ্ধির মতো

গৃহকর্তীর দিকে তাকাতে তার মনে হল, সত্যিই তো তার দিদি উন্মাদের মতো ছুরি শান দিতে দিতে মাঝে মাঝে তাদের দিকে যখন তাকাচ্ছে মনে হচ্ছে তার চোখ দিয়ে কেমন যেন জ্বলন্ত ক্রোধ ঠিকরে পড়ছে। তার দিদি কেন যে তার দুটো কান কাটতে চাইছে স্থির ভাবে একথা ভেবে দেখার আর কোনও অবকাশ নাই। যে কোনও মুহূর্তে তার দিদি দৌড়ে এসে তার দুটো কান যদি কেটে নেয়—এই ভয়ে আদিনারায়ণ হঠাৎ পিছু ফিরে তাড়াতাড়ি এই স্থান ত্যাগ করার জন্যে জোরে জোরে পা চালাল।

আদিনারায়ণকে এইভাবে পালাতে দেখে তেনালি তাড়াতাড়ি স্ত্রীর কাছে ফিরে এসে মুখে ভালো মানুষির ভাব ফুটিয়ে বলল, 'তোমার গ্রামতুতো ভাই যে এত লোভী আমি কিছুতেই বিশ্বাস করতে পারছি না। তোমার ভাইকে আসতে দেখে আমি আমের খোসা ছাড়াতে ছাড়াতে ওকে আপ্যায়ন করতে গেলাম—আমি ভেবেছিলাম একটা আম তোমার ভাইকে দেব এবং একটা আম ভালো আছে কিনা আমি নিজে খেয়ে দেখব। তা আমাকে কোনও সুযোগ না দিয়ে দুটো আমই আমার হাত থেকে ছিনিয়ে নিয়ে দৌঁড়চ্ছে—

'কি বললে...' বেশ অস্বাভাবিক চিৎকারে তেনালির স্ত্রী বলল, 'দুটো আম নিয়ে দৌড়চ্ছে—এত লোভী! একটুও ওর তর সইল না। হাত থেকে আম কেড়ে নিল!' তেনালি মুখে সরলতা ফুটিয়ে বলল, 'তবে আর বলছি কি?'

তেনালির কাছে এই কথা শুনে তার স্ত্রী আদিনারায়ণকে ধরবে বলে, সেও জোরে পা চালাল। আর বলতে বলতে চলল, 'অন্তত একটা দিয়ে যাও অন্তত একটা দিয়ে যাও, কেটে দেখি।'

হাতে ছুরি নিয়ে তার দিকে ধেয়ে আসা আর মুখে অন্তত একটা দিয়ে যাও শুনে আদিনারায়ণ ভাবল তার একটা কান কেটে নেবার জন্যে তেনালির হঠাৎ পাগল হয়ে যাওয়া স্ত্রী তার দিকে ধেয়ে আসছে।

আর এখানে এক মুহূর্ত থাকা নিরাপদ নয় চিন্তা করে আদিনারায়ণ পড়িমড়ি দৌড় লাগিয়ে নিমেষে অদৃশ্য হয়ে গেল।

এই দৃশ্য দেখে তেনালি নিজের মনে হাসতে হাসতে এক ঢিলে দুই পাখি মারার এমন একটি অভিনব উপায় উদ্ভাবনের জন্য নিজেই নিজের পিঠ চাপড়াতে লাগল।

**জীবন থেকে শেখা**

যেখানে ভাবাবেগ জোরদার সেখানে উত্তেজনার মুহূর্তে অযৌক্তিক সিদ্ধান্ত নিয়ে

নেওয়া হয়। পরে এই সব কার্যক্রমকে মিথ্যা এবং প্রবঞ্চনা দিয়ে আড়াল করতে হয়। সেখানে নিজের জ্ঞানবুদ্ধি ও অকেজো হয়ে যায়।

**জ্ঞান কণা**

* ভাবাবেগ আমাদের যে কোনও কাজ করতে এবং যতদূর পর্যন্ত যাওয়া যায় যেতে বাধ্য করতে পারে। * ভাবাবেগ যাকে চালিত করে তার মতো অধম দাস আর কেউ হয় না। * ভাবাবেগ আমাদের মনের মত্ততা যেটা আমাদের অনুভব করায় কিন্তু কখনও কোনও কিছু স্পষ্ট করে দেখায় না। * আমাদের ভাবাবেগ আগুনের মতো, জল হচ্ছে ভালো ভৃত্য কিন্তু খারাপ প্রভু। * আমাদের ভাবাবেগকে নিয়ন্ত্রিত করার চেষ্টা করা উচিৎ কিন্তু ভাবাবেগ যেন আমাদের নিয়ন্ত্রিত না করতে পারে। * দারিদ্র্য আমাদের দুঃখ দেয় না, দুঃখ দেয় লোভের আকাঙ্খা।

## Quotable Nugget

"Where passion rules, how weak does reason prove?"

John Dryden

# জটিল বন্ধন

একবার রাজা কৃষ্ণদেব রাও এবং তেনালি রামনের মধ্যে একটা বিষয় নিয়ে গুরুগম্ভীর আলোচনা চলছিল। বিষয়টি হল জনসাধারণ যে কোনও ব্যাপার সহজে মেনে নেন কিনা সেটা নির্ধারণ করা। রাজামশাই যেখানে জোর দিচ্ছিলেন না মানার দিকে, সেখানে তেনালির অভিমত ছিল বিপরীত। তিনি বলছিলেন, জনসাধারণকে দিয়ে যে কোনও জিনিষই সহজে বিশ্বাস করানো যায়।

কৃষ্ণদেব সেটা মানতে পারলেন না। বললেন, 'আপনি সবাইকে দিয়ে আপনার ইচ্ছামত কাজ করাতে পারবেন না।'

অসম্ভব কাজও করিয়ে নিতে পারি। প্রমাণ স্বরূপ আপনাকে জুতো ছুঁড়ে মারার মতো দুঃসাহসীক কাজও জনসমক্ষে লোককে দিয়ে করানোর মতো ক্ষমতা আমার আছে।'

'ঠিক আছে, আমি চ্যালেঞ্জ জানাচ্ছি, আপনি আপনার কথার সত্যতা প্রমাণ করে দেখান'— মহারাজ বললেন।

তেনালি বললেন, 'মহারাজ আমি আপনার চ্যালেঞ্জ গ্রহণ করছি। তবে এরজন্য আমাকে কিছুটা সময় দিতে হবে।'

রাজা কৃষ্ণদেব সময় দিতে রাজি হলেন।

কিন্তু কিছুদিন যেতে না যেতেই এই বিষয়টা মহারাজের মন থেকে মুছে গেল।

এইভাবে একমাস কেটে যাবার পর রাজা কৃষ্ণদেব স্থির করলেন কুর্গ প্রদেশের উপজাতি প্রধানের সুন্দরী কন্যাকে বিয়ে করবেন। সেই মতো সমস্ত ব্যবস্থা হল। উপজাতি প্রধান বিজয়নগর রাজ্যের দেশাচার এবং ধর্মীয় ক্রিয়াকর্ম সম্পর্কে একেবারেই অজ্ঞ ছিলেন।

রাজা কৃষ্ণদেব উপজাতি প্রধানকে বললেন, 'আমি কেবলমাত্র আপনার কন্যার সাথে বিবাহ বন্ধনে আবদ্ধ হতে চাই। বিবাহ অনুষ্ঠান এবং দেশাচার নিয়ে বিভিন্ন রাজ্যের বিভিন্ন রকম নিয়মকানুন, এ ব্যাপারে আপনার চিন্তিত হবার কারণ নাই।'

একথা শুনেও উপজাতি প্রধান চাইলেন রাজ পরিবারের সমস্ত রকম দেশাচার ও অনুষ্ঠান রীতি মান্য করতে।

এরমধ্যে একদিন তেনালি রামন রাজা কৃষ্ণদেবের হবু শ্বশুরের সাথে গোপনে দেখা করে তাঁকে বিবাহের আচার আচরণের সব কিছু ব্যাখ্যা করে বোঝালেন। এবং তেনালি যে তাকে সব বলেছে সেটা গোপন রাখতে বললেন। তেনালির কাছে সব শুনে খুশি হয়ে তিনি প্রতিশ্রুতি দিলেন অনুষ্ঠান রীতি খোঁজ পাওয়ার উৎসটি তিনি গোপন রাখবেন।

তেনালি এবার যথারীতি গাম্ভীর্য বজায় রেখে উপজাতি প্রধানকে বললেন, 'দেখুন রাজপরিবারে একটা বহু পুরাতন নিয়ম প্রচলিত আছে। বিবাহের সমস্ত রকম ধর্মীয় আচার এবং অনুষ্ঠানের রীতি পালনের শেষ পর্বে বধূ তার পায়ের জুতো খুলে সবার সামনে বরের প্রতি ছুঁড়ে মারবেন। এরপরেই বর তাঁর বধূকে নিয়ে ঘরে প্রবেশ করতে পারবেন। আমার ইচ্ছা নবদম্পতির পবিত্র বিবাহ বন্ধনকে সুদৃঢ় করতে অন্যান্য আচার-আচরণের সাথে এটাও যথাযথ ভাবে যেন পালন করা হয়। এবং এরজন্য আমি গোয়ার পর্তুগীজদের কাছ থেকে একজোড়া বিশেষ ভেলভেটের জুতো আনিয়ে

রেখেছি। পর্তুগীজরা আমাকে একথাও জানালেন, ইউরোপেও নাকি এরকম আচার প্রচলিত আছে।'

তেনালির একথা শুনে—'হবু শ্বশুর খুব অবাক হয়ে জিজ্ঞাসা করলেন, সবার সামনে বধূর পক্ষে তার স্বামীর দিকে জুতো ছোঁড়াটা কি ঠিক হবে?'

তেনালি বললেন, 'দেখুন এটা বিজয় রাজ্যের বিবাহের আনুষ্ঠানিক আচার, আপনার যদি সেটা পালন করার ক্ষেত্রে কোনও দ্বিধা থাকে তাহলে সেটা বাদ দিতে পারেন।' এটা শুনে উপজাতি প্রধান বললেন, 'না না অনুগ্রহ করে জুতোটা আমাকে দিন আমি কন্যার বিবাহ এবং তাদের সুখী জীবনের স্বার্থে কোনও কিছুই অপূর্ণ রাখবো না।'

কিছুদিন পর রাজা কৃষ্ণদেবের বিবাহ সম্পন্ন হল। এবং সমস্ত রকম ধর্মীয় আচার, দেশাচার সহ অনুষ্ঠান পর্ব শেষ হলে রাজা কৃষ্ণদেব বধূকে নিয়ে গৃহ প্রবেশের উদ্যোগ শুরু করলেন। যেই তিনি গৃহে প্রবেশ করতে যাবেন, বধূ তার পা থেকে এক পাটি ভেলভেটের জুতো খুলে হাসতে হাসতে মহারাজকে সবার সামনে ছুঁড়ে মারলেন।

এই ঘটনায় মহারাজ রাগে ক্ষিপ্ত হয়ে গর্জে উঠলেন।

তেনালি মহারাজের কাছেই দাঁড়িয়ে ছিলেন, তিনি মহারাজের কানে ফিসফিস করে বললেন, 'মহারাজ রেগে যাবেন না, আপনি নব বধূকে ক্ষমা করে দিন, এসবই আমার প্ররোচনায় করা হয়েছে। নববধূ একদমই নির্দোষ।' এই কথা বলে রাজা মশাইকে তার চ্যালেঞ্জের কথা স্মরণ করিয়ে দিলেন।

এই কথা শুনে মহারাজ হাসতে হাসতে জুতোটি বধূর হাতে ফেরত দিলেন।

নববধূ তার কৃতকর্মের জন্য ক্ষমা প্রার্থনা করে বললেন, 'আমি এটা করেছি বৈবাহিক আচার সম্পন্ন করার জন্য।'

রাজা কৃষ্ণদেব খুশি হয়ে বললেন, 'তেনালি আপনি ঠিকই বলেছেন, জনসাধারণ যে কোনও কথাই খুব সহজে শ্বিাস করে নেন। এবং তাদের দিয়ে যে কোনও কাজই করিয়ে নেওয়া যায়।'

**জীবন থেকে শেখা**

অনেক মানুষ গুজব এবং গালগল্প শুনে এগিয়ে যায়। যারা বুদ্ধিমান তারা আগে তথ্য সংগ্রহ করে তথ্যের মূল্যায়ন করে নানারকম ভাবে সত্যতা যাচাই করে তারপর

খবরাখবরকে সত্যি বলে গ্রহণ করে। যাতে এটা প্রত্যক্ষভাবে এবং যথাযথভাবে ব্যবহার করা যায়।

**জ্ঞান কণা**

* গালগল্প এবং গুজব শুনে কিছু করা বিচক্ষণতা নয়। * গুজব সব চেয়ে মারাত্মক জীবাণু। * কোনও গুজবের ওপর বিশ্বাস করে কিছু করতে ঝাঁপিয়ে পড়া ঠিক নয়। * তথ্য জানাই হচ্ছে জ্ঞান, তাকে ব্যবহার করা হচ্ছে বিজ্ঞতা এবং সেটা বিচার করা হচ্ছে শিক্ষা।

## Quotable Nugget

"Facts are to the mind what food is to the body."

Edmund Burke

# শিকড়ের স্বাদ

রাজা কৃষ্ণদেব রাও ব্যবসা বাণিজ্যের প্রতি বিশেষ নজর দিয়েছিলেন। তাঁর সময়ে চিন, শ্রীলঙ্কা এবং মধ্য এশিয়ার সঙ্গে ব্যাপক ভাবে বাণিজ্যের প্রসার ঘটেছিল। বিদেশি ব্যবসায়ী এবং ভ্রমণকারীরা প্রায়ই বিজয়নগর রাজ্যে আসতেন। একবার রসুল নামে পার্শিয়ার একজন ধনী ব্যবসায়ী রাজা কৃষ্ণদেবের সঙ্গে দেখা করতে আসেন।

তাঁর সাথে খুব সৌহার্দপূর্ণ ব্যবহার করা হয়। তাঁর থাকা খাওয়ার জন্য রাজ অতিথিশালায় সুন্দর ব্যবস্থাও করা হয়। অতিথি সৎকারের জন্য বিশেষ যত্ন নেওয়া হয়।

দিনের বেলা, নগরের চারপাশের সবুজ শষ্য ক্ষেত্র, দীর্ঘ এবং শক্তপোক্ত তালগাছ, সরু খাঁজকাটা কলাগাছ, এবং বিস্তীর্ণ অঞ্চল জুড়ে দীর্ঘ এবং রসালো আখগাছ সরাসরি চাক্ষুস করার জন্য ব্যবসায়ী রসুল ঘুরে বেড়ালেন। যেহেতু তাঁর দেশে এগুলোর অভাব ছিল সেই জন্য এগুলো দেখে তিনি খুব উৎফুল্ল হলেন।

সেদিন নৈশভোজের পর মহারাজ পাচককে বললেন সমস্ত উপাদেয় মিষ্টি, যেমন মহিশূর পাক, শ্রীখণ্ড, পুরাণপোলি এবং মোদক রসুলের ঘরে পাঠিয়ে দিতে।

রাজপাচক এইসব সুস্বাদু মিষ্টি রসুলের ঘরে দিয়ে আসল। কিন্তু মহারাজ খুব অবাক হয়ে দেখলেন রসুল এই সব সুস্বাদু মিষ্টি তো খেলেনই না এমনকি ছুঁয়েও দেখলেন না। এর পরিবর্তে, এইসব উপাদেয় মিষ্টির মূল বা শিকড় খেতে চাইলেন।

'মহিশূর পাকের, শ্রীখণ্ডের, পুরানপোলির এবং মোদকের শিকড়!' মহারাজ খুব অবাক হয়ে বলে উঠলেন। তিনি কখনও এইসব মিষ্টির শিকড়ের কথা শোনেননি।

তবুও তিনি এইসব জোগাড় করার কথা ভাবলেন, কারণ তিনি সবসময় চাইতেন তাঁর অতিথিদের সব ইচ্ছাই পূরণ করতে। পরের দিন সকালবেলা তিনি তার সভাসদদের বললেন, ওইসব মিষ্টান্নের শিকড় জোগাড় করে দিতে। এই অদ্ভুত জিনিষ জোগাড় করার ক্ষেত্রে প্রত্যেক সভাসদই তাদের অক্ষমতার কথা জানালেন। কারণ তারা এসবের শিকড় সম্পর্কে কিছু জানেন না। রাজা কৃষ্ণদেব খুবই চিন্তিত হয়ে পড়লেন কি করে মান্য অতিথির চাহিদা পূরণ করবেন। শেষমেষ তাঁর তেনালি রামনের কথা মনে পড়ল। রাজামশাই তেনালিকে ডেকে তার সমস্যার কথা জানিয়ে কি করা যায় জানতে চাইলেন।

তেনালি সব শুনে বললেন, 'ঠিক আছে মহারাজ আমি কথা দিচ্ছি মহিশূর পাকের, শ্রীখণ্ডের, পুরাণপোলির এবং মোদকের শিকড় জোগার করে অতিথির ইচ্ছা পূরণ করব আপনি নিশ্চিন্ত থাকুন। আমাকে একটা পাত্র এবং বেশ বড় ধারালো ছুরি দিতে হবে।' তেনালির কথা মতো পাত্র ও ছুরির ব্যবস্থা হল। রাজসভার প্রত্যেকেই তেনালির এই আশ্বাসের কথা শুনে আশ্চর্য হল। কারণ তারা জানতো এই ধরনের শিকড়ের কোনও অস্তিত্বই নেই।

একঘণ্টা পরে তেনালি রাজসভায় ফিরে আসল। তার হাতে একটা মসলিনের কাপড় ঢাকা দেওয়াপাত্র। খুব আনন্দ আর উত্তেজনায় উদ্বেলিত হয়ে তেনালি বলল, 'মহারাজ, আমার এই পাত্রে মহিশূর পাক, শ্রীখণ্ড, পুরাণপোলি আর মোদকের শিকড় রাখা আছে।'

উপস্থিত পারিষদরা এ ওর মুখের দিকে অবাক হয়ে তাকাতে লাগল। রাজা কৃষ্ণদেব রাও-ও কৌতুহলী হয়ে দেখতে চাইলেন, ওইসব মিষ্টান্নের শিকড় কি রকম।

মিষ্টান্নের শিকড় দেখানোর আগে, রসুলকে রাজসভায় ডেকে আনা হল। যখন সকলে রাজসভায় উপস্থিত তেনালি রসুলকে বলল, 'আমি আপনার ইচ্ছা পূর্ণ করতে পেরেছি। আপনার পছন্দ মতো মহিশূর পাক, শ্রীখণ্ড, পুরাণপোলি এবং মোদকের শিকড় এনেছি, আপনি গ্রহণ করে আমাদের আনন্দিত করুন।'

রসুল সাগ্রহে শিকড়ের পাত্রটি গ্রহণ করলেন। পাত্রের ওপর থেকে মসলিন ঢাকাটা সরিয়ে মিষ্টান্নের শিকড়ের স্বাদ গ্রহণ করে খুব খুশি হয়ে বললেন, 'সত্যি এগুলি খুব মিষ্টি এবং সুস্বাদু।' এগুলো পার্শিয়াতে পাওয়া যায় না। এগুলো আস্বাদন করে আমি মুগ্ধ, এটা আমার কাছে একটি ব্যতিক্রমী অভিজ্ঞতা।'

রাজা কৃষ্ণদেব এবং তার পারিষদবর্গ অবাক হয়ে রসুলের খাওয়া দেখতে লাগলেন। রসুল বেশ আয়েস করে আখের টুকরোগুলো চিবোচ্ছেন। তেনালি একটি আখকে খণ্ড খণ্ড করে এনে দাক্ষিণাত্যের মিষ্টির শিকড় বলে চালিয়ে আত্মপ্রসাদ লাভ করল।

মহারাজ এবং তার পারিষদবর্গ মনে মনে হাসতে লাগলেন এবং তেনালির বুদ্ধিতে যে অতিথির আশা পূর্ণ হল এর জন্য তাকে ভূয়সী প্রশংসা করলেন।

**জীবন থেকে শেখা**

যথার্থ শিক্ষিত এবং জ্ঞানী মানুষের অন্তর্দৃষ্টি থাকে। তাঁরা ভাসা ভাসা ধারণা ভেঙে সমস্যার শিকড়ে পৌঁছতে পারেন। কাজেই তাঁদের অসাধারণ ধীশক্তি এবং অন্তর্দৃষ্টির জন্য তারা আপাতদৃষ্টিতে কঠিন সমস্যা সমাধানেরও নতুন পথ দেখাতে পারেন।

**জ্ঞান কণা**

* মানুষকে কখনো তার রূপ, অভ্যাস এবং হাবভাব দেখে বিচার করা ঠিক নয়। তাদের কাজ এবং চরিত্র দেখে বিচার করা উচিত। * কোনও মানুষ বা বস্তুর আসল চরিত্র বাইরে থেকে দৃশ্যমান নয়, তাদের গভীরে সেটা বিদ্যমান। * কোনও পরীক্ষার মধ্যে দিয়েই মানুষ বা বস্তুর গভীর বিশ্লেষণে তার চরিত্র বোঝা যায়। * মানুষের চরিত্রই সব চেয়ে বড় কথা এবং সেটাই মানুষের সবচেয়ে বড় রক্ষা কর্তা। মানুষের চরিত্র বুঝতে হলে, একটা গভীর অন্তর্দৃষ্টি থাকা প্রয়োজন।

## Quotable Nugget

"Character is what you are in the dark."

Dwight Moody

# স্থান বিচার

রাজা কৃষ্ণদেব রাও অভিনব ভোজা হিসাবে বিশেষ পরিচিত ছিলেন। কারণ তিনি ছিলেন শিল্প সাহিত্যের পৃষ্ঠপোষক। একবার তিনি জানতে পারলেন 'কেতাভরম' অঞ্চলে অচ্যুৎ রাও নামে এক বহুমুখী প্রতিভাধর শিল্পী বাস করেন। রাজা কৃষ্ণদেব খুব খুশি মনে সেই শিল্পীকে তাঁর রাজ্যে আমন্ত্রণ জানালেন। এবং তাঁকে অনুরোধ করলেন তাঁর (রাজার) একটি প্রতিকৃতি এঁকে দেবার জন্য।

অচ্যুৎ রাও মহারাজের একটি অতিবসুন্দর প্রতিকৃতি এঁকে দিলেন। রাজা কৃষ্ণদেব তাঁর জীবন্ত রাজকীয় এবং সুচারু প্রতিকৃতি দেখে একেবারে মোহিত হয়ে গেলেন।

অচ্যুৎ রাও কেবল যে মহারাজের ছবি আঁকলেন এমন নয়, এছাড়াও তিনি পুরাণ

ও পবিত্র ধর্মগ্রন্থের উল্লেখযোগ্য দেবদেবীর প্রতিকৃতি, বিশিষ্ট মানব-মানবী এবং অন্যান্যদের ছবি এঁকে মহারাজকে উপহার দিলেন। শীঘ্রই এই শিল্পী তার প্রতিভার গুণে সকলের কাছে সুপরিচিত হলেন। তিনি মহারাজেরও প্রিয় এবং কাছের মানুষ হয়ে উঠলেন।

একদিন আনন্দে অভিভূত, রাজা কৃষ্ণদেব অচ্যুৎ রাওকে আহ্বান জানিয়ে তাঁকে তার পছন্দ মত পুরস্কার গ্রহণের কথা বললেন।

অচ্যুৎ রাওয়ের কাছে কোনও উত্তর না পেয়ে উদার মনোভাবের তাড়নায় রাজা কৃষ্ণদেব তাকে এই রাজ্যের প্রধানমন্ত্রীর পদে বরণ করে নিলেন।

যদিও অচ্যুৎ রাও একজন চমৎকার মানুষ এবং প্রতিভাসম্পন্ন শিল্পী ছিলেন। কিন্তু রাজ্য পরিচালনার ক্ষেত্রে তাঁর কোনও অভিজ্ঞতাই ছিল না। কাজেই অচ্যুৎ রাওয়ের হটকারী এবং অজ্ঞতা প্রসূত সিদ্ধান্তের ফলে এবং রাজকার্যের ব্যাপারে বাজে ব্যবস্থাপনার জন্য অচিরেই সবকিছুর মধ্যে একটি বিশৃঙ্খলা দেখা দিল। জনসাধারণ অচ্যুৎ রাওয়ের শাসনকার্যে অখুশি হয়ে উঠলেন, কিন্তু কেউই মহারাজের প্রিয়পাত্র অচ্যুৎ রাওয়ের বিরুদ্ধে কোনও অভিযোগ করার সাহস পেলেন না।

যখন রাজ্যের শাসন ব্যবস্থা অসহ্যরকমভাবে ভেঙে পড়ল, তখন অষ্টদিগগজের সকলে এবং রাজপারিষদবর্গ এরকম একজন অনভিজ্ঞ এবং আনকোরা প্রধানমন্ত্রীর হাত থেকে রাজ্যকে বাঁচাবার জন্য তেনালি রামনের সাহায্য চাইলেন।

তেনালি সকলকে আশ্বস্ত করে জানালেন যে তিনি অবিলম্বে একটা অনাপত্তিকর পথ খুঁজে রাজা কৃষ্ণদেবকে তার বুদ্ধিহীন কৃতকর্মের হাত থেকে বাঁচাবেন এবং অচ্যুৎ রাও যাতে প্রধানমন্ত্রীর পদ থেকে অপসারিত হয় তার চেষ্টা করবেন।

দিন পনেরো পরে তেনালি রামন রাজা কৃষ্ণদেবকে, মহারানীকে এবং রাজ পারিষদের কয়েকজনকে তাঁর বাড়িতে দ্বিপ্রাহরিক আহারের জন্য নিমন্ত্রণ করলেন। এর মধ্যে তেনালি একজন সুনিপুণ স্বর্ণশিল্পীকে খুঁজে বার করে তাকে বললেন, রাজা, রানী এবং রাজপরিবারের অতিথিদের জন্য খুব চমৎকার রান্না করতে।

যথাসময়ে মহারাজ এবং তার সঙ্গী সাথীরা দুপুরের ভোজ সারতে বসলেন। স্বর্ণশিল্পী তাদের খাবার পরিবেশন করার কাজে লেগে পড়লেন। যেই মুহূর্তে তাঁরা প্রথম গ্রাসটি মুখে তুললেন, সঙ্গে সঙ্গে বিরক্তিকর মুখে, অসহ্য জ্বালায়, বারবার জল জল বলে চিৎকার শুরু করলেন।

খাবারের স্বাদ গ্রহণ করার পরেই মহারাজ বুঝতে পারলেন রান্নাবান্না অতি নিম্নমানের এবং অধিক মশলাদার হওয়ায় একেবারে অখাদ্য। তিনি খুব ক্ষিপ্ত হয়ে উঠলেন। তিনি রেগেমেগে তেনালিকে জিজ্ঞাসা করলেন, 'কে এই সব রান্না করেছে?

তুমি কি চাও এইসব ছাইপাঁশ খেয়ে আমরা অসুস্থ হই, মারা পড়ি?'

তেনালি তার রীতিসিদ্ধ বিনম্রতায় বললেন, 'মহারাজ আমি আপনার কাছে মার্জনা চাইছি।' তারপর তিনি স্বর্ণশিল্পীকে ডেকে এনে মহারাজের সাথে পরিচয় করিয়ে দিয়ে বললেন, 'হুজুর, আমি এর মতো চমৎকার দক্ষ স্বর্ণশিল্পী আর দ্বিতীয় দেখিনি—একেই আমি আজকের দ্বিপ্রহরের রান্নাবান্নার দায়িত্ব দিয়েছিলাম।'

এই কথা শুনে মহারাজ হো হো করে হেসে উঠলেন, বললেন, 'তেনালি তুমি স্বাভাবিক জ্ঞানবুদ্ধি হারিয়ে বসেছ। একজন স্বর্ণশিল্পীকে দিয়েছ রান্নাবান্নার দায়িত্ব। একজন স্বর্ণশিল্পী সোনা রূপার কাজে দক্ষ হতে পারে, কিন্তু রান্নাবান্নার কাজে নয়। তোমার মাথায় এমন উদ্ভট চিন্তা কী করে আসল যে তুমি স্বর্ণশিল্পীকে দিয়ে রান্না করবার দায়িত্ব দিলে।'

তেনালি খুব বিনীতভাবে বললেন, 'মহারাজ, একজন শিল্পী যদি প্রধানমন্ত্রী হয়ে বিজয়নগর রাজ্যের মতন এমন শক্তিশালী রাজ্য শাসন করার সুযোগ পায় তবে একজন প্রখ্যাত স্বর্ণশিল্পীও কেন রন্ধন কার্য চালাতে পারবেন না।'

তেনালির কথা শুনে রাজা কৃষ্ণদেবের সম্বিৎ ফিরে এল, তিনি বুঝতে পারলেন তেনালি একজন স্বর্ণ শিল্পীকে দিয়ে রান্নার কাজ করিয়ে শিল্পী অচ্যুৎ রাওকে প্রধানমন্ত্রী করার ভুলটা চোখে আঙুল দিয়ে দেখিয়ে দিয়েছেন।

সৌভাগ্যবশত রাজা কৃষ্ণদেব অচ্যুৎ রাওকে তার পদ থেকে অপসারণ করার হাত থেকে রেহাই পেয়ে গেলেন কারণ অচ্যুৎ রাও যখন জানতে পারলেন তেনালির বাড়িতে তাকে ঘিরেই অসুবিধাজনক ঘটনা ঘটেছে, তখন তিনি নিজেই প্রধানমন্ত্রীর পদ থেকে পদত্যাগ করলেন।

পরে অচ্যুৎ রাও, তেনালিকে জানাল সে কেবল শিল্পীর মর্যাদায় এ রাজ্যে থাকতে পারলেই খুশি। তেনালি তাঁকে এ ব্যাপারে নিশ্চিন্ত করলেন।

**জীবন থেকে শেখা**

বিশেষ করে সতীর্থ এবং উর্দ্ধতন কাউকে সচেতন করার একটা পরোক্ষ এবং অনাপত্তিকর এবং সমান্তরাল ভাবে তাঁদেরকে প্রসন্ন রাখার একটা উপায় আছে। কিন্তু এটা সঠিক ভাবে প্রয়োগ করা একটা শিল্প—এবং যেটাতে তেনালি রামন সুনিপুন। যার ফলে তিনি দেখাতে পেরেছেন যে একটা চৌক খোঁটাকে গোল গর্তে ঢোকানো যায় না।

**জ্ঞান কণা**

* একটি বোতলে কখনো দু বোতলের জল ধরানো যায় না। যদি এক বোতলে এক বোতলের জল ঠিক মতো রাখা যায় তাহলে সেটাই সবচেয়ে ভালো সিদ্ধান্ত। * কাজ সম্পর্কে যদি পরিপূর্ণ ধারণা না থাকে তবে যতই যোগ্যতা বা দক্ষতা থাক সেটা করা যথাযথ হয় না। * অভিধানের সামনে বসে থাকলেই শব্দের বানান শেখা যায় না। জীবনের অভিজ্ঞতাই একটা গোল খুঁটিকে চৌক গর্তের পরিবর্তে গোল খুঁটিকে গোল গর্তে ঢোকাতে পারে।

## Quotable Nugget

"The things most people want to know about and do are usually none of their business."

George Bernard Shaw

# সুবিচারের জন্য

রাজা কৃষ্ণদেব রাওয়ের জন্মদিন। জন্মদিনের উৎসবে সমস্ত বিজয়নগর রাজ্য মেতে উঠেছে। কৃষ্ণদেব রাওয়ের প্রজারা নানা উপহার এনে তাঁর হাতে তুলে দিয়ে মঙ্গল কামনা করছেন। প্রতিবেশিনী রাজ্য থেকেও নানা উপহারের সম্ভার এসে পৌঁছচ্ছে বিজয়নগর রাজ্যে।

মহিশূর রাজ্যের সুলতান জানতেন বিজয়নগর-রাজ কৃষ্ণদেব অত্যন্ত শৌখিন প্রকৃতির মানুষ—তাই তিনি কৃষ্ণদেবের জন্য বেশকিছু কারুকার্য মন্ডিত শিল্প সম্মত ফুলদানি পাঠালেন। ফুলদানিগুলি রাজা কৃষ্ণদেবের খুবই পছন্দ হল। সমস্ত উপহার সামগ্রীর মধ্যে এগুলি সকলেরই প্রশংসা অর্জন করল।

রাজা কৃষ্ণদেব তাঁর ভারপ্রাপ্ত কর্মচারীদের ডেকে বললেন—ফুলদানিগুলি খুব সতর্কতার সঙ্গে যত্ন করে তুলে রাখতে। কারণ এগুলি ভঙ্গুর প্রকৃতির জিনিষ। অসাবধানে নাড়াচাড়া করতে গেলে ভেঙে যাবার সম্ভাবনা। এইসব কাজে সবচেয়ে পারদর্শী রাজকর্মচারী জগন্নাথের ডাক পড়ল। জগন্নাথ আসলে রাজা কৃষ্ণদেব তাকে বললেন—

'মহিশূরের সুলতানের পাঠানো এই ফুলদানিগুলি আমার খুব পছন্দের জিনিস—এগুলোকে তুমি খুব যত্ন করে এবং সাবধানে তুলে রাখো—দেখো যাতে কোনওরকমে এগুলোর কোনও ক্ষতি না হয়।'

জগন্নাথ রাজা কৃষ্ণদেব রাওকে অভিবাদন করে বলল, 'আপনি কোনও চিন্তা করবেন না মহারাজ, আমি জানি এই সূক্ষ্ম কারুকাজ করা ফুলদানিগুলি একটু অসাবধানে নাড়াচাড়া করলেই ভেঙে যাবার সম্ভাবনা—আমি এগুলোকে বিশেষ যত্নেই যথাস্থানে তুলে রাখব।'

জগন্নাথ খুব ধীরে সুস্থেই ফুলদানিগুলি ঝাড়পোঁচ করে তুলে রাখছিল। কিন্তু তার এমনই দুর্ভাগ্য, কোত্থেকে একটা বেড়াল এসে জগন্নাথের ঠিক হাতের ওপর লাফিয়ে পড়ল।

বেড়ালের এই অভাবিত কাণ্ডে হতচকিত জগন্নাথের হাত থেকে একটা ফুলদানি মাটিতে পড়ে একেবারে খণ্ড খণ্ড হয়ে গেল।

এই ফুলদানি ভাঙার খবর রাজা মশায়ের কানে পৌঁছতে বিশেষ বিলম্ব হল না। কোন এক জগন্নাথ বিদ্বেষী রাজকর্মী দেরী না করে রাজার গোচরে তুলে দিল বিষয়টি।

এই খবর শুনে রাজা কৃষ্ণদেব রাও রাগে একেবারে অগ্নিশর্মা হয়ে উঠলেন। এত সাবধান করা সত্ত্বেও তার প্রিয় ফুলদানি ভাঙার খবরে আগুপিছু কোনও চিন্তা না করে জগন্নাথের প্রাণদণ্ডের হুকুম দিলেন।

ভয়ে পাংশু জগন্নাথ করজোড়ে রাজাকে বললেন, 'মহারাজ আপনার প্রিয় ফুলদানির একটি আমার হাত থেকে পড়ে ভেঙে গেছে এ কথা ঠিক। কিন্তু এরকম একটা অভাবিত ঘটনার জন্য আমার কোনও দোষ নেই, দুর্ভাগ্যবশত একটা বেড়ালের আকস্মিক ধাক্কায় ফুলদানিটি মাটিতে পড়ে ভেঙে গেছে। বিনা দোষে আমার যদি প্রাণদণ্ড হয়, তবে আমার পরিবারের সকলে একেবারে পথে বসবে মহারাজ—'

ফুলদানি ভাঙায় মহারাজ এতটাই ক্ষিপ্ত ছিলেন যে জগন্নাথের কাকুতিমিনতিতে তাঁর মন টলল না। জগন্নাথের প্রাণদণ্ড বহাল রইল।

সমস্ত ঘটনাটা যখন তেনালির কর্ণগোচর হল তেনালি বুঝতে পারলেন একজন নিরপরাধ লোকের লঘু পাপে গুরুদণ্ড হচ্ছে।

তেনালি নিজে গিয়ে মহারাজকে বোঝালেন, বললেন, 'মহারাজ, আপনার সিদ্ধান্তটি যদি পুনর্বিবেচনা করেন তবে সত্যি সত্যি একজন নির্দোষ মানুষকে অযথা প্রাণদণ্ডে দণ্ডিত হতে হয় না। দয়া করে এমন একটি দ্রুত এবং কঠোর সিদ্ধান্ত কার্যকরী করার আগে আর একবার ভেবে দেখুন সামান্য একটা ঘটনার জন্য প্রাণদণ্ডের মতো শাস্তি সঙ্গত কিনা। আমার অনুরোধ জগন্নাথের প্রাণদণ্ডের মতো শাস্তি মকুব করা হোক।'

এক্ষেত্রে তেনালির অনুরোধ বিফলে গেল। কৃষ্ণদেব তেনালির কোনও কথাই কানে তুললেন না। জগন্নাথের প্রাণদণ্ড বহাল রইল।

রাজা কৃষ্ণদেব রাওয়ের হটকারী সিদ্ধান্তের ফলে একজন নিরীহ নির্দোষ মানুষের চরমতম শাস্তি বিধান তেনালি কিছুতেই মেনে নিতে পারছিলেন না। এরকম একটা ভয়ঙ্কর পরিস্থিতির জন্য তেনালির মনটা খুবই অস্থির হয়ে উঠল। কেবলই চিন্তা করতে লাগলেন কি করে জগন্নাথকে প্রাণদণ্ডের হাত থেকে বাঁচানো যায়।

অনেক ভাবনা চিন্তা করে পরেরদিন ভোরবেলাতেই তেনালি জগন্নাথের বাড়িতে গিয়ে হাজির হলেন। দেখলেন জগন্নাথ খুব বিমর্ষ মুখে বসে আছে। তাকে এইভাবে বসে থাকতে দেখে তেনালির খুব মায়া হল। জগন্নাথকে কাছে ডেকে খুব শান্তভাবে বললেন—'দেখ জগন্নাথ তোমাকে চরম শাস্তির হাত থেকে বাঁচাবার জন্য আমি কাল সারারাত ভেবে একটা উপায় বের করেছি। তোমাকে যা যা বলব সেইমতো কাজ করলে হয়তো তোমার প্রাণদণ্ড মকুব করানো যাবে।'

তেনালির কথা শুনে জগন্নাথ যেন নতুন করে প্রাণ ফিরে পেল—তার চোখে মুখে ফুটে উঠল আশার আলো।

জগন্নাথ আশান্বিত কণ্ঠে বলল, 'আমি বাঁচার আশা ছেড়ে দিয়েছিলাম—আপনি দেবদূতের মতো এসে আমাকে আশার বাণী শোনালেন।

আপনি যা যা বলবেন আমি অক্ষরে অক্ষরে পালন করব। বলুন আমাকে কী করতে হবে?'

তেনালি বললেন, 'প্রথমত, আমি তোমাকে যে কথাগুলো বলব সেগুলো কঠোরভাবে গোপন রাখতে হবে।

দ্বিতীয়ত, আমি যে তোমাকে বুদ্ধি দিয়েছি সেটা যাতে কোনওভাবেই রাজামশাই

জানতে না পারেন সে দিকটা তোমাকে লক্ষ্য রাখতে হবে।'

জগন্নাথ বলল, 'আমি আপনার দুটো শর্ত মানতে রাজি আছি।'

এরপর তেনালি যা যা বললেন জগন্নাথ খুব মনোযোগ দিয়ে সেগুলো শুনে উদ্ভাসিত হয়ে উঠল।

সন্ধেবেলা যখন জগন্নাথকে ফাঁসির মঞ্চে নিয়ে যাবার উদ্যোগ চলছে—তখন তাকে জিজ্ঞাসা করা হল তার শেষ ইচ্ছা কি?

জগন্নাথ খুব ধীর কণ্ঠে বলল, 'মহারাজ যে ফুলদানি ভাঙার জন্য আমার প্রাণদণ্ডের হুকুম জারি হল আমি সেই ফুলদানিগুলিকে একবার দেখতে চাই—এটাই আমার শেষ ইচ্ছা।'

জগন্নাথের শেষ ইচ্ছা অনুসারে বাকি ফুলদানিগুলো তার কাছে নিয়ে আসা হল। জগন্নাথ আর কালবিলম্ব না করে ফুলদানিগুলো ইচ্ছাকৃত ভাবে ভেঙে টুকরো টুকরো করে দিল।

এইরকম একটা অচিন্তিত কাণ্ডে সবাই হৈ হৈ করে উঠল।

রাজা কৃষ্ণদেব রাগে ক্ষিপ্ত হয়ে জিজ্ঞাসা করলেন—'তুমি আমার প্রিয় ফুলদানিগুলির সবকটাই ইচ্ছাকৃতভাবে ভেঙে ফেললে কেন? কৈফিয়ত দাও।'

জগন্নাথ ক্রুদ্ধ রাজা কৃষ্ণদেবকে বলল, 'আমি আমার অন্যান্য সহকর্মী ভাইদের বাঁচাবার জন্য আপনার প্রিয় ফুলদানিগুলো ভেঙেছি। কারণ আমি জানি এই ভংগুর ফুলদানি যে কোনও মুহূর্তে কারো হাত থেকে পড়ে ভেঙে যেতে পারে। আর ভেঙে গেলেই তার প্রাণ সংশয় হবে।

তাই আমি ফাঁসি কাঠে ঝোলবার আগে আমার মতো বিনা দোষে কেউ যাতে আর ফাঁসিতে না ঝোলে সেইজন্য এই কাজ করেছি।'

জগন্নাথের এই কথায় রাজা কৃষ্ণদেব যেন সম্বিৎ ফিরে পেলেন। তিনি বুঝতে পারলেন সাধারণ একটা বিষয় নিয়ে তাৎক্ষণিক হটকারী সিদ্ধান্ত নেওয়া তাঁর উচিত হয়নি।

রাজা কৃষ্ণদেব নিজের ভুল বুঝতে পেরে শুধু যে জগন্নাথের প্রাণদণ্ড মকুব করলেন তাই নয় আন্তরিক দুঃখ প্রকাশ করলেন।

এরপর রাজা মশাই যখন জানতে পারলেন যে তেনালি রামনের অনন্যসাধারণ বুদ্ধিমত্তার জন্য একটি নির্দোষ ব্যক্তির প্রাণরক্ষা হল এবং তিনি একটা অবিবেচনা প্রসূত

নিষ্ঠুর অপরাধ করার হাত থেকে নিষ্কৃতি পেলেন—তখন তিনি তেনালিকেও তার অন্তরের কৃতজ্ঞতা জানালেন।

**জীবন থেকে শেখা**

জীবনে কেউ ভুল করবে না এটা একেবারেই অসম্ভব। ভুল করা খুব স্বাভাবিক, কিন্তু সেটা যেন ভুল থেকে শিক্ষালাভের অঙ্গ হয় এবং বারবার একই রকম ভুল যেন না হয়। ভুল করার জন্য  শাস্তি যেন ভুলের গুরুত্ব অনুযায়ী আনুপাতিক হয়।

**জ্ঞান কণা**

* মানুষ মাত্রেই ভুল করে, বিশ্ব চরাচরে এমন কেউ নেই যে ভুল করে না। * যে ভুল করে না সে কিছুই করে না এবং এটাই একটা মহাভুল। মানুষের স্বভাবেই ভুল করার প্রবণতা আছে, যার জন্য পেন্সিলের ভুল শোধরাবার জন্য ইরেজারের ব্যবস্থা। * কোনও ভুল না করার শক্তি মানুষের নেই, কিন্তু ভুলকে ক্ষমা করার শক্তি মানুষের মধ্যে আছে। ক্ষমা করাই মহত্তম প্রতিশোধ এবং শক্তিমানের এটা মহৎ গুণ।

## Quotable Nugget

"He who pours water hastily into a bottle spills more than what goes in."

Spanish Proverb

# চূড়ান্ত সমাধান

একদিন রাজা কৃষ্ণদেব রাও তার বিদূষক তেনালি রামনের প্রতি বিরক্ত হয়ে তাকে বিজয়নগর রাজ্য ছেড়ে চলে যেতে বললেন। তেনালি দুঃখিত চিত্তে মহারাজের আদেশ মান্য করে বিশাল বিজয়নগর রাজ্য ছেড়ে চলে যাবার জন্য যাত্রা শুরু করল।

কিছুদিন পরে রাজা কৃষ্ণদেব ঘোড়ায় চড়ে যখন একটা গভীর জঙ্গলের পাশ দিয়ে যাচ্ছেন, তখন তিনি দেখতে পেলেন একটি লোক একটা বিশাল গাছের ওপরের দিকে উঠছে। ভালো করে নিরীক্ষণ করার পর তিনি বুঝতে পারলেন লোকটি আর কেউ নন শিক্ষাবিদ তেনালি রামন।

কৃষ্ণদেব বৃক্ষের কাছে গিয়ে খুব উদ্ধত গলায় বললেন, ‘তেনালি আমি তোমাকে আমার রাজ্য ছেড়ে চলে যেতে বলেছিলাম, কিন্তু দেখছি তুমি এখনও এখানে রয়ে গেছ, তুমি আমার আদেশ অমান্য করেছ কোন সাহসে?’

একথা শুনে তেনালি খুব বিনীতভাবে বলল, ‘মহারাজ, আমি আপনার আদেশ মান্য করে বিজয়নগর রাজ্য ছেড়ে অনেক দূরে চলে গিয়েছিলাম। কিন্তু আমি যেখানেই গিয়েছি সেখানকার মানুষজনকে জিজ্ঞাসা করেছি এই অঞ্চল

কোন রাজ্যের মধ্যে পড়ে, সকলেই উত্তর করেছে এটা বিজয়নগর রাজ্যের অন্তর্গত এবং এই রাজ্য তুলুভা নরসন্যকার বীর সন্তান কৃষ্ণদেব রাও শাসন করেন। এবং তিনিই দক্ষিণ ভারতের সবচেয়ে বড় রাজনীতিজ্ঞ।

মহারাজ আপনার সাম্রাজ্য এত বহু বিস্তৃত এবং সর্বব্যাপী যে, আমাকে আপনার রাজ্য ছেড়ে চলে যেতে গেলে অন্য পৃথিবীতে চলে যেতে হবে এবং সেটা হচ্ছে স্বর্গ। এবং আপনি নিশ্চয়ই দেখতে পাচ্ছেন আমি সেই চেষ্টাই করছি। এবং এর জন্য আমি সুউচ্চ গাছকে বেছে নিয়েছি অন্য পৃথিবীতে পৌঁছবার পথ হিসাবে। এবং এটাই আমার একমাত্র শেষ সমাধান।

এই কথা শুনে রাজা কৃষ্ণদেব খুবই সন্তুষ্ট হলেন। এছাড়া তেনালির রাজ আনুগত্য এবং সততা ছিল প্রশ্নাতীত। এইসব কারণে রাজা কৃষ্ণদেব তেনালিকে ক্ষমা করে দিলেন, এবং বললেন অবিলম্বে 'ভূবন বিজয়ম্' রাজসভায় ফিরে গিয়ে অষ্টদিগগজের একজন হয়ে সভাগৃহ অলঙ্কৃত করতে।

**জীবন থেকে শেখা**

স্তুতি বোকাদেরই খাদ্য, তথাপি যদি স্তুতিতে সত্যের মাত্রা বেশি থাকে, তখন এটা স্তুতি থাকে না প্রশংসায় পরিবর্তিত হয়। এই ধরনের সৎ প্রশংসা বন্ধুত্ব, আনুগত্য এবং দয়াকে সম্প্রসারিত করে। এটা এমন একটা শিল্প, যেটা ইতিবাচক গুণাবলীকে আরো উন্নত করে।

**জ্ঞান কণা**

* কেউই হয়তো তোমার আনুগত্য, সততা, প্রতিভার কথা জানে না। সেগুলোকে কাজের মধ্যে দিয়ে জানাতে হয়। * মানুষের জীবনে আনুগত্যের একটি বিশেষ মূল্য আছে।

## Quotable Nugget

"An ounce of loyalty is worth a pound of cleverness."

Elbert Hubbard.

## বুদ্ধিমানের চাল

একটি ঝড়ের অশ্বস্তিকর সন্ধ্যায় তেনালি রামন বিশালাক্ষী মন্দিরের একটি ধর্মীয় অনুষ্ঠান থেকে ফিরছিলেন। পথে আসতে আসতে প্রচন্ড ঝড় বৃষ্টির মুখে পড়ে তিনি খুব নাজেহাল হন। হঠাৎ যে এরকম একটা বিশ্রী আবহাওয়ায় নাকাল হতে হবে তিনি ভাবতেই পারেননি। আশেপাশে খোঁজ করতে করতে কাছেই একটা সরাইখানা দেখে সেখানে প্রবেশ করেন। তার সারা শরীর, কাপড় জামা বৃষ্টিতে ভিজে একেবারে সপসপে হয়ে গেছে। তীব্র কাঁপুনিতে নিজেকে আর সম্বরণ করতে পারছেন না। সরাইখানায় ঢুকে অগ্নিকুন্ডর কাছাকাছি যেতে দেখেন সেই শীতার্ত ঝড়ো সন্ধ্যায় অনেক গ্রামবাসী অগ্নিকুণ্ড ঘিরে আগুনে শরীরকে উত্তপ্ত করছে। তেনালি নিরূপায় হয়ে কিছুক্ষণ দাঁড়িয়ে থাকার পর দেখলেন সরাইখানার মালিক তারদিকে

আসছে। তিনি অল্প বিস্তর তেনালিকে চিনতেন। তিনি তেনালিকে দেখে বললেন, 'আপনাকে এত বিষণ্ণ দেখাচ্ছে কেন?'

তেনালি হোটেল মালিককে বললেন, 'এরকম একটা ঝড়ো আবহাওয়ায় বিপর্যস্ত হয়ে যখন আপনার সরাইখানা খুঁজে পেয়ে ভাবছি একটু গা হাত পা গরম করে শীত বৃষ্টি থেকে বাঁচবো তখুনই দেখলাম আমার মুদ্রার থলিটা হারিয়ে ফেলেছি।'

সরাইখানার মালিক উৎসুক হয়ে জিজ্ঞাসা করলেন 'তাতে কি অনেক মুদ্রা ছিল।'

তেনালি দুঃখিত মুখে জানালেন, 'তাতে কুড়িটি স্বর্ণ মুদ্রা ছিল, আমি বিশালাক্ষীর পূজা উপলক্ষে রাজকীয় উৎসবে এই স্বর্ণমুদ্রাগুলো পেয়েছিলাম।' 'এগুলো কোথায় হারিয়েছেন বলে মনে হচ্ছে?' উৎসুক হয়ে সরাইখানার মালিক জিজ্ঞাসা করলেন।

'মনে হচ্ছে, মাইলখানেকের মধ্যে স্বর্ণমুদ্রার থলিটা হারিয়েছি', খুব হতাশার সুরে তেনালি জানালেন।

তেনালি এবং সরাইখানার মালিকের মধ্যে যখন এইসব কথাবার্তা হচ্ছে দেখা গেল অগ্নিকুণ্ড ঘিরে যারা বসেছিল তারা খুব উদগ্রীব ভাবে এইসব কথাবার্তা শুনছে।

সরাইখানার মালিক নিশ্চিন্ত হবার জন্য আবার জানতে চাইলেন—'আপনি বলছেন, মাইলখানেকের মধ্যে আপনার স্বর্ণমুদ্রাগুলো হারিয়েছে?'

তেনালি এবার অনেকটা হতাশা কাটানো কণ্ঠে জানাল, 'তাই তো মনে হচ্ছে। যাগ্‌গে যা হবার হয়ে গেছে। কাল ভোরবেলা উঠে আগে আমি সেই স্বর্ণমুদ্রাগুলো খোঁজ করব। এই দুর্যোগপূর্ণ আবহাওয়ায় এরকম জনশূন্য রাতে কেউ নিশ্চয়ই সেগুলো নিতে যাবে না। কাল সকালেই আমি আশা করছি সেগুলো পেয়ে যাব।'

এই কথা শুনে সরাইখানার মালিক বললেন, যদি আমি আপনি হতাম...

'হ্যাঁ হ্যাঁ, বলুন বলুন, আপনি যদি আমি হতেন তাহলে আপনি কী করতেন।' তেনালি হোটেল মালিককে বাধা দিয়ে বললেন। 'যাগগে সে কথা, আসুন আগে আমরা আগুনে আমাদের শরীর গরম করেনি। দেখুন যারা আগুন পোয়াচ্ছিল এই দুর্যোগপূর্ণ আবহাওয়াকে উপেক্ষা করে জায়গাটা ফাঁকা রেখে চলে গেছে। আচ্ছা, বলুন তো এই দুর্যোগের মধ্যে তারা কোথায় যেতে পারে?' তেনালি রামন যে মিথ্যা বলে লোকগুলোকে মুদ্রার থলি খুঁজতে পাঠিয়েছেন আগুনের পাশে একটু জায়গা পাবার জন্য—এটা যাতে হোটেল মালিকের চোখে ধরা না পড়ে তারই জন্য তেনালি কথা বলেই চললেন।

এরপর তেনালি হোটেল মালিককে জিজ্ঞাসা করলেন, 'আপনি যেন কী বলছিলেন, 'আমি যদি আপনি হতাম—'

তেনালির কথা শুনে হোটেল মালিক মুচকি হেসে বললেন—'আমি যদি আপনি হতাম তবে একজন ভালো গল্প লেখক হতাম।'

এই কথায় তেনালি এবং হোটেল মালিক হো হো করে হেসে উঠলেন।

**জীবন থেকে শেখা**

যেমন অমার্জনীয় আসল মিথ্যা আছে তেমনি আপাত অক্ষতিকর 'সাদা মিথ্যা'ও আছে। 'সাদা মিথ্যা' যেটা কারোর কোনও ক্ষতি করে না, তাকে কী দোষ দেওয়া যায়? নৈতিকতার জগতে এটা একটা ধূসর এলাকা।

**জ্ঞান কণা**

* লোভ এমন একটি পাপ যেটা আমাদের ক্ষুদ্র ও দরিদ্র করে দেখায়। লোভকে অতিক্রম করা দরকার।

## Quotable Nugget

"People who have little and want less are happier than those who have much and want more."

Anonymous.

# সারমেয়র পদাঙ্ক

একদিন তেনালি রামন কিছু মিষ্টি কেনার জন্য একটা মিষ্টির দোকানে গিয়ে হাজির হল। ওই দোকানের সামনে কিছু রাস্তার কুকুর ভিড় করে দাঁড়িয়ে থাকতো। যে সমস্ত ক্রেতারা মিষ্টি কিনতো তারা এক আধ টুকরো মিষ্টি ওই কুকুরদের দিকে ছুঁড়ে দিত। এতে তারা খুব খুশি হত।

তেনালি রামন জন্তু জানোয়ারদের খুব ভালোবাসত। কাজেই যখন সে মিষ্টির দোকানের ভেতরে ঢুকছে—সামনে দাঁড়িয়ে থাকা একটা কুকুরের মাথায় হাত দিয়ে একটু আদর করল। কুকুরটা এতে খুব খুশি হয়ে আনন্দে লেজ নাড়াতে আরম্ভ করল। তেনালি আস্তে আস্তে দোকানের ভেতরে ঢুকে যেতে, কুকুরটা ভাবল, তেনালি নিশ্চয়ই তাকে ভেতরে যাবার জন্য ডাকছে। তাই সে তেনালির পিছনে পিছনে দোকানের

ভেতরে ঢুকে গেল।

দোকানের মালিক লক্ষ্য করল তেনালি দোকানের ভেতরে যাবার সময় একটা কুকুরও তার পেছনে পেছনে দোকানে প্রবেশ করেছে।

দোকানি তখন কিছু টাটকা মিষ্টি কিনে সেগুলো বিক্রি করার জন্য সেই মাত্র ফিরেছে। সে তাড়াতাড়ি দোকানে ঢুকে চিৎকার করে তেনালিকে বলল, 'তুমি কোন সাহসে একটা কুকুর নিয়ে আমার দোকানে ঢুকলে? তুমি দেখতে পাচ্ছ না এটা নোংরা এবং এর গায়ে মাছি বসছে? তুমি তোমার এই নোংরা আদুরে কুকুরটাকে নিয়ে এখুনি দোকানের বাইরে বেরিয়ে যাও।'

দোকানির মুখে এই ধরনের অপ্রীতিকর কথা শুনে তেনালি হতবাক হয়ে গেল। সে দোকানির দিকে ফিরে তাকিয়ে বলল, 'ওহে তুমি কি করে ভাবলে যে এটা আমার কুকুর? এটা তো একটা রাস্তার কুকুর আমার পিছনে পিছনে দোকানে ঢুকেছে এই যা।'

দোকানি তেনালির কথা বিশ্বাস না করে বলল, 'দেখো তেনালি তুমি নিজেকে যতটা বুদ্ধিমান এবং চালাক ভাবো, তুমি ততটা বুদ্ধিমান এবং চালাক নও। তুমি এই শহরের মানুষজনকে বোকা বানাতে পারো, কিন্তু আমাকে পারবে না। আমি জানি এটা তোমার কুকুর, কারণ তোমার পিছনে পিছনেই এটা দোকানে ঢুকেছিল।'

এই কথা শুনে তেনালি মুখ চেপে হাসতে হাসতে বলল, 'এই যে মশাই, তাহলে আমি বলব, কুকুরটা আপনার প্রভু।'

তেনালির কথায় প্রচণ্ড ধাক্কা খেয়ে দোকানি চিৎকার করে উঠল, 'তুমি কি বলতে চাও? কুকুরটা কি করে আমার প্রভু হয়?'

তেনালি হাসতে হাসতেই জবাব দিল, তোমার সামনেই কুকুরটা ছিল, তুমি তাকে অনুসরণ করে দোকানে ঢুকেছিলে, ঠিক তো? প্রভু তো সামনেই থাকে। কাজেই দোকানি এবার নিজের ভুল বুঝতে পারল। সে নিজের ফাঁদে নিজেই পা দিয়েছে। সে তেনালিরকথায় কোনও উপযুক্ত জবাব খুঁজে না পেয়ে বলল, 'ঠিক আছে, ঠিক আছে। আমি দুঃখিত।'

এই কথা বলে দোকানের বাইরে কয়েকটা মিষ্টি রেখেদিল, কুকুরটাও মিষ্টির লোভে দৌড়ে বাইরে বেরিয়ে এল।

**জীবন থেকে শেখা**

অপ্রমান, অনুমান এবং তড়িঘড়ি উৎসংহারে পৌঁছানো—এটা আমাদের জীবনে অনেক ক্ষেত্রেই ঘটে থাকে। পরিণত মনই পারে সঠিক বাস্তবতায় পৌঁছতে।

**জ্ঞান কণা**

* বদলোক, বাজে অভ্যাসের মতোই এরা সর্বত্রই আমাদের অনুসরণ করে। * অভ্যাস আমাদের সর্বোৎকৃষ্ট ভৃত্য অথবা সর্ব নিকৃষ্ট প্রভু। * যেখানেই যাই না কেন মন্দ অভ্যাস সহজেই আমাদের সঙ্গ নেয়। * মন্দ অভ্যাসকে সংশোধন করার চেয়ে সঙ্গে সঙ্গে ঝেড়ে ফেলা উচিৎ।

## Quotable Nugget

"Habits are, at first, cobwebs, then cables."

Spanish Proverb

# মাননীয়কে মান্য করার জন্য

একবার রাজা কৃষ্ণদেব রাও তেনালির ওপর সন্তুষ্ট হয়ে তাকে প্রচুর স্বর্ণমুদ্রা পুরস্কার দিলেন। এগুলো এত পর্যাপ্ত যে তেনালির পক্ষে সেগুলো ঠিক ঠাক করে রাখা খুবই কষ্টকর ছিল। যাইহোক অনেক অসুবিধা সত্ত্বেও তার থেকে কিছু সে কোনওক্রমে পকেটে ভরে রাখল, কিছু রাখল পাগড়ির খুঁটে বেঁধে। 'ভূবন বিজয়ম্' রাজসভায় যারা উপস্থিত ছিলেন তারা তেনালির সযত্নে স্বর্ণমুদ্রা রাখার কাণ্ডকারখানা দেখে খুব মজা পাচ্ছিলেন। তেনালি যখন মহারাজের প্রতি কৃতজ্ঞতা জানাবার জন্য একটু নিচু হয়েছে তখনই তার উপছে পড়া স্বর্ণমুদ্রা থেকে বেশ কিছু মেঝেতে পড়ে চারিদিকে গড়িয়ে গেল। এই ঘটনা দেখে রাজসভার উপস্থিত সকলে

হাসিতে ফেটে পড়লেন। এটা দেখে, তেনালি বেপরোয়া হয়ে বসে থাকা রাজপারিষদদের মধ্যে ছড়িয়ে পড়া স্বর্ণমুদ্রাগুলো সংগ্রহ করার জন্য তাদের চেয়ারের, টেবিলের নিচ থেকে, জাজিমের তলা থেকে এবং এদিক ওদিক থেকে তোলার জন্য তাড়াহুড়ো করতে লাগল।

তেনালির এইরকম তাড়াহুড়ো করে মুদ্রা সংগ্রহ কেবল যে সকলের হাসির খোরাক হল তাই নয়, তার সঙ্গে তেনালির প্রতি বেশকিছু হিংসা পরায়ণ পারিষদ তেনালি যে সকলের সামনে বোকার মতো আচরণ করছে এটা দেখে পরিতুষ্ট হল।

খুব শীঘ্রই রাজসভা ফিসফিসানি আর গুঞ্জনে ভরে উঠল। কেউ বলল, 'তেনালি কি লোভী দেখেছ?' আবার শোনা গেল, 'তেনালি সত্যি সত্যি একজন লাজলজ্জাহীন, লোভাসক্ত মানুষ। দেখ কিরম জঘন্যভাবে মুদ্রা কুড়াচ্ছে। অষ্টদিগগজের মতো একজন জ্ঞানী মানী মানুষ হয়েও এমন হাস্যকরভাবে মুদ্রা সংগ্রহের নমুনা সত্যিই নক্কারজনক।'

রাজপারিষদের সকলেই তেনালির এমন অদ্ভুত আচরণ দেখে বিদ্রুপ করতে লাগল।

রাজা কৃষ্ণদেব রাও তেনালির এই অসহনীয় কাণ্ডকারখানা দেখে চিৎকার করে বললেন—'তেনালি, দয়া করে তুমি তোমার বোকার মতো কাজকর্ম বন্ধ কর। ছড়িয়ে পড়া স্বর্ণমুদ্রা খোঁজার আর দরকার নেই। তোমার মতো একজন বিদ্বান বুদ্ধিমান মানুষের উচ্চতায় এরকম কৃপণতার কাজ বেমানান।'

একজন কর্তব্যপরায়ণ মানুষের গাম্ভীর্যে নিয়ে তেনালি বলল, 'মান্যবর, এটা লোভ বা বেমানান আচরণ নয়—আমি আপনার পবিত্র সম্মানের কথা ভেবে শঙ্কিত হচ্ছিলাম।

এটা মনে হয় আপনাকে বলাবাহুল্য হবে যে যেসমস্ত ছড়িয়ে পড়া স্বর্ণমুদ্রা আমি সংগ্রহ করছিলাম তার প্রতিটিতেই আপনার নাম এবং আপনার মুখ খোদাই করা আছে। আমি চাইছিলাম না কেউ সেগুলো মাড়িয়ে যাক বা কেউ সেগুলো আবর্জনা ভেবে ঝাঁট দিক বা পা দিয়ে লাথি মারুক—আমি এই অসৌজন্যতার কথা ভেবেই প্রত্যেকটি মুদ্রাই কুড়িয়ে নিচ্ছিলাম।'

তেনালির কথা শুনে রাজা কৃষ্ণদেব সহাস্য মুখে তার বুদ্ধির প্রশংসা করলেন। এরমধ্যে খুব শান্তভাবে তেনালি প্রতিটি মুদ্রা খুঁজে যাচ্ছিল এবং রাজ পারিষদদের তেনালির এই অনুসন্ধান পর্ব চুপচাপ দেখে যাওয়া ছাড়া আর কোনও উপায় ছিল না।

**জীবন থেকে শেখা**

একটা প্রতিবন্ধক দৌড়, যেখানে অংশগ্রহণ করার জন্য আমাদের সকলের ডাক পড়ে। তারাই জয়ী হয় যারা নেতিকে ইতিতে পরিবর্তিত করতে পারে, যারা সমস্যার একটা নতুন রূপ দিতে পারে, এবং অন্যকে সেটা নতুন আলোয় দেখাতে পারে।

**জ্ঞান কণা**

* মানুষের সাফল্যের চাবিকাঠি তার অন্তর্দৃষ্টি দিয়ে মানুষের মেজাজ মর্জি বোঝার ক্ষমতার মধ্যে বিরাজ করে এবং কোন কৌশলে তাকে ব্যবহার করবে তার ওপর নির্ভর করে। * অপরের সঙ্গে ব্যবহারের কৌশল এমন একটি যোগ্যতা যেটা একজন মানুষকে বাঘের গর্জন উপেক্ষা করে বিদ্যুতের ঝলক দেখাতে পারে। * যারা জনতাকে ছড়িয়ে ওপরে উঠতে চায়। তাদের পক্ষে কৌশল অত্যন্ত মূল্যবান বিষয়।

## Quotable Nuggets

"One must change one's tactics every ten years if one wishes to maintain one's superiority."

Napoleon Bonaparte

"Tact is knowing how far to go is too far."

Jean Cocteau

"Women and foxes, being weak, are distinguished by superior tact."

Ambrose Bierce

## কথার চালাকি

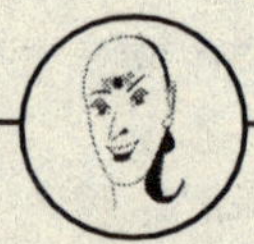

রাজা কৃষ্ণদেব রাও-এর পশু-পক্ষীর প্রতি একটা বিশেষ আকর্ষণ ছিল। একবার একটি পাখি-শিকারি রাজসভায় এসে একটি খাঁচা বন্দী সুন্দর বিচিত্র বর্ণের পাখি মহারাজকে দেখাল। এই পাখিটি ছিল অদ্ভুত দর্শন। এর আগে মহারাজ এবং তাঁর পারিষদবর্গের কেউ কখনো এ ধরনের পাখি দেখেননি।

পাখিওয়ালা রাজা কৃষ্ণদেবকে বলল, 'মহারাজ, সৌভাগ্যবশত গতকাল কেলান্ডির গভীর জঙ্গল থেকে আমি এই সুন্দর পাখিটা ধরতে পেরেছি। এই পাখিটার কোনও জুড়ি নাই। এ খুব মধুর স্বরে গান গাইতে পারে। এ হরবোলার মতো কথা বলতে পারে, এর অশেষ গুণ। এই বহুবর্ণের পাখিটি বৃষ্টিতে ময়ূরের মতো নাচতেও পারে।

আমি এটা জানি আপনি এর কদর বুঝবেন।'

রাজা কৃষ্ণদেব পাখিটার রূপে এবং গুণে মুগ্ধ হয়ে এই ধরনের বিরল পাখি কিনতে রাজি হয়ে গেলেন। মহারাজ পাখিওলার কথায় এতটাই প্রভাবিত হলেন যে পাখিওলাকে একশো স্বর্ণমুদ্রা পুরস্কৃত করলেন।

তেনালি রামন কাছে দাঁড়িয়ে পাখি এবং পাখি শিকারিকে খুব গভীরভাবে নিরীক্ষণ করছিলেন। পাখিওলার হাবভাব দেখে তাঁর কেমন সন্দেহ হল। তেনালি অভাবিত ভাবে হঠাৎ বলে উঠলেন, 'মহারাজ আমার মনে হয়না যে এই পাখিটি বৃষ্টিতে ময়ূরের মতো নাচতে পারে। তাছাড়া পাখিটি বাস্তবিক ভাবে কেমন যেন নোংরা, সম্ভবত এটা দীর্ঘদিন চানও করেনি।'

এই কথা বলতে বলতে কাছে রেখে দেওয়া এক কলসি জল নিয়ে তেনালি পাখিটার ওপর ঢেলে দিল। পাখিটা সম্পূর্ণভাবে জলে সিক্ত হল। রাজপারিষদরা সবাই অবাক হয়ে পাখিটার দিকে তাকিয়ে রইল। পাখিটা জলে সিক্ত হওয়ায় অচিরেই তার গায়ের রঙ সব ধুয়ে গিয়ে পাখিটার আসল হাল্কা ধূসর রঙটা বেরিয়ে পড়ল।

রাজা কৃষ্ণদেব খুব অবাক হয়ে তেনালির দিকে তাকাল। তেনালি বললেন, 'মহারাজ এটা কোন অসামান্য বিরল পাখিই নয়, এটা বনের একটা সাধারণ পায়রা মাত্র।'

'কিন্তু তেনালি, আপনি কি করে বুঝলেন যে এই পাখিটা একটা নকল রঙের?' রাজা কৃষ্ণদেব খুব বিস্ময় মিশ্রিত গলায় জিজ্ঞাসা করলেন।

'পাখিওলার নোখে রঙের ছোপ দেখে। পাখিওলা যে রঙ দিয়ে পাখিটাকে রঞ্জিত করেছে তার কিছুটা ওর আঙ্গুলে ও নোখে লেগে আছে—আমি ওইটা দেখেই বুঝতে পেরেছি', তেনালি জানাল। এই কথা শোনার পর রাজা কৃষ্ণদেব আদেশ দিলেন পাখি-শিকারিকে কারাগারে বন্দী করে রাখতে। এবং তেনালিকে পাখি প্রতারক চিহ্নিত করার জন্য বেশ ভালোমত পুরস্কার দিতে।

**জীবন থেকে শেখা**

যে বিষয়টা একটা বয়স্ক মানুষের সাথে বালকের পার্থক্য সূচিত করতে পারে সেটা হল গভীর কৌতূহল, নিবিড় অনুরাগ এবং বোধিসম্পন্ন মন। এসবই মুখোশ খুলে দিয়ে আসল মুখ দেখাতে সাহায্য করে।

**জ্ঞান কণা**

* ছল চাতুরি তাদের সাথেই বিশ্বাসঘাতকতা করে যারা এটা করে অভ্যস্থ। * যদিও অনুগত থাকার চেয়ে বিশ্বাসঘাতক হওয়া অনেক সহজ কিন্তু অসৎ উদ্দেশ্যকে চিরদিনের জন্য গোপন করা সহজ নয়। অন্যকে ঠকিয়ে আনন্দলাভ নিতান্তই ক্ষণিকের কিন্তু চরিত্রের কালিমা চিরকালের। * জীবন জীবিকা এবং সম্পদ সৃষ্টির জন্য সব সময় সৎ পথ গ্রহণ করা উচিত।

## Quotable Nugget

"Man's life is a warfare against the malice of men."

Baltesar Gracian

# দোষীর শাস্তি

কৃষ্ণদেব রাওয়ের শাসনকালে বিজয়নগর একটি সমৃদ্ধশালী বাণিজ্য কেন্দ্র হয়ে উঠেছিল। নানা জাতির ব্যবসায়ীরা, যেমন আরব, পার্সিয়ান, গুজরাটি, কোরা সানিয়ারা কালিকটে স্থিত হয়ে ব্যবসা বাণিজ্যের বিশেষ প্রসার ঘটিয়েছিল। একবার একজন পার্সিয়ান ব্যবসায়ী রাজা কৃষ্ণদেবকে একটি ফুলের চারা উপহার দিয়েছিলেন। এতে সারা বছরই অনুপম রঙবাহারি এবং সুরভিত ফুল ফুটতো।

রাজা কৃষ্ণদেব এমন সুন্দর ফুল দেখে মোহিত হয়ে গিয়েছিলেন। তিনি মালিকে আদেশ দিয়েছিলেন, এই ফুলের চারাটি যেন তার শয়নকক্ষের ঠিক সামনে পোঁতা হয়। যাতে তিনি শয়নকক্ষের জানলা খুললেই প্রতিদিন সকালে ও সন্ধ্যায় এই গাছটি দেখতে পান। রাজার মালি মহারাজের নির্দেশ মতো ফুলের চারটি তার শয়ন কক্ষের সামনেই

রোপন করেছিল।

যখন ফুল ফুটল তার মনোরম সৌন্দর্যে ও গন্ধে মহারাজ খুব আনন্দিত হলেন।

হঠাৎ একদিন মালির পোষা ছাগলটি রাজপ্রাসাদে ঢুকে ফুল সমেত সমস্ত গাছটা খেয়ে নিঃশেষ করল।

মালি তার ছাগলের এহেন কার্যকলাপে শঙ্কিত হয়ে কিভাবে ঘটনাটা মহারাজের কর্ণগোচর করবে কিছুতেই ভেবে পাচ্ছিল না।

পরের দিন সকালবেলা মহারাজ জানালার বাইরে তাকিয়ে দেখলেন তার সেই অনিন্দ্যসুন্দর ফুল গাছটি আর দেখা যাচ্ছে না। তিনি তৎক্ষণাৎ মালিকে ডেকে পাঠালেন এবং গাছের বিষয়টি জানতে চাইলেন।

মালি ভয়ে ভয়ে জানাল, তার ছাগল গাছটি মুড়িয়ে খেয়ে ফেলেছে। একথা শুনে মহারাজ প্রচণ্ড ক্ষিপ্ত হয়ে মালির প্রাণদণ্ডের আদেশ দিলেন।

মালির প্রাণদণ্ডের খবরটি অরণ্যের আগুনের মতো নিমেষে ছড়িয়ে পড়ল।

মালির বৌ এসে তার স্বামী যে নির্দোষ মহারাজকে একথা বোঝাতে চাইলেও তাতে কোন ফল হল না। মালির প্রাণদণ্ড বহাল রইল।

শেষ পর্যন্ত মালির বৌ তেনালি রামনকে গিয়ে ধরল তার স্বামীর প্রাণ বাঁচানোর জন্য। তেনালি আনুপূর্বিক সমস্ত ঘটনাটা শোনার পর মালি-বৌ-কে কথা দিল সে নির্দোষ মালির প্রাণ বাঁচানোর একটা উপায় বের করবে। তেনালি মালিবৌকে বললেন, 'আমি যা করতে বলব সেটা করতে হবে।' মালি-বৌ তেনালির উপদেশ অনুযায়ী কাজ করতে রাজি হয়ে গেল।

পরেরদিন জনতা দেখল মালি-বৌ নগরের রাস্তার তার ছাগলটাকে নৃশংসভাবে মারছে। ছাগলটাকে একটা খুঁটির সঙ্গে বেঁধে তাকে এলোপাথারি ভাবে লাঠি দিয়ে পেটাচ্ছে।

রাজ আধিকারিক এবং রাজপ্রহরী মালিবৌ-এর এরকম হটকারী কাজের কথা শুনে অকুস্থলে গিয়ে হাজির হল এবং তার এই নৃশংস কাজের জন্য সরাসরি মহারাজের সামনে তাকে নিয়ে গিয়ে হাজির করল।

মালি-বৌ-এর কাছে মহারাজ জানতে চাইলেন এরকম অমানুষিক ভাবে একটা ছাগলকে মারার কারণ কি? মালি-বৌ কাঁদো কাঁদো হয়ে বলল, 'মহারাজ এই ছাগলটা একটা শয়তান, এর জন্য আমাকে বিধবা এবং আমার সন্তানদের অনাথ হতে হচ্ছে। এটাই আমার দুর্ভাগ্যের জন্য দায়ী। আমি যে ভাবে একে শায়েস্ত করছি সেটাই এর

প্রাপ্য।'

'কিন্তু এটা তো একটা অবলা জীব, এটা কিভাবে তোমার বৈধব্যের জন্য দায়ী বুঝতে পারছি না?' রাজা কৃষ্ণদেব খুব আন্তরিক ভাবে জানতে চাইলেন।

'মহারাজ এটা সেই শয়তান ছাগল, যে আপনার ফুলগাছটা খেয়ে ফেলেছে, যার জন্য আমার নির্দোষ স্বামীর মৃত্যুদণ্ডের আদেশ হয়েছে। যদিও এই ছাগলটা আসল অপরাধী, কিন্তু দেখুন কেমন ধীরে সুস্থে আয়েস করে ঘাস পাতা খেয়ে চলেছে। যার জন্য আমি একে প্রহার করছি।'

মহিলার কথা শুনে, কিছুক্ষণ চিন্তা করার পর মহারাজ ঘোষণা করলেন—'তোমার স্বামীর প্রাণদণ্ড রোহিত করা হল, আমি তাকে মার্জনা করলাম। তুমি নির্ভয়ে চলে যাও। এবং অবোধ ছাগলটা যেমন আরাম করে ঘাসপাতা খাচ্ছে তাকে তেমনিভাবে খেতে দাও।'

রাজা কৃষ্ণদেব রাও পরে জানতে পারলেন, নির্দোষ মালির প্রাণদণ্ড থেকে রেহাই পাওয়ার ব্যাপারে তেনালির বুদ্ধি কাজ করেছে—একথা জেনে মহারাজ তেনালির জন্য গৌরব এবং আনন্দ অনুভব করলেন।

**জীবন থেকে শেখা**

কাউকে শিক্ষা দিতে গেলে একটা উপমা টানা দরকার—উপমাটা ব্যাখ্যামূলক এবং বাস্তবসম্মত হলে সেটা সহজেই কার্যকরী হয়। এবং সেটা যদি সহজ সরল হয়, তাহলে এর কার্যকারিতা আরও অনেক গুণ বেড়ে যায়।

**জ্ঞান কণা**

* বিচার হচ্ছে সমস্ত নৈতিক কর্তব্যের যোগফল। * বিচারের প্রথম কথাই হল কেউ যেন ভুল করে শাস্তি না পায় এবং জনগণকে যেন উৎকৃষ্ট সেবা দেওয়া যায়। * যে কোনও জায়গার অবিচারই সব জায়গার বিচারের অশনি সংকেত। * একজন নির্দোষ ব্যক্তি শাস্তি পাওয়ার চেয়ে একশো জন দোষী ব্যক্তি রেহাই পাওয়া ভালো। * সবার ক্ষেত্রে নিরপেক্ষতাই সত্যিকারের সুবিচার।

## Quotable Nugget

"The love of justice in most men is simply the fear of suffering injustice."

Francois Rochefoucauld

# অভাবিত সমাধান

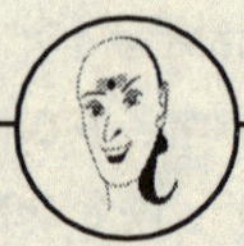

রাজা কৃষ্ণদেব রাওয়ের শাসনকালে বিজয়নগরে একজন অহংকারী শেঠজি বাস করতেন। শেঠজি একজন সামান্য চামড়া সংস্কারকের বাড়ির ঠিক পাশে একটা রুচিশীল সুন্দর বাড়ি কিনলেন। সকাল থেকে সন্ধ্যা পর্যন্ত চর্মকারটি পশুচর্মকে ট্যান করে বিশুদ্ধ চামড়ায় রূপান্তর করতো। একদিন শেঠজি চামড়া সংস্কারের কারখানা থেকে একটা অপ্রীতিকর দুর্গন্ধ বের হচ্ছে দেখে সেখানে গিয়ে উপস্থিত হলেন। দুর্গন্ধ সহ্য না করতে পেরে উদ্ধত প্রকৃতির শেঠজি দরিদ্র চর্মকারের বাড়িতে গিয়ে তাকে ভয় দেখিয়ে বললেন, হয় সে তার ব্যবসা বন্ধ করুক আর তা না হলে তার বাড়িটা শেঠজিকে বিক্রি করে দিয়ে সে এখান থেকে চলে যাক।

চর্মশিল্পী শেঠজির প্রস্তাবটা দৃঢ়ভাবে প্রত্যাখ্যান করল। এতে শেঠজি ক্ষিপ্ত হয়ে

উঠলেন, ব্যাপারটা তাকে এতটাই উত্তেজিত করল যে প্রতিদিন কিছু দুষ্টু প্রকৃতির লোক পাঠিয়ে যাতে চর্মকার বাড়ি ছেড়ে দিতে বাধ্য হয় তার জন্য তৎপর হয়ে উঠলেন।

যখন শেঠজির অনুগামী কিছু লোক সবসময়ে হতভাগ্য চর্মকারের সামনে নেচে কুঁদে অবস্থাটা ঘোরাল এবং অসহ্য করে তুলল, তখন সেই চর্মকার 'ভূবন বিজয়ম' রাজসভায় গিয়ে অত্যন্ত সংবেদনশীল রাজা কৃষ্ণদেবের সামনে সমস্ত ঘটনা বিবৃত করে বলল, 'মহারাজ বিজয়নগর রাজ্য যে আজ উন্নতির চরম শিখরে উঠেছে এবং একটা উল্লেখযোগ্য স্থানে অবস্থান করছে এসবই আপনার সাহস ও কর্মকুশলতার গুণে। কিন্তু তা সত্ত্বেও, আমাদের মতো গরিব মানুষকে ধনী এবং শক্তিশালী মানুষরা ভয় দেখিয়ে জীবন জীবিকা দুর্বিষহ করে তুলছে। মহারাজ আপনি এর থেকে আমাদের রক্ষা করুন।'

চর্মকারের মানসিক যন্ত্রণার কথা শুনে রাজা কৃষ্ণদেব, তেনালি রামনকে এ ব্যাপারে হস্তক্ষেপ করতে বললেন। তার উপস্থিত বুদ্ধি দিয়ে সে যেন এই ধরনের একটা সাংঘাতিক সমস্যাকে আন্তরিক চেষ্টায় সমাধান করে দেয়।

পরেরদিন, তেনালি চর্মশিল্পীর সাথে গিয়ে বেশ ভালোভাবে ওই অঞ্চলটা নিরীক্ষণ করলেন। কিছু সময় চিন্তা করে, তেনালি চর্মশিল্পীকে বললেন, 'এরপরে যখনই শেঠজি তোমার কাছে আসবে, এবং বাড়ি কেনার প্রস্তাব দেবে তুমি সেটা খুব স্বাভাবিকভাবে গ্রহণ করে বলবে, তুমি তাকে তোমার বাড়িটা বিক্রি করতে পারো একটি শর্তে—এই বাড়ির অধিকার পেতে তাকে পনেরো দিন অপেক্ষা করতে হবে—কারণ তোমার কিছু বাকি কাজ ওই সময়ের মধ্যে সারতে হবে বলে এই শর্ত।'

চর্মশিল্পী, তেনালির এই পরামর্শ শুনে একেবারে হতবাক হয়ে গেল। বলল, 'আপনি কি আমার সঙ্গে রসিকতা কছেন? আমি যদি আমার পৈতৃক বাড়িটা কাউকে বিক্রি করার কথা ভাবি তাহলে তো আমি সর্বস্বান্ত হয়ে যাব।

আমি আমার এই ব্যবসা এখানে চার যুগ ধরে চালিয়ে যাচ্ছি, এবং আমার সব খরিদ্দার এই স্থানে আসতে অভ্যস্ত। একটা নতুন জায়গা মানে ব্যবসা এবং আমার খরিদ্দার হারানোর সমূহ সম্ভাবনা। তাতে আমি ক্ষতিগ্রস্থ হব।'

তেনালি সব শুনে বললেন, 'আমি যেটা বলছি সেটা করো।' এবং শেষ পর্যন্ত চর্মশিল্পী তেনালির কথায় রাজি হয়ে গেল।

পরেরদিন সকালবেলা শেঠজি চর্মশিল্পীর কাছে এসে একই চাহিদার কথা বললেন। চর্মশিল্পী শান্তভাবে শেঠজির সমস্ত কথা শুনে বলল, 'ঠিক আছে, আমি বাড়ি খালি করে দিতে এবং বিক্রি করতে তৈরি। কিন্তু আমি আরো পনেরো দিন সময় চাইছি

সমস্ত গোছগাছ করার জন্য।'

শেঠজি তাতে সম্মতি জানিয়ে এবং খুব জোরে জোরে পা ফেলে চর্মশিল্পীর বাড়ি ছেড়ে চলে গেলেন।

পনেরো দিন পরে দুর্গন্ধ অনেকটা সহ্য হয়ে গেলেও শেঠজি চর্মশিল্পীর দরজায় এসে হাজির হলেন।

যখন শেঠজি চর্মশিল্পীকে জানালেন যে দুর্গন্ধ তার ক্ষিধেটা অনেকাংশে কমিয়ে দিয়েছে তখন চর্মশিল্পী বলল, 'আমি বুঝতে পারছি আপনার দুঃসহ অবস্থার কথা, কিন্তু আমার মা এই সপ্তাহে আমার কাছে আসবেন তিনি যতদিন এখানে থাকবেন আমি ততদিন বাড়ি বিক্রি করতে পারব না। দয়া করে তাঁর যাওয়া পর্যন্ত অপেক্ষা করুন', চর্মশিল্পী তেনালির উপদেশ মতো এই কথাগুলি বলল।

অনেকটা অনিচ্ছা সত্ত্বেও শেঠজি চর্মশিল্পীর কথায় রাজি হয়ে গেলেন। তিনি চর্মশিল্পীর অতিথি না যাওয়া পর্যন্ত অপেক্ষা করে রইলেন। এবং সপ্তাহের শুরু থেকেই খুব উদ্বেগের সঙ্গে অধৈর্য হয়ে দিন গুণতে আরম্ভ করলেন। তিনি কিছুদিন পর থেকেই লক্ষ্য করলেন সপ্তাহের শুরু ও শেষ নিয়ে আর কোন উদ্বেগ অনুভব করছেন না। এবং যখন সপ্তাহ শেষ হচ্ছে তখন আর চর্মশিল্পীর কাছে গিয়ে তার বাড়ি খালি করার কথা বলতে ইচ্ছা করছে না। তিনি এ ব্যাপারটা আস্তে আস্তে ভুলে যেতে বসেছেন। এর পরে যখন চর্মশিল্পীর সাথে শেঠজির দেখা হল, তিনি বাড়ি খালি করার ব্যাপারে আর একটি শব্দও উচ্চারণ করলেন না।

চর্মশিল্পী অবাক হয়ে দেখল শেঠজির মনোভাবের আমূল পরিবর্তন এবং এতে সে বেশ হাল্কা বোধ করল। সে তার কৌতুহল চেপে রাখতে না পেরে তেনালিকে জিজ্ঞাসা করল, 'এমনটা হবার কারণ কি?'

তেনালি বললেন, 'তুমি নিশ্চয়ই লক্ষ্য করেছ আমি এই পচা গন্ধ দূর করার জন্য কোন যাদু দেখাইনি। তোমার চামড়া ট্যান করার বিষয়টাও হাল্কা করিনি। যে সময়টা আমি তোমাকে নিতে বলেছিলাম, সেই সময়ে তোমার চামড়ার গন্ধ শোঁকায় শেঠজি অভ্যস্ত হয়ে গিয়েছিলেন। এটাই তার মনোভাব বদলানোর কারণ।' চর্মশিল্পী তেনালির কথায় সহাস্য মুখে সায় দিল।

তেনালি রামন এই দিনটার জন্য অপেক্ষা করেছিল যেদিন শেঠজি চামড়ার কারখানা থেকে উত্থিত গন্ধ সহ্য করতে পারবে এবং দরিদ্র চর্মশিল্পীকে উৎখাত করার চিন্তা বন্ধ করবে।

যার জন্য তেনালি চর্মশিল্পীকে বলেছিল শেঠজিকে অপেক্ষা করানোটা তোমার

প্রথম কাজ।

আর একবার তেনালি তার অসাধারণ বুদ্ধিমত্তায় রাজা কৃষ্ণদেব রাওয়ের সম্মান বাঁচালেন।

**জীবন থেকে শেখা**

সমস্ত যোগসূত্রের আবশ্যকীয় বিষয় হল সহানুভুতি, সহানুভূতি কেবলমাত্র অন্যের অধীনস্থ থাকার বা তার উদ্দেশ্য জানার যোগ্যতা নয়। বুদ্ধিমান মানুষেরা সহানুভূতি সম্পন্ন হন। তারফলে তাঁরা অন্য অনেকের চেয়ে অনেক বেশি কাজ আদায় করতে পারেন।

**জ্ঞান কণা**

* টিকে থাকতে গেলে পরিবর্তনকে মানিয়ে নেওয়া প্রয়োজন। * পরিবর্তন আমাদের মনোভাব এবং ব্যবহারের ওপর কঠিন আঘাত করে ঠিক কথা কিন্তু নতুন নতুন ধারণা এবং ক্রমোন্নতির দিকে নিশ্চিতভাবে এগিয়েও নিয়ে যায়।

## Quotable Nugget

"Change is not made without inconvenience, even from worse to better."

Samuel Johnson

## ইচ্ছা তালিকা

দীর্ঘ এক বছর ধরে যুদ্ধের পর উদয়গিরি দুর্গ অবরোধ মুক্ত হওয়ায় একদিন সকালবেলা রাজা কৃষ্ণদেব রাও তাঁর রাজপ্রাসাদে বেশ খোশ মেজাজে বসেছিলেন। তিনি তাঁর অষ্টদিগগজদের মধ্যে যারা যুদ্ধকালীন সময়ে যে যার কর্মদক্ষতা নিয়ে উত্তেজিত অবস্থায় ছিলেন তাদের বললেন, 'আপনারা আজ আমার কাছে যে যার পছন্দ মত জিনিষ চাইতে পারেন, আমি আপনাদের ইচ্ছাপূরণ করব।'

অষ্টদিগগজদের মধ্যে অন্যতম থিম্মানা একথা শুনে খুব আশান্বিত হয়ে বললেন, 'আমি সবসময় চাই বিজয়ওয়াড়াতে আমার একটা সুন্দর বাড়ি হোক।'

মহারাজ বললেন, 'ঠিক আছে আপনার বিজয়ওয়াড়াতে একটা প্রাসাদতুল্য বাড়ি হবে—আমি সেটা দিতে রাজি।'

'আমি চাই মন্দিরনগর তিরুপতিতে আমার একটা ভালো হোটেল হোক।' ধুর্জ্জটিনামে আর একজন অষ্টদিগগজ জানালেন।

মহারাজ বললেন, 'আমি আদেশ দিচ্ছি আপনার জন্য একটি হোটেল করে দিতে।'

এইরকম অন্যান্য দিগগজদের মধ্যে কেউ বললেন, আমার একটা ফলের বাগান হলে ভালো হয়। কেউ চাইলেন ভোজনালয়, কেউ বললেন শহরতলীতে আমার একটা মনোরম বাংলো হলেই চলবে। রাজা কৃষ্ণদেব সবাইকার ইচ্ছাপূরণের প্রতিশ্রুতি দিলেন।

হঠাৎ তেনালির দিকে চেয়ে সবশেষে মহারাজ বললেন, 'তেনালি বলুন, আমার কাছে আপনি কী চান?'

তেনালি তৎক্ষণাৎ বললেন, 'আমার জন্য পনেরো দিনের ছুটি অনুমোদন করলেই আমি খুশি।'

মহারাজ বললেন, 'ঠিক আছে তাই হবে, আপনার ছুটি আগামী কাল থেকে শুরু হচ্ছে।'

বিদ্যাবুদ্ধির দিক থেকে 'ভূবনবিজয়ম' রাজসভায় তেনালি ছিল শীর্ষস্থানীয় সুতরাং তাঁর সতীর্থ অষ্টদিগগজেরা তেনালি কেন এমন একটা সামান্য জিনিষ চাইল ভেবে অবাক হয়ে গেলেন।

তাঁরা ভাবলেন ধনী হবার এমন একটা বিরল সুযোগ তেনালি হেলায় হারাল, অথচ তারা যথেষ্ট বুদ্ধিমত্তার সঙ্গে মহারাজের কাছ থেকে মূল্যবান জিনিষ চেয়ে নিচ্ছে।

অষ্টদিগগজরা পরে তেনালির কাছে জানতে চাইলেন, তার এমন অদ্ভুত চাহিদা কেন?

তারা তেনালিকে পরিহাস করে বললেন, 'আচ্ছা তেনালি, আপনি এত সামান্য জিনিষের জন্য মহারাজকে অনুরোধ করলেন কেন? আপনার কি সাহসের অভাব হয়েছিল?'

তেনালি বললেন, 'আপনারাতো অনেক কিছুই চাইলেন, কিন্তু আপনাদের মনে রাখা দরকার ছিল যে আমাদের মহারাজ অত্যন্ত ব্যস্ত মানুষ—তিনি তাঁর আমাত্য প্রধানকে বলবেন আপনাদের দেওয়া প্রতিশ্রুতি মতো কাজ করতে। আবার মহামন্ত্রী তিনিও একজন কর্মব্যস্ত মানুষ। তিনি আবার তাঁর সচিব বা সহকারীদের ওপর এই কাজের দায়িত্ব চাপিয়ে দেবেন, তাদের ব্যস্ততাও সীমাহীন—সুতরাং মহারাজের আদেশ

অধস্তন থেকে অধস্তন হাত ঘুরে ঘুরে শেষমেষ কয়েক মাসের মধ্যে একেবারে সব বিলুপ্ত হয়ে যাবে। থিম্মানা বললে, 'সেক্ষেত্রে আমরা মহারাজের কাছে ফের আবেদন করব।'

তেনালি বললেন, 'মহারাজ মনে করতেই পারবেন না আপনারা কিসের কথা বলছেন। এতদিনে আমাদের বিরাট জয় গৌরব ইতিহাসে পরিণত হয়ে ক্রমশ আমাদের স্মৃতিতে অস্পষ্ট হয়ে যাবে। আপনাদের এমন কিছু চাওয়ার দরকার ছিল যেগুলো মহারাজ আপনাদের সঙ্গে সঙ্গে দিতে পারতেন। যেটা আমি করেছি। যাইহোক, এখন যদি আপনারা আমাকে অনুমতি করেন তবে আমি যাই। কারণ আমার অনেক কাজ পড়ে আছে।'

এই কথা বলে অন্যান্য সভাষদদের সাথে মতপার্থক্য রেখে, তেনালি তার ছুটি কাটাতে চলে গেলেন।

**জীবন থেকে শেখা**

তারাই সবচেয়ে সুখী যারা আজকের দিনটা নিয়েই যত্নবান হন। অনেকেই অতীতে বিচরণ করেন, আবার অনেকেই ভবিষ্যৎ ভেবে আশঙ্কিত হন। তারা ভুলে যান যে আজকের দিনটাই আসল, আমরা অযথাই অতীত নিয়ে ভেবে মরি। কারণ অতীত আর ফিরে আসে না।

**জ্ঞান কণা**

* যদি তুমি কিছু করতে চাও, এখনই কর নইলে সামনে কেবল অনেক আগামী কালই আসতে থাকবে। * আজকের কাজটা যদি বন্ধ রাখ এটা যে তুমি আগামীকাল করতে পারবে সেটার খুব কম সম্ভাবনা। * সময়ের সাথে সাথে প্রতিশ্রুতির উজ্জ্বলতা ম্লান হয়ে যায়।

## Quotable Nugget

"Defer not till tomorrow to he wise, tomorrow's sun to thee may never rise."

William Congreve

"Vows made in storms are forgotten in calms."

English Proverb

# চমকপ্রদ প্রশ্নাবলী

একবার যখন রাজ্যের খবরা-খবর জানার জন্য রাজা কৃষ্ণদেব রাও বিজাপুর গিয়েছিলেন, তিনি একটা গ্রামে গিয়ে দেখলেন সেখানকার এক ঐশ্বর্যবান জমিদার একটি বিবাহ উপলক্ষ্যে দেদার খরচ করছেন।

মহারাজ তাঁর সহযাত্রী তেনালি রামনের বুদ্ধি পরীক্ষার জন্য তাকে বললেন, 'অনুমান করে বলতো দেখি জমিদার মশাই বিবাহ উৎসব উপলক্ষ্যে কি রকম খরচাপাতি করছেন?'

‘তিন বস্তা চাল এবং দু বস্তা আটার যতটা মূল্য ততটা’—তেনালি বলল।

বিস্ময়ে মহারাজ হাঁ হয়ে গেলেন। তিনি খুব অবাক হয়ে বললেন, ‘তিন বস্তা চাল আর দু বস্তা আটার মূল্য যতটা ততটা! তেনালি তোমার কি বুদ্ধিসুদ্ধি লোপ পেয়েছে, জমিদার মশাই এই বিবাহ উৎসবে অতুল ঐশ্বর্য ব্যয় করছেন।’ এই কথা শুনে তেনালি আর কোন উচ্চবাচ্য করলেন না। মহারাজ ভাবলেন, তেনালির কোন বিবেচনা শক্তি নেই।

কয়েক সপ্তাহ পরে ওঁরা আবার উদয়গিরি বেড়াতে যান, সেখানে গিয়ে ওঁদের একটা শবযাত্রা চোখে পড়ে।

‘কে মারা গেছেন?’ বিলাপকারীদের থামিয়ে মহারাজ জিজ্ঞাসা করলেন।

‘এটা কি একজন না একশো জনের মৃতদেহ?’ তেনালি জিজ্ঞাসা করল।

তেনালির এই প্রশ্ন শুনে হতবুদ্ধি মহারাজ বিলাপকারীদের কাছ থেকে কোন উত্তরের অপেক্ষা না করে এগিয়ে গেলেন।

কিছুক্ষণ পরে তারা দেখলেন কিছু শ্রমিক শস্য ক্ষেত্রে কাজ করছে। ‘মনে হচ্ছে তোমাদের চাষবাস এবার বেশ ভালোই হয়েছে’—একজন কৃষককে কাস্তে দিয়ে ধান কাটতে দেখে মহারাজ বললেন।

‘কিন্তু তোমরা গতবারের না এবারের জন্য ফসল তুলছ?’ তেনালি বলে উঠল।

তেনালির কাছ থেকে এই ধরনের প্রশ্ন শুনে মহারাজ রেগে উঠলেন।

রাজপ্রাসাদে ফিরে আসার পর রাজা কৃষ্ণদেব ‘ভুবন বিজয়ম’-এর একজন নেতৃস্থানীয় সাহিত্য সেবক অষ্টদিগগজ নান্দি তিমান্নার সাথে সমস্ত বিষয়টাই আলোচনা করলেন, বললেন, ‘তেনালি রামন একজন অবিবেচক লোক—তাকে ভুল করে কুমার ভারতী এবং বিখ্যাত কবি বলা হয়।’

‘অবিবেচক!’ কিন্তু তেনালি তো তার মেধা এবং বুদ্ধির জন্য বিখ্যাত—কাজেই মহারাজ, তেনালি সম্বন্ধে কোন উপসংহার টানার আগে, তাকে কি আমরা একটা সুযোগ দেব না—এবং বলব না তার এই ধরনের নির্বুদ্ধিকর কথাবার্তার ব্যাখ্যা করতে।’

মহারাজ কোন কিছু না বলে, পরে যখন দেখলেন তিনি তেনালির সঙ্গে একা আছেন, তখন তিনি তিমান্নার পরামর্শ মতো কাজ করার সিদ্ধান্ত নিলেন।

মহারাজ বিষণ্ন চিত্তে, তেনালিকে বললেন, ‘আচ্ছা তুমি যখন শব যাত্রা দেখলে

এবং শোকাকূল শববাহীদের জিজ্ঞাসা করলে তোমরা কি একজন না একশো জনের মৃত দেহ বহন করে চলেছ, এর মধ্যে দিয়ে তুমি কি বলতে চেয়েছ? এর মানে কি?'

'কিছু মানুষের আশ্রয়ে অনেকেই থাকে।' তেনালি ব্যাখ্যা করে বলল, 'যখন এই ধরনের মানুষ মারা যান—তখন তিনি একাই মৃত হন না তার সাথে অনেকগুলোর জীবনও নষ্ট হয়, তারাও মৃতবৎ হয়ে পড়েন। যাই হোক, আমি এই জন্যই শোকাকূলদের জিজ্ঞাসা করেছিলাম তারা কি একজন না একশোজনের শব বহন করছেন।'

'ঠিক আছে, তাহলে যখন তুমি কৃষকদের জিজ্ঞাসা করলে তারা কি এই বছরের জন্য না গত বছরের জন্য চাষ-আবাদ করছে এর মধ্যে দিয়ে তুমি কী বলতে চেয়েছ?' রাজা খুব সুচিন্তিত প্রশ্ন রাখলেন।

'আমাদের পরিপূর্ণ চেষ্টা সত্ত্বেও অধিকাংশ কৃষকই বছরের পর বছর ঋণে জর্জরিত থাকে তেনালি বলল, 'সেইজন্যই আমি তাদের কাছে জানতে চাইছিলাম তারা কি এই ফসল তুলে গত বছরের ঋণ শোধ করবে অথবা তাদের কোন ঋণ নেই এটা একেবারে নতুন ফলের জন্য চাষ আবাদ?'

তেনালির এই ব্যাখ্যা শুনে রাজা কৃষ্ণদেব উপলব্ধি করলেন, তাঁর রাজ বিদূষক একজন সাধারণ বুদ্ধিমানের চেয়ে অনেক দূরে অবস্থান করে। তিনি তাঁকে যতটা বুদ্ধিমান ভাবতেন তার চেয়ে সে অনেক বেশি বুদ্ধিধর।

মহারাজ বললেন, 'তেনালি তোমার কাছে আমার শেষ প্রশ্ন—যখন আমরা বিজাপুরে ভ্রমণ করছিলাম তুমি তখন কেন বলেছিলে যে জমিদার মশাই মাত্র তিন বস্তা চাল ও দু বস্তা আটার সমমূল্য বিবাহ উপলক্ষ্যে খরচ করছেন। যখন তুমি খুব ভালোভাবে জানতে বিবাহের খরচ প্রচুর।'

তেনালি হাসতে হাসতে বলল, 'বিবাহের দরকারি খরচ কয়েকটি স্বর্ণমুদ্রা মাত্র তার পরে যেটা খরচ হয় সেগুলো মান সম্মান রক্ষা করার খরচ—আসল কথা হচ্ছে মানুষ বিবাহ উৎসবে যা খরচ করে তার অনেকটাই নিজের জন্য।'

একথা শুনে রাজা কৃষ্ণদেব অনুভব করলেন তেনালি রামনের বুদ্ধির এবং সরস চাতুর্যের কোন জুড়ি নেই।

**জীবন থেকে শেখা**

তোমার দরকার শুধু দেখা নয় গভীরভাবে নিরীক্ষণ করা, শুধু শোনা নয় অন্তর দিয়ে শোনা, যা স্পষ্ট তার বাইরে অজ্ঞাতকে জানা। এটাই জ্ঞানী মানুষের এবং উচ্চমনের লক্ষণ।

**জ্ঞান কণা**

* মানুষের বুদ্ধি বিচার করার মতো কঠিন কাজ আর কিছু নেই। * মানুষের বুদ্ধি-বিচার কোন ভাসা ভাসা কাজ নয় এরজন্য চাই চরিত্র এবং ঘটনার গভীরে যাওয়ার মতো অন্তর্দৃষ্টি। * যারা বাইরের রূপ দেখে বিচার করে তারা খুবই অগভীর মানুষ।

## Quotable Nugget

"Knowledge is the treasure, but judgement is the treasure of a wise man."

# একটি কুৎসিত সত্য

রাজা কৃষ্ণদেবের রাজত্বকালে সমস্ত কবি, শিক্ষাবিদ এবং দার্শনিকরা বিপুলভাবে তাঁর পৃষ্ঠপোষকতা লাভ করতেন। একদিন রাজভবনে রাজগুরু তথ্যাচার্য এবং অন্যতম অষ্টদিগগজ মধ্যগারি মালান্নার মধ্যে প্রচণ্ড তর্কাতর্কি চলছিল। তাঁদের তর্কযুদ্ধের সময়ে খুব সাহসের সঙ্গে মালান্না বললেন, 'রাজগুরু, অন্যের দোষধরা খুব সহজ কিন্তু। নিজের দোষটাকে সংশোধন করা সত্যি খুব শক্ত। প্রত্যেকেরই উচিত নিজে দোষ মুক্ত হওয়া।'

রাজগুরু দৃঢ়বিশ্বাসের সঙ্গে বললেন 'মালান্না, আমি ভিন্নমত পোষণ করি।' তেনালি মনোযোগ দিয়ে একটু দূর থেকে ওদের বাদানুবাদ শুনছিলেন। যখন এইসব ঘটনা চলছে, তখন একজন রোগা মতন লোক 'ভুবন বিজয়ম্' রাজসভায় প্রবেশ

করলেন। রাজা কৃষ্ণদেবের সামনে নত হয়ে তাঁকে অভিবাদন করে নিজের পরিচয় দিয়ে বললেন, 'মহারাজ আমার নাম শূনু বৈতলা। আমি একজন চিত্রকর—আমি আসছি মন্দিরনগর শূনুগেরি থেকে। আমি সারা জীবনে নানাধরনের চিত্র এঁকেছি। যেমন ধরুন দশাবতার, গিরিজা কল্যণ প্রভৃতি। আমি বিশেষ করে আপনার জন্য কিছু চমৎকার নমুনা এনেছি। এইসব অভিভূত করার মতো ছবি আঁকতে আমার বেশ কয়েক বছর লেগেছে।' এই কথা বলে শূনু মহারাজকে দৃষ্টিনন্দন ছবিগুলো দেখালেন।

শূনু বৈতলার কাছ থেকে মহারাজ একটা সুন্দরী রমণীর ছবি নিলেন। এটি একটি উপকথা বর্ণিত শিল্পের মতো এবং দেখতে অকৃত্রিম বাস্তবানুগ। মহারাজ, অষ্টদিগগজ এবং অন্যান্য সভাসদদের ছবিটা দেখালেন।

কিন্তু খুব আশ্চর্যের বিষয় হল প্রত্যেকেই এই ছবির কিছু না কিছু খুঁত বার করলেন। এবং বিচারকদের মতো প্রত্যেকেই ছবিটার সমালোচনাও করলেন। কয়েকজনের মত অনুযায়ী মহিলার চিবুকটা তীক্ষ্ণ। কেউ বললেন ওনার নাকটা খুব বড়, সেক্ষেত্রে অন্যান্যরা চুল নিয়ে সমালোচনা করলেন। এছাড়া কেউ কেউ তার চোখ ও ভূর খুঁত ধরলেন।

কাজেই সব সভাসদরাই ছবির দোষ ধরলেন এবং তীব্রভাবে সমালোচনা করলেন।

এরপর ছবি সম্পর্কে তেনালি রামনের মতামত জানতে চাওয়া হল। কিছু সময় নিয়ে ছবিটা ভালো করে দেখার পর তেনালি বলল, 'মহারাজ, আমি ছবির একজন ভালো বোদ্ধা নই। শূনুর কাজ সম্পর্কে যেহেতু আমার নিজস্ব একটা দৃষ্টিভঙ্গি আছে, আমি সেদিক থেকে বলতে পারি এই ছবিটা শহরের চৌমাথার মোড়ে টাঙিয়ে দেওয়া হোক এবং একটা ঘোষণা রাখা হোক, যে কেউ এই ছবিটার কোনও খুঁত বা ত্রুটি ধরবেন তারা যেন ছবিতে সেটা চিহ্নিত করেন। এইভাবেই আপনি সাধারণ মানুষের সঠিক মন্তব্য জানতে পারবেন।'

মহারাজের তেনালির প্রস্তাবটা পছন্দ হল। তিনি তাঁর কর্মচারীদের বললেন, শহরের চৌমাথায় একটা খুঁটিতে ছবিটা টাঙিয়ে দিতে। মহারাজের নির্দেশ অনুযায়ী হাম্পি শহরে এই মর্মে ঘোষণা করা হল ছবির দর্শকরা প্রত্যেকেই স্বাধীনভাবে ছবির ওপরে দোষ ত্রুটি চিহ্নিত করতে পারবে।

কিছুদিন পরে ছবিটা ফিরিয়ে এনে মহারাজের এবং তাঁর অষ্টদিগগজ ও সভাসদদের সামনে রাখা হল। ছবিটার পুরোপুরি বিশৃঙ্খল এবং বিপর্যস্ত অবস্থা। জনগণের ছবির দোষ ত্রুটি চিহ্নিতকরনে মহিলার মুখটি আর দেখা যাচ্ছে না।

এরকম বিপর্যস্ত বিশৃঙ্খল ছবিটা দেখে মহারাজ হতবাক। তেনালি পুনরায় তাঁকে পরামর্শ দিয়ে বলল, 'মহারাজ আর একবার ছবিটা চৌরাস্তার মোড়ে টাঙিয়ে দেওয়া হোক এবং পুনরায় ঘোষণা করা হোক—যাঁরা ছবির ভুল-ত্রুটি ধরে চিহ্নিত করেছেন তাঁরা যেন ত্রুটিগুলো সংশোধিত করেন। এরজন্য তাঁরা যথাযোগ্য পুরস্কৃত হবেন।'

মহারাজের কথা মতো ছবিটা পূর্বস্থলে টাঙিয়ে দেওয়া হল। এবারে কেউ আর তাদের ত্রুটি সংশোধন করার জন্য এগিয়ে আসলেন না।

আবার কিছুদিন পর ছবিটা মহারাজের কাছে ফিরিয়ে আনা হল। তিনি দেখলেন ছবিটা একইরকম বিশৃঙ্খল অবস্থায় রয়েছে।

তেনালি মহারাজকে বলল, 'এটাই কুৎসিৎ সত্য, মানুষের স্বভাব হল, প্রত্যেকেই পরের ভুল ধরবার জন্য উদগ্রীব। কিন্তু কখনো নিজের ত্রুটি সংশোধন করানোর জন্য প্রস্তুত নয়।' একথা বলে তেনালি মালান্নার দিকে তাকাল, মালান্না বুঝতে পারলেন তেনালি তার মতটাকেই সমর্থন করছে। রাজগুরুর অনুভূতিকে কোনওরকম আঘাত না করে তেনালি তাঁর মতটাকে ব্যাখ্যা করলেন। যদিও রাজগুরু তাঁর পরাজয়ে কিছুটা অপমানিত বোধ করলেন।

**জীবন থেকে শেখা**

"প্রতিবেশীর চোখের আঁচিল দেখানোর আগে নিজের চোখের আঁচিলটা দেখ'—বাইবেল বলেছে। —'চিকিৎসক নিজেকে আগে সুস্থ কর।' এটা একটা পুরানো প্রবচন। 'তারই সমালোচনা করার অধিকার আছে, যার হৃদয় প্রসারিত সাহায্যের জন্য।' লিঙ্কন বলেছেন। প্রতিটি পঙক্তির নির্দেশাবলী আমাদের শিক্ষার জন্য।"

**জ্ঞান কণা**

* দোষ ধরা সহজ কিন্তু তা দূর করা কঠিন। * আমরা জানি সর্বত্রই একটা সীমারেখা আছে। একটি পাখি কেবল একটি ডালেই বসতে পারে। * একটি ইঁদুর তার পরিতৃপ্তির পর তার সামনে নদী থাকলেও আর জল পান করতে পারে না।

## Quotable Nuggets

"Men cease to interest us when we find their limitations."

Ralph Waldo Emerson

"Criticism is easy, art is difficult."

Derrouches

# আভাসে ইঙ্গিতে

ব্যক্তিগত আয়ের ওপর কর এবং জমির ওপর রাজস্বই বিজয়নগর রাজ্যের আয়ের উৎস। রাজা কৃষ্ণদেব রাও যথাযথ কর আদায়ের ব্যাপারে প্রশাসনিক ব্যবস্থা সুসংহত রেখেছিলেন।

কর আদায়ের জন্য তিনি তাঁর রাজ্যকে পাঁচটি ভাগে ভাগ করেন। সেগুলি আবার উপ-বিভাগে বিভক্ত ছিল। উপ-বিভাগগুলি পুনরায় জেলা, পৌরসভা ইত্যাদিতে ভাগ করা ছিল। যাতে একেবারে নিচু স্তর থেকে কর আদায়ের সুবিধা হয় সেইজন্য একটা আলাদা কার্যবিভাগ স্থির করা হয়, এই কার্যবিভাগ দেখাশোনা করতেন জমিদার ও করনিকরা।

রাজ্যের তরফ থেকে নিয়মিতভাবে খুব সাবধানতার সঙ্গে করদাতাদের তালিকা

তৈরি হত। দেখা যেত সব সময় তেনালি রামনই করদাতাদের তালিকার শীর্ষে থাকতেন। কারণ তিনি মহারাজের তরফ থেকে প্রচুর পুরস্কার পেতেন, এটাই অনেকাংশে তার করযোগ্য আয়কে বর্ধিত করতো।

অন্যান্য করদাতা যেমন প্রধানমন্ত্রী, বিভাগীয় মন্ত্রী, মুখ্য সচিব বা আধিকারিকদের নাম থাকতো তেনালি রামনের নামের তলায়।

একবার রাজগুরু এবং কিছু ঈর্শাকাতর রাজ পারিষদ করদাতাদের তালিকা মহারাজকে দেখিয়ে বললেন, 'তেনালি অন্যান্য মুখ্য পারিষদদের তুলনায় কম বেতন পেলেও তার নাম সবসময় দেখা যায় করদাতাদের তালিকার শীর্ষে। মনে হয় তার আয়ের উৎস বেশ বড়সড়, এবং সেটা সন্দেহজনক।'

মহারাজ জানতেন যে তেনালি তার বুদ্ধি প্রদর্শনের জন্য যে সব পুরস্কার পান সেটাও একটা তার আয়ের উল্লেখযোগ্য উৎস। যাইহোক মহারাজ রাজগুরু এবং অন্যান্য পারিষদদের মনের বিবাদ ভঞ্জনের জন্য বিষয়টিতে মনোযোগ দিলেন।

তিনি তার কর্মচারীকে বললেন পরের দিন রাজসভায় উপস্থিত থাকার জন্য যেন তেনালিকে ডেকে পাঠানো হয়—সেখানে তিনি তার নাম করদাতার তালিকার শীর্ষে থাকার কারণটি ব্যাখ্যা করার সুযোগ পাবেন। তেনালি তার কিছু বিশ্বস্ত সতীর্থের কাছে আগেই ঘটনাটা জানতে পেরেছিলেন।

পরেরদিন তেনালি একটু দেরি করে 'ভূবন বিজয়ম্' রাজসভায় হাজির হলেন। তার কাঁধে একটা চটের থলি এবং থলিটায় একটা জীবন্ত প্রাণী রয়েছে।

মহারাজকে অভিবাদন করে তেনালি বললেন, 'আমি প্রথমেই রাজসভায় একটু দেরি করে হাজির হবার জন্য ক্ষমা চেয়ে নিচ্ছি। আসলে আমার মোরগটা একটা সমস্যা তৈরি করেছে, এবং আমার দেরি করে আসার জন্য এটাই দায়ী।' তেনালি কথা থামিয়ে একটা বেশ বড়সড় মোরগ থলি থেকে বের করলেন।

'দায়ী কেন?' মহারাজ বিষয়টি তেনালিকে ব্যাখ্যা করে বলতে বললেন।

'মহারাজ আমি আমার বাড়িতে এই মোরগ আর দশটি মুরগী খাঁচায় পুষেছি। আমি প্রতিদিন মুরগী পিছু দশগ্রাম করে তাদের খাবার দিই। আমার ইচ্ছা মোরগ এবং মুরগীরা তাদের খাবার বরাদ্দমতো ভোজন করুক। দুর্ভাগ্যবশতঃ এই মোরগটা একাই তাদের খাদ্যের বেশিরভাগটাই নিজে ভক্ষণ করে। এতে হতভাগ্য মুরগীরা তাদের খাদ্য থেকে বঞ্চিত হয়ে ক্ষুধার্ত থাকে। দয়া করে এই দুষ্টু মোরগের ব্যাপারে আমাকে একটা পরামর্শ দিন।' তেনালি খুব বিষণ্ণ চিত্তে কথাগুলি বললেন।

মহারাজ মুচকি হেসে বললেন, 'তুমি কিছু করতে চেও না। এই মোরগটি তার

শক্তি সম্পর্কে ওয়াকিবহাল। কাজেই সেই কারণে সে খাঁচার অধীশ্বর। সে তার চেহারা অনুযায়ী খাবার গ্রহণ করবে। কাজেই একে দোষ দিয়ে কোনও লাভ নেই।' এই কথা শুনে তেনালি মোরগটাকে থলির মধ্যে রাখলেন।

মহারাজ এবারে আসল বিষয় নিয়ে আলোচনা শুরু করলেন। বললেন, 'তেনালি আজ তোমাকে ডাকা হয়েছে ব্যাখ্যা করার জন্য তুমি অন্যান্য পারিষদদের তুলনায় কম বেতন পেয়েও প্রত্যেক বছর সবচেয়ে বেশি কর দাও। তোমার প্রচুর অর্থ থাকার পিছনে কারণটা কি?'

তেনালি দেঁতো হাসি হেসে বললেন, 'মহারাজ আমি আপনাকে দেখালাম কিভাবে মোরগ বেশি খাদ্য গ্রাস করে, আমি সেই ভিড় করা মুরগীর মধ্যে একা মোরগ।'

তেনালির ইঙ্গিতপূর্ণ ব্যাখ্যা শুনে মহারাজ এবং তাঁর পারিষদরা হাসতে লাগলেন—একমাত্র হিংসুটে পারিষদরা গোমড়া মুখে বসে রইলেন।

**জীবন থেকে শেখা**

যিনি জীবনে সব কাজে শ্রেষ্ঠত্ব এবং সাফল্য অর্জন করেন তাঁকে সবসময় ঈর্শা এবং বিদ্বেষ ঘিরে থাকবে। এটাই স্বাভাবিক। কিন্তু যদি কোনও স্পষ্টত প্রমাণ থাকে যে সেই কর্মসম্পাদক শক্তিশালী, দক্ষ এবং ত্রাণকারী তবে তার বিরুদ্ধে কলগুঞ্জন অচিরেই মিইয়ে যাবে।

**জ্ঞান কণা**

* মানুষের শ্রেষ্ঠত্ব তার জাত বা বর্ণ দিয়ে বিচার করা যায় না। বিচার করতে হয় তার হৃদয় এবং মেধা দিয়ে। * জীবিত মানুষ যেমন মৃতের চেয়ে শ্রেষ্ঠ তেমনি জ্ঞানী ও শিক্ষিত মানুষ অশিক্ষিতের চেয়ে শ্রেষ্ঠ। * শ্রেষ্ঠ মানুষ বিচার করার তিনটি উপায় আছে, ন্যায়পরায়ণ হবার জন্য তাঁরা উদ্বেগ মুক্ত, জ্ঞানী হবার জন্য তাঁরা—জটিলতামুক্ত এবং সাহসী হবার জন্য তাঁরা শঙ্কা মুক্ত অবস্থান।

## Quotable Nugget

"It is the mark of a superior man that, left to himself, he is able endlessly to amuse, interest and entertain himself out of his personal stock of meditations, ideas, criticisms, memories, philosophy, humour and what not."

George Jean Nathan

# উপযুক্ত পুত্র

রাজা কৃষ্ণদেব রাওয়ের প্রাসাদে একটা চমৎকার ছবির মতো বাগান ছিল। সেই বাগান ছিল বহুরকমের ফুলগাছে পূর্ণ। এর মধ্যে বেশ কিছু গাছ ছিল দূর দুরান্ত থেকে আনা সোনারূপার মতো মূল্যবান বিরল প্রজাতির গাছ। মহারাজ তাঁর রাজ উদ্যানের উন্নতির ব্যাপারে বিশেষ যত্নশীল ছিলেন। এবং নিজেই ব্যক্তিগতভাবে বাগানের পরিচর্যা করতেন। মহারাজ বিশেষ পাহারাদার নিয়োগ করেছিলেন যাতে এর ভালোভবে দেখাশোনা ও রক্ষণাবেক্ষণ হয়। যদিও রাজা কৃষ্ণদেব প্রত্যেকটি গাছকে পছন্দ করতেন, তবু তাঁর বিশেষ আকর্ষণ ছিল গোলাপ গাছের প্রতি। কারণ এগুলি তিনি ফার্নাও নুনিজ নামে একজন ইউরোপীয়ান

ভ্রমণকারীর কাছ থেকে উপহার স্বরূপ পেয়েছিলেন।

মহারাজ প্রতিদিন তাঁর বাগানে পদব্রজে ভ্রমণ করতেন। ফুটন্ত ফুলের মনোমুগ্ধকর দৃশ্য এবং তার সুগন্ধ তিনি বিশেষভাবে উপভোগ করতেন।

একদিন যখন তিনি রাজ উদ্যানে ঘুরে বেড়াচ্ছেন, লক্ষ্য করলেন গোলাপ গাছে ঠিক মতো ফুল ধরছে না। তিনি সঙ্গে সঙ্গে ফুলের বাগানের সার্বিক উন্নতির দায়িত্বপ্রাপ্ত আধিকারিককে ডেকে পাঠিয়ে বললেন, 'গোলাপের চারাগুলিতে তেমন করে ফুল ফুটছে না—যে পরিমাণ ফুল ফোটার কথা তার থেকে অনেক কম ফুল ফুটছে। আমার মনে হয় কিছু দুষ্কৃতী বাগান থেকে ফুল চুরি করছে। রাজউদ্যানের দিকে একটু বিশেষ নজরদারি করুন, এবং এ ব্যাপারে আরও তৎপর হন।'

মহারাজের কঠোর নির্দেশ শুনে, রাজউদ্যানের ভারপ্রাপ্ত আধিকারিক অতিরিক্ত নজরদার নিয়োগ করলেন, যাতে সপ্তায় চব্বিশ ঘণ্টা প্রবলভাবে টহলদারী সম্ভব হয় এবং নিবিড় ভাবে সবকিছু লক্ষ্য রাখা যায়। এইসব প্রচেষ্টা সত্ত্বেও চোর কিন্তু ধরা পড়ল না।

একদিন ভোরবেলা যখন সবে সূর্য উদিত হচ্ছে একটি ছোট ছেলে খুব চুপিচুপি বাগানে ঢুকে তাড়াতাড়ি করে গাছ থেকে ফুল পাড়তে আরম্ভ করলো, বিশেষ করে সে গোলাপ ফুলগুলো পেড়ে নিল। যে সমস্ত রক্ষীরা বাগানকে দেখাশোনা করছিল—তারা দেখলো একটা দুষ্টু ছেলে টান মেরে মেরে ফুলগুলো ছিঁড়ে নিচ্ছে। উদ্যান রক্ষীরা সঙ্গে সঙ্গে ছেলেটির কাছে গিয়ে ছেলেটিকে একগুচ্ছ সুন্দর ফুল সমেত হাতেনাতে ধরে ফেলে আধিকারিকের কাছে নিয়ে গেল।

অধিকারী তৎক্ষণাৎ মহারাজকে চোর ধরার কথা জানিয়েদিলেন। কয়েক মিনিটের মধ্যে সারা হাম্পি শহরে, চোর ধরার খবর ছড়িয়ে পড়ল।

সকাল বেলাতেই আনন্দে উৎফুল্ল অধিকারী মশাই এবং বিশেষ রক্ষীরা ছেলেটিকে নিয়ে তাদের চোর ধরার কৃতিত্ব প্রদর্শনের জন্য হাম্পি শহর পরিক্রমা করে বেড়ালেন।

শহরের রাস্তায় প্রচণ্ড গোলমালের শব্দ শুনে তেনালি তার ঘর থেকে বেরিয়ে এসে দেখল তার ছেলেকে রাজরক্ষীরা ধরে নিয়ে যাচ্ছে। তেনালির স্ত্রীও এই দৃশ্য দেখে কাঁদতে কাঁদতে তার স্বামীকে বললেন তাঁর প্রিয় পুত্রকে ছাড়িয়ে আনতে।

ছেলেটিকে নিয়ে রক্ষীরা যখন তেনালিকে অতিক্রম করে যাচ্ছে—তেনালি চিৎকার করে বলল—'যেহেতু ছেলেটিকে ফুলের গুচ্ছ সমেত হাতেনাতে ধরা হয়েছে—ও নিশ্চয়ই অপরাধ করেছে এ বিষয়ে কোনও সন্দেহই নেই। ওর কঠোর শাস্তি পাওয়া

দরকার—

কিন্তু ও যদি বুঝতে পারে ওর ধারাল দাঁত এবং জিভ আছে এবং ঠিক সময়ে যদি সেগুলো ব্যবহার করতে পারে তবে ও শাস্তি থেকে রেহাই পাবেই।'

যখন ছেলেটি তার বাবার কথাগুলো শুনল, সে চিন্তা করল তার বাবা তীক্ষ্ণ বুদ্ধিধর মানুষ, এবং কখনো আজেবাজে কথা বলেন না—বাবার প্রতি কথার একটা গভীর অর্থ আছে এবং এই কথার মধ্যে নিশ্চয়ই তারজন্য তিনি একটা গোপন বার্তা রেখেছেন।

কিছুক্ষণ চিন্তা করেই, ওই ছোট ছেলেটি কথার মধ্যে একটা রহস্যের সূত্র খুঁজে পেল। রাজার বাগান থেকে যে ফুলের গুচ্ছটা ও তুলেছিল—সবার অলক্ষ্যে সেই কোমল ফুলের গুচ্ছটা মচমচ করে খেতে শুরু করল।

যখন রাজরক্ষী এবং বালকটি রাজসভায় এসে উপস্থিত হল, ততক্ষণে তার ফুলের গুচ্ছটি খাওয়া শেষ হয়ে গেছে—এবং হাত একেবারে খালি।

অধিকারী মশাই ছেলেটিকে রাজার সামনে এনে বলল, 'মহারাজ এই সেই চোর যে আমাদের রাতের ঘুম কেড়ে নিয়েছে, এবং রক্ষীদের একেবারে ব্যতিব্যস্ত করে তুলেছে। এর অপরাধের জন্য কঠিন শাস্তি পাওয়া উচিত।'

একথা শুনে ভয়ে ভয়ে বালকটি বলল, 'মহারাজ আমি মোটেও একজন চোর নই। ওরা আমাকে ধরেছে কারণ আসল অপরাধীকে ধরতে পারেনি বলে। আপনি আমার সবকিছু অনুসন্ধান করে দেখতে পারেন—আমার কাছে কোনও ফুলই নেই। আপনার রক্ষীরা একজোট হয়ে মিথ্যা বলছে।'

মহারাজ তক্ষুণি তার কর্মচারী এবং রক্ষীদের হুকুম দিলেন ছেলেটির সবকিছু অনুসন্ধান করে দেখতে। রক্ষীরা মহারাজের হুকুম তামিল করে অবাক হয়ে দেখল ছেলেটির কাছে সত্যি একটি ফুলও নেই। কিন্তু তারা নিশ্চিত ছিল এই ছেলেটিই ফুল চুরি করেছে। কিন্তু ছেলেটির অপরাধ প্রমাণ করার মতো তাদের কাছে কোনও হাতিয়ার নেই।

মহারাজ জোরের সঙ্গে বললেন, 'তোমরা অযত্নশীল ও হটকারী, রাজসভার মূল্যবান সময় তোমাদের জন্য নষ্ট হল। তোমরা কোনও চোরও ধরতে পারলে না আবার তোমাদের দাবির সপক্ষে কোনও প্রমানও দেখাতে পারলে না। আমি কাউকেই তোমাদের মিথ্যা দাবির ভিত্তিতে শাস্তি দিতে পারি না। কাজেই ছোট ছেলেটিকে অবিলম্বে মুক্ত করে দাও। আর তোমাদের কর্তব্য পালনের জন্য ভবিষ্যতে আরও যত্নশীল ও সতর্ক হতে হবে, একথা মনে রেখ।'

প্রমাণ অভাবে এবং উপস্থিত বুদ্ধির জোরে তেনালির পুত্র ছাড়া পেয়ে গেল। কারণ সে সম্পূর্ণভাবে বুদ্ধিমান পিতার বুদ্ধিমান পুত্র হয়ে উঠেছিল। এরপর ছাড়া পেয়ে তেনালির পুত্র আনন্দে নাচতে নাচতে বাড়ি ফিরে গেল।

**জীবন থেকে শেখা**

দ্রুত চিন্তা—চটপট কার্য—চমৎকার সমন্বয়। এ সমস্তই অপরাধীকে শাস্তির বাইরে রাখে। কিন্তু প্রশ্ন থেকে যায়—এটা করা কি ঠিক? অপরাধী কী উপযুক্ত শাস্তি পাবে না? এই ঘটনা কী এটাই দেখিয়ে দেয় যে রক্ত জলের চেয়ে ঘন!

**জ্ঞান কণা**

* কৌশল ছাড়া রণচাতুর্য জয়ের পথকে শ্লথ করে, এবং রণচাতুর্য ছাড়া কৌশল পরাজয়ের আগে গোলযোগ সৃষ্টি করে। * কৌশল শিক্ষা ছাড়া শিক্ষা অসমাপ্ত। * কৌশল তোমাকে শেখাবে কখন নীরব থাকতে হবে এবং কখন কর্মে প্রবৃত্ত হতে হবে।

## Quotable Nugget

"To be meek, patient, tectful, modest, honourable, brave, is not to be either manly or womanly; it is to be humane."

Jane Harrison

# ধনী বনাম দরিদ্র

"গরিব মানুষেরা ধনীদের তুলনায় বেশি অসৎ। গরিব লোকেরা তাদের দারিদ্র্যতার জন্য প্রবঞ্চক হয়। এবং রাজ্যে যে এত চুরি ও নানান অপরাধ সংগঠিত হয় এর পেছনে আসল কারণই হল দারিদ্র্য।" একদিন 'ভূবন বিজয়ম্' রাজসভায় রাজগুরু এই নিয়ে তর্ক শুরু করলেন। তেনালি রামন, রাজগুরুর এই অপ্রত্যাশিত মতের বিরোধিতা করেন এবং তাঁর এই বিরোধী মতকে প্রমাণ করার জন্য মহারাজকে একটা সুযোগ দিতে বললেন। এবং এরজন্য মহারাজের কাছে দু'টি স্বর্ণমুদ্রাপূর্ণ থলি এবং একমাস সময় চেয়ে নেন। রাজা কৃষ্ণদেব তেনালির অনুরোধ মতো কাজ করেন।

কয়েকদিন পরে তেনালি একটা গভীর জঙ্গলের নির্জন রাস্তায় স্বর্ণমুদ্রাপূর্ণ একটি থলি রেখে দিয়ে একটি গাছের আড়ালে লুকিয়ে কী ঘটে লক্ষ্য করতে লাগলেন।

অবিলম্বে সেখানে একজন ধনী ব্যবসায়ীর দেখা পাওয়া গেল। তিনি দেখলেন একটা স্বর্ণমুদ্রাপূর্ণ থলি রাস্তায় পড়ে আছে। তিনি তৎক্ষণাৎ সেটি হাতে তুলে নিলেন এবং ভাবলেন এটি তার ভাগ্যের দান, এরপর থলিটি বাড়িতে এনে একটা গোপন স্থানে লুকিয়ে রাখলেন।

কিছু সময় পরে তেনালি স্বর্ণমুদ্রাপূর্ণ দ্বিতীয় থলিটি একই রাস্তায় রেখে দিলেন। এবং আগের মতই গাছের আড়ালে লুকিয়ে রইলেন।

একটু পরেই একটি গরিব লোক ওই পথ দিয়ে আসার সময় দেখল যে রাস্তার ওপর একটা স্বর্ণমুদ্রার থলি পড়ে আছে। গরিব লোকটি থলিটি হাতে তুলে নিয়ে ভাবল, কেউ নিশ্চয়ই এই থলিটা হারিয়েছে। সে আবার ভাবল এর আসল মালিক থলিটা হারিয়ে নিশ্চয়ই খুব উদ্বেগের মধ্যে আছে। যাতে এই থলিটা তার আসল মালিক ফিরে পায় সেই জন্য এটা রাজ কোষাগারে জমা করা উচিত।

দরিদ্র লোকটি সরাসরি রাজ কোষাগারে গিয়ে থলিটি জমা দিয়ে আসল। তেনালি রামণ সমস্ত পর্বটি গোপন ভাবে লক্ষ্য করলেন। পরের দিন 'ভুবন বিজয়ম' রাজসভায় এসে মহারাজ এবং তাঁর সাভাসদদের কাছে সমস্ত ঘটনাই সবিস্তারে জানালেন।

তেনালি মহারাজকে বললেন, 'মাত্র একটি থলিই রাজ কোষাগারে জমা পড়েছে এবং সেটি জমা দিয়েছে একজন গরিব মানুষ।'

পরের দিন 'ভুবন বিজয়ম্' রাজসভায় ধনী এবং দরিদ্র উভয় ব্যক্তিকেই ডাকা হল। রাজা কৃষ্ণদেব রাও ধনী ব্যবসায়ীকে জিজ্ঞাসা করলেন, 'কয়েকদিন আগে আপনি রাস্তায় একটা স্বর্ণমুদ্রাপূর্ণ থলি পেয়েছিলেন, সেটা কোথায়?'

'মহারাজ আমি সেটা আমার ব্যবসায়ে খাটিয়েছি। কারণ আমি সম্প্রতি ব্যবসায়ে খুব লোকসান করেছিলাম তাই ওটা ব্যবহার করেছি'—ব্যবসায়ী বললেন।

'কিন্তু থলিটাতো আপনার নয়—তাহলে আপনি ওই থলির সম্পদ ব্যবহার করলেন কেন?' মহারাজ জানতে চাইলেন।

'আমি ভেবেছিলাম এটা আমার ভাগ্যলক্ষ্মী আমাকে কৃপা করে পাঠিয়েছেন'—ব্যবসায়ী উত্তরে জানাল। এরপর মহারাজ গরিব লোকটিকে বললেন—'তুমি কেন

স্বর্ণমুদ্রার থলিটাকে কোষাগারে জমা দিলে? তুমিতো গরিব লোক, ওগুলো তো তুমি ব্যবহার করতে পারতে!'

'হুজুর, ওই মুদ্রাগুলি তো আমার নয়, আমি ভাবলাম আসল মালিক তার থলিটি হারিয়ে নিশ্চয়ই খুব উদ্বেগের মধ্যে কাটাচ্ছে। তাছাড়া এমনো তো হতে পারে যিনি থলিটা হারিয়েছেন তার প্রয়োজন আমার চেয়ে অনেক বেশি। আমার আদর্শ এবং নৈতিকতা যে মুদ্রা আমার নয় সেগুলো রাখতে বাধা দিল', দরিদ্র মানুষটি বললে। ধনী এবং দরিদ্রের দৃষ্টিভঙ্গির কথা শুনে তেনালি তার মতের স্বপক্ষে বললেন, 'মহারাজ এটা খুব পরিষ্কার ভাবে বুঝিয়ে দিচ্ছে যে দরিদ্র মানুষেরা বিশ্বাসী এবং ধনী ব্যক্তিরা অনেকাংশেই অসৎ।'

রাজা কৃষ্ণদেব এবং তার সভাসদেরা তেনালির মতের সাথে একমত হলেন এবং রাজগুরু তাঁর মতকে প্রতিষ্ঠা করতে পারলেন না বলে খুবই বিমর্ষ হলেন।

**জীবন থেকে শেখা**

সততা এবং সম্পদের স্তর কখনো পারস্পরিক সম্পর্কে এক নয়। একজন ধনী অথবা দরিদ্র যে কোনও মানুষই সৎ হতে পারে। ধনীরা অর্থলিপ্সু এবং দরিদ্ররা অভাবী—সেই জন্য কাউকে বিশ্বাস করা যায় না—তাদের মানসিক গতি প্রকৃতিকে দূরে সরিয়ে এই ধরনের বিচার ভাবনা ঠিক নয়।

**জ্ঞান কণা**

* কোনও মানসিক গঠনই সততার চেয়ে ধনী নয়। এবং সততাই শ্রেষ্ঠ পথপ্রদর্শক। * একজন সৎ মানুষ সৃষ্টিকে বলা হয় ঈশ্বরের মহোত্তম কাজ। * অসৎ হওয়ার চেয়ে দরিদ্র হওয়া অনেক ভালো। * সততার ওপর শান্তি নির্ভর করে। * যে সততা হারিয়েছে তার আর কিছুই হারাবার নেই।

## Quotable Nugget

"A heavy purse makes a light heart."

Anonymous

## দুঃখের পেয়ালা

কৃষ্ণদেব রাও যখন রাজা হয়ে সিংহাসনে বসলেন, তখন বিজয়নগর রাজ্য ছিল অস্থির অবস্থার মধ্যে। কৃষ্ণদেবকে তখন যুগপৎ বিদ্রোহীদের বশে আনতে হচ্ছিল এবং উত্তরদিকের মুসলিম রাজার আক্রমণকে প্রতিহত করতে হচ্ছিল। এর সাথে উড়িষ্যার গজপতির শত্রুতা এবং বাহমনী রাজ্যের প্রচণ্ড আক্রমণ সামলাতে হচ্ছিল। সমস্ত রাজ্যকেই এই ধরনের বিপক্ষের মুখোমুখি হয়ে খুব সতর্কতার সঙ্গে সফলভাবে বেরিয়ে আসতে হচ্ছিল।

সংক্ষেপে অবস্থা ছিল অত্যন্ত সঙ্কটজনক এবং অপ্রীতিকর। এই ধরনের সঙ্কটজনক সময়ে একবার মহারাজ এবং তাঁর সভাসদরা রাজসভায় সরবতি অধিবেশনে একত্রিত হয়েছিলেন। বিজয়নগর রাজ্যের সমস্ত শীর্ষস্থানীয় বিদ্যাবুদ্ধিধর মানুষেরা রাজসভায় একসাথে বসে মহারাজ যে সব ধারাবাহিক প্রতিবন্ধকতার সম্মুখীন হচ্ছিলেন তার আলোচনা করছিলেন।

রাজ্যর পরিবেশ ছিল অত্যন্ত উদ্বেগজনক এবং এর থেকে নিস্তার পাওয়ার কোনও উপায়ই ছিল না। অতিথি আপ্যায়নের জন্য মহারাজ সকলকে সরবত এবং জলখাবার দেবার আদেশ দিলেন।

ঠিক যখনই সরবত এবং জলখাবার দেবার ব্যবস্থা হচ্ছে তখন তেনালি রামন সভা থেকে উঠে সরাসরি রসুইখানায় চলে গিয়ে একটা বড় জগে সরবত এবং নানারকমের পাঁচমিশালী যেমন কাচ, পোর্সেলিন, টোরকোটা কৃষ্টাল, সোনা, রূপা, তামা এবং কিছু সাধারণ, কিছু দামী এবং কিছু উৎকৃষ্ট ধরনের পেয়ালা নিয়ে ফিরে আসলেন।

যখন সমস্ত অতিথির হাতে সরবতের পানপাত্র—তখন তেনালি বললেন, 'আপনারা যদি দেখেন, দেখবেন সমস্ত সুন্দর এবং মূল্যবান পানপাত্র আপনাদের হাতে এবং সাধারণ পানপাত্রগুলি পড়ে আছে। এটা খুব স্বাভাবিক, আমরা সবসময় সর্বোৎকৃষ্টটাই গ্রহণ করি এবং এটাই আমাদের সমস্যা এবং কষ্টের উৎস।' তিনি আরও বললেন, 'আমাদের চাহিদা ছিল সরবতের, পানপাত্রের নয়—কিন্তু আমরা খুব সচেতনভাবেই সবচেয়ে ভালো পানপাত্রগুলি গ্রহণ করলাম এবং অন্যের পানপাত্রের প্রতি আমরা প্রত্যেকেই দৃষ্টিপাত করলাম। এখন আমরা যদি বিবেচনা করি আমাদের জীবনটা সরবত এবং সফলতা, পদমর্যাদা আর অর্থ হচ্ছে পানপাত্র—ওগুলো কেবল আমাদের জীবনচর্যার যন্ত্র বিশেষ এবং কোনওক্রমেই জীবনের গুণগত পরিবর্তন আনতে পারে না। কখনো কখনো আমরা কেবল পানপাত্রের ওপর আমাদের লক্ষ্য স্থির করে জীবন উপভোগ করার সুযোগ হারাই। সুতরাং আমাদের চেষ্টা করা উচিত পান পাত্রের মুগ্ধতায় চালিত না হয়ে আমাদের সরবতে তথা জীবন ভোগের দিকে নজর দেওয়া।'

তেনালি রামনের কাছে এই কথা শুনে মহারাজ এবং তাঁর সভাসদরা রাজ্যের প্রচন্ড যন্ত্রনাময় এবং ক্লান্তিকর দুঃখের পরিবেশ থেকে সম্পূর্ণভাবে মুক্তি পেয়ে হাল্কা হলেন।

### জীবন থেকে শেখা

জীবনের উত্থানে-পতনে এবং আমাদের সামাজিক ও পেশাদারী কর্মের সংযুক্তিতে আমরা প্রায়শই সারবত্তা থেকে অসারবত্তা পৃথক করতে অসফল হই। যাঁরা সারটুকু

গ্রহণ করতে পারেন তারাই জ্ঞানী এবং সুখী।

**জ্ঞান কণা**

* জীবন শুধু চাহিদার থেকে চাহিদার পেছনে ছুটে বেড়াচ্ছে, আনন্দ থেকে আনন্দের পিছনে নয়। * আমাদের যত কম চাহিদা থাকবে আমরা ততই সুখী হব। * সমস্ত সাফল্যের মূল কথা আমরা নিজেদের কিভাবে সংযত রাখবো এবং বিবেকের নির্দেশ কিভাবে মান্য করবো। * যার নিজের মধ্যে শক্তি আছে এবং যার নিজের চাহিদা এবং কার্যের ওপর সন্ধানী দৃষ্টি আছে সেই সবচেয়ে শক্তিশালী।

## Quotable Nugget

"How few our real wants, and how vast out imaginary ones."
Lavater

# মানুষ মানুষের জন্য

রাজা কৃষ্ণদেব রাও প্রায়ই তাঁর বিশাল সাম্রাজ্য পরিদর্শনে বের হতেন। এবং প্রজাদের অভাব অভিযোগ শুনে তৎক্ষণাৎ তার প্রতিকার করতেন।

একবার যখন তিনি একজন সহগামী নিয়ে বিজয়ওয়াড়া অতিক্রম করছেন, সেই সময় তিনি তেনালি রামনকে জিজ্ঞাসা করলেন, 'তুমি কাকে শ্রেষ্ঠতম মানুষ বলে ভাব?' তেনালি বলল, 'কোন সন্দেহই নেই, আপনিই শ্রেষ্ঠতম, কারণ আপনি একজন রাজা যিনি অনেক মানুষের ওপর আধিপত্য করেন এবং আপনি যতগুলি যুদ্ধ পরিচালনা করেছেন সবকটিতেই জয়ী হয়েছেন। আপনিই কর্মবীর এবং দাক্ষিণাত্যের সর্বশ্রেষ্ঠ রাজনীতিকও।'

রাজা কৃষ্ণদেব আরও জানতে চাইলেন, বললেন, 'তুমি আমার চেয়েও কী শ্রেষ্ঠতর মনে কর?'

‘এটা নিঃসন্দেহে দাক্ষিণাত্যের গৌরবময় বিজয়নগর রাজ্য যেটা পূর্বের কটক থেকে পশ্চিমের গোয়া এবং উত্তরের রায়চুড় দোয়াব থেকে দক্ষিণের ভারত মহাসাগর পর্যন্ত বিস্তৃত।’ তেনালি জোরের সঙ্গে একথা জানাল।

‘এখন তুমি আমাকে তার কাছে নিয়ে যাও যে আমার এবং বিজয়নগর রাজ্যকে একত্রিত করেও তারচেয়েও শ্রেষ্ঠতর।’ — মহারাজ বললেন

তেনালি এবং রাজা কৃষ্ণদেব রাও আবার ভ্রমণ করতে লাগলেন। এবং যতক্ষণ না তারা এমন একজন মানুষের কাছে আসলেন যে একাকী সবসময় একটা কূপ খনন করে চলেছে—ততক্ষণ তাঁদের ভ্রমণ থামল না। একজনকে দেখে তেনালি বলল, ‘এই সেই মানুষ, যে রাজা এবং সবচেয়ে সমৃদ্ধশালী রাজ্যকে একত্র করার পরে উভয়ের চেয়ে শ্রেষ্ঠতর। এই মানুষটা একাই সবসময় নীরবে কূপ খনন করে চলেছে তার মানে এই নয় যে সে তার নিজের জলের অভাব মেটাবার জন্য কূপ খনন করছে, অন্যরা যাতে এর থেকে উপকৃত হয় তার জন্যই তার এই কূপ খনন।

তাকেই আমরা শ্রেষ্ঠতম বলতে পারি যে নিজের জন্য কোনও পুরস্কারের প্রত্যাশা না করে অন্যের সেবায় নিজের জীবন উৎসর্গ করতে পারে।’

তেনালির উত্তর শুনে রাজা কৃষ্ণদেব সম্মতিসূচক মাথা নাড়লেন এবং নিঃস্বার্থভাবে প্রজাদের সেবা করার জন্য আরও উন্নততর পরিচালন ব্যবস্থা সংগঠিত করলেন।

**জীবন থেকে শেখা**

বাইবেলে তাদেরকেই ‘পৃথিবীর লবণ’ বলা হয়েছে যাঁরা পরের সেবায় নিজেদের জীবন উৎসর্গ করেছেন। এরা হচ্ছেন মাদার টেরেজা এবং বাবা আমতের মতো মানুষ। এঁরা এই বিশ্বকে সুন্দরতর করতে সহায়তা করেছেন। এঁরা যখন পৃথিবীতে এসেছিলেন তখনকার চেয়ে আরো সমৃদ্ধশালী বিশ্ব তৈরি করেছেন, যখন এঁরা পৃথিবী ছেড়ে চলে গেছেন।

জ্ঞান কণা

* কঠিন সংগ্রাম এবং স্বার্থহীন শ্রম সব কিছুকেই জয় করতে পারে। * স্বার্থহীন শ্রমই শান্তি এবং আনন্দের উৎস। * মানুষের স্বার্থশূন্য শ্রম ছাড়া আর কিছুই যথার্থ সম্পদ নয়। আন্তরিক শ্রম ছাড়া কোনও কিছুই সমৃদ্ধশালী হয় না। * সংগঠিত শ্রমই মূলধন। * আসল সম্পদ মানুষের কাছে তখনই আসে যখন সে বুঝতে পারে যে সে যা করেছে তার চেয়ে অনেক বেশি মূল্য পাচ্ছে।

## Quotable Nugget

"The bee is more honoured than other animals, not because she labours, but because she labours for others."

St. John Chrysostom

"The man who holds the ladder at the bottom is frequently or more service than the man at the top."

Anonymous

# সহজ সন্ধান

একদিন সকালবেলা রাজা কৃষ্ণদেব রাও 'ভূবন বিজয়ম্' রাজসভায় বসে রাজ্য পরিচালন ব্যবস্থা নিয়ে তাঁর সভাসদদের সঙ্গে আলোচনা করছেন, তখন একজন বয়স্ক মানুষের সঙ্গে একদল ছেলে এসে রাজসভায় প্রবেশ করল। আগন্তুক দলটিকে এর আগে কেউ কখনো দেখেনি। একই বয়সের, একরকমের পোষাক পরা এবং একই উচ্চতার ছেলেগুলি সংখ্যায় ছিল পাঁচটি। রাজসভাসদরা তা দেখে ভাবলেন একে অপরের ভাই।

প্রত্যেক সভাসদই অবাক হয়ে তাদের দিকে তাকালেন। যে বয়স্ক মানুষটি ছেলের দলকে সঙ্গে এনেছিলেন, তিনি ভেলোর থেকে আসছেন। তিনি সরাসরি মহারাজের কাছে এসে একটি অনুরোধ করে বললেন, 'হুজুর আমি আপনার রাজসভার বুদ্ধিমত্তা

এবং রসদৃপ্ত চাতুর্যের কথা অনেক শুনেছি, আপনার সভাসদদের মধ্যে কী এমন কেউ আছেন যিনি আমার একটা অদ্ভুত সমস্যার সমাধানের জন্য সঠিক উত্তর দিতে পারেন?'

মহারাজ জিজ্ঞাসা করলেন, ''আপনার সমস্যাটা কী?''

বয়স্ক মানুষটি বললেন, 'আমার সঙ্গের এই পাঁচজন বালকের মধ্যে ভেলোরের রাজকুমার কে, বলে দিতে হবে।'

রাজা কৃষ্ণদেব রাও খুব উল্লসিত হয়ে বললেন, 'আমার রাজপারিষদদের জন্য এমন একটি হেঁয়ালি পাঠানোতে বুঝতে পারছি আপনার দেশের রাজা খুবই বুদ্ধিমান এবং রসিক মানুষ। আমি জানাচ্ছি আপনার প্রশ্নের সঠিক উত্তর দিতে পারাটা আমাদের সৌভাগ্য। কিন্তু আমার এখানে যাঁরা উপস্থিত আছেন তাঁদের মধ্যে হয়তো কেউ কেউ ভেলোরের রাজকুমারের স্বরূপ জানেন। সেক্ষেত্রে সঠিক রাজপুত্রকে চিনে বের করা আমাদের কাছে তেমন সমস্যা হবে বলে মনে হয় না।'

বয়স্ক মানুষটি মুখ চেপে হাসতে হাসতে বললেন, 'এটা খুব সহজ ব্যাপার নয়। আমি এ বিষয়ে নিশ্চিত আপনার রাজসভার কেউই ভেলোরের রাজকুমার কেমন দেখতে জানেন না। আমি সব কিছু খোঁজখবর নিয়ে তবেই বালক দলকে এখানে এনেছি এবং এই ধরনের প্রশ্ন করেছি।'

'চেষ্টা করে দেখা যাক আমার রাজসভার কেউ আপনার প্রশ্নের সঠিক উত্তর দিতে পারেন কিনা', রাজা কৃষ্ণদেব বললেন।

'মহারাজ, তাহলে রাজ জ্যোতিষীকে ডেকে আনা যাক', অষ্টদিগগজের অন্যতম ধূর্জটি এই পরামর্শ দিলেন—'আমরা তাহলে বালকদের হস্তরেখা দেখে বলতে পারব আসল রাজকুমার কে।'

'তাছাড়া আমরা ওদের কাছে কয়েকটা সাধারণ প্রশ্ন করে দেখতে পারি।' — রাম বদ্রুদু নামে আর একজন অষ্টদিগগজ এই কথা বললেন, 'যেভাবে একজন রাজকুমার কথা বলেন বা উত্তর দেন সেগুলো অন্যদের কথা বলার বা উত্তর দেবার সাথে একেবারেই মিলবে না।'—আর একজন বললেন।

'না না সেটার অনুমতি দেওয়া যাবে না।' বয়স্ক মানুষটি সরাসরি একথা বললেন। 'কাউকেই বালকদের সাথে কথা বলতে বা তাদের হাত দেখতে দেওয়ার অনুমতি নেই। কেবল বালকদের দিকে তাকিয়ে বলতে হবে এদের মধ্যে কে রাজকুমার, এই

পর্যন্ত।'

রাজসভাসদরা বললেন, 'একদল বালকের মধ্যে থেকে কে আসল রাজকুমার নির্দিষ্ট করা সত্যিই খুব কঠিন কাজ।' যখন মহারাজ দেখলেন তার কোনও সভাসদই উত্তর দিতে পারছেন না, তিনি তখন চুপি চুপি তেনালি রামনকে সমস্যাটি পরীক্ষা করতে এবং সেটা সমাধান করতে বললেন।

মহারাজের আদেশ মান্য করে তেনালি তার আসন থেকে উঠে দাঁড়াল এবং সভা ছেড়ে বাইরে বেরিয়ে গেল। কিছুক্ষণ পরেই এক প্যাকেট মিষ্টি মোদক (দাক্ষিণাত্যের জমানো দুধ ও ময়দা দিয়ে তৈরি একপ্রকার মিষ্টি হাতে নিয়ে রাজসভায় প্রবেশ করল। তারপর সোজা চলে গেল বালকদের কাছে গিয়ে বলল, 'কিছু করার আগে তোমরা এই মিষ্টি প্রত্যেকে খেতে থাক। আমি বুঝতে পারছি তোমরা খুব ক্ষাধার্ত।'

বালকদের মধ্যে চারজনই তেনালির হাত থেকে মিষ্টি তুলে নিল কিন্তু পঞ্চম বালকটি চুপচাপ দাঁড়িয়ে থাকল।

তেনালি তাকে একটি মোদক খাওয়ানোর জন্য আভাসে ইঙ্গিতে চেষ্টা করতে লাগল।

কিন্তু বালকটি কোনও কথা না বলে এবং কোনও মোদক না নিয়ে তেনালির মুখের দিকে তাকিয়ে রইল।

তেনালি মৃদু হেসে বালকটির হাত ধরে মহারাজের কাছে নিয়ে গিয়ে বলল, 'এই ছেলেটিই ভেলোরের রাজকুমার।'

'তেনালি যা বলছে তা কি ঠিক—' মহারাজ বয়স্ক মানুষটির কাছে জানতে চাইলেন।

'হ্যাঁ মহারাজ এটা একেবারেই ঠিক', বয়স্ক মানুষ হাসতে হাসতে জানালেন এবং বললেন, 'কিন্তু আমি জানতে চাইছি তেনালি রামন এটা কিভাবে সম্ভব করলেন।'

'তেনালি, তুমি কি আমাদের জানাবে কি করে তুমি আসল রাজকুমারকে খুঁজে বার করলে', মহারাজ বললেন, 'আমরা সকলেই এই বিষয়টি জানার জন্য উদগ্রীব।'

'মহারাজ, এটা খুবই সহজ', তেনালি উৎফুল্ল হয়ে জানাল, 'যারা রাজ পরিবারের হবে তারা অচেনা কাউকে কোনও জিনিস দিতে পারে কিন্তু অচেনা অজানা কারও কাছ থেকে কোনও জিনিস নেবে না। তাছাড়া তারা প্রত্যেকটি জিনিসই তাদের ভৃত্যদের মাধ্যমে গ্রহণ করে। বিশেষ করে যখন পানীয় এবং ভোজ্য দ্রব্যের ব্যাপার হয় তখন

কখনোই সেগুলো তারা সরাসরি গ্রহণ করেন না। এখানেও যখন তাকে তার নিজের হাতে মিষ্টি মোদক তুলে নেবার কথা বলা হোল, তখন সে স্বাভাবিক ভাবেই বুঝতে পারছিল না কি করবে। এইরকম একটা অবস্থায় কিছু করতে না পারার ক্ষমতাই রাজকুমারকে চিহ্নিত করার কাজটি আমার পক্ষে সহজ করে দিল। এটাই আসল ব্যাপার।'

রাজা কৃষ্ণদেব রাও তেনালির বুদ্ধিতে প্রীত হয়ে তাকে আন্তরিকভাবে প্রশংসা করলেন।

**জীবন থেকে শেখা**

সব মানুষই প্রকৃতির দান এবং পরিবেশের দ্বারা পুষ্ট। একজন প্রাজ্ঞ ব্যক্তি যখন অচেনা কাউকে দেখেন তখন তার উভয় দিকই নিরূপণ করতে সক্ষম হন। তাঁর প্রাথমিক ধারণার চেয়ে পরবর্তী ধারণা নির্ধারণ হয় অনেক বেশি যুক্তিযুক্ত এবং বিশ্বাসযোগ্য।

**জ্ঞান কণা**

* মানুষের স্বভাব প্রায়শই অন্তর্লীন থাকে কখনো কখনো বাইরে থেকে বোঝা গেলেও কদাচিৎ তাকে পাল্টানো যায়। * মানুষের স্বভাব সর্বত্রই এক, কেবল আচরণটা ভিন্ন। * আমরা যদি এটা মনে রাখি যে প্রায় সব মানুষই এটাই চিন্তা করে যে তারা অধিকাংশ নিয়মের বাইরে, আসলে যেটা তারা নয়, তাহলে মানুষের স্বভাব বোঝাটা সহজ হয়ে যায়। একজন জ্ঞানী মানুষ যার বিচক্ষণতা আছে, সে মানুষকে নাড়াচাড়া করে অনায়াসে তাদের স্বভাব বুঝতে পারে।

## Quotable Nugget

"Human nature may be an infinitely variant thing. But it has constants. One is that, given a choice, people keep what is the best for themselves."

John Kenneth Galbraith

# একটি যুগান্তকারী জয়

তালিকোটার রামচন্দ্রম নাইডু একজন বিশিষ্ট শিক্ষাবিদ হিসাবে পরিচিত। তাঁর সমস্ত শাস্ত্র এবং সূত্রের ওপর অসাধারণ দখল। অনেক রাজ্যের বিখ্যাত শিক্ষাবিদরাও বিতর্কের সময় নাইডুর মেধার সামনে দাঁড়াতে না পেরে পরাজয় স্বীকার করে নেন। অনেক স্থানে জয়লাভের পর তিনি বিজয়নগর রাজ্যে এসে উপস্থিত হন। তার ইচ্ছা 'ভূবন বিজয়ম্' রাজসভার প্রখ্যাত অষ্টদিগগজদের পরাভূত করা। রাজা কৃষ্ণদেব রাও ছিলেন একজন সাহিত্যের পৃষ্ঠপোষক। তিনি বিদ্বান ব্যক্তিদের মেধা পরীক্ষা করার জন্য একটা বিশাল বিতর্ক সভার আয়োজন করতে রাজি হন। এরপর রামচন্দ্রম নাইডু বাড়ি ফিরে যান।

রামচন্দ্রম নাইডুর উপাধি এবং বিজয় কাহিনি শুনে রাজসভার প্রখ্যাত সাহিত্যিক,

কবি যেমন আলাসানি, পেড্ডানা, নন্দী থিমান্না এবং কুমার ধূর্জটির মতো শীর্ষ স্থানীয় ব্যক্তিরা তাদের তেলেগু এবং সংস্কৃত ধর্মশাস্ত্রে অসাধারণ ব্যুৎপত্তি থাকা সত্ত্বেও রামচন্দ্রম নাইডুর সাথে নির্ধারিত বিতর্ক সভায় যোগদান করতে ইতস্তত করতে লাগলেন। কিন্তু বিতর্কে অংশগ্রহণ করা ছাড়া তাঁদের আর অন্য কোনও উপায় ছিল না। এমন একটি পরিস্থিতিতে হতবুদ্ধি পেড্ডানা এবং অন্যান্যরা একযোগে তেনালি রামনের কাছে এসে বললেন—'তেনালি রামন, এবারেও তোমাকে বিজয়নগরের মহারাজ এবং অষ্টদিগগজজের সম্মান বাঁচাতে হবে। দেখ আমরা যেন আমাদের নাম এবং খ্যাতি না হারাই।'

যদি নাইডুকে হারানো না যায়, তাহলে অষ্টদিগগজদের কঠোর উপার্জিত সম্মান সবই বিনষ্ট হবে, এই বিষয়টি উপলব্ধি করে তেনালি, রামচন্দ্রম নাইডুকে পরাজিত করার কথা ভাবতে লাগলেন।

পরেরদিন, রামচন্দ্রম বিতর্কে যোগদান করার মানসে হাম্পি শহরে এসে রাজ অতিথিশালায় উঠলেন। তেনালি রামনও গুরু কুলআশ্রমের একটি ছাত্রের পরিচয়ে অতিথিশালার বাইরে অপেক্ষা করতে লাগলেন। ইতিমধ্যে রাতের ভোজন সেরে রামচন্দ্রম নাইডু বাইরে এসে পায়চারি করতে শুরু করলেন। রামচন্দ্রমকে দেখে তেনালি রামন একটা অনিন্দ্যসুন্দর কবিতা পড়তে আরম্ভ করলেন।

একটি ছাত্রের মুখে এমন সুন্দর গভীর ভাব-ভাবনা সম্পন্ন কবিতার হৃদয়গ্রাহী আবৃত্তি শুনে রামচন্দ্রম একেবারে বিমোহিত। ছাত্রটির প্রতিভায় আকৃষ্ট হয়ে, নাইডু তাকে জিজ্ঞাসা করলেন, 'তুমি কে? এখানে বসে কী করছো?'

'বিশেষ কেউ নই, "ভূবন বিজয়ম্" রাজসভার অনন্যসাধারণ পণ্ডিত তেনালি রামনের আমি একজন ছাত্র। আমি এখানে আমার একজন সহপাঠী বন্ধুর জন্য অপেক্ষা করছি। আমার গুরুদেব তেনালি রামনের আগামী কাল রাজসভায় নির্ধারিত বিতর্কে যোগদানের প্রস্তুতির জন্য একটি যুক্তি শাস্ত্রের ওপর বই দরকার। সেই বইটা পাবার জন্য আমি আমার অন্য সঙ্গীর জন্য অপেক্ষায় আছি। আপনি যদি বিরক্ত বোধ করেন, তাহলে আমি অন্যত্র চলে যাচ্ছি', খুব বিনয়ের সঙ্গে এই কথাগুলি বলে তেনালি উঠে দাঁড়ালেন।

রামচন্দ্রম নাইডু তাকে বাধা দিয়ে বললেন, 'না না, আমি কিছু মাত্র বিরক্ত বোধ করছি না। আমি কেবল তোমার পরিচয়টা জানতে চাইছিলাম, এবং জানতে চাইছিলাম তোমার গুরুদেব এখন কী করছেন।'

'শুনেছি, একজন প্রখ্যাত পণ্ডিত তালিকোটা থেকে রাজসভায় এসেছেন, মহারাজ এবং অন্যান্যরা সেই পণ্ডিত ব্যক্তির সঙ্গে তর্কযুদ্ধে নামার জন্য আমার শিক্ষাগুরুকে নির্বাচিত করেছেন। এখন নিশ্চয়ই তিনি এই উদ্দেশ্যে বিভিন্ন ধর্মশাস্ত্র নিয়ে পড়াশোনা করছেন', এই কথা বলে তেনালি সেখান থেকে চলে গেলেন।

এই কথা শুনে, রামচন্দ্রম আত্মগতভাবে বললেন, তেনালি রামনের শিষ্য যদি এত বহুমুখী প্রতিভার অধিকারী হয়, তাহলে তেনালি রামন নিশ্চয় একজন আরও গভীর জ্ঞানী ও শিক্ষাবিদ। তাঁর যথার্থ মূল্য নিরূপণ না করেই আমি সর্বত্র এবং এই সভায় আমার অহংকার প্রদর্শন করে এসেছি—

জনগণের সামনে পরাজয়ের অপমান সহ্য করার আগে আমাকে এখান থেকে নিষ্ক্রান্ত হতে হবে, এই কথা ভেবে রামচন্দ্রম পরের দিন খুব তাড়াতাড়ি উঠে, সকাল হবার আগেই, তল্পিতল্পা গুটিয়ে বিজয়নগর রাজ্য ছেড়ে চলে গেলেন।

রামচন্দ্রমের হাম্পি শহর ছেড়ে চলে যাবার পরের দিন অরণ্যের অগ্নির মতো খবরটা সর্বত্র ছড়িয়ে পড়ল। এতে সবাই খুব উৎফুল্ল। কারণ তেনালি রামনের চাতুর্য আবার বিজয়নগর রাজ্যের সম্মান রক্ষার পরীক্ষায় সসম্মানে উত্তীর্ণ হয়েছে।

**জীবন থেকে শেখা**

অধিকাংশ মানুষই ভয়ের সঙ্গে যুদ্ধ করে প্রচুর সময় নষ্ট করেন। তাঁরা ছায়ার সাথে লড়াইকে প্রশ্রয় দেন। তাঁদের ভয় থাকে অজানা এবং অভাবিত ঘটনাকে। তাঁরা সাধুর সেই সত্য প্রমানিত উপদেশকে ভুলে যান—"আজকের দিনটাই আসল, আমরা অযথাই অতীতের কথা চিন্তা করে ভীত হই এবং যদিও জানি এই দিনটা আর ফিরে আসে না।"

**জ্ঞান কণা**

* ভয়, অধঃপতিত মনের পরিচয়। নিকৃষ্ট মানুষের এটা একটা স্থায়ী ভাবাবেগ। * আমাদের অর্ধেক ভয়ই ভিত্তিহীন এবং অপর অর্ধেক ভয়ই বিশ্বাসযোগ্য নয়। * ভয়কে ভয় করা এটা ভয়ের চেয়ে অনেক বেশি ভয়ের সুতরাং সারাজীবন ভয়হীনভাবে বেঁচে থাকাই জীবন।

## Quotable Nugget

"We ought to weigh well what we can only once decide."

Publilius Syrus

# আবরণের আড়ালে

বিখ্যাত কবি তেনালি রামন রাজা কৃষ্ণদেব রাওয়ের কাছ থেকে বারবার পুরস্কার ও উপহার পেয়ে প্রচুর ধন-সম্পত্তির মালিক হন। জনগণ তাকে একজন ধনী ব্যক্তি মনে করতেন এবং ভাবতেন তাঁর বাড়ি নানা রকম মূল্যবান জিনিষে, সোনাদানায় এবং অর্থে পরিপূর্ণ। চোরেরা ভাবতো যদি তারা তেনালি রামনের বাড়িতে ঢুকতে পারে, ধনসম্পদ চুরি করে প্রচুর লাভবান হবে।

একদিন রাত্রিকালে এক হতভাগা চোর সিঁদকেটে তেনালির বাড়িতে ঢুকতে না পেরে তার বাড়ি থেকে চুরি করার একটা অন্য ফন্দি আঁটলো। সে ঠিক করলো মধ্যরাত্রের গভীর অন্ধকারে সে তেনালির বাড়িতে ঢুকবে। এরমধ্যে সে ঘন ঝোপের

মধ্যে আত্মগোপন করে থাকবে। সে মনে মনে স্থির করল বাড়ির লোকে রাত্রে খাওয়া দাওয়ার পর যখন ঘুমোতে যাবে, তখন সে বেরিয়ে এসে খুব সহজেই কার্যোদ্ধার করতে পারবে। এইভাবে মানসিক প্রস্তুতি নিয়ে সে খুব তাড়াতাড়ি এসে তেনালি রামনের বাড়ির পিছন দিকে ঝোপের মধ্যে লুকিয়ে বসে রইল।

সন্ধ্যেবেলা রাজসভা থেকে বাড়ি ফিরে এসে তেনালি দেখল ঝোপের আড়ালে একটা মানুষের মুখ। মানুষটাকে দেখে সেটা যে একটা চোর এটা অনুমান করে তেনালি তার ওপরে একটা কৌশল ফলাতে চাইল। একটা সমতল জায়গায় বসে সে যেন ঝোপে লুকিয়ে থাকা লোকটাকে দেখতেই পায়নি, এমনি ভান করে একজন পথচারির সঙ্গে দীর্ঘসময় কথাবার্তা চালিয়ে গেল।

কিছু সময় পরে তেনালি রামনের স্ত্রী এসে তাঁর হাতে একটা তোয়ালে দিয়ে বলল, 'রাতের খাওয়ার সময় হয়েছে, যাও তাড়াতাড়ি স্নানটা সেরে নাও।'

তেনালি তাঁর রাজসভার পোষাক খুলে তোয়ালেটা কোমড়ে বেঁধে নিল, তারপর চান করবার আগে স্ত্রীকে বলল, গরম জল এনে ঝোপের কাছে রাখতে। এই ঝোপের আড়ালেই চোরটা লুকিয়েছিল।

তেনালির স্ত্রী গরম জলের বালতিটা এনে ঝোপের পাশে রাখল, এবং একটা ছোট পাত্র দিল ওইটা দিয়ে গায়ে জল ঢালার জন্য। তেনালি তার স্ত্রীর সাথে গালগল্প চালিয়ে যেতে যেতে কুলকুচি করে মুখের জলটা ঝোপের মধ্যে লুকিয়ে থাকা চোরটাকে লক্ষ্য করে বারবার তারদিকে ফেলতে লাগল। চোরটা ঝোপের মধ্যে স্থির হয়ে বসে, তারগায়ে থুথু এবং কুলকুচি করা গরম জল পড়া সত্ত্বেও সমস্ত কিছু সহ্য করে ভাবতে লাগল নিশ্চয়ই তাকে কেউ দেখতে পায়নি। শেষমেষ বালতিতে রাখা জলটা শেষ হয়ে যাবার পর তেনালি পাত্রে রাখা জলটা মুখে ঢেলে নিল। কুলকুচি করা জলটা মজা করে সে তার স্ত্রীর গায়ে ছড়িয়ে দিল।

মহিলা রেগেমেগে চিৎকার করে উঠলেন—'তোমার এই বাদরামি যথেষ্ট হয়েছে, মনে হচ্ছে তুমি যেন দিন দিন ছেলে মানুষ হয়ে যাচ্ছ। দেখেছ তুমি আমার সমস্ত কাপড় চোপড় ভিজিয়ে একসা করে দিয়েছো।'

তেনালি রামন মনে মনে হাসতে লাগল তারপর জোরে জোরে বলল, 'মাত্র একটু মুখের জল লাগায় তুমি এরকম উত্তেজিত হয়ে আমাকে একশতবার গালাগালি দিলে—কিন্তু আমার হতভাগ্য বন্ধু জানি না কোন সম্ভ্রান্ত রমনীর সন্তান, উনি ঝোপের

মধ্যে ভদ্রলোক হয়ে বসে আছেন। আমি এক বালতি জল কুলকুচি করে ওনার মাথায় ফেললাম এবং গরম জল তাঁর দিকে ছিটোলাম, কিন্তু তিনি তা সত্ত্বেও একটি শব্দও উচ্চারণ করেননি।'

এই কথা শুনে, চোর মহারাজ বুঝতে পারল সে ধরা পড়ে গেছে। তাই তাড়াতাড়ি ঝোপ থেকে বেরিয়ে এসে তেনালি রামনের পায়ে পড়ে মার্জনা ভিক্ষা করল।

**জীবন থেকে শেখা**

প্রতিটি যোগসূত্রের একটা প্রত্যক্ষ এবং একটা পরোক্ষ, একটা শিষ্ট এবং একটা অশিষ্ট এছাড়া—একটা সহানুভূতি সূচক এবং অসহানুভূতি সূচক উপায় আছে। এর জন্য শিক্ষা এবং চর্চার প্রয়োজন। আর একটা যেটা প্রচেষ্টাকে অত্যন্ত মূল্যবান করে। কারণ এর ফলে শত্রু এবং পেশাদার প্রতিপক্ষর চেয়ে অনেক বেশি বন্ধু পাওয়া যায়।

**জ্ঞান কণা**

* নীতি হচ্ছে খুব সাধারণভাবে সেটাই যেটা তুমি পরে ভালো বলে অনুভব কর। আর নীতিহীনতা হচ্ছে সেটাই যেটা তুমি পরে খারাপ বলে অনুভব কর। * অনৈতিক কাজ যেমন চিটিংবাজী, চুরি করা অথবা বিশ্বাসঘাতকতা, এইসব কাজকে শক্ত হাতে দমন করতে হবে। এবং যারা এইসব করে তাদেরকে উপযুক্ত শিক্ষা দিতে হবে। * বিশ্ব সৃষ্টি হয়েছে নৈতিকতার ওপর ভিত্তি করে, ভবিষ্যতে এই নীতিবোধ মনে রাখলে বিশ্ব ভালো থাকবে এবং এটা দুর্বল হয়ে যাবে যদি এর ওপর দুর্নীতির প্রভাব পড়ে।

## Quotable Nugget

"Absolute morality is the regulation of conduct that pain shall not be inflicted."

Herbert Spencer

# মূর্খের সাহচর্য

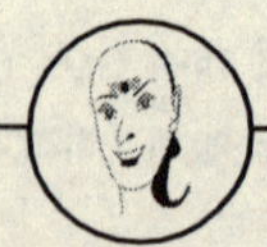

তেনালি রামনের সাথে রাজা কৃষ্ণদেব রাওয়ের অন্তরঙ্গতা বৃদ্ধি এবং তার ওপরে মহারাজের অটুট বিশ্বাস অন্যান্য পারিষদদের ঈর্ষার কারণ হয়ে দাঁড়াল। তেনালির প্রতি ঈর্শাকাতর কিছু পারিষদ একত্রিত হয়ে রাজা কৃষ্ণদেবকে বললেন, 'মহারাজ, তেনালির পরিবর্তে দয়া করে একবার আমাদের আপনার ভ্রমণসঙ্গী হবার সুযোগ দিন।'

মহারাজ ভেবে দেখলেন এই অনুরোধটা যুক্তিযুক্ত। তিনি ওদেরকে আশ্বস্ত করে বললেন, 'ভবিষ্যতে আমি আপনাদের আমার ভ্রমণসঙ্গী করব।'

একবার যখন মহারাজ গ্রামের অভিজ্ঞতা সরাসরি সঞ্চয়ের মানসে ছদ্মবেশে তাঁর

রাজ্যের গ্রামগুলি পরিভ্রমণে যাবেন স্থির করলেন, তখন তিনি তেনালিকে বাদ দিয়ে অপর দু'জন পারিষদকে সঙ্গী করলেন।

মহারাজ এবং তাঁর সঙ্গীরা সকলেই গ্রামের মানুষের ছদ্মবেশ ধারণ করলেন। ঘুরতে ঘুরতে তাঁরা একটি গ্রামের কৃষিক্ষেত্রে এসে হাজির হলেন। কৃষ্ণদেব কর্মরত কৃষকদের দেখে বললেন, 'আমরা খুব তৃষ্ণার্ত একটু খাবার জল পেলে ভালো হয়।'

তাদের আর্তি শুনে যখন কৃষকরা সকলের তৃষ্ণা নিবারণ করার জন্য জল দিচ্ছেন, তখন মহারাজ তাদের জিজ্ঞাসা করলেন, 'আচ্ছা, কৃষক ভাই, আপনাদের গ্রামে কি কেউ কোনও দুঃখ কষ্টের মধ্যে আছেন? রাজা কৃষ্ণদেবের বিরুদ্ধে কারো কোনও অভিযোগ আছে কি?'

কৃষকদের কাছে এইসব প্রশ্ন করাতে তারা ভাবলেন এই অপরিচিত মানুষগুলি হয়তো মহারাজের আধিকারিক। তারা বললেন, 'আমাদের গ্রাম শান্তি এবং সমৃদ্ধিতে পূর্ণ। এখানকার সকলেই সুখী। আমরা সারাদিন ধরে কঠোর পরিশ্রম করে রাত্রে পরম সুখে নিদ্রা যাই। আমাদের কারোরই কোনও সমস্যা নেই।' রাজা কৃষ্ণদেব তাঁর প্রজাদের সন্তানতূল্য মনে করেন কাজেই মহারাজের জন্য কেউ অসুখী হবেন এমন ভাবাই যায় না। 'আচ্ছা, অন্যান্য গ্রামবাসীরা রাজা কৃষ্ণদেবকে সম্পর্কে কী ভাবেন?' — মহারাজ আবার জানতে চাইলেন।

এটা শুনে, একজন বৃদ্ধ কৃষক উঠে দাঁড়ালেন এবং কাছের ক্ষেত থেকে একটা মোটাসোটা আখ তুলে মহারাজের কাছে নিয়ে এসে তাঁকে দেখিয়ে বললেন, 'এই আখের সাথে আমাদের মহারাজের বিশেষ সাদৃশ্য আছে।'

আখের সাথে তাঁর তুলনা শুনে মহারাজ হতবাক হয়ে গেলেন। তিনি না বুঝলেন বৃদ্ধ কৃষকের বক্তব্য বিষয় না পেলেন মহারাজ সম্পর্কে গ্রামের মানুষদের মতামত।

ধন্দে পড়ে যাওয়া মহারাজ বৃদ্ধ কৃষকের বক্তব্যের অর্থ বুঝিয়ে দেবার জন্য তাঁর পারিষদদের বললেন।

পারিষদ দু'জনও উদাহরণ শুনে খুব অবাক হয়ে গেলেন। তাঁরা কী বলবেন ভেবে পেলেন না। কিছুটা সাহস সঞ্চয় করে একজন পারিষদ বললেন, 'মহারাজ, বৃদ্ধ লোকটি বলতে চাইছেন, আমাদের রাজা একটা মোটা ইক্ষুর মতো দুর্বল যে কেউ চাইলে একটানে শিকড় শুদ্ধ তুলে ফেলতে পারে। যেমন করে বৃদ্ধ কৃষকটি তুলেছেন।'

রাজা কৃষ্ণদেব তাঁর পারিষদদের বিশ্লেষণ খুব যুক্তিযুক্ত মনে করলেন। তিনি বৃদ্ধ

কৃষকের প্রতি রাগে অগ্নিশর্মা হয়ে বললেন, 'তুমি সম্ভবত আমাকে চেন না। জানো আমি কে?'

মহারাজের কাছ থেকে এরকম রূঢ় কথা শুনে বৃদ্ধ কৃষক ভয়ে কাঁপতে লাগলেন। তৎক্ষণাৎ আর একজন বৃদ্ধ লোক যিনি সমস্ত ঘটনাটার সাক্ষী ছিলেন কাছের একটা কুঁড়ে ঘর থেকে বেরিয়ে এসে খুব বিনয়ের সঙ্গে বললেন, 'হুজুর আপনাকে আমরা খুব ভালোভবেই চিনতে পেরেছি কিন্তু খুব দুঃখের বিষয় হল আপনার পারিষদরা বস্তুত আপনাকে ভালোভাবে চেনেন না। আমার বন্ধু এখানে বলতে চেয়েছে যে আমাদের রাজা মশাই তার প্রজাদের কাছে যেমন আখের মতো সুমিষ্ট এবং কোমল তেমনি অপরাধী, জালিয়াত-জুয়াচোর এবং শত্রুর কাছে প্রচন্ড ভাবে কঠিন—কর্কশ।' এই বলে বৃদ্ধ লোকটি আখ দিয়ে কাছে দাঁড়িয়ে থাকা একটা কুকুরকে প্রচণ্ড আঘাত করে উদাহরণ সহ তাঁর বক্তব্য শেষকরলেন।

তার বক্তব্যের উপসংহার টানার পর বৃদ্ধ লোকটি তার নকল পোষাক ও দাড়ি গোঁফ খুলে ফেলে আসল চেহারায় দাঁড়ালেন। মহারাজের পারিষদরা তৎক্ষণাৎ চিৎকার করে বললেন, 'তাহলে তেনালি তুমি এত দূর আমাদের অনুসরণ করে এসেছ?'

তেনালি বলল, 'আমি যদি আপনাদের অনুসরণ না করতাম তাহলে আপনাদের অযৌক্তিক মন্তব্যে একজন সরল কৃষক মারা পড়তো। তাছাড়া আমাদের মহান মহারাজের সমুদ্রের মতো শান্ত হৃদয়ে একটা উষ্মার প্রচণ্ড তরঙ্গ বয়ে যেত।'

রাজা কৃষ্ণদেব বললেন, 'তুমি ঠিকই বলেছ তেনালি, মূর্খের সাহচর্য সব সময়েই বেদনাদায়ক। ভবিষ্যতে আমি আর কারো সাথে ভ্রমণে বের হব না।'

যখন গ্রামেরমানুষেরা মহারাজ এবং তেনালির পরিচয় জানতে পারলেন তখনই তাঁদের সম্মানে একটা বিশেষ সম্বর্ধনার ব্যবস্থা করলেন।

রাজা কৃষ্ণদেব তাঁর প্রতি গ্রামবাসীদের এমন আন্তরিক ভালোবাসা এবং শ্রদ্ধায় খুবই অভিভূত হলেন পড়লেন।

কেবল তেনালির মন্তব্যে মর্মাহত পারিষদরা এক কোণে মনমরা হয়ে বসে রইল। এবং সুরসিক বুদ্ধিমান তেনালি মৃদু হেসে মহারাজের আরও কাছে গিয়ে বসলেন।

**জীবন থেকে শেখা**

কখনো কখনো সঠিক চিত্র পাবার জন্য ছদ্মবেশের প্রয়োজন আছে। স্বাভাবিক পরিস্থিতিতে মানুষ তোমার ব্যক্তিত্ব, শক্তিমত্তা, সামাজিক অবস্থান, ধনদৌলত দেখে প্রভাবিত হতে পারে—তখন তারা সেই কথা বলবে যেটা তুমি শুনতে ইচ্ছুক। কেবলমাত্র ছদ্মবেশ ধরে যখন তুমি থাকবে তখন তারা যেটা যেমন সেটাকে ঠিক তেমনি, খুব স্পষ্ট এবং খোলাখুলিভাবে জানাবে।

**জ্ঞান কণা**

* একজন মানুষের সবচেয়ে বড় কৃতিত্ব নির্ভর করে তার শব্দ এবং ঘটনার সঠিক অর্থ বোঝার ওপর। * সফল সংবাদ আদান-প্রদান একটি অত্যন্ত প্রয়োজনীয় পদক্ষেপ।

## Quotable Nugget

"Conversation should be pleasant without scurrility, witty without affection, free without indecency, learned without conceitedness, novel without falsehood."

William Shakespeare

# শব্দের শক্তি

ব্যক্তিগত খরচ-খরচার জন্য একবার তেনালি রামন রাজা কৃষ্ণদেব রাওয়ের কাছে কিছু টাকা ধার নেন। খুব শীঘ্রই সেই ধার শোধ করার সময় এসে গেল। কিন্তু তেনালির তখনও ধার শোধ করবার মতো অবস্থা ছিল না। সুতরাং মহারাজের কাছে যাতে দেনা শোধের দায় থেকে মুক্ত হওয়া যায় তার জন্য তেনালি মনে মনে একটা ফন্দি আঁটলেন। কৌশল করে তেনালি মহারাজকে জানালেন অসুস্থতার জন্য কিছুদিন তিনি রাজসভায় উপস্থিত থাকতে পারবেন না।

দীর্ঘদিন রাজকার্যে অনুপস্থিত দেখে মহারাজ স্থির করলেন তিনি স্বয়ং তেনালিকে দেখতে যাবেন। পরের দিন মহারাজ কয়েকজন পারিষদকে সঙ্গে নিয়ে তেনালির

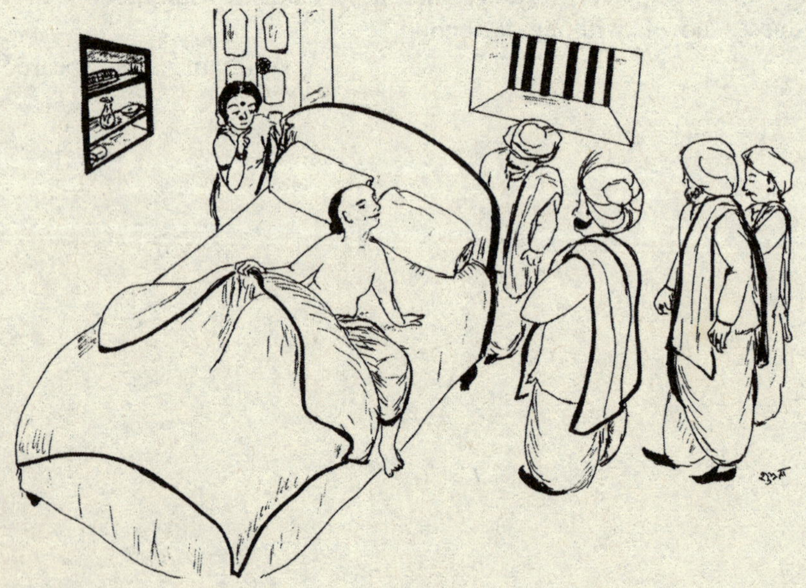

বাড়িতে গিয়ে উপস্থিত হলেন। তিনি দেখলেন তেনালি তার বিছানায় একটা কম্বল ঢাকা দিয়ে কুঁকড়ে শুয়ে আছে। তেনালিকে এরকম অবস্থায় দেখে মহারাজ তাঁর স্ত্রীর কাছে জানতে চাইলেন ওর অসুস্থতার কারণ কি?

তিনি বললেন, "মহারাজ আমি যতদূর জানি আপনার ঋণের বোঝা সামলাতে না পেরে উনি অসুস্থ হয়ে পড়েছেন।" এই কথা শুনে মহারাজ অত্যন্ত বিচলিত হলেন এবং তেনালিকে সহানুভূতি জানিয়ে বললেন, 'এরজন্য উদ্বিগ্ন হবার দরকার নেই। তোমার আর ঋণ শোধের দায় থাকছে না। এখন আর ওসব নিয়ে চিন্তা কোরনা। শীঘ্র সুস্থ-সবল হয়ে ওঠো।"

এই কথা শুনে তেনালি লাফিয়ে বিছানা থেকে নেমে এল। দেঁতো হাসি হাসতে হাসতে বলল, "অসংখ্য ধন্যবাদ, মহারাজ।"

মহারাজ অবাক হয়ে জিজ্ঞাসা করলেন, 'কি ব্যাপার? তুমি অসুস্থ নও? তুমি তাহলে অসুস্থতার ভান করে আমার সঙ্গে মিথ্যাচারণ করেছ?" মহারাজ খুব রেগে গেলেন।

'না, মহারাজ, আমি মিথ্যা বলিনি, আমার অসুস্থতা আপনার কাছে ঋণের বোঝার জন্য। আপনি সেই বোঝা তুলে নেওয়াতে আমি আবার সুস্থ হয়ে উঠেছি।'

তেনালির কথা শুনে মহারাজ নির্বাক হয়ে গেলেন।

**জীবন থেকে শেখা**

অপরিণত নাটকীয় ছল চাতুরি একটা অস্বস্তিকর অবস্থা থেকে হয়তো তোমাকে উদ্ধার করতে পারে কিন্তু একবার নিজেকে জিজ্ঞাসা করে দেখো, এটা কি কখনো সমর্থন করা যায়? একটা সাময়িক লাভের জন্য দীর্ঘকালীন বিশ্বাসকে কি ধ্বংস করা উচিত?

**জ্ঞান কণা**

* ঋণই চরম দারিদ্র্যের লক্ষণ। ঋণ করলে পরিবারের মধ্যে কোনও সুখ থাকে না। * স্বাধীনচেতা মানুষের কাছে ঋণ মানেই দাসত্ব। * ঋণ মানুষের জীবনকে নিশ্চিতভাবে সংক্ষিপ্ত করে।

## Quotable Nugget

"The second vice is lying, the first is running into debt."

Benjamin Franklin

## বোকামিসুলভ কর্মকাণ্ড

একবার কোন একটি কারণে সমগ্র বিজয়নগর রাজ্যে প্রচুর ইঁদুরের প্রাদুর্ভাব ঘটে। জনসাধারণ বিরক্ত হয়ে লক্ষ্য করলেন ইঁদুরেরা সর্বত্র রোগ ছড়াচ্ছে, মলমূত্র ত্যাগ করে সব জায়গা নোংরা করছে, এমনকি খাদ্যশষ্যও নষ্ট করে বেড়াচ্ছে। তাঁরা ইঁদুরের উৎপাতে অতীষ্ট হয়ে মহারাজের কাছে আবেদন করলেন যাতে এই উৎপাত-সমস্যার হাত থেকে রেহাই পাওয়া যায়।

রাজগুরুর পরামর্শ মতো রাজা কৃষ্ণদেব রাও প্রস্তাব দিলেন যে পরিবার পিছু একটা করে বেড়াল দেওয়া হবে যেটা ইঁদুর ভীতির স্থায়ী সমাধান করতে পারবে। উপরন্তু বেড়ালকে খাওয়ানোর খরচা বাবদ এবং ইঁদুর পোষাকে উৎসাহিত করার জন্য

মহারাজ প্রত্যেক মাসে প্রতিটি বাড়ি পিছু কিছু পরিমাণ টাকা দেবারও নির্দেশ দিলেন।

প্রত্যেকেরই এই ব্যবস্থাটা পছন্দ হল। কিন্তু তেনালি রামন মহারাজের এই নির্বুদ্ধিকর ঘোষণায় মোটেও খুশি হতে পারলেন না। কারণ তিনি বুঝতে পারলেন এরকম একটা তুচ্ছ ও স্বাভাবিক ঘটনাতে রাজকোষাগারের ওপর একটা অহেতুক বোঝা চাপবে।

তথাপি রাজ্যের সব বাড়িতেই বেড়ালের সঙ্গে রাজ কোষাগারের অর্থ বণ্টন করা হল। সকলের মতো তেনালিও বেড়াল এবং টাকা নিয়ে বাড়ি গেলেন।

কিন্তু কিছুদিন পরে বিস্ময়ের সাথে লক্ষ্য করা গেল ইঁদুরের সংখ্যা কমে যাওয়ার পরিবর্তে এদের সংখ্যা আরও বৃদ্ধি পাচ্ছে।

রাজ্যের কোষাগার থেকে জলের মতো টাকা বেরিয়ে যাওয়া ছাড়া আর কিছুই হচ্ছে না। কাজের নমুনা হিসাবে মহারাজ জানতে চাইলেন—'ইঁদুরকে প্রতিহত করার ক্ষেত্রে বেড়ালে কোনও কাজ হচ্ছে না কেন?'

মহারাজ যখন জানতে পারলেন কার্যত বেড়ালেরা ইঁদুর শিকার করছে না, তখন তিনি আদেশ দিলেন সকল গৃহস্থ যেন 'ভূবন বিজয়ম'-এ এসে তাদের পোষা বেড়াল দেখান।'

পরেরদিন, রাজসভায় সমস্ত বেড়াল পরীক্ষা করে দেখা হল, দেখা গেল সমস্ত বেড়ালই খুব চকচকে আর হৃষ্টপুষ্ট হয়েছে।

সবশেষে তেনালিকে তার বাড়ি থেকে বেড়ালটা আনতে বলা হল। তেনালির বেড়ালকে খুব রুগ্ন দেখে মহারাজ উত্তেজিতভাবে তাঁকে জিজ্ঞাসা করলেন—'রাজকোষ থেকে প্রতিমাসে তোমাকে বেড়ালের জন্য বেশ একটা ভালো অঙ্কের টাকা দেওয়া হয়, তবু তোমার বেড়াল এত দুর্বল আর রোগা-সোগা কেন?'

তেনালি বলল, 'আমি বুঝতে পারছি না প্রথমদিন থেকেই বেড়ালটা দুধ পান করে না কেন?' তেনালির কথা শুনে মহারাজ এবং তার পারিষদরা বিস্ময়-বিমূঢ় হলেন। মহারাজ তেনালির কথা বিশ্বাসই করলেন না।

মহারাজ তার ভৃত্যকে একবাটি দুধ এনে বেড়ালকে দিতে বললেন। দুধের বাটিটা দেখে তেনালির বেড়াল তৎক্ষণাৎ একলাফে পগার পার।

কিছু বুঝতে না পেরে মহারাজ তেনালিকে সমস্ত বিষয়টি খোলসা করে বলতে বললেন। রাজসভায় প্রত্যেকেই জানতে চাইলেন তেনালির বেড়াল কেন একফোঁটা

দুধও না চেটে পালিয়ে গেল।

তেনালি বলল, 'মহারাজ আমি যদি প্রতিদিন তিন বেলা বেড়াকে পেট ভরে খেতে দিতাম, তাহলে সে ইঁদুরের পিছনে শুধু শুধু ছুটতো না সুতরাং আমি প্রথম দিনেই, বেড়ালটাকে ফুটন্ত দুধ খেতে দিলাম। সেই দুধ খেতে গিয়ে বেড়াল বাবাজি তার জিভ পোড়ালো। তারপর থেকেই সে আর আমার বাড়িতে কখনও দুধ খায় না, ইঁদুর নিধন করার জন্য তাদের পেছনে দৌড়য় এর ফলে ইঁদুরের সংখ্যাও কমতে থাকে। সে যে শুধু ইঁদুর শিকার করে তাই নয়, যেখানে সেখানে খাদ্যও খুঁজে বেড়ায়। আমার বাড়ি এখন আপদ মুক্ত। আমি রাজ কোষাগার থেকে যা টাকা পাই সেগুলো আমার ঘরের কাজে লাগাই।'

রাজা কৃষ্ণদেব তাঁর বোধবুদ্ধি ফিরে পেয়ে সমস্ত পরিকল্পনাটাই বাতিল করে দিলেন। তিনি উপলব্ধি করলেন যে এটা তার রাজকোষের ওপর একটা অহেতুক বোঝা। তার প্রজারাও বুঝতে পারলেন যে ইঁদুরের উৎপাত একটা স্বাভাবিক ঘটনা। এবং তাদের নিজেদেরই এই সমস্যার সমাধান করতে হবে।

**জীবন থেকে শেখা**

প্রকৃতি এবং পরিবেশের সমস্যার সমাধান সেই প্রকৃতি ও পরিবেশের মধ্যেই সবচেয়ে ভালোভাবে নিহিত আছে। অধিকাংশ সময়েই প্রকৃতিই বিশ্বের সূক্ষ্মতম এবং বৃহত্তম পরীক্ষাগার। সম্ভবত আমরা তাকে কমবেশি আমাদের যুক্তিহীন কার্যপ্রক্রিয়া দিয়ে বিরক্ত করি।

**জ্ঞান কণা**

* প্রকৃতিকে মান্য করতে হয়, তাকে শাসন করা যায় না। * প্রকৃতি নিরপেক্ষ এবং নিজের মধ্যে সে খুব আনন্দময়। * প্রকৃতি ঈশ্বরের সৃষ্টি, সে কখনও নিজের নিয়ম ভাঙে না। * যন্ত্র দ্বারা সমাপন করা বস্তুর চেয়ে প্রকৃতি দ্বারা সংশোধিত বস্তু অনেক বেশি ভালো।

## Quotable Nugget

"Nature does not proceed by leaps."

Carolus Linnacus

# প্রাজ্ঞ প্রয়োগ

একদিন বিজয়নগরের রাজা কৃষ্ণদেব রাও যখন তার সভাসদদের সঙ্গে প্রজাদের উন্নতি বিধানের জন্য কি কি করা যায় এই বিষয়ে আলোচনা করছেন—তখন তেনালি রামন আলোচ্য বিষয়ে একটা প্রস্তাব রাখতেই তার প্রতি কয়েকজন ঈর্ষান্বিত পারিষদ তাকে নির্বোধ প্রতিপন্ন করার জন্য হো হো করে হেসে উঠল। এই ঘটনা যে শুধু তেনালিকে উত্তেজিত করল তাই নয়, রাজা কৃষ্ণদেবকেও ক্ষিপ্ত করল।

তেনালি রামন তার সতীর্থদের এই অবজ্ঞাসূচক ব্যবহারে কিছুক্ষণ নির্বাক থাকার পর অকস্মাৎ সতীর্থদের উদ্দেশ্যে বললেন, 'আমি অত্যন্ত দুঃখের সঙ্গে জানাচ্ছি এখানে উপস্থিত যারা নিজেদের বিদ্বান-বুদ্ধিমান হিসাবে পরিচয় দেন তাদের মধ্যে অর্ধেকজনই নির্বোধ এবং কুৎসিৎ মনোভাবাপন্ন। আমার অত্যন্ত দুর্ভাগ্য যে এরাই আমার সতীর্থ।'

তেনালি রামনের এই উক্তি শুনে উপস্থিত পারিষদদের অনেকেরই আত্মসম্মানে লাগল এবং তাদের বর্হিঃপ্রকাশ তর্জন গর্জনেই প্রমাণিত হল। তাদের হৈ-হট্টগোলে সভার কাজ পণ্ড হবার উপক্রম। কয়েকজন ক্রুদ্ধ রাজপারিষদ কৃষ্ণদেব রাওকে অনুরোধ করলেন তিনি যেন তেনালির এই বাজে ব্যবহারের জন্য এখুনি শাস্তি বিধান করেন।

যখন দেখা গেল পারিষদদের উষ্মা নিয়ন্ত্রণের বাইরে চলে যাচ্ছে, তখন রাজা কৃষ্ণদেব এবং প্রধানমন্ত্রী টিম্মারুসু বিষয়টাতে হস্তক্ষেপ করলেন এবং তেনালিকে বললেন তার কথা ফিরিয়ে নিতে এবং তার অমার্জিত মন্তবের জন্য দুঃখ প্রকাশ করতে।

অত্যন্ত বাধ্য হিসাবে তেনালি মহারাজের প্রিয় পাত্র ছিলেন। মহারাজ এবং প্রধানমন্ত্রীর কথাতে তেনালি তার মন্তব্য ফিরিয়ে নিতে রাজি হল। এবং খুব ভদ্রভাবে বলল, 'আমার সতীর্থ বন্ধুরা আমি আপনাদের সকলকে অত্যন্ত শ্রদ্ধা করি এবং আপনাদের বুদ্ধিকে যথোচিত প্রশংসাও করি। আমি অত্যন্ত দুঃখিত, আমি বলেছিলাম উপস্থিত সকলের মধ্যে অর্ধেক হচ্ছে নির্বোধ এবং কুৎসিৎ মনোভাবাপন্ন। আমি সেই কথাগুলি ফিরিয়ে নিয়ে বলছি আপনাদের মধ্যে অর্ধেক নির্বোধ এবং কুৎসিৎ মনোভাবাপন্ন নন।' এই কথা বলে তেনালি হাসতে হাসতে সভাকক্ষ ত্যাগ করে বাইরে চলে গেল।

ক্রোধউন্মত্ত পারিষদরা অত্যন্ত অস্বস্তি বোধ করল, যখন বুঝতে পারল তেনালি আবার অত্যন্ত বুদ্ধিমত্তার সঙ্গে তার আগের মন্তব্যই বহাল রেখেছে।

**জীবন থেকে শেখা**

সংযোগ কথাটি ল্যাটিন শব্দ, 'কম্যুনিস' থেকে নেওয়া। যার অর্থ হল, 'শব্দের মর্মার্থ গ্রহণ' যাঁরা সংযোগের শিল্পটাকে প্রয়োগ করতে পারেন তাঁরা শুধু শব্দই ব্যবহার করেন না তাদের কণ্ঠস্বর শারীরিক ভাষাকেও এর অনুকূলে নিয়ে যেতে পারেন। এর ফলে তারা অবস্থার ওপর আধিপত্য বিস্তার করে অন্যদের যথেষ্ট প্রভাবিত করতে পারেন।

জ্ঞান কণা

* যে কোনও শব্দ সম্পর্কে একটা প্রয়োজনীয় কথা হল তুমি তাকে কীভাবে বুঝতে পারছো। * শব্দের অসীম শক্তি। একটি অস্ত্রের আঘাতের চেয়ে একটি শব্দের আঘাত অনেক গভীরে পৌঁছয়। * একটি নির্বাচিত যথাযথ শব্দ একটি সৈন্যদলের অগ্রগতি বন্ধ করতে পারে। পরাজয়কে জয়তে পরিবর্তিত করতে পারে। একটা সাম্রাজ্যকে রক্ষা করতে পারে। শব্দের যদি সঠিক প্রয়োগ হয়, তবে সেটা রূপোর চিত্রে সোনার আপেলের মতো হয়ে ওঠে। * শব্দের শক্তি সম্পর্কে ওয়াকিবহাল না হলে, শব্দের অর্থ বোঝা অসম্ভব।

## Quotable Nugget

"It is with words as with sunbeams—the more they are condensed, the deeper they burn."

Robert Southey

# একটি জরুরি সমাধানের জন্য

একবার হাম্পি শহরের অনেকেই মারাত্মভাবে অসুস্থ হয়ে পড়লেন। তারা সকলেই তীব্র পেট ব্যথা, খিলধরা আর উদরের কষ্টে কাহিল। রাজা কৃষ্ণদেব রাও মুর্হু মুর্হু এই খবর পেয়ে উদ্বিগ্ন। রাজবৈদ্যকে ডাকা হল, অনেক অসুস্থ মানুষকে পরীক্ষা-নিরীক্ষার পর রাজ বৈদ্য বললেন, যে সমস্ত মানুষ পেটের যন্ত্রণায় ভুগছেন, তারা সকলেই গোল মরিচের গুঁড়ো খেয়েছেন। গোল মরিচের গুঁড়ো পরীক্ষা করা হল। দেখা গেল তাতে পাথর এবং কাঠকয়লা সূক্ষ্মভাবে গুঁড়ো করে মেশানো হয়েছে। এই বস্তুটিই জনসাধারণের ভীষণ ভাবে অসুস্থ হবার কারণ।

মহারাজ এই অভিযোগ পেয়ে যারপরনাই বিস্মিত হলেন। তিনি প্রচন্ড ক্ষিপ্ত হয়ে ঘোষণা করলেন, 'যে সমস্ত দোকানি গোলমরিচের গুঁড়ো বিক্রি করেছে তাদেরকে

কয়েদ করা হোক।'

মহারাজের আদেশ মান্য করে যারা গোলমরিচের গুঁড়ো বিক্রি করেছিল তাদের সবাইকে বন্দি করে জেলখানায় পোরা হল। মহারাজের এই নির্দয় আদেশে দোকানির আত্মীয় স্বজনরা খুবই দুঃখময় পরিস্থিতির মধ্যে পড়লেন।

তারা সকলেই মহারাজের কাছে তাঁদের আত্মীয়দের মুক্ত করে দেবার জন্য আবেদন করলেন—কিন্তু রাগান্ধ মহারাজ তাদের অনুরোধকে আমলই দিলেন না।

যে অপরাধ তারা করেনি তারজন্য তাদের কারাবাস করতে হবে। এই পরিস্থিতিতে দোকানিদের আত্মীয়রা একজোট হয়ে সাহায্যের জন্য তেনালি রামনের দারস্থ হলেন।

তারা বললেন, 'আমাদের আত্মীয়রা অপরাধ না করেও কারারুদ্ধ হতে চলেছে, তারা কেবলমাত্র গোলমরিচের গুঁড়ো বিক্রি করেছে মাত্র। গুঁড়োর সাথে যাঁরা কয়লা এবং পাথরের গুঁড়ো মিশিয়েছেন সেই সব অসৎ লোকেরা হচ্ছে রাজগুরুর ভাই। তারাই সমস্ত দোকানে দোকানে গোলমরিচের গুঁড়ো সরবরাহ করেছে। আমরা যথার্থ বিচার প্রার্থী হয়ে আপনার কাছে এসেছি, দয়া করে আমাদের জন্য কিছু করুন। একটা জরুরি সমাধানের পরামর্শ দিয়ে আমাদের এই দুর্দশা থেকে রক্ষা করুন।'

তেনালি সাহায্য করবেন জানিয়ে তাঁদেরকে আশ্বস্ত করলেন। এই সমস্যাটা নিয়ে দীর্ঘসময় ভাবনা-চিন্তার পর খুব তাড়াতাড়ি তিনি তুঙ্গভদ্রা নদী তীরে গিয়ে হাজির হলেন। তুঙ্গভদ্রার তীরে অবস্থিত একজন জেলের একটি কুঁড়ে ঘরে গিয়ে ঢুকলেন এবং সেখানে থরে থরে সাজানো জলভরা মাটির কলসিতে সজোরে পদাঘাত করতে শুরু করলেন। এরপরে তিনি এইরকম অনেকগুলো কুঁড়ে ঘরে গিয়ে একইরকম আচরণ করতে শুরু করলেন। খুব শীঘ্রই মাটির কলসি ভাঙার শব্দ জেলেদের আকর্ষণ করল। যখন তারা দেখল তেনালি লাথি মেরে মেরে জলভরা মাটির কলসিগুলো ভাঙছে, তারা ভীত সন্ত্রস্ত হয়ে তেনালিকে বলল, 'দয়া করে থামুন, কৃপা করে আমাদের কলসিগুলো ভাঙবেন না।'

কিন্তু তেনালি তাদের কথায় কর্ণপাত করলেন না। শীঘ্রই এ কথাটা ছড়িয়ে গেল যে তেনালি পাগল হয়ে গেছে। বাড়িতে বাড়িতে ঢুকে মাটির কলসি ভেঙে চলেছে। এই খবরটা মহারাজের কানে গিয়ে পৌঁছাল। তিনিও খুব রেগে গেলেন। এবং উদ্বেগে অস্থির হয়ে পড়লেন। তিনি আর কাল বিলম্ব না করে তুঙ্গভদ্রার তীরে অবস্থিত জেলেদের গ্রামে গিয়ে পৌঁছলেন। তেনালিকে গিয়ে বললেন, 'দাঁড়াও তেনালি দাঁড়াও, তুমি এরকম পাগলের মতো আচরণ করছ কেন? মাটির কলসিগুলো কেন ভাঙছো!'

তেনালি বললেন, 'মহারাজ, আমি এই পাত্রগুলিকে শাস্তি দিচ্ছি। এরা তুঙ্গভদ্রার নোংরা জল বহন করছে। যদি কেউ এই নোংরা জল খেয়ে অসুস্থ হয়ে পড়ে

তারজন্যই আমি ব্যবস্থা নিচ্ছি।'

'তাহলে তুমি নোংরা জল ফেলে দাও, তুমি মাটির কলসি ভাঙছো কেন? মাটির কলসিগুলোর কী দোষ। নদীর জল তো এতে ঢালার আগে থেকেই নোংরা। তুমি এই কলসিগুলো ভেঙে জেলেদের ক্ষতি করছো কেন? ওদের তো দোষ নেই।' মহারাজ তেনালিকে বোঝালেন।

'কিন্তু মহারাজ, আপনি কি ভেজাল গোলমরিচ গুঁড়ো বিক্রি করার জন্য দোকানিদের শাস্তি বিধান করে আমার মতো অনুচিৎ কাজ করেননি? আপনার তো রাজগুরুর ভাইদের শাস্তি দেওয়া উচিত ছিল, কারণ তারাই তো দোকানে দোকানে ভেজাল মরিচগুঁড়ো সাপ্লাই করেছে। তাদের শাস্তি না দিয়ে আপনি তো নির্দোষ দোকানদার যারা এগুলো বিক্রি করে তাদের শাস্তি দিচ্ছেন।'

তেনালির কথায় মহারাজ নিজের নির্বুদ্ধিতা বুঝতে পেরে সেই দিনই সমস্ত নির্দোষ দোকানীদের মুক্ত করে দেবার সিদ্ধান্ত নিলেন।

**জীবন থেকে শেখা**

একজন অধিনায়ককে বিচারবুদ্ধি সম্পন্ন, নিরপেক্ষ ও সৎ হতে হবে। তার অন্তর্দৃষ্টি থাকা দরকার। তন্ন তন্ন করে খোঁজ খবর না করে হটকারী সিদ্ধান্ত কোনও ভালো অধিনায়কের চারিত্রিক বৈশিষ্ট্য হতে পারে না। আগে তাকে মূল কারণ চিহ্নিত করতে হবে এবং তারপর এ বিষয়টা নিয়ে কাজে এগোতে হবে।

**জ্ঞান কণা**

* কেবলমাত্র দোষীর শাস্তি হওয়াই উচিত। * যখন জুরি কোনও অপরাধীকে ছেড়ে দেবার অনুমতি দেন, তারা তখন নির্দোষের ভয়ের কারণ হন। বিচার নাগরিক সমাজের একটা নির্দিষ্ট শাসন পদ্ধতি, এবং এটা সমস্ত নৈতিক কর্তব্যের যোগফল, সুতরাং একে দুষিত করা উচিত নয়। * বিচারের প্রথম কথাই হল কেউ যেন ভুলেও শাস্তি না পান, এবং সৎ জনগণ যেন যথাযথ বিচার পান। * যেকোনও জায়গায় অবিচার, সব জায়গার বিচার ব্যবস্থাকে ভয় দেখায়। স্বর্গ যদি ভেঙে পড়ে, তবুও বিচার ব্যবস্থাকে সঠিক পথে চালনা করা দরকার।

## Quotable Nugget

"Only the actions of the just smell sweet and blossom in their just."

James Shirley

# চাক্ষুস বিচার

দুইটি সন্তানের পর রাজা কৃষ্ণদেব একটি পুত্র সন্তান লাভ করলেন। আনন্দে উৎফুল্ল রাজা কৃষ্ণদেব রাজ্যবাসীকে অনুরোধ করলেন তাঁর রাজমহলে এসে নবজাতকে আশীর্বাদ করতে। অন্যান্য সকলের মতো নবজাতককে আশীর্বাদ করতে এসে তেনালি বলল, 'মহারাজ আপনার পুত্রকে দেখে আমি বলতে পারি এই শিশুটি একদিন সর্বগুণপনায় আপনাকেও ছাড়িয়ে যাবে।' তেনালির এই কথা শুনে রাজা খুব খুশি হলেন। কিন্তু অন্যান্য রাজ পারিষদরা তেনালির এই কথায় খুশি হতে পারলেন না, কারণ তারা তেনালির প্রতি ঈর্ষকাতর ছিলেন। তাই তারা বললেন, 'আচ্ছা মহারাজ, তেনালি কি করে এত নিশ্চিন্ত হলো যে রাজকুমার আপনার চেয়ে

গুণপনায় শ্রেষ্ঠত্ব অর্জন করবে। কি করে সে আপনার পুত্রর দিকে তাকিয়েই এরকম একটা ভবিষ্যৎবাণী করতে পারে। আমাদের তো মনে হয় আপনাকে তোষামোদ করার জন্য এই কথাগুলো বলছে। এই অহেতুক স্তুতির জন্য ওর শাস্তি পাওয়া উচিত।'

রাজা কৃষ্ণদেব বিশ্বাস করতেন যে তেনালি কখনো অযথা তোষামোদ করে না। তবু পারিষদদের সন্দেহ নিরসন করার জন্য তিনি চাইলেন তেনালি যা বলেছে তার সমর্থনে প্রমাণ রাখুক তিনি তেনালিকে বললেন, 'তুমি যে আমার ছেলেকে দেখে ভবিষ্যদ্বানী করলে সেটা যে তোমার তোষামোদ নয় তার প্রমাণ দিতে হবে।'

তেনালি, রাজা কৃষ্ণদেবের কথায় কিছুটা মর্মাহত হলো। রাজাকে বলল, 'মহারাজ, আমি কোন দিনও এ পর্যন্ত আপনাকে তোষামোদ করিনি—আমি নবজাতককে দেখে যা বলেছি সেটা কেবলমাত্র গভীর নিরীক্ষণ করে। কোনও কিছু খুব গভীর ভাবে পর্যবেক্ষণ করলে আসল সত্যটা ধরা যায়।'

তেনালির উত্তরে রাজা কৃষ্ণদেব সন্তুষ্ট হলেন। কিন্তু তেনালির প্রতি ঈর্ষান্বিত সভাসদেরা রাজাকে বললেন, 'তেনালি বলছে কেবল পর্যবেক্ষণ করেই সত্য উদ্‌ঘাটন করা যায়। তাহলে সেটা একটা পরীক্ষাসাপেক্ষ প্রমাণ করুক।'

পারিষদদের কথা শুনে রাজা কৃষ্ণদেব বললেন, 'তেনালির প্রতি আমার আস্থা আছে, আমি জানি তার জ্ঞানবুদ্ধি অসীম, যাইহোক আপনারা যখন বলছেন তার কথার সত্যতা প্রমাণ করার জন্য সেই কারণে তার একটা পরীক্ষা নেওয়া হবে। আপনারা যেভাবে পরীক্ষা নেওয়ার কথা বলবেন আমি সেইভাবেই এর পরীক্ষা নেব।'

পরের দিন সভাসদেরা এসে বলল, 'দুটো একই ধরনের মাটির কলসি আনা হোক। দুটো কলসি এমনভাবে কাপড় দিয়ে মুড়ে দেওয়া হোক যাতে কোনওটা আলাদা করে চেনার উপায় না থাকে। একটি বালি দিয়ে ভর্তি করা হোক। আর একটি সম্পূর্ণ খালি রাখা হোক। দুটো কলসি একই রকমের দড়িতে বেঁধে কড়িকাট থেকে ঝুলিয়ে দেওয়া হোক।

এরপর তেনালি যখন রাজসভাতে প্রবেশ করবে তাকে বলা হবে কলসি দুটো না ছুঁয়ে কেবলমাত্র দেখে বলতে হবে কোনটা বালি ভর্তি কোনটা খালি।'

রাজা কৃষ্ণদেব তাদের কথায় রাজি হয়ে গেলেন। এবং পারিষদরা যা বলেছেন সেই ধরনের ব্যবস্থা সম্পূর্ণ করালেন। এরপর তেনালিকে রাজসভায় ডাকা হল। তেনালি এসে পৌঁছলে কৃষ্ণদেব তাকে বললেন, 'তেনালি আমি দেখতে চাই তুমি সত্যি সত্যি কোনও জিনিষ পর্যবেক্ষণ করে সত্যতা উদ্‌ঘাটন করতে পার কি না, এর জন্য তোমাকে একটা ছোটখাটো পরীক্ষা দিতে হবে। তুমি দেখতে পাচ্ছ কড়িকাঠ

থেকে দুটো একইরকমের কলসি ঝোলানো আছে। একটি বালি ভর্তি আর একটি একেবারে খালি। এই দুটো কলসি না ছুঁয়ে তোমাকে কেবলমাত্র পর্যবেক্ষণ করে বলতে হবে কোনটা খালি কোনটা ভর্তি। তুমি যদি সঠিক বলতে পারো তাহলে আমি বুঝবো তুমি তোষামদকারী নও।'

তেনালি মুখে মৃদু হাসি ফোটাল। সে বুঝতে পারল তাকে বিপদে ফেলার জন্য হিংসুটে পারিষদদেরই এটা একটা পরিকল্পনা। তেনালি কোনও কথা না বলে যেখানে কলসি দুটো ঝোলানো ছিল সেখানে গিয়ে দাঁড়াল। রাজসভার সবাই তেনালির দিকে তীক্ষ্ণ দৃষ্টিতে তাকিয়েছিল আর ভাবছিল দেখা যাক এই পরিস্থিতিতে তেনালি কি করে তার কথার সত্যতা প্রমাণ করে। তেনালি এগিয়ে গিয়ে কিছুক্ষণ কলসি দুটো ভালোভাবে দেখে নিয়ে বলল—মহারাজ আমার ডানদিকের কলসিটা বালি ভর্তি এবং বাঁদিকের কলসিটা খালি।'

রাজা কৃষ্ণদেব রাও তার রক্ষীদের বললেন কলসি দুটো নামাতে এবং পরীক্ষা করে দেখতে তেনালি যা বলেছে সেটা ঠিক কিনা।' কলসি দুটো নামানো হলে প্রত্যেকেই খুব অবাক হয়ে দেখল তেনালির কথা অক্ষরে অক্ষরে ঠিক। ডান দিকেরটা বালি ভর্তি এবং বাঁদিকেরটা খালি।

রাজা কৃষ্ণদেব কিছুটা অনুতাপের সুরে বললেন, 'তেনালি তুমি কিছু মনে কোর না, আমি হিংসাশ্রিত পারিষদদের কথায় বিভ্রান্ত হয়ে তোমাকে পরীক্ষা করেছি এখন বুঝতে পারছি গভীর পর্যবেক্ষণে অনেক সত্যই উদ্‌ঘাটন করা যায়। তবে তোমার কাছে আমার জানতে ইচ্ছা করছে তুমি কেমন করে দুটো কলসির তফাৎ বুঝতে পারলে? কারণ আমি নিজেই দুটো কলসির অভিন্নতা দেখে হতবুদ্ধি হয়েছিলাম।'

তেনালি মৃদু হেসে বলল, 'খুব সহজে মহারাজ। আমি দুটো কলসিকেই সযত্নে এবং নিষ্ঠার সঙ্গে পর্যবেক্ষণ করেছি যদিও দুটো কলসি একই ধরনের দড়ি দিয়ে কড়িকাঠ থেকে ঝোলানো ছিল তবু দেখলাম একটা কলসি অন্যটার থেকে সামান্য বেশি ঝুলন্ত। আমি বুঝতে পারলাম যেটা ভর্তি কলসি সেটা ভারি, এটা তার জন্যই ঈষৎ ঝুলন্ত। এবং যে কলসিটা খালি সেটা একটু ওপরে উঠে আছে। আমি আরও নিশ্চিত হবার জন্য একটা চালাকি করলাম—কলসি দুটোর কাছে খুব জোরে দীর্ঘশ্বাস ছাড়লাম। বোকারা ভাবল আমি হয়তো হতাশ হয়ে হাঁফ ছাড়ছি। আসলে তা নয় আমার জোড়াল দীর্ঘশ্বাসের হাওয়া খালি কলসিটাকে খুব সামান্য মাত্রায় দুলিয়ে দিল। তখনই আমি ভর্তি এবং খালি কলসির তফাৎ বুঝে সঠিক উত্তরটা দিলাম।

কাজেই মহারাজ কোনও বস্তুকে যদি খুব ভালো করে লক্ষ্য করা যায় তবে তার

সম্পর্কে অনেক তথ্যই উদ্‌ঘাটিত হয়।' তেনালির এই কথা শুনে সকলেই কিছুক্ষণ স্তব্ধ বাক হয়ে রইল।

**জীবন থেকে শেখা**

জীবনের অনেক অবস্থাতেই আমাদের প্রবীণ মানুষদের জ্ঞান সমৃদ্ধ কথা স্মরণ করতে হয়। যেমন এটি, "এমন কোনও নিয়ম নেই যেটা সাধারণ জ্ঞানের ব্যবহারকে নিবারণ করতে পারে।"

**জ্ঞান কণা**

* তিনি একাই একজন সচেতন পর্যবেক্ষক, যিনি মনোযোগ দিয়ে পর্যবেক্ষণ করতে পারেন, অন্যের পর্যবেক্ষণের তোয়াক্কা না করেই। প্রত্যেক মানুষই দু'টি চক্ষু নিয়ে জন্মগ্রহণ করে, কিন্তু একটি জিভ নিয়ে, তার কারণ সে দেখবে বেশি এবং বলবে কম।
* কোনও ছোট জিনিষকেও খুঁটিয়ে দেখাই হল সাফল্যের চাবিকাঠি।

## Quotable Nugget

"Innocent and infinite are the pleasures of observation."

Henry James

# সবক্ষেত্রেই জয়ী

শ্রীকালহস্তিতে অতিসুরা নামে একজন মল্লযোদ্ধা ছিলেন। তিনি বিভিন্ন রাজ্যের মল্লযোদ্ধাদের পরাজিত করে প্রচুর পদক নিয়ে বিজয়নগর রাজ্যে এসে উপস্থিত হলেন। এখানে এসে বিজয়নগর রাজ্যের সবয়ে শক্তিশালী মল্লযোদ্ধাদের তার সাথে মল্লযুদ্ধ করার জন্য আহ্বান জানালেন। রাজ্যের সব মল্লযোদ্ধারাই বুঝতে পারলেন যে তাদের সামনে একটা বড় সঙ্কটকাল এসে উপস্থিত হয়েছে। তেনালি রামন সব বিষয়টাই লক্ষ্য করে বিষাদগ্রস্থ মল্লযোদ্ধাদের জিজ্ঞাসা করলেন, 'তাঁদের এমনভগ্নোৎসাহ দেখাচ্ছে কেন?

তাঁরা বললেন, 'আমরা এই পর্যন্ত রাজা কৃষ্ণদেব রাওয়ের অধীনে বিশেষ মর্যাদা এবং সম্ভ্রম নিয়ে ছিলাম। এখন আমাদের সামনে এমন একটা সময় এসেছে যখন আমরা সেই মর্যাদা এমনকি আমাদের জীবিকাও হারাতে বসেছি। একজন মস্ত বড় মল্লযোদ্ধা এসে আমাদের সম্মানহানিকর অবস্থায় নিয়ে যাচ্ছে। আমরা এখন কী করবো বুঝতে পারছি না।' তেনালি তাঁদেরকে অভয় দিয়ে বললেন, 'দয়া করে কোনও কিছুতেই ভয় পাবেন না। আপনারা আমাকে আপনাদের পদকগুলো দিয়ে এমনভাবে অনুসরণ করবেন, যাতে মনে হবে আমি আপনাদের মধ্যে প্রধান।' মল্লযোদ্ধারা তেনালির কথামতো কাজ করলেন। তেনালি অবিলম্বে পদকগুলো নিয়ে নিজেকে সুসজ্জিত করলেন। এবং স্বয়ং বীরকেশরী নামটা গ্রহণ করলেন। এরপর অতিসুরা যে শিবিরে অবস্থান করছে তার বিপরীত শিবিরে সদলবলে গিয়ে উঠলেন। গলায় পদকের মালা পরহিত এবং বিপুল সংখ্যক মল্লযোদ্ধা সমভিব্যাহারে বীরকেশরীকে দেখে, অতিসুরা মনে মনে ভাবলেন—এই প্রধান মল্লবীরই মনে হচ্ছে আমার প্রতিপক্ষ। প্রথমেই ওঁর যোগ্যতা নিরুপণ করা দরকার।

সেইজন্য অতিসুরা বীরকেশরীর কাছে একটা সংবাদ পাঠিয়ে বললেন, 'আমি আপনার সাথে দেখা করতে এসেছি।' কিন্তু বীরকেশরী তাঁকে আমল না দিয়ে জানালেন, 'আপনার এখন এখানে আসার দরকার নেই। আগামী কাল আপনি 'ভূবন বিজয়ম্' রাজসভায় মহারাজের উপস্থিতিতে আপনার কাজের পরিচয় দেবেন।' অতিসুরা একথা জেনে খুবই ভীত সন্ত্রস্থ হয়ে ভাবলেন, কী জানি উনি কতবড় মল্লযোদ্ধা!

পরের দিন 'ভূবন বিজয়মে' রাজা কৃষ্ণদেব অতিসুরা এবং বীরকেশরীকে তাঁর সামনে মল্লযুদ্ধ করতে অনুমতি দিলেন। সেই মুহূর্তে, বীরকেশরী খুব সাবধানে অতিসুরাকে জিজ্ঞাসা করলেন, 'আপনার মল্লযুদ্ধ কী বৈজ্ঞানিক পদ্ধতিতে, না শারীরিক শক্তি প্রয়োগ পদ্ধতিতে?' গভীরভাবে চিন্তার পর অতিসুরা উত্তরে জানালেন—'বৈজ্ঞানিক পদ্ধতিতে।'

তখন বীরকেশরী বললেন, 'আমি আপনাকে বৈজ্ঞানিক মল্লযুদ্ধের কয়েকটি ভঙ্গি দেখাবো—আপনি যদি সেই ভঙ্গি বা প্রতীকের অর্থ বলতে পারেন, তবেই আমি আপনার সাথে মল্লযুদ্ধ করার কথা বিবেচনা করবো।'

অতিসুরা বললেন, 'ঠিক আছে তাহলে সেটাই হোক।'

তখন, বীরকেশরী, অতিসুরার হাতের মাঝের আঙ্গুল মুক্ত করে সেগুলো দিয়ে ওর বুকে আঘাত করলেন, তারপর অতিসুরার দুটো করতল বিস্তৃত করে ওর নিজের কাঁধে

রাখতে বললেন, আঙ্গুলের অগ্রভাগ দিয়ে ওর গলা বেষ্টন করে একটি বৃত্ত আঁকা হল, ওর ডান করতলের ওপর দিকটা নিচের দিক করে কোমড় পর্যন্ত ঝুলিয়ে দিলেন। এবার বাম মুঠিটা দোলাতে লাগলেন। মল্লযুদ্ধ করতে গিয়ে যে সব ভঙ্গি অতিসুরা শিখেছিলেন সেগুলো ভেবে দেখলেন এর সাথে তার কোনও মিল নেই। কিছুক্ষণ অপেক্ষা করার পর যে পদকগুলো অতিসুরা অন্যান্য স্থান থেকে অর্জন করেছিলেন সেগুলো বীরকিশোরী ছিনিয়ে নিয়ে জয়সূচক বাজনা বাজাতে বাজাতে যুদ্ধস্থল ত্যাগ করে উল্লসিত অনুকারীদের নিয়ে নিজের শিবিরে প্রবেশ করলেন।

পরের দিন মহারাজ তেনালিকে জিজ্ঞাসা করলেন, 'আচ্ছা তেনালি ওইসব প্রতীকের মানে কী যেটা তুমি বীরকেশরী হিসেবে প্রদর্শন করেছিলে?'

তেনালি রামন আবার ওই প্রতীকগুলি মহারাজকে দেখিয়ে বললেন, 'অতিসুরা, আমি যদি তোমার নিকটবর্তী হই আর তুমি যদি তোমার ছুরি দিয়ে আমার বুক বিদ্ধ করে আমাকে হত্যা করো; আর আমি আমার মুখমণ্ডল ওপরের দিকে করে অখণ্ডকাল যদি মাটির ওপর পড়ে থাকি, তখন আমার বৌ-বাচ্ছাকে কে পালন করবে।'

একথা শুনে মহারাজ এবং তার পারিষদরা প্রাণখুলে হাসতে লাগলেন।

**জীবন থেকে শেখা**

এটা কি অসৎ প্রচেষ্টা নাকি সৎ কৌশল? প্রত্যেককে তার বিচার বুদ্ধি অনুযায়ী উত্তর দিতে হবে। এই এলাকাটা কি কালো, সাদা অথবা অপেক্ষাকৃত ধূসর ছায়াময়?

**জ্ঞান কণা**

* জীবনের সবচেয়ে বড় প্রয়োজন শুধু জ্ঞান নয়, তাকে সঠিক সময়ে সঠিক জায়গায় প্রয়োগ করাও। * কাজ ভাবনারই ফলশ্রুতি। * কথা অনুযায়ী কাজ এবং কাজ অনুযায়ী কথা—এই ভারসাম্য থাকলে যে কেউ বিরুদ্ধতাকে জয় করতে পারে। * সাবধানতা অবলম্বন অপেক্ষা কাজে নেমে পড়া অধিক সৌভাগ্য সূচিত করে। * ভালোভাবে ভেবে দেখা ভালো, কিন্তু ভালো কাজে নেমে পড়া ঐশ্বরিক। * কেবল বড় কাজ করার লক্ষ্যই একজনকে বড় করে।

## Quotable Nugget

"Out of action, action of any sort, there grows a peculiar, useful, everyday wisdom."

Frank Crane

# একটি বিশিষ্ট প্রতিআক্রমণ

রাজা কৃষ্ণদেব রাও যখন বিজয়নগরের শাসনকর্তা, সেই সময় দিল্লির শাসক ছিলেন মুসলমান সুলতানেরা। এঁরা ছিলেন অত্যন্ত শক্তিশালী এবং উত্তর ভারতের প্রায় সর্বত্রই এঁরা আধিপত্য বিস্তার করেছিলেন। সুলতানেরা মনস্থির করেন সমগ্র ভারত উপমহাদেশে প্রাধান্য বিস্তার করবেন—এই মর্মে হিন্দু শাসিত রাজ্যগুলি হাতের মুঠোয় আনার জন্য তাঁরা আক্রমণ সূচিত করেন। হিন্দু রাজাদের সাথে যুদ্ধ ঘোষণা করার আছিলায় একটার পর একটা দুষ্ট অভিসন্ধি আঁটতে থাকেন।

দিল্লির তৎকালীন সুলতান একবার আবেগপ্রবণ রাজা কৃষ্ণদেবকে ব্যতিব্যস্ত করার জন্য একজন ব্যক্তিগত বার্তাবহ দিয়ে তাকে বিবাহের নিমন্ত্রণ জানালেন। নিমন্ত্রণ

পত্রের বিষয়টা পাঠ করে মহারাজ একেবারে নির্বাক।

নিমন্ত্রণ পত্রটা ছিল এইরকম ঃ

## ।। বিবাহের আমন্ত্রণ পত্র।।

আমাদের রাজ্যে একটি নতুন খনন করা ইঁদারার বিবাহ অনুষ্ঠান সম্পাদন করতে চলেছি। আমাদের শুভ কাজে আপনাদের রাজ্যের সমস্ত ইঁদারাকে আমন্ত্রণ জানাতে পেরে আমরা আনন্দিত।

এই শাস্ত্রীয় অনুষ্ঠানে আপনাদের ইঁদারা সমূহের উপস্থিতি এবং নব-বিবাহিতাকে আশীর্বাদ একান্ত ভাবে কাম্য।

স্থান ঃ দিল্লি

স্বাক্ষর

দিল্লির সুলতান

এই অভিসন্ধিমূলক পত্রের এখানেই শেষ নয়—

এরসাথে একটা সাবধানী চিঠিও সংশ্লিষ্ট রয়েছে। তাতে লেখা আছে যদি মহারাজ তাঁর রাজ্যের ইঁদারাদের দিল্লির এই অনুষ্ঠানে পাঠাতে অন্যথা করেন তাহলে এটা মারাত্মক অপরাধ হিসেবে গণ্য করা হবে এবং এর ফলে মহারাজ এবং তাঁর প্রজাবৃন্দ দিল্লির সুলতানের প্রচণ্ড প্রতিহিংসার মুখোমুখি হবার জন্য তৈরি থাকবেন।

রাজা কৃষ্ণদেব রাও এই আমন্ত্রণ এবং সতর্কীকরণ পত্র পেয়ে বুঝতে পারছিলেন না কী করবেন। তিনি খুব দুশ্চিন্তার মধ্যে ছিলেন। সকলেই বুঝতে পারছিলেন ইঁদারাসমূহকে এক জায়গা থেকে অন্য জায়গায় পাঠানো একেবারেই অসম্ভব। এইরকম একটা হতবুদ্ধিকর অবস্থার মধ্যে পড়ে মহারাজ তার সভাসদ এবং অষ্টজিগগজদের পরামর্শ চাইলেন। কিন্তু এই আমন্ত্রটি এমনি অদ্ভুত এবং অজানিতপূর্ব ছিল যে কেউই এমন কোন গ্রহণযোগ্য আপস-মীমাংসার প্রস্তাব দিতে পারলেন না যেটা উভয় রাজ্যের মধ্যে ফাটল ধরানোর অপচেষ্টাকে প্রতিহত করতে পারে।

অবশেষে রাজা কৃষ্ণদেব তেনালি রামনের পরামর্শ চাইলেন। সমস্ত ঘটনাটা

বিস্তারিতভাবে তেনালিকে জানানো হলে—তিনি কৃষ্ণদেবকে বললেন, 'মহারাজ, দিল্লির সুলতান চাইছেন হিন্দুদের শাস্ত্রীয় আচার এবং দেশাচারকে অপদস্থ করতে। আপনি জানেন নতুন ইঁদারা প্রতিষ্ঠা করার জন্য হিন্দুদের কিছু শাস্ত্রীর আচার আছে। একটা অভিনব চিন্তা সুলতানের মাথায় খেলেছে, ইঁদারা প্রতিষ্ঠার পরিবর্তে ইঁদারার বিবাহ অনুষ্ঠান সম্পন্ন করা। ঠিক আছে আমন্ত্রণ পত্র এবং সাবধানী পত্রের জন্য কোনও চিন্তা নাই। এবং ভীত হবারও কোন কারণ নেই। আগামী রাজসভাতে আমি একটা আপস মীমাংসার পথ বাতলে দেব।'

দিল্লির সুলতান যে সমস্যার সৃষ্টি করেছেন তার সুরাহা করার জন্য পরের দিন চরম উত্তেজিত মহারাজ এবং তার ভীত সন্ত্রস্ত পারিষদদের সামনে 'ভূবন বিজয়ম' রাজসভায় তেনালি উঠে দাঁড়ালেন। এবং রাজা কৃষ্ণদেবের পক্ষে তাঁর নিজের রচিত সুলতানকে লেখা চিঠির উত্তর পাঠ করে শোনাতে লাগলেন—

মহামান্য দিল্লির সুলতান সমীপেষু,

আমাদের রাজ্যের ইঁদারা সমূহকে আপনার রাজ্যের একটি ইঁদারার বিবাহ উপলক্ষে যে আমন্ত্রণ পত্র পাঠিয়েছেন আমরা সেটা পেয়েছি।

আপনাদের শুভ অনুষ্ঠানে উপস্থিত থাকার জন্য আমাদের কথা ভেবে যে আমন্ত্রণ পাঠিয়েছেন এর জন্য আমরা আনন্দিত ও কৃতজ্ঞ। আপনার পত্র পাবার সাথে সাথে আমাদের রাজ্যের ইঁদারাদের পত্রের বয়ান শুনিয়েছি। তারা বিবাহ উপলক্ষে উপস্থিত না থাকতে পারার কথা জানিয়েছে।

পরে জানাই, যদি আপনাদের ইঁদারারা ব্যক্তিগতভাবে বিজয়নগর এসে আমাদের ইঁদারাদের আমন্ত্রণ জানাতেন তাহলে তারা অবশ্যই খুশি হয়ে ওই অনুষ্ঠানে যোগদান করতেন। যাইহোক, অনুগ্রহ করে আপনি আপনার রাজ্যের ইঁদারাদের আমাদের রাজ্যের ইঁদারাদের কাছে আমন্ত্রণের জন্য পাঠাবেন, আপনার ইঁদারারা এখানে আসলে আমাদের ইঁদারারা তাদের সঙ্গে একসাথে দিল্লি রওয়ানা হবেন। আশাকরি শীঘ্রই আপনাদের হাঁদারাদের সাথে দেখা হবে।

স্থান ঃ বিজয়নগর (হাম্পি) আপনার
তারিখ ঃ * * * * শ্রী কৃষ্ণদেব রাও
'বিজয়নগরের রাজা'

দিল্লির সুলতানের আমন্ত্রণ পত্রের উত্তরে তেনালি যে বুদ্ধিদীপ্ত পত্র লিখেছেন সেটা শুনে গোটা 'ভূবন বিজয়ম' রাজসভা উল্লসিত হয়ে তেনালিকে ভূয়সী প্রশংসা করতে লাগলেন।

একজন ব্যক্তিগত বার্তাবহ দিয়ে সেই পত্র দিল্লির সুলতানের কাছে পাঠিয়ে দেওয়া হল। সেই চিঠি পেয়ে বিস্ময়াপন্ন সুলতান বার্তাবহকে প্রশ্ন করলেন—আমরা তোমার সাথে কি করে আমার ইঁদারাদের পাঠাবো?

বার্তাবহর কাছে কোন উত্তর না পেয়ে এবং অন্যকথা না ভেবে তিনি হিন্দু ধর্মের শাস্ত্রীয় আচারকে অপদস্থ করার চিন্তাকে বাদ দিলেন। এবং হিন্দু শাসিত রাজ্যের বিরুদ্ধে যুদ্ধ করা যে অপ্রয়োজনীয় সেটাও চিন্তা করে দেখলেন। এখানেই তার উদ্ভট চিন্তাধারার ছেদ পড়ল।

**জীবন থেকে শেখা**

ধূর্ত এবং চতুর হবার মধ্যে পার্থক্যটা কী? প্রতিপক্ষ যদি যুক্তিহীন হয় তবে কখনো কখনো তার কাছ থেকে ভালো কিছু পাওয়ার জন্য ধূর্ত হওয়া দরকার।

**জ্ঞান কণা**

* অহমিকা মানুষকে হাস্যকর করে। গর্ব তাদেরকে ভয়ঙ্কর করে এবং উচ্চাকাঙ্খা তাদের ভীষণ করে। * অহংকার যুক্ত মানুষেরা অন্যদের অপমানের অগ্রদূত হয়। * একটা আঘাতকে যত তাড়াতাড়ি ভুলে যাওয়া যায় একটা অপমানকে তত তাড়াতাড়ি ভোলা যায় না। * তুমি যদি কাউকে অপমান কর সেই অপমান তোমাতেও ফিরে আসবে। * খারাপ হওয়া খুবই খারাপ, কিন্তু তোমার খারাপত্ব যদি খারাপ স্বভাবের হয় তবে সেটা অমার্জনীয় অপরাধ।

## Quotable Nugget

"The belief in a supernatural source of evil is not necessary; men alone are quite capable of every wickedness."

Joseph Conrad

# পুরস্কার লাভ

বিজয়নগরের রাজা কৃষ্ণদেব রাও ছিলেন অত্যন্ত প্রজাবৎসল। প্রজাদের সুখ দুঃখের খবর জানার জন্য তিনি প্রতিদিন তাঁর বিশাল সাম্রাজ্যের নানা স্থানে ঘুরে বেড়াতেন। কারো কোনও অভাব অভিযোগ থাকলে সেগুলো মন দিয়ে শুনে সঙ্গে সঙ্গে তার সুরাহা করার চেষ্টা করতেন।

একবার তিনি যখন তার রাজসভার অন্যতম সভাসদ তেনালি রামনকে সঙ্গে নিয়ে রাজ্য পরিদর্শনে বেরিয়েছেন তখন দেখলেন পথের ধারে একজন কৃষক দাঁড়িয়ে আছে। রাজা কৃষ্ণদেব তেনালিকে বললেন, 'আপনি কৃষকের কাছে তার মাসিক আয় ব্যয়ের একটা খবর নিয়ে আসুন তো।' তিনি চাইতেন কারো অভাব থাকলে সেটা নিরসন করে দিতে।

কৃষ্ণদেব রাওয়ের আদেশ মতো তেনালি কৃষকের কাছে গিয়ে তার মাসিক আয়-ব্যয়ের বিস্তারিত একটা খবর নিয়ে রাজাকে এসে বললেন, 'মহারাজ কৃষকটির ১৬ থেকে ১৮ একর জমি আছে। তাতে ও নিজেই চাষবাস করে এই চাষবাস থেকে ওর মাসিক আয় হল চল্লিশ স্বর্ণমুদ্রা। কৃষকটিকে একটি বড়সড় পরিবার প্রতিপালন করতে হয়।' রাজা কৃষ্ণদেব তেনালিকে বললেন, 'আপনি তো কৃষকের আয়ের উৎস এবং মাসিক আয়ের কথা জেনে এসেছেন। পরিবার প্রতিপালন করতে তার মাসিক ব্যয় কত একথা কি জেনে এসেছেন।'

তেনালি বললেন, 'হ্যাঁ, মহারাজ আমি সেটাও জেনে এসেছি। কৃষকের আয়ের চল্লিশটি স্বর্ণমুদ্রাই ব্যয় হয়ে যায় ৪টি ভাগে।' 'কিভাবে?' রাজা কৃষ্ণদেব জানতে চাইলেন।

তেনালি বললেন, 'কৃষকটি তার চল্লিশটি স্বর্ণমুদ্রাকে যে ৪টি ভাগে ব্যয় করে তার হিসাবটা এরকম। প্রথম ১০টি নিজের জন্য, পরের ১০টি কৃতজ্ঞতা স্বরূপ, তার পরের ১০টি ফেরৎ হিসেবে এবং শেষের ১০টি সুদের জন্য।'

কৃষ্ণদেব তেনালিকে বললেন, 'আপনার এই কথাগুলো আমার কাছে হেঁয়ালির মতো লাগছে। বিষয়গুলিকে একটু ব্যাখ্যা করে বলুন তো।'

তেনালি বললেন, 'মহারাজ কৃষকের সংক্ষিপ্ত কথায় আমি যা বুঝতে পেরেছি সেগুলো আপনাকে বলছি।

'কৃষকটি নিজের জন্য ১০টি স্বর্ণমুদ্রা ব্যয় করে বলে বোঝাতে চেয়েছে—ওর যাবতীয় প্রয়োজন মেটাতে মাসে ১০ স্বর্ণমুদ্রা খরচ হয়।

১০টি কৃতজ্ঞতা স্বরূপ মানে হচ্ছে কৃষকটির স্ত্রী সংসারকে সুন্দর সুসংবদ্ধ রাখার জন্য যে দায়দায়িত্ব বহন করে এবং কায়িক শ্রম করে তারই মূল্য হিসেবে ১০টি স্বর্ণমুত্রা ধার্য হয়েছে।

১০টি স্বর্ণমুদ্রা ফেরৎ হিসেবে বলতে কৃষকের বাবা মা ছোটবেলা থেকে তাকে মানুষ করে এত বড় করেছেন, তারা এখন বৃদ্ধ হয়েছেন সেই কারণে তাদেরজন্য খরচটাকে কৃষক ফেরৎ বলছে।'

'আর সুদের জন্য'—মহারাজ কৃষ্ণদেব তেনালিকে খেই ধরিয়ে দিয়ে বললেন—'সুদের জন্য বলতে কৃষক কি বোঝাতে চেয়েছে।'

তেনালি কিছুক্ষণ নীরব থেকে বললেন, '১০টি স্বর্ণমুদ্রা সুদের জন্য বলতে—কৃষক বোঝাতে চেয়েছে কৃষক এখন তার ছোট ছোট ছেলেমেয়ের জন্য যা ব্যয় করছে—সে এবং তার স্ত্রী যখন বৃদ্ধ-বৃদ্ধা হবে—এই ছেলে-মেয়েরা তখন তাদের দেখাশোনার

জন্য আরও বেশি স্বর্ণমুদ্রা ব্যয় করবে—এই কারণেই সুদের কথা বলা হয়েছে।'

রাজা কৃষ্ণদেব তেনালির ব্যাখ্যায় খুশি হয়ে বললেন, 'আপনি একটি চমৎকার হেঁয়ালি এবং তার সুন্দর ব্যাখ্যাও শোনালেন। তবে আপনাকে অনুরোধ করছি হেঁয়ালির ব্যাখ্যাটিকে আপনি কিছুদিন গোপন রাখুন—অন্তত যতদিন না আমার মুখ একশোবার আপনি দর্শন করছেন ততদিন।' আমি নিশ্চিতভাবে এটা করবো তেনালি জানালেন।

সেদিন সন্ধ্যবেলাতেই মহারাজ ভুবন বিজয়ম রাজসভায় অষ্টদিগগজদের মেধা পরীক্ষা করার জন্য তাদেরকে কৃষকের হেঁয়াটিলটা ব্যাখ্যা করতে বললেন।

মহারাজ তাদেরকে বললেন, কৃষক কীভাবে তাঁর উপার্জনটা ব্যয় করেন সেকথা এবং তিনি অষ্টদিগগজদের জিজ্ঞসা করলেন কৃষক এই কথাগুলির মধ্যে দিয়ে কী বোঝাতে চেয়েছেন। সে ১০টি স্বর্ণমুদ্রা ব্যয় করেন ব্যক্তিগত প্রয়োজন, ১০টি কৃতজ্ঞতা স্বরূপ, ১০টি ফেরৎ হিসেবে এবং ১০টি সুদ বাবদ।

অষ্টদিগগজরা এর উত্তর জানতেন না, কিন্তু তাদের মধ্যে একজন আনাসনি পেড্ডানা বললেন, 'এই হেঁয়ালির উত্তর তিনি একদিনের মধ্যেই জানাবেন।'

পেড্ডানা জানতেন যে মহারাজের যখন কৃষকের সাথে দেখা হয় সেই সময় তেনালি তাঁর সাথে ছিলেন। পেড্ডানা তাই তেনালিকে গিয়ে এর উত্তরটা জানিয়ে দিতে বললেন। তেনালি প্রথমে উত্তরটা জানাতে নারাজি থাকলেও পরে পেড্ডানার কাছে একথলি স্বর্ণমুদ্রা উপহার পেয়ে উত্তরটা জানিয়ে দেন।

এরপরে পেড্ডানা রাজপ্রাসাদে গিয়ে মহারাজকে হেঁয়ালির উত্তরটা বলেন। মহারাজ অনুমান করেন যে তেনালি নীরব থাকার প্রতিশ্রুতি ভঙ্গ করেছেন। তিনিই পেড্ডানাকে উত্তরটা জানিয়েছেন। মহারাজ তেনালিকে ডেকে পাঠালেন এবং তাকে জিজ্ঞাসা করলেন কেন তিনি মহারাজের সাথে বিশ্বাসঘাতকতা করলেন।

মহারাজ রাগতভাবে বললেন, 'তেনালি আমি কী আপনাকে বলিনি যে যতক্ষণ না আমার মুখ একশো বার দেখবেন ততক্ষণ হেঁয়ালির উত্তর কারোর কাছে প্রকাশ করবেন না, তবে আপনি বিশ্বাসভঙ্গ করলেন কেন?'

'মহারাজ, আমি আমার প্রতিশ্রুতি রেখেছি, পেড্ডানাকে উত্তরটা বলে দেবার আগে আমি একশোবার আপনার মুখ দর্শন করেছি।' তেনালি উত্তরে জানালেন, পেড্ডানা আমাকে থলিতে করে একশোটা স্বর্ণমুদ্রা দিয়েছিলেন, তাতে আপনার মুখ খোদাই করা ছিল। আমি সেগুলোই দেখেছি।' এই কথা শুনে মহারাজ তেনালির বুদ্ধির তারিফ না করে পারলেন না। এবং তাঁকে ভালোরকমের পুরস্কারে ভূষিত করলেন।

**জীবন থেকে শেখা**

কোনটা থেকে আমরা বেশি সুবিধা পাবো তার ওপর ভিত্তি করেই আমরা অনেক কাজ করে থাকি। তুমি কী প্রতিজ্ঞা রক্ষার ক্ষেত্রে অক্ষর বিবেচনা করবে না তার তাৎপর্য? আমাদের প্রত্যেকের এইসব নিজের বিবেক অনুযায়ী করা উচিত।

**জ্ঞান কণা**

* ভালো কিছু করার ব্যাপারে অনন্যসাধারণ সুযোগের জন্য অপেক্ষা কোর না, যে সুযোগটা পাচ্ছ তাকে প্রতিদিনের প্রেক্ষাপক্ষে ব্যবহারের চেষ্টা কর। * শ্রেষ্ঠ মানুষ হতে গেলে সব সময় হিসেব করে সুযোগের সদ্ব্যবহার করতে হবে। সুযোগ খুব বিরল। কিন্তু বুদ্ধিমান মানুষেরা যা পায় তার থেকে নিজেরা অনেক বেশি সুযোগ তৈরি করে। * কোন মহৎ মানুষই সুযোগের অভাব বলে অভিযোগ করেননি। একজন আশাবাদী যে কোন দুর্যোগের মধ্যেও সুযোগ খুঁজে পায়, আর একজন নৈরাশ্যবাদী সমস্ত সুযোগের মধ্যেও দুর্যোগ খুঁজে পায়।

## Quotable Nugget

"Opportunity has hair in front, behind she is bald. If you seize her by the forelock, you may hold her, but if suffered to escape, not Jupiter himself can catch her again."

From the Latin

# হারানো প্রাপ্তি

একবার একটা ভিখারি হাম্পি শহরের সদাব্যস্ত বাজার অঞ্চল থেকে একটা টাকার থলি কুড়িয়ে পেয়েছিল। সেই থলিটা খুলে দেখল তাতে একশোটা স্বর্ণমুদ্রা রয়েছে। যখন সে টাকার থলি নিয়ে কি করবে চিন্তাভাবনা করছে, ঠিক সেই সময়ে শুনতে পেল একজন বণিক চিৎকার করে বলছে—'একটি পুরস্কার! একটি পুরস্কার! যে আমার হারিয়ে যাওয়া টাকার থলি খুঁজে দেবে তাকে পুরস্কৃত করা হবে।'

ভিখারিটি ছিল অত্যন্ত সৎ এবং সত্যবাদী। সে পুরস্কারের ঘোষণা শুণে বণিকটির কাছে এগিয়ে এসে তাকে তার থলিটি ফেরৎ দিয়ে বলল, 'এই নিন আপনার থলি।

এবারে আপনি যদি আমাকে পুরস্কারটা দেন...' 'পুরস্কার!' লোভার্ত চোখে থলির মুদ্রা গুণতে গুণতে পরিহাস করে বণিক মহোদয় বললেন, 'পুরস্কার! কেন তোমাকে আমি পুরস্কার দিতে যাব? যে টাকার থলি আমি হারিয়েছিলাম তাতে দু'শোটি স্বর্ণমুদ্রা ছিল, এটাতে তো দেখছি একশোটা স্বর্ণমুদ্রা। তুমি তো পুরস্কারের আগেই থলি থেকে একশোটা স্বর্ণমুদ্রা সরিয়ে ফেলেছ। এখান থেকে সরে পড় নইলে আমি রাজপ্রহরীকে ডেকে তোমাকে তার হাতে তুলে দেব।'

সাহস সঞ্চয় করে ভিখারিটি বলল, 'আমি চোর নই, আমি একজন সৎ লোক। ঠিক আছে, চলুন আমরা সঠিক বিচারের জন্য মহারাজের বিচারালয়ে যাই।'

শেষ পর্যন্ত দু'জনে 'ভূবন বিজয়ম' রাজসভায় এসে সমস্ত বিষয়টি মহারাজ এবং তার অষ্টদিগগজদের কাছে বিস্তারিত করে বলল।

মহারাজ ধৈর্যসহকারে উভয়ের কাছ থেকে ঘটনাটা সবিস্তারে শুনে তাঁর সবচেয়ে বুদ্ধিমান অষ্টদিগগজের অন্যতম তেনালি রামনকে বললেন—সবদিক বিবেচনা করে একটা সঠিক মীমাংসা করে দিতে।

সামান্য সময় চিন্তাভাবনা করে তেনালি বললেন, 'আমি আপনাদের দু'জনকেই বিশ্বাস করি, এক্ষেত্রে বিচার করা সহজ। বণিক মশাই আপনি বলেছেন—আপনার টাকার থলিতে দুশোটি স্বর্ণমুদ্রা ছিল, ঠিক কিনা!'

বণিক বললেন—'আঁজ্ঞে হ্যাঁ।'

বণিকের উত্তর শুনে তেনালি বললেন, 'তাহলে আপনি যে টাকার থলিটি হারিয়েছেন তাতে স্বর্ণমুদ্রার সংখ্যা দুশো, ঠিক তো!'

বণিক বললেন—'ঠিক'। তেনালি বললেন, 'বেশ অনেকগুলি স্বর্ণমুদ্রা! কিন্তু ভিখারি যে টাকার থলি পেয়েছে তাতে তো মাত্র একশোটি স্বর্ণমুদ্রা ছিল, সুতরাং এটা আপনার সেই হারিয়ে যাওয়া থলি নয়। কাজেই...'।

মহারাজ তেনালির রায়কে সমর্থন করে স্বর্ণমুদ্রা সমেত থলিটি ভিখারিকে দিয়ে বণিককে মিথ্যাবাদী এবং প্রতারক হওয়ার জন্য শাস্তি দিলেন।

**জীবন থেকে শেখা**

অনেক মানুষই বলতে পারেন সত্যের পথে থাকার কথা, কারণ এর নিজস্ব একটা পুরস্কার আছে। যারা সত্যের কাছে নত তাদেরকে অবশ্যই খুঁজে পাওয়া যায়। কাউকে

তাড়াতাড়ি কাউকে দেরি করে। যারা অসৎ তাদের কাছে পেয়ালা আর ঠোঁটের মধ্যে সবসময় একটা দুরত্ব থাকে।

**জ্ঞান কণা**

* সততা—বাস্তব যা, তাকে সেইভাবে মেনে নেবার দৃষ্টিভঙ্গি। * মিথ্যা, মানুষকে সবসময় দুরবস্থায় ফেলে। কিন্তু সত্য হচ্ছে নিজেই নিজের রক্ষক। কোন কিছু তোমার ব্যক্তিগত প্রয়োজনের জন্য মিথ্যাচার কোর না তাহলে সেটা সত্য ভঙ্গ করা হবে, তোমার শিষ্টতা থাকবে না, অথবা তোমাকে এমন কিছু করাবে যেটা আলোকবর্তিকা নয়, অথবা বিশ্বকে মুখোমুখি করায় না।

## Quotable Nugget

"Thought it is a bit difficult, but it is always better to be sincere and honest."

Anony-
mous

## স্বপ্ন সম্ভব

রাজা কৃষ্ণদেব রাওয়ের নিজস্ব বাগানে এক ধরনের বিচিহীন উৎকৃষ্ট জাতের বেগুন গাছ ছিল। মহারাজের অনুমতি ছাড়া কেউ-ই এই বাগানে প্রবেশ করতে পারত না। মহারাজ একাই এই বিচিহীন বেগুনের স্বাদ গ্রহণ করতেন।

একবার মহারাজ তাঁর সভাসদদের ভোজসভায় নিমন্ত্রণ করে বিচিহীন বেগুন খাওয়ান। তেনালি রামন এই বেগুন খেয়ে এতই খুশি হন যে বাড়িতে ফিরেই তিনি তার স্ত্রীর সাথে এই বেগুনের অপূর্ব স্বাদ নিয়ে আলোচনা করলেন। তেনালির কাছে

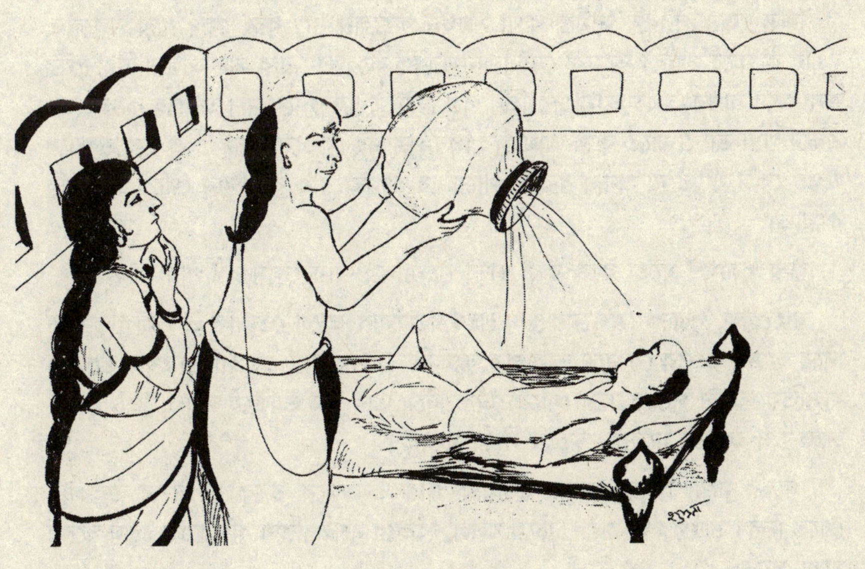

বেগুনের উৎকর্ষতার কথা শুনে তেনালির স্ত্রী এই রাজকীয় বিচিহীন বেগুন খাবার জিদ ধরে বসলেন।

'আমি কি করে তোমার জন্যে এই বেগুন আনি বলতো?' তেনালি স্ত্রীকে বোঝাতে চাইলেন, 'মহারাজ এই বেগুন সম্পর্কে এতই খোঁজখবর রাখেন যে তাঁর বাগান থেকে যদি একটিও বেগুন চুরি যায় তবে তিনি সেটা সহজেই ধরে ফেলবেন। এবং এই ব্যাপারে আমি নিশ্চিত, যদি তিনি বেগুন চোরকে হাতে-নাতে ধরতে পারেন তাহলে তার মুণ্ডুটি কাটা যাবে।' এরপরেও তেনালির স্ত্রী বেগুন খাবার জন্য তেনালির কাছে এমনভাবে অনুনয় বিনয় করতে লাগল যে একেবারে নিরূপায় হয়ে অনেক বাদানুবাদের পর তেনালি স্ত্রীর দাবি মেটাতে রাজি হলেন।

পরেরদিন রাত্রিবেলা তেনালি খুব চুপিচুপি রাজার বাগানে নামলেন এবং কয়েকটি উপাদেয় বেগুন গাছ থেকে তুলে নিলেন। তেনালির বউ সেগুলো খুব যত্ন করে রাঁধলেন এবং তার জন্য প্রশংসাও পেলেন। তিনি চাইছিলেন তাঁর ছ'বছর বয়সের পুত্রও যেন এর স্বাদ পায়। কিন্তু তেনালি তার স্ত্রীকে এই কাজ করতে বারণ করলেন। বললেন, 'কখনও এই ধরনের ভুল করতে যেও না। পুত্র যদি বেগুন খাওয়ার কথা কাউকে বলে দেয় তবে আমরা খুব বিপদে পড়ে যাব।'

কিন্তু তেনালির স্ত্রী স্বামীর কথা সমর্থন করলেন না। বরং জেদ ধরে বললেন, ''এটা কী করে সম্ভব? আমরা সেই জিনিষটা কি করে খাব যার স্বাদ আমরা চিরদিনের জন্য মনে রাখব অথচ আমাদের প্রিয় পুত্র সেটা খেতে পাবে না। অনুগ্রহ করে এমন একটা পন্থা ভাবো যাতে করে আমাদের প্রিয় পুত্র এই বেগুনের স্বাদ গ্রহণ করতে পারে অথচ কেউ যাতে না প্রমাণ করতে পারে যে আমরা রাজার বাগান থেকে এটা চুরি করেছি।'

স্ত্রীর পরামর্শ মতো কাজ করা ছাড়া তেনালির আর কোনও উপায় রইল না।

যাইহোক, পুত্রকে বেগুনের স্বাদ গ্রহণ করানোর আগে তেনালি এক বালতি জল নিয়ে ছাদের ওপরে যেখানে তার পুত্র ঘুমোচ্ছিল সেখানে গিয়ে হাজির হল। তারপর বালতির জলটা পুত্রের সারা গায়ে ঢেলে দিয়ে তার ঘুম ভাঙিয়ে বলল, 'প্রচণ্ড বৃষ্টি হচ্ছে চল আমরা ঘরের ভেতরে গিয়ে ঘুমোই।'

'ঘরের মধ্যে গিয়ে ছেলের পোষাক পরিবর্তন করে তাকে বেগুনের তরকারি খেতে দিল। তারপর আবার চেঁচিয়ে বলল, 'বাইরে মুশলধারায় বৃষ্টি হচ্ছে, তুমি ঘরের মধ্যে ঘুমোও।'

পরের দিন রাজা কৃষ্ণদেব জানতে পারলেন তাঁর বাগানে চুরি হয়েছে। রাজার প্রধান মালি, যে প্রত্যেকটি সবজির হিসাব রাখতো দেখল চারটি শাঁসালো বেগুন বাগান থেকে উধাও। এটা শহরের আলোচনার বস্তু হয়ে দাঁড়াল। রাজা কৃষ্ণদেব চোরের মাথার জন্য মোটা অঙ্কের পুরস্কার ঘোষণা করলেন।

দণ্ডনায়কের সন্দেহ একমাত্র তেনালি রামনই এই ধরনের দুঃসাহসিক কাজ করতে পারে। তিনি মহারাজকে তার সন্দেহের কথা জানালেন।

মহারাজ বললেন, 'আমি জানি তেনালি অত্যন্ত চালাক ওর বিরুদ্ধে যে অভিযোগই আনা হোক না কেন একটা না একটা ছল-ছুতো করে সব সময়ই তার থেকে বেরিয়ে আসে। সবচেয়ে ভালো হয় আমরা যদি তার ছেলেকে ডাকি। আমরা একমাত্র তার কাছ থেকে আসল সত্যটা জানতে পারব। তেনালি মিথ্যার আশ্রয় নিয়ে যে কোন পরিস্থিতি থেকে বেরিয়ে যেতে পারলেও সে কিন্তু তার ছেলেকে কখনো মিথ্যা বলতে শেখাবে না।'

এরপর তেনালির ছেলেকে 'ভুবন বিজয়ম্' রাজসভায় ডাকা হল। তাকে জিজ্ঞাসা করা হল গত রাত্রে সে কি কি সবজি খেয়েছে। সে সরল মনে উত্তর দিল, 'কাল রাতে আমি বেগুনের তরকারি খেয়েছি, এমন সুস্বাদু বেগুন আমি জীবনে খাইনি।'

এবারে দণ্ডনায়ক জোর পেয়ে তেনালিকে বলল, 'আর উপায় নেই তুমি তোমার অপরাধ স্বীকার কর।'

'আমি যখন অপরাধী নই, শুধু শুধু কেন আমি অপরাধ স্বীকার করতে যাব।' তেনালি খুব জোরের সঙ্গে বলল—'গতরাত্রে আমার ছেলে খুব তাড়াতাড়ি ঘুমতে গিয়েছিল, মনে হচ্ছে সে ঘুমিয়ে ঘুমিয়ে প্রচুর স্বপ্ন দেখেছে। যারজন্য সে বেগুন সম্পর্কে আজেবাজে কথা বলছে, শুধু তাই নয় বলছে কাল রাত্রে নাকি প্রচণ্ড বৃষ্টি হয়েছিল, এইসব উদ্ভট অদ্ভুত কথা স্বপ্ন দেখার ফল। ওকে জিজ্ঞাসা করে দেখুন কাল রাত্রে প্রচণ্ড বৃষ্টি হয়েছিল কি না?'

তেনালির কথামতো দণ্ডনায়ক ছেলেটিকে জিজ্ঞাসা করলেন—'আচ্ছা বলতো কাল রাত্রে আবহাওয়া কেমন ছিল। আকাশ কি পরিস্কার ছিল, নাকি ঝমঝম করে বৃষ্টি ঝরাচ্ছিল?'

ছেলেটি খুব সরলভাবে উত্তর করল—'কাল রাত্রে প্রচণ্ড বৃষ্টি হয়েছিল, আমি যখন ছাদে ঘুমোচ্ছিলাম বৃষ্টিতে আমার সমস্ত জামাকাপড় ভিজে গিয়েছিল। এরপরে আমি

ঘরে গিয়ে ঘুমোই।'

আসলে সেদিন বিজয়নগর রাজ্যের কোথাও এক ফোঁটাও বৃষ্টিপাত হয়নি।

এরপর মহারাজ এবং দণ্ডনায়কের ছেলের কাছে এই ধরনের কথা শুনে তেনালিকে সন্দেহ থেকে মুক্ত করা ছাড়া আর কোনও উপায় থাকল না। তেনালিকে সন্দেহ করেছেন বলে ওঁরা তার কাছে দুঃখ প্রকাশ করলেন।

**জীবন থেকে শেখা**

কারোর কি সন্তানের চাপে পড়ে কোন ভুল কাজ এমন কী চুরির মতো অপরাধ করা উচিত? এই ধরনের কাজের অনুরোধ বা নির্দেশে কী সম্মত হওয়া ঠিক? এটা কি ঠিক যে তোমার গুরুজনদের সাময়িক অস্বস্তির হাত থেকে নিস্তার না দেওয়া। ঈশ্বর তোমাকে যা ধীশক্তি দিয়েছেন তাই দিয়ে তুমি যা করছ তা ঠিক কিনা বিচার কর। এটাই আমাদের নিজের কাছে সব চেয়ে বড় প্রশ্ন।

**জ্ঞান কণা**

* যথাযথ পরিকল্পনা আমাদের দৈনন্দিন কার্যক্রমের ভিত তৈরি করে। * বর্তমান অবস্থার বিশ্লেষণ, ভবিষ্যতের প্রত্যাশা, উদ্দেশ্য স্থির করা এবং পূর্ব নির্দিষ্ট কোন সাফল্যের লক্ষ্যে কোন কার্যক্রম, সবই পরিকল্পনার অন্তর্ভুক্ত। * যথাযথ পরিকল্পনার মাধ্যমে দক্ষ ব্যক্তি তার কর্মক্ষমতা বৃদ্ধি করে, সাধারণ অবস্থার মধ্যেও অসাধারণ ফল লাভ করতে পারে।

## Quotable Nugget

"When schemes are laid in advance, it is surprising how often the circumstances fit in with them."

Sir William Ocler

## সেয়ানে সেয়ানে

রাজগুরু, তথ্যাচার্য সবসময় 'ভূবন বিজয়ম্' রাজসভার রাজা কৃষ্ণদেব রাওয়ের সামনে তেনালিকে অপদস্ত করার একটা নোংরা ফিকির খুঁজতেন।

একদিন যখন মহারাজ এবং তাঁর সভাসদরা রাজ্যের শাসন সংক্রান্ত বিষয় নিয়ে চিন্তাভাবনা করছেন, সেইসময় তেনালি রামন আসাতে তথ্যাচার্য খুব উত্তেজিত হয়ে বললেন, 'তেনালি রামন তুমি কী জান আমি তোমার একজন শিষ্য সম্পর্কে কী শুনেছি?'

তেনালি একথা শুনে বলল, 'রাজগুরু, আপনি যদি এক মুহূর্ত অপেক্ষা করেন

তাহলে আমাকে কিছু বলার আগে আমি আপনার কাছে আমার কয়েকটি সাধারণ প্রশ্নের উত্তর জেনে নিতে পারি।'

মহারাজ এবং তাঁর সভাসদেরা সাগ্রহে তাঁদের মনোযোগ ফেরালেন দুই পণ্ডিত মানুষের আসন্ন রসসমৃদ্ধ লড়ায়ের দিকে।

'প্রশ্নের উত্তর... সেগুলো কী?' তথ্যাচার্য খুব তৎপরতার সঙ্গে জানতে চাইলেন। 'সেটা হল' তেনালি বলল, 'যখন আপনি আমার যে কোন শিষ্য বা অন্য যে কোন তুচ্ছ বিষয় নিয়ে কিছু বলবেন, তার আগে আপনি যা বলতে চাইছেন তার প্রাসঙ্গিকতা নিয়ে সামান্য একটু চিন্তাভাবনা করে নিলে ভালো হয়। এই তাৎক্ষণিক প্রশ্ন এবং উত্তর পর্ব তাহলে নিশ্চিতভাবে কোন তুচ্ছ বিষয় নিয়ে আলোচনার ক্ষেত্রে প্রত্যেকের মূল্যবান সময় বাঁচাবে। এবারে আমার প্রথম প্রশ্ন, যেটা আমি আপনাকে করতে চাইছি সেটা হল 'সত্যানুসন্ধান'।

'আপনি কি এ ব্যাপারে সম্পূর্ণরূপে নিশ্চিত যে আপনি যেটা আমাকে বলবেন সেটা সত্য, বাস্তবিক এবং তথ্যপূর্ণ।' তথ্যাচার্য বললেন, 'আরে, না-না, আসলে আমি এটার সম্পর্কে বলেছিমাত্র।'

'ঠিক আছে।' তেনালি বলল, 'সুতরাং বাস্তবিক ভাবে আপনি জানেন না এটা সত্য না সত্য নয়। এটা একটা গালগল্প, গুজব যা সহজ আঙুর ফলের গল্পও হতে পারে। এবারে আমাদের দ্বিতীয় প্রশ্নের উত্তরে আসা যাক। 'সততানুসন্ধান'।

'আমার শিষ্য সম্পর্কে যেটা আপনি আমাকে বলতে চাইছিলেন সেটা কিছুটা কি ভালো এবং ন্যায়পরায়নতার কথা?' 'না, বরং উল্টো'—তথ্যাচার্য বললেন।

'সুতরাং' তেনালি তাঁকে বাধা দিয়ে বলল, 'আপনি আমার শিষ্য সম্পর্কে যেটা বলতে চাইছেন সেটা কিছুটা বাজে এবং ভীতিপ্রদ। এবং এক্ষেত্রেও আপনি নিশ্চিত নন সেটা কতখানি সত্য বা মিথ্যা?' একথা শুনে তথ্যাচার্য একটু অপ্রতিভ এবং সংকোচিত হলেন। তেনালি বলতে লাগল, 'এখনো আপনি উত্তরে সফল হতে পারেন কারণ এখনো তৃতীয় প্রশ্ন বাকি। 'কার্যকারিতানুসন্ধান' 'আমার শিষ্য সম্পর্কে আপনি যেটা বলতে চান সেটা কি আমার কাছে কার্যকর এবং গঠনমূলক হবে?'

'না—ঠিক তা, নয়'—তথ্যাচার্য মন্তব্য করলেন। তেনালি এবারে উপসংহার টেনে বলল, 'ঠিক আছে আপনি আমাকে যেটা বলতে চান সেটা যদি সত্য, ভালো এবং গঠনমূলক না হয়—তাহলে এটা আমাকে বলে আমার এবং প্রত্যেকের অযথা সময় এবং শক্তি নষ্ট করে লাভ কি?' রাজগুরু আর কোনও কথা বলতে পারলেন না। রাজা

কৃষ্ণদেব এবং পারিষদদের সামনে তেনালির যুক্তি তর্কের কাছে পরাজিত হয়ে লজ্জায় মাথা নত করলেন।

**জীবন থেকে শেখা**

যদি আমরা সত্য, ভালো, কার্যকর সূচী আমাদের সমস্ত বাহ্যিক এবং আন্তরিক যোগসূত্রের জন্য ব্যবহার করতে পারি তাহলে আমরা যেমন সময় বাঁচাতে পারি তেমনি আরো গঠনমূলক জীবনযাত্রা নির্বাহ করতে পারি। 'টি.জি.ইউ' সূচী আমাদের সামাজিক এবং পেশাদারী জীবন উভয়কেই নিয়মানুবর্তি করতে সাহায্য করবে।

**জ্ঞান কণা**

* ভালো ব্যবহার্য এবং বিশ্বস্ত কিছু করার জন্য ক্ষিপ্রতার প্রয়োজন, তোমার মনকে মন্দ কাজ করার থেকে বিরত কর কারণ যে ব্যক্তি ভালো কাজও ধীরে সুস্থে করে তার মন মন্দ কাজে উৎসাহিত হতে পারে। * শুধুমাত্র সারল্যের মাপকাঠিতে অথবা ক্ষতিকর নয় বলে গুণবিচার করা ঠিক নয়, ভালো এবং বিশ্বস্ত কাজ করার জন্য উদ্যোগী মনোবৃত্তির মাপকাঠিতে গুণ বিচার যথাযথ।

## Quotable Nugget

A swarm of Bees worth Living—
B-patient, B-prayerful, B-humble, B-mild,
B-wise, as a Solomon, B-meek as a child;
B-studious, B-thoughtful, B-loving, B-kind;
B-sure you make matter subservient to mind;
B-cautious, B-prudent, B-trustful, B-true,
B-courteous to all, B-friendly with few;
B-temperate in argument, pleasure and wine,
B-careful of conduct, of money, and time.

Anonymous

## বুদ্ধির মার

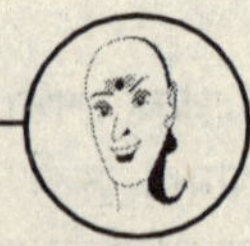

তেনালি রামনের বাড়িতে একটা বেশ সুন্দর বাগান ছিল। সেখানে প্রচুর পরিমাণে ফুল আর শাকসবজি জন্মাতো। এই বাগানের একধারে একটা গভীর কূয়ো ছিল। একদিন সন্ধ্যা উত্তীর্ণ হয়ে যাবার পর খাওয়া দাওয়া শেষ করে তেনালি যখন বাগানে পায়চারি করছে, সে দেখতে পেল ঠিকমতো জল সেচ না করায় গ্রীষ্মের প্রখর তাপে গাছপালাগুলি শুকিয়ে গেছে।

সে যখন খুব মনোযোগ দিয়ে গাছপালা নিরীক্ষণ করছিল দেখল তার বাগানে যেখানে ঘন ঝোপছাড় সেগুলি নড়াচড়া করছে। তখুনি সে ভাবল কয়েকজন চোর

সেখানে লুকিয়ে থাকতে পারে—চোরের উপস্থিতি না জানার ভান করে, তেনালি চিৎকার করে তার স্ত্রীকে বলল, 'শোন শহরে কিন্তু চুরি ডাকাতি খুব বেড়ে গেছে, প্রতিদিন কোথাও না কোথাও চুরির ঘটনা ঘটছে, তুমি কিন্তু তোমার গয়নাগাঁটি এবং অন্যান্য মূল্যবান জিনিষপত্রের ব্যাপারে সতর্ক থাকবে।' তেনালি আরও গলা চড়িয়ে স্ত্রীর উদ্দেশ্যে বলল, 'দেখ, সতর্কতামূলক ব্যবস্থা হিসাবে আমাদের মূল্যবান জিনিষপত্র একটা বড় লোহার বাক্সে রেখে আমরা যদি বাক্সটা বাগানের কূয়োর মধ্যে লুকিয়ে রাখি তাহলে মনে হয় আমরা আমাদের মূল্যবান জিনিষপত্র চোরের হাত থেকে বাঁচাতে পারব।'

এইভাবে প্রস্তাব জানিয়ে তেনালি খুব শান্ত ভাবে ঘরের মধ্যে প্রবেশ করল। এবং স্ত্রীকে চুপি চুপি জানাল যে বাগানের মধ্যে কয়েকজন চোর লুকিয়ে আছে।

তেনালি তার স্ত্রীকে আরও বিস্তারিত ভাবে খুব গোপনে জানাল, 'আমাদের বাড়িতে পায়শই চোরের আবির্ভাব ঘটবে। কাজেই এই সুযোগে তাদের বেশ একটা কঠিন শিক্ষা দিতে হবে—যাতে ওরা আর কোনদিন এ মুখো না হয়।' সে আরও বলল, 'চোরদের বোকা বানাবার জন্য এক কাজ করি এসো, আমরা বড় একটা লোহার বাক্স সোনাদানার পরিবর্তে গোপনে ইট পাথর দিয়ে ভর্তি করে সেটা বাগানের কূয়োতে ফেলে দিই।'

তারা ভাবনা মতো কাজ শুরু করল। এইভাবে ইট পাথর দিয়ে বাক্সটা ভর্তি করে কূয়োতে ফেলে চোরেদের বোকা বানাবার চেষ্টা করল। গাছের তলায় ঝোপঝাড়ের মধ্যে লুকিয়ে থাকা চোররা দেখল, তেনালি এবং তার স্ত্রী প্রচণ্ড কষ্ট করে টানতে টানতে একটা লোহার বক্সে বাড়ির থেকে বাইরে এনে কূয়োর মধ্যে ফেলে দিল।

তারপর চেঁচিয়ে বলল, 'চল এবার দরজা জানলা ভালো করে বন্ধ করে ঘুমতে যাই।'

ওরা চলে যাবার কিছুক্ষণ পরে চারজন চোর ঝোপের আড়াল থেকে বেরিয়ে তাদের কাজ শুরু করে দিল। মূল্যবান জিনিষপত্র নিয়ে তাড়াতাড়ি পালাবার উদ্দেশ্যে, চোরেরা সর্বশক্তি দিয়ে কূয়ো থেকে বাক্স টেনে তোলবার চেষ্টা করল। কিন্তু বাক্সটা এতভারি যে তাদের পক্ষে সেটা কূয়োর মধ্যে থেকে ওপরে টেনে তোলা সম্ভব হল না।

চেষ্টা ব্যর্থ হওয়াতে চোরেদের মধ্যে একজন বলল, 'প্রথমে কূয়ো থেকে সমস্ত জল বাইরে বের করা হোক, তারপর বাক্সটা টেনে তোলার চেষ্টা করা হোক।' তার

কথা মতো চোরেরা প্রচণ্ড পরিশ্রম করে কূয়োর বাইরে জল ফেলার কাজ শুরু করল।

তারা এই কাজ রাত থেকে সকাল পর্যন্ত চালিয়ে গেল। যখন বেশির ভাগ জল তোলা হয়ে গেল, তখন চোরেরা কূয়োতে নেমে কোনওক্রমে টানতে টানতে সেই ভারি বাক্সটা ওপরে তুলল। তারপর যখন তারা তালা ভেঙে বাক্সর ডালাটা খুলল, অবাক হয়ে দেখল বাক্সটা ইট পাথরে ভর্তি।

তেনালি এতক্ষণ বাড়ির মধ্যে থেকে সমস্ত ঘটনাটা দেখছিল, চোরেদের বিমূঢ় অবস্থা থেকে হাসতে হাসতে বাগানে বেরিয়ে এল।

তেনালিকে বাগানে ঢুকতে দেখে চোরেরা পালাবার পথ খুঁজতে লাগল। তাদের পালাতে দেখে তেনালি খুব ধীর ভাবে বলল, 'এই যে বন্ধুরা, আমাকে ভয় পাবার কিছু নেই, আসলে আমি তোমাদের ধন্যবাদ জানাতে এসেছি—কারণ তোমরা খুব পরিশ্রম করে আমার শুকিয়ে যাওয়া গাছে জল দেবার ব্যবস্থা করেছ।'

চোরেরা এবারে বুঝতে পারল তেনালি খুব বুদ্ধি করে তাদেরকে ফাঁদে ফেলেছে। উপায়ন্তর না দেখে তারা তেনালির কাছে তাদেরকে ছেড়ে দেবার জন্য কাকুতি মিনতি করতে শুরু করল।

**জীবন থেকে শেখা**

একজন সত্যিকার অধিনায়কের সমর্থিত সংজ্ঞা হল, সে যা করাতে চায় জনগণকে দিয়ে সেটাই করিয়ে নিতে পারে। এবং তারা যখন কাজ করছে তখন মাঝখানে হস্তক্ষেপ করা থেকে বিরত থাকে। এইদিক থেকে চিন্তা করলে তেনালি রামন শুধুমাত্র বুদ্ধিমানই নন একজন সুদক্ষ অধিনায়কও।

**জ্ঞান কণা**

* যেমন আমাদের দেখার জন্য আলো দরকার, তেমনি আমাদের মনের জন্য কল্পনার দরকার। * যথা সময়ে চিন্তা করার মতো অত ভালো আর কিছু নাই। পৃথিবীতে কোনও মানুষ যদি তার জীবনের উদ্দেশ্য সাধন করতে চায় তবে তাকে একজন সুন্দর চিন্তাধারার মানুষ হতে হবে। * সমস্ত কাজের ভিত তৈরি করতে চিন্তাধারাই দর্শন।

## Quotable Nugget

"A man may die, nations may rise and full, but an idea lives on. Ideas have endurance without death."

J. F. Kennedy

# আপনার সে এখানে

একদিন 'ভুবন বিজয়ম' রাজসভায় উপস্থিত তেনালি রামনকে খুবই অসুখী দেখাচ্ছিল। রাজা কৃষ্ণদেব রাও এটা লক্ষ্য করে তেনালিকে জিজ্ঞাসা করে জানতে চাইলেন, 'কি ব্যাপার তেনালি আজ তোমাকে এতো বিমর্ষ দেখাচ্ছে কেন? তোমার কী চাই?'

তেনালি খুব বিষণ্ণ স্বরে জানাল, 'ঠিকই মহারাজ আমি আজ খুব বিধ্বস্ত। জ্যোতিষীরা বলেছেন আমার আয়ূ আর দু'মাস। অবশ্য আমি আমার আয়ু নিয়ে বিন্দুমাত্র চিন্তিত নই। আমি ভাবছি আমার মৃত্যুর পর যেমন করে আমি আমার

পরিবারকে রক্ষা করতাম, তেমন করে আমার পরিবারকে রক্ষা করার কেউ থাকবে না। আমি আমার পরিবারের জন্যই উদ্বিগ্ন।'

তেনালির কাছে একথা শুনে রাজা কৃষ্ণদেব তাকে সরলভাবে বললেন, 'তেনালি তুমি মোটেও উদ্বিগ্ন হয়ো না। তুমি সবসময়ই আমার অনুগত ছিলে এবং আমার সম্মান বাঁচানোর জন্য সর্বদাই চেষ্টা করতে—আমি তোমার চেয়েও তোমায় পরিবারকে দশগুণ বেশি যত্নে এবং অধ্যবসায়ে রক্ষা করব। এটা আমার কাছে খুব বড় ব্যাপার নয়।' এইভাবে সান্ত্বনা দিয়ে মহারাজ তেনালি রামনকে শান্ত করার চেষ্টা করলেন।

এরপর তেনালি এমন ভান করল যেন সে অসুস্থ হয়ে দিনের পর দিন ক্রমশ খারাপ অবস্থার সম্মুখীন হচ্ছে।

অবশেষে তেনালি ফন্দি করে একটা গুজব ছড়িয়ে দিল যে সে বেঁচে নেই। যখন এই গুজবটা ছড়িয়ে গেল তখন সে তার টাকা কড়ি, সোনাদানা এবং দামী বাসনপত্র একটা বাক্সর মধ্যে ভরে রাখল। এবং নিজেও বাক্সর মধ্যে লুকিয়ে থাকল।

যখনই রাজা কৃষ্ণদেব শুনলেন যে তার বুদ্ধিমান, রসিকপ্রবর তেনালি দেহত্যাগ করেছে তখন তিনি একদল সেনা পাঠালেন এবং নির্দেশ দিলেন যে তেনালির বড় বাক্সটা নিয়ে আসতে।

রাজসৈনিকরা মহারাজের নির্দেশ মতো বাক্সটি রাজপ্রাসাদে নিয়ে গেলেন।

যেই মুহূর্তে বাক্স পৌঁছাল, মহারাজ অত্যন্ত মনোযোগী হয়ে কৌতূহলবশত বাক্সর ডালা খুলে ভেতরটা নিরীক্ষণ করতে লাগলেন। বাক্সর মধ্যে তেনালিকে দেখে অবাক হয়ে চিৎকার করে উঠলেন। 'একি তেনালি তুমি এখানে। সকলে যে বলল তুমি মারা গেছ!'

তেনালি কোনও যুক্তি তর্কে না গিয়ে তার প্রতিক্রিয়া জানিয়ে বলল, 'মহারাজ, আমি কী করে না দেখে মরতে পারি, যে যিনি আমার মৃত্যুর পর আমার পরিবারকে সযত্নে রক্ষা করবেন তিনি সেই একই লোক কিনা।'

তেনালির মন্তব্য শুনে মহারাজ খুবই লজ্জিত হলেন এবং কোনও কথা না বলে চুপচাপ বসে রইলেন।

**জীবন থেকে শেখা**

বিশ্বাস একবারেই বৃদ্ধি পায় না। বিশ্বাসকে বারবার পরীক্ষা করে নিতে হয়। অনেক মানুষই তাৎক্ষণিক কথা দিয়ে বসেন এবং তুমি হয়তো বিশ্বাস করে বসে আছ যে সে কিন্তু সে কথা নাও রাখতে পারে। তার কথা রাখবে। ছুরিতে যেমন বার বার ধার দিয়ে নিতে হয়, তেমনি বিশ্বাসকে বারবার পরীক্ষা করে দেখতে হয়, কারণ এটা কখনো চিরস্থায়ী হিসাবে গ্রহণ করা যায় না।

**জ্ঞান কণা**

*দ্বৈত সত্তার মানুষের ভণ্ডামির মতো মারাত্মক আর কিছু নাই এবং এটা একটা অমার্জনীয় অপরাধ। একজন মানুষ যা নয় সেই রূপটাকে ধরে রাখার চেয়ে সহজ, নিরাপদ এবং স্বাভাবিক হল মানুষ যা সেই রূপে নিজেকে প্রকাশ করতে চাওয়া। মানুষ যখন নিজের ভালোত্ব দেখাতে যায় তখন সে সবচেয়ে খারাপ। * একজন ভণ্ড লোকের অনুতাপই হচ্ছে তার ভণ্ডামি।

## Quotable Nugget

"False face must hide what the false heart doth know."

William Shakespeare

## কার কে

'আচ্ছা তেনালি তুমি তো আমাদের সমাজের চতুর্বর্ণের কথা জানো—এবার বলতো এদের মধ্যে কোন বর্ণের লোকেরা সচরাচর সবচেয়ে বুদ্ধিমান এবং চতুর আর কোন্ বর্ণের লোকেরা সাধারণত সরল এবং সৎ।'—একবার রাজা কৃষ্ণদেব রাও তেনালির কাছে এই বিষয়টা জানতে চাইলেন।

'আজ্ঞে মহারাজ আমার মতে চতুর্বর্ণের মধ্যে ব্যবসায়ী সম্প্রদায়ের লোকেরা সবচেয়ে বুদ্ধিমান এবং চতুর। বিপরীত পক্ষে ব্রাহ্মণ সম্প্রদায়ের লোকেরা সাধারণত সরল এবং সহজ।' তেনালি রাজার প্রশ্নের উত্তরে সঙ্গে সঙ্গে একথা জানাল।

তেনালির মতামতের বিরুদ্ধাচারণ করে মহারাজ বললেন—'তুমি একথা কী করে বলছো? ব্রাহ্মণ সম্প্রদায়ের লোকেরা, আমরা জানি খুব বিদ্বান হয় কাজেই তারা সবচেয়ে বেশি বুদ্ধিমানও হবে। সেক্ষেত্রে ব্যবসায়ী সম্প্রদায়ের লোকেরা সাধারণত অশিক্ষিত এবং অযোগ্য কাজেই তারা যে বেশি বুদ্ধিমান হবে এটা ভাবা যায় না।'

তেনালি রামন মহারাজের কথা শুনে বললেন, 'না, মহারাজ, আপনার সাথে আমি একমত নই, ঠিক আছে আমি আমার মতামতের যথার্থতা প্রমাণ করতে পারি যদি আপনি এর মধ্যে কোন হস্তক্ষেপ না করেন।'

মহারাজ তেনালির কথায় সম্মত হলেন। জানালেন হস্তক্ষেপ করবেন না। এক সপ্তা পরে তেনালি তথ্যাচার্যের কাছে গিয়ে শ্রদ্ধাসহ বললেন, 'মহারাজ, আপনার মাথার টিকিটা চাইছেন। আপনি কী এই টিকিটা ছেঁটে দিতে প্রস্তুত?'

এই কথা শুনে রাজগুরু ভীষণভাবে বিরক্ত হলেন। রাজগুরুর পক্ষে তার টিকি কি করে ছেঁটে ফেলা সম্ভব এটা সুস্পষ্টভাবে তার ধর্মবিশ্বাস এবং ঈশ্বরভক্তির প্রতীক। রাজগুরু তাঁর এই সমুন্নত দীর্ঘ এবং গুচ্ছ টিকির জন্য গর্বিত। তিনি মোটেও এই বিখ্যাত টিকি ছেঁটে ফেলতে প্রস্তুত নন।

তিনি বললেন, 'শোন তেনালি আমি খুব সযত্নে এই টিকির রক্ষণাবেক্ষণ করি—এই টিকি ছেঁটে ফেলা আমার পক্ষে সম্ভব নয়।'

'এর জন্য আপনি যে মূল্য চাইবেন সেটাই পাবেন'—তেনালি প্রস্তাব রাখল।

এবার রাজগুরু একটু ধন্দে পড়লেন। তিনি কখনো চান না তাঁর টিকি ছাঁটতে, আবার একই সঙ্গে অর্থের লোভ ত্যাগ করাও তার পক্ষে খুবই কষ্টকর। তিনি আবার এটাও প্রমাণ করতে চান যে তিনি ধর্মকে বিশেষ মূল্য দেন।

যাইহোক অবশেষে রাজগুরু বললেন, 'যেহেতু এটা রাজ আদেশ, যদিও আমার এই কাজ করার মোটেও ইচ্ছা ছিল না। তবু তাঁর আদেশ মান্য করার জন্য আমি টিকি ছাঁটতে রাজি আছি। কিন্তু তার পরিবর্তে আমাকে দশটি স্বর্ণমুদ্রা দিতে হবে।'

'ঠিক আছে, কোন চিন্তা নেই আপনি অবিলম্বে দশটি স্বর্ণ মুদ্রা পেয়ে যাবেন'—তেনালি জানিয়ে দিল।

এবং দশটি স্বর্ণমুদ্রার পরিবর্তে রাজগুরু তাঁর সুপুষ্ট এবং তৈল মন্ডিত টিকি তালুর মধ্যে থেকে ছেঁটে ফেলার জন্য নাপিতকে অনুমতি দিলেন।

এরপরে তেনালি রামন সুকুমার নামে বিজয়নগরের একজন শীর্ষ স্থানীয় ব্যবসাদারকে ডেকে পাঠাল। তারও একটি সুদৃশ্য টিকি ছিল।

তেনালি রামন তাকে ডেকে বলল, 'কয়েকটি কারণের জন্য আপনার টিকিটা মহারাজের দরকার। আপনি সেটা দিতে তৈরি তো?'

সুকুমার খুব উৎসাহ দেখিয়ে বললেন, 'আমাদের যা কিছু সবইতো মহারাজের সম্পত্তি এমনকি আমাদের জীবনও যদি এটাও দরকার হয় মহারাজ সেটা নিতে পারেন। কিন্তু দয়া করে একটা কথা মনে রাখবেন, আমি খুব গরিব মানুষ।'

'কোন চিন্তা নেই' তেনালি আশ্বস্থ করে বলল, 'আপনি আপনার টিকির জন্য যে মূল্য চাইবেন সেটাই পাবেন।'

'সত্যি আপনার অনুগ্রহের তুলনা হয় না—কিন্তু..' সুকুমার একটু ইতস্তত করে বলল।

'কিন্তু কি?' তেনালি রামন কিছুটা বিরক্তি সহকারে জিজ্ঞাসা করল।

'আসলে বিষয়টা খুবই সংবেদী' ব্যবসাদারটি খুব মগ্ন হয়ে বলতে শুরু করলেন, 'আসলে আমার এই টিকি রক্ষার জন্য আমার মেয়ের বিয়ের সময় দশ হাজার স্বর্ণমুদ্রা ব্যয় করতে হয়েছিল। আপনি হয়তো জানেন আমার টিকিটা আমার সম্মানের চিহ্ন। গত বছর যখন আমার বাবা মারা যান, আমার বাবার শ্রাদ্ধের সময় এই টিকি রক্ষার খাতিরে আমাকে আরো পাঁচ হাজার স্বর্ণমুদ্রা ব্যয় করতে হয়। আমার টিকি এমনই মূল্যমানের।'—সুকুমার স্নেহশীল পিতার মত টিকিতে হাত বুলাতে বুলাতে তার বক্তব্য শেষ করলেন।

'তার মানে এই টিকির জন্য আপনাকে পনের হাজার স্বর্ণমুদ্রা খরচ করতে হয়েছিল। ঠিক আছে রাজকোষ থেকে আপনাকে পনের হাজার স্বর্ণমুদ্রাই দেওয়া হবে এবার আপনি নাপিতকে আপনার টিকি ছাঁটতে দিন'—তেনালি সুকুমারের দাবি অনুমোদন করলেন।

যখন সুকুমারকে পনের হাজার স্বর্ণমুদ্রা দেওয়া হয়ে গেল—তখন নাপিতকে ডেকে আনা হল। সে যেই সুকুমারের টিকি ছাঁটতে আরম্ভ করবে—সঙ্গে সঙ্গে সুকুমার আদেশের স্বরে বললেন—'এই যে নাপিত ভাই, খুব সাবধান, জেনে রাখো এই টিকি এখন মহারাজের সম্পত্তি। মনে করো তুমি যেন মহান শক্তিশালী রাজা কৃষ্ণদেব রাওয়েরই টিকি ছাঁটছো।'

মহারাজ কাছেই বসেছিলেন এবং টিকিচ্ছেদন অনুষ্ঠানটি দেখছিলেন সুকুমারের মন্তব্য শুনে তিনি মেজাজ হারিয়ে ফেললেন। কারো টিকির প্রসঙ্গে তাঁর টিকির উল্লেখ করা মহারাজের কাছে প্রচন্ড সম্মানহানিকর মনে হল।

তিনি চিৎকার করে উঠলেন। 'এক্ষুনি এই বাজে আচরণের লোকটাকে আমার চোখের সামনে থেকে সরাও। এখান থেকে দূর করে দাও এই অভব্য ব্যবসাদারকে।'

সুকুমারকে নির্দয়ভাবে সেখান থেকে তাড়িয়ে দেওয়া হল কিন্তু তাতে সে কিছু মনে করল না। কারণ সে তো ইতিমধ্যে পনের হাজার স্বর্ণমুদ্রা পেয়ে বেশ ধনবান হয়ে

গেছে।

পরে তেনালি মহারাজকে বলল, 'দেখলেন তো ব্যবসাদারটি কেমন তীক্ষ্ণ বুদ্ধিধর। ও যে কেবল পনের হাজার স্বর্ণমুদ্রাই লাভ করল তা নয়, কেমন বুদ্ধি করে নিজের টিকিটাও বাঁচিয়ে নিল। সে ক্ষেত্রে আমাদের রাজগুরু রাজ্যের শীর্ষস্থানীয় পণ্ডিত হয়েও মাত্র দশটি স্বর্ণমুদ্রার বিনিময়ে তার টিকি কাটতে অনুমতি দিল।'

ব্যবসায়ী সম্প্রদায়ের বুদ্ধিমত্তা এবং চতুরতার ব্যাপারে এবং ব্রাহ্মণ সম্প্রদায়ের সরলতার ব্যাপারে তেনালির অভিমত মেনে নেওয়া ছাড়া মহারাজের আর কোনও উপায় রইল না।

**জীবন থেকে শেখা**

জনগণ আপনার ঘোষণাকে মেনে নেবে যদি তা অভিজ্ঞতা দ্বারা প্রমাণিত হয়। এটা বিশ্বাসযোগ্যতাও সৃষ্টি করে। যদি তা সত্য দ্বারা প্রমাণিত না হয় তবে এগুলো কেবল মত হিসেবে অথবা বাজে অনুমান হিসেবে থেকে যাবে। আপনার বিশ্বাসযোগ্যতা যত বেশি হবে, ততবেশি বিশ্বাস আপনাকে ঘিরে থাকবে।

**জ্ঞান কণা**

* কোন সত্য ঘটনাকে গোপন করা যায় না এমনকি তাকে লক্ষ্য না করলেও। * সত্যকে খুঁজে বের করা একটা কঠিন কাজ হতে পারে, কিন্তু লাফিয়ে উপসংহারে যাওয়ার চেয়ে এটা অনেক ভালো। * সত্য ঘটনাকে কখনও পরিবর্তিত করা যায় না, কেবল আমাদের অভিমতই পরিবর্তিত হয়। আমাদের জীবন এবং অভ্যাস আমাদের মতামতের ওপর নির্ভর করে একথা বলার চেয়ে বরং বলা ভালো আমাদের মতামত আমাদের জীবন এবং অভ্যাসের ওপর নির্ভর করে। * একটা প্রচলিত জনপ্রিয় মতকে নষ্ট করতে অনেক সময় লাগে।

## Quotable Nugget

"Remember that all things are only opinion and that it is in your power to think as you please."

Marcus Aurelius

# আবার সেখানেই গেল

বিজয়নগর রাজ্যের 'ভূবন বিজয়ম্'-এ প্রতিবছর সকলকে উৎসাহ দেবার জন্য একটা মজার প্রতিযোগিতা অনুষ্ঠিত হয়। প্রতিযোগিতাটি হল 'বছরের সেরা বোকা' নির্বাচন। রাজা কৃষ্ণদেব রাওয়ের সব পারিষদরাই এই প্রতিযোগিতায় অংশ গ্রহণ করতেন। কারণ বিজয়ীকে এই প্রতিযোগিতায় পাঁচ হাজার স্বর্ণমুদ্রার মতো বেশ একটা আকর্ষণীয় পুরস্কার দেওয়া হত। কিন্তু একটা দুঃখের বিষয় হল প্রতিবারই এই প্রতিযোগিতায় সেরা হতেন তেনালি রামন।

একবার মহারাজের সমস্ত পারিষদরা একজোট হয়ে স্থির করলেন যে এইবার

তেনালিকে এই প্রতিযোগিতা থেকে বাইরে রাখতে হবে। অনেক ভেবেচিন্তে তাঁরা তেনালির ভৃত্যকে একটা লোভনীয় অঙ্কের অর্থ ঘুষ দিয়ে বললেন, তেনালি যাতে প্রতিযোগিতার দিন ঠিক সময়ে রাজপ্রাসাদে যেতে না পরে তারজন্য তাকে ঘরে তালাচাবি দিয়ে আটকে রাখতে হবে। ব্যাপারটা এত পরিকল্পনা মাফিক হল যে ভৃত্যের কল্যাণে তেনালি ঠিক সময়ে রাজপ্রাসাদে গিয়ে প্রতিযোগিতায় অংশ নিতে পারল না।

এরপর যে ভাবেই হোক, প্রতিযোগিতা যখন শেষ হয় হয় তেনালি তখন রাজপ্রাসাদে গিয়ে হাজির হল। প্রতিযোগিতায় বিজয়ীর নাম ঘোষণার মুহুর্তে তেনালিকে রাজপ্রাসাদে প্রবেশ করতে দেখে মহারাজ তার কাছে ঠিক সময়ে এসে প্রতিযোগিতায় অংশগ্রহণ না করতে পারার কারণটা জানতে চাইলেন।

কারণস্বরূপ তেনালি জানাল, তার সেদিন একশোটা স্বর্ণমুদ্রার বিশেষ প্রয়োজন ছিল, সেই স্বর্ণমুদ্রা জোগাড় করার ব্যাপারে ব্যস্ত ছিল বলে সে ঠিক সময়ে প্রতিযোগিতায় অংশ নিতে পারেনি। তেনালির কথা শুনে মহারাজ বললেন, 'প্রতিযোগিতায় অংশগ্রহণ করে তুমিও তো পুরস্কার মূল্য পাঁচ হাজার স্বর্ণমুদ্রা পেতে পারতে, তাহলে তো তোমার প্রয়োজন মিটে যেত। তুমি সত্যি সত্যি নিরেট বোকার মতো কাজ করেছ।' মহারাজ তেনালির কাণ্ড দেখে মনে মনে হাসতে লাগলেন।

'মহারাজ, আমি সত্যি খুব বোকা'—তেনালি খুব দুঃখিত মুখে জানাল।

'ঠিকই আজকে তুমি যেরকম অদ্ভুত আচরণ করলে তাতে তোমাকে শুধু বোকা বললে ভুল হবে, সত্যি কথা বলতে গেলে তোমার মতো শ্রেষ্ঠ বোকা আমি আজ পর্যন্ত দেখিনি।' মহারাজ খুব জোরের সঙ্গে বললেন কথাগুলো।

'তারমানে আমি তো তাহলে আজকের এই 'বছরের সেরা বোকা' প্রতিযোগিতায় বিজয়ী।' তেনালি খুব উত্তেজিত হয়ে বলল।

রাজা কৃষ্ণদেব বুঝতে পারলেন, তিনি একটা ভুল করে ফেলেছেন। কিন্তু এই ভুলটা করে তিনি খুব গর্বিত হলেন। এবং অন্য পারিষদদের হতবুদ্ধি করে তিনি পুনরায় ঘোষণা করলেন—তেনালি রামনই চার্তুয এবং বুদ্ধির দৌলতে এবারে বছরের সেরা বোকা প্রতিযোগিতায় বিজয়ী হয়েছে।

**জীবন থেকে শেখা**

একজন বিজয়ীর এটাই দক্ষতা যে তিনি অসুবিধাজনক পরিস্থিতিকে সুবিধাজনক এবং

নেতিকে ইতিতে পরিবর্তিত করতে পারেন। অন্ধকারের অভিশাপের পরিবর্তে আলোকবর্তিকা জ্বালাতে পারেন।

**জ্ঞান কণা**

* প্রায়শই যখন আমরা অন্যদের বোকা বলি, সম্ভবত তখন আমরা নিজেদের বেশি বোকা প্রতিপন্ন করি। * নির্বোধের কাছে জ্ঞানী মানুষের অনেক কিছু শেখার আছে সেই তুলনায় কিন্তু নির্বোধদের জ্ঞানী মানুষের কাছে কিছু শেখার নেই। কারণ একটা কথা বা কাজ দিয়ে অধিকাংশ ক্ষেত্রেই একজন জ্ঞানী বা নির্বোধকে চেনা যায়। * আমরা কি বলছি বা কি করছি এ সম্পর্কে আমাদের সতর্ক থাকা উচিত।

## Quotable Nugget

"Every man is a fool in some man's opinion."

Spanish Proverb

# নামের জন্য

একদিন শীতের বিকেলে, রাজবাড়ি থেকে ফেরার সময় রাস্তায় একটা ভিখারিকে দেখে তেনালি তাকে একটা রৌপ্য মুদ্রা দিতে গেলে, ভিখারি সেই মুদ্রা না নিয়ে বলল, 'আমার ভিক্ষার কোন প্রয়োজন নেই। অনেক দিন থেকে আমি একটা সমস্যার মধ্যে আছি। এ ব্যাপারে আমি শুধু আপনার পরামর্শ চাই। কারণ আমি জানি রাজসভার অষ্টদিগগজের মধ্যে আপনি সবচেয়ে বুদ্ধিমান এবং বিচক্ষণ ব্যক্তি। আপনিই পারেন আমার সমস্যা সমাধানের ব্যাপারে যথাযথ উপদেশ দিতে।'

'আচ্ছা, আচ্ছা বলো তোমার কি সমস্যা'—তেনালি খুব আগ্রহ দেখিয়ে বললেন।

ভিখারিটি একটু ইতস্তত করে বলল, 'দুর্ভাগ্যক্রমে আমি একজন ভিখারি তাতে কোন সন্দেহ নেই, কিন্তু আমার মনের তীব্র বাসনা আমাকে সবাই 'শেঠজি' বলে ডাকুক। এটা কিভাবে সম্ভব হবে আমি কিছুতেই ভেবে পাচ্ছি না। এ ব্যাপারে আপনি যদি আমাকে একটু সাহায্য করেন তবে আমার অনেকদিনের ইচ্ছা পূরণ হয়।'

তেনালি কিছুক্ষণ নীরব থেকে বললেন, 'আমি খুব শীঘ্রই তোমার সমস্যার সমাধান করে দিচ্ছি। তোমাকে সবাই যাতে শেঠজি বলে ডাকে অচিরেই তার ব্যবস্থা হবে—তবে আমি যা বলব তোমাকে সেটা করতে হবে। এক কাজ করো, এখান থেকে কিছুটা দূরে গিয়ে তুমি দাঁড়িয়ে থাকো। এরপর কেউ যখন তোমাকে শেঠজি শেঠজি বলে ডাকবে তুমি তখনই তাদেরকে মারার জন্য পিছনে ধাওয়া করবে'—এটাই আমার পরামর্শ। ভিখারিটি তেনালির পরামর্শ মতো কিছুটা দূরে গিয়ে দাঁড়িয়ে থাকল।

ইতিমধ্যে, কাছেই কয়েকটি দুষ্টু ছেলেকে ক্রীড়ারত দেখতে পেয়ে তাদের কাছে গিয়ে ভিখাটিরটাকে দেখিয়ে তেনালি বলল, 'ওই যে দূরে একটা লোককে একলা দাঁড়িয়ে থাকতে দেখছো, ওই লোকটাকে যদি শেঠজি বলে ডাকো তবে ও খুব ক্ষিপ্ত হয়ে উঠবে।'

তেনালির এই কথা শুনে নতুন একটি দুষ্টুমি করার সুযোগ পেয়ে ছেলের দল খুবই খুশি হল। তারা আর কালবিলম্ব না করে একসাথে ভিখারিটাকে ঘিরে ধরে শেঠজি শেঠজি বলে বিরক্ত করতে শুরু করল।

ভিখারিটিও সঙ্গে সঙ্গে ছেলেগুলোকে মারবার জন্য লাঠি উঁচিয়ে পিছন পিছন ধাওয়া করল।

ছেলের দল এতে আরও বেশি মজা পেয়ে নতুন উদ্যমে শেঠজি শেঠজি বলে ভিখারিটিকে খেপাতে লাগল।

আশেপাশের অন্যান্য লোকেরা এই দৃশ্য দেখে মজা পেয়ে গেল। তারাও শেঠজি শেঠজি বলে ভিখারিটিকে রাগাতে শুরু করল।

ভিখারিটি বিরক্ত হয়ে যত সকলের পিছনে ছোটে, ততই লোকেরা মজা পেয়ে তার পিছনে লাগে। আরও ক্ষেপিয়ে তোলে।

এইভাবে কিছুদিন চলার পর খুব শীঘ্রই তেনালির দৌলতে সমগ্র হাম্পিতে ভিখারিটি শেঠজি বলে বিখ্যাত হয়ে গেল। এইভাবেই ভিখারির দীর্ঘদিনের মনবাসনা পূর্ণ হল।

**জীবন থেকে শেখা**

প্রায়ই এমন সব অদ্ভুত হাস্যকর অনুরোধ আসে সেগুলো প্রশ্রয় দেওয়া মানে একটা একপেশে ভাবনাকে প্রশ্রয় দেওয়া কিন্তু আমাদের স্থির করতে হবে আমরা কি এই ধরনের উদ্ভট অনুরোধ প্রথম স্থানে রেখে আমাদের সময় নষ্ট করব।

**জ্ঞান কণা**

* এটা খুব সহজ প্রামাণ্য বিষয় যে আগুন যত বেশি ছড়িয়ে পড়বে তত বেশি প্রজ্জ্বলিত হবে। কোন কাজ গোপন করতে চাইলে তার প্রভাব নানাভাবে বেড়ে যায়। * ঘোড়ার নাক ঘিরে যে বাঁধন নদীর স্রোতকে বেঁধে রাখার জন্য যে বাঁধের দেয়াল, সোডা বোতালের যে ছিপি, ওগুলো সব ভেতরের শক্তিকে আটকাবার জন্য। * আমাদের গোপন শক্তিকে ব্যবহার করতে হবে সাফল্যের লক্ষ্যে পৌঁছবার সুযোগের জন্য।

## Quotable Nugget

"Man's natural instinct is never toward what is sound and true; it is toward what is suspicious and false."

H. L. Mencken

## একটি কৌশল কর্ম

বিজয়নগর রাজ্যের রাজা কৃষ্ণদেব রাওয়ের আমলে ব্রিটিশ সাম্রাজ্যের সঙ্গে তাঁর সম্পর্কের বিশেষ উন্নতি হয়েছিল। বহু ইংরাজ ভ্রমণকারী যেমন দোমিন গো পায়াস, ফার্নাও ন্যুইজ এবং নিকোলো দ্য কন্টি এই সময়ে বিজয়নগর রাজ্যের মহিমময় অবস্থিতি দেখতে আসেন। এই সব ভ্রমণকারীরা 'ভুবন বিজয়ম্' নামক রাজসভায় উল্লেখযোগ্য সময় অতিবাহিত করেন এবং তাদের ভ্রমণের সুন্দর বিবরণ লিপিবদ্ধ করেন।

একবার ইউরোপের একটি প্রদেশের মেয়রের স্ত্রী কৃষ্ণদেব রাওয়ের খ্যাতির কথা শুনে বিজয়নগর রাজ্যে কৃষ্ণদেবের সাক্ষাৎপ্রার্থী হয়ে আসেন। তিনি ইউরোপিয়ন ভ্রমণকারী ফার্নাও ন্যুইজ-এর সঙ্গে রাজসভায় উপস্থিত থাকার ইচ্ছা প্রকাশ করেন। তিনি শুনেছিলেন কৃষ্ণদেব রাও এবং তাঁর পণ্ডিত সভাসদরা প্রবাদ প্রবচনের মাধ্যমে অত্যন্ত মূল্যবান উপদেশ দিয়ে থাকেন।

মেয়রের স্ত্রীর খুব জানার ইচ্ছা হল রাজা কৃষ্ণদেব রাও এবং তাঁর অষ্টদিগগজ সম্পর্কে যে সব কথা প্রচারিত আছে তা সত্য কিনা। তিনি আরও শুনেছিলেন রাজা ও তাঁর সভাসদদের বিস্ময়কর দক্ষতা সম্পর্কে। তারা নাকি যে কোনও হেঁয়ালির অনায়াস সমাধান করে দিতে পারেন। তিনি চাইলেন এইসব প্রচারের সত্যাসত্য পরীক্ষা করতে।

রাজা কৃষ্ণদেব রাও তাঁকে তার 'ভূবন বিজয়ম্' রাজসভায় সাদর আহ্বান জানালেন। রাজা এবং তাঁর সভাসদদের পরীক্ষা করার জন্য মহিলা দু'টি ফুলের মালা নিয়ে রাজসভায় প্রবেশ করলেন। মালা দুটি হুবহু একরকমের দেখতে। তাছাড়া দু'হাতে দু'টি মালার মধ্যে যেটি ডান হাতে ধরেছিলেন সেটি আসল ফুলের মালা এবং বাঁ হাতে যেটি ধরেছিলেন সেটি নকল। কিন্তু এই মালা দু'টি দেখে কোন্‌টি আসল এবং কোন্‌টি নকল বোঝার একেবারে কোনও উপায় নেই। তিনি ওই মালা দুটি রাজসভায় দেখিয়ে বললেন, এই মালা দুটির মধ্যে কোনটি আসল ফুলের মালা আর কোনটি নকল কেউ যদি বলতে পারেন আমি খুশি হবো। প্রশ্নটি রাজা কৃষ্ণদেব রাওয়ের উদ্দেশ্যে উত্থাপিত। কৃষ্ণদেব কোনও উত্তর দিতে পারলেন না কারণ মালা দু'টি দেখে কোনটি আসল কোনটি নকল বোঝার কোনও উপায় নেই।

অষ্টদিগগজ এবং রাজার অন্যান্য পারিষদরাও মালা দু'টির আসল-নকল বুঝতে না পারায় নীরব হয়ে রইলেন। রাজা এবং অন্য সভাসদকে নির্বাক দেখে মহিলা আবার প্রশ্ন করলেন 'আপনাদের মধ্যে যে কেউ কোনটি আসল, কোনটি নকল ফুলের মালা যদি বলেন তবে আনন্দিত হবো।' রাজা মশাই এই পরীক্ষায় উত্তীর্ণ হবার জন্য তেনালির দিকে আশাদীপ্ত চোখে তাকালেন। তেনালিও নিরুত্তর। হঠাৎ দেখা গেল তেনালির মুখ চোখ উদ্ভাসিত হয়ে উঠল। তিনি যেন একটি সমাধানের পথ পেয়ে গেছেন বলে মনে হল।

হঠাৎ তেনালি বললেন, 'যদি ঘরের জানালাগুলো খুলে দেওয়া হয় ভালো হয়।

ঘরের ভেতরে নির্মল বাতাস ঢুকতে পারে।' তার কথা শুনে রাজা কৃষ্ণদেব রাও রাজকর্মচারীকে আদেশ দিলেন জানালা খুলে দেবার জন্য। জানলা খুলে দেওয়া হল।

হাতে দুটো ফুলের মালা নিয়ে মহিলা আর একবার আসল-নকল বিচার করার কথা বলে রাজসভার নিরুত্তর অবস্থা দেখে যখন জয়ের গৌরবে মুখে স্মিত হাসি ফোটাচ্ছেন, তখন তেনালি এসে ডান হাতের ফুলের মালাটা আসল ফুলের মালা হিসেবে চিহ্নিত করলেন।

উত্তরটা যে সঠিক হয়েছে সেটা স্বীকার করে নিলেন মহিলা। কৃষ্ণদেব রাও সহ সভাসদেরা অবাক হয়ে জানতে চাইলেন তেনালি কি করে সঠিক বিচার করল।

তেনালি বললেন, 'মহারাজ সত্যি দুটো মালা দেখে কোনটা আসল, কোনটা নকল বিচার করা খুব মুশকিল ছিল—আমি হঠাৎ দেখলাম আপনার বাগানের ফুলগাছে একটি মৌমাছি এসে বসেছে। আমি জানালাটা খুলে দিতে বলেছিলাম—আসল ফুলের মালায় যাতে মৌমাছিটা এসে বসে সেই জন্য। আমার ভাবনা এবং পর্যবেক্ষণের সুফল ফলল—মৌমাছিটা এসে আসল ফুলের মালার পাশে যখন ঘুরতে লাগল, তখন মাননীয় মহাশয়ার ধাঁধার উত্তরটা পেয়ে গেলাম।'

তেনালির উত্তরে সবাই খুশি হল। মহিলা স্বীকার করলেন রাজা কৃষ্ণদেব রাওয়ের রাজসভায় বুদ্ধিমান ও রসিক সভাসদরা বিরাজ করেন। এ ব্যাপারে তিনি স্থির নিশ্চিত হয়ে রাজা কৃষ্ণদেব রাও এবং তাঁর সভাসদদের ভূয়সী প্রশংসা করলেন।

**জীবন থেকে শেখা**

শতশত মানুষ সম্ভবত মৌমাছি দেখে থাকবেন। কিন্তু কয়েকজনই জানেন কী করে একে মূলধন করা যায়। কেমন করে? এরজন্য একটি তৈরি মনের দরকার যেটা সুযোগের সদ্ব্যবহার করতে পারে। এটা তেনালি রামন, লুই পাস্তুর এবং আলেকজান্ডার ফ্লেমিংয়ের ক্ষেত্রে সত্যি যাঁরা সবসময় তৈরি মন নিয়ে সুযোগের সদ্ব্যবহার করতে পারতেন।

**জ্ঞান কণা**

* একটি চুলই সম্ভবত সত্য এবং মিথ্যাকে ভাগ করে দেয়। * সত্যবাদীর চেয়ে কখনো কখনো একজন মিথ্যাবাদীর মধ্য দিয়ে সবকিছু স্বচ্ছ দেখা সহজ। * সত্য জানার জন্য অনেক সময়ের দরকার কিন্তু মিথ্যা খুব শীঘ্র প্রকাশিত হয়ে পড়ে। * সত্যের ভাষাকে কখনও সুসজ্জিত করার দরকার হয় না, এবং তা সবসময়েই সহজ সরল। মিথ্যা থেকে সত্যকে পার্থক্য করার জন্য যেটা দরকার সেটা হল কেবল মনোযোগ এবং উপস্থিত বুদ্ধি। সত্য সবসময়েই সত্য, বিশ্বাস কর আর না কর।

## Quotable Nugget

"Craft must have clothes, but truth loves to go naked."

Thomas Fuller

# খোলামনে

একদিন কৃষ্ণদেব রাও এত ঘুমোচ্ছিলেন যে সূর্য ওঠার অনেক পরেও তাঁর ঘুম ভাঙলো না। নাপিত ক্ষৌরকর্ম করতে এসে দেখল মহারাজ তখনও ঘুমিয়ে আছেন। সে ধীরে সুস্থে মহারাজের দাড়ি গোঁফ কামিয়ে পরিপাটী করে চুল কেটে দিল। এবং এত সাবধানতার সঙ্গে ক্ষৌরকর্ম করল যে মহারাজের ঘুমের কোনও ব্যাঘাত ঘটল না। নাপিত তার কাজ শেষ করে নীরবে রাজপ্রাসাদ ছেড়ে চলে গেল। মহারাজ ঘুম থেকে উঠে আয়নার দিকে তাকিয়ে দেখলেন পরিস্কার করে তাঁর দাড়িগোঁফ কামানো এবং চুলও খুব সুন্দর করে কাটা। নাপিতের নিখুঁত কাজ দেখে

মহারাজ খুবই খুশি হলেন। তিনি নাপিতকে ডেকে পাঠিয়ে বললেন, 'বল তোমার কী চাই?'

নাপিত খুব লাজুকভাবে বলল, 'আপনি আমার প্রতি প্রসন্ন, এর জন্য আমি কৃতজ্ঞ। আমার মনে ব্রাহ্মণ হবার একটা অপূর্ণ সাধ আছে, দয়া করে আমার সেই সাধটা পূর্ণ করলে আমি বাধিত হব।' নাপিতের সাধের কথা শুনে মহারাজ তক্ষুণি কয়েকজন ব্রাহ্মণকে ডেকে পাঠিয়ে তাদেরকে বললেন, 'এই নাপিতটিকে দু'মাসের মধ্যে ব্রাহ্মণে পরিবর্তিত করতে হবে। আমার এই আদেশ যারা দৃঢ় ভাবে মান্য করবেন না তাদের বিরুদ্ধে কঠোর ব্যবস্থা গ্রহণ করা হবে, যে সমস্ত সুযোগ সুবিধা দেওয়া হচ্ছে সবগুলোই বাতিল করা হবে।'

মহারাজের এরকম অসমীচীন নির্দেশ শুনে উপস্থিত বাহ্মরণেরা সকলেই ভেঙ্গে পড়লেন। তবু মহারাজের কঠোর নির্দেশ পালন করার জন্য তারা নাপিতকে সঙ্গে নিয়ে রওয়ানা হলেন। নাপিতকে ব্রাহ্মণে পরিবর্তিত করার খবরটা শহরের চারিদিকে ছড়িয়ে পড়ল। গোটা ব্রাহ্মণ সমাজ মহারাজের নাপিতকে ব্রাহ্মণ করার নির্দেশ একেবারেই অবাস্তব বলে মনে করলেন। তারা এটাও চিন্তা করলেন এই ধরনের পরিবর্তনের নির্দেশ অনেকেরই ইচ্ছার পথ খুলে দেবে যেটা একেবারেই ধর্মবিরুদ্ধ।

দুশ্চিন্তাগ্রস্থ ব্রাহ্মণেরা শেষ পর্যন্ত তেনালি রামনের সাহায্যপ্রার্থী হলেন। সবশুনে তেনালি ব্রাহ্মণসমাজকে আশ্বস্ত করে বললেন, এই দুদৈবর হাত থেকে রক্ষা করার জন্য তিনি শীঘ্রই একটা সমাধান বের করবেন।

মহারাজের আদেশ অমান্য করা চলবে না, তাই তারা কি আর করেন কৃষ্ণা নদীর পবিত্র জলে নাপিতকে দু-বেলা স্নান করাতে লাগলেন। তাকে শেখাতে লাগলেন কিভাবে পবিত্র শাস্ত্রীয় পদ্ধতি পালন করতে হয়, কিভবে বিশুদ্ধ গানের সুরে প্রার্থনা উচ্চারণ করতে হয়। এই ধরনের নানা বিধ ধর্মীয় আচার তারা নাপিতকে শেখাতে লাগলেন।

যখন নাপিতকে ব্রাহ্মণে রূপান্তরিত করার কাজটা পূর্ণ উদ্যমে চলছে—তখন একদিন মহারাজ নিজে নদী তীরে কাজের অগ্রগতি নিরূপণ করতে গেলেন। সেখানে গিয়ে দেখলেন ব্রাহ্মণেরা নাপিতকে স্তোত্র আবৃত্তি করা এবং ধর্মবিধি আচরণ করা শেখাচ্ছেন।

ঠিক ওই সময়ে তিনি লক্ষ্য করলেন নদীতীর থেকে সামান্য দূরে তেনালি একটা কালো রঙের কুকুরের পাশে দাঁড়িয়ে তাকে গানের সুরে প্রার্থনা বা এই জাতীয় কিছু একটা শেখাচ্ছে। এবং কয়েকটি ধর্মীয় বিধি আচরণের সাথে কুকুরটির গা ঘষে ঘষে নদীর জলে স্নান করাচ্ছে। যখন ব্রাহ্মণরা এবং নাপিত সুর করে স্তোত্র পাঠ করে চলেছে তখন মহারাজ আস্তে আস্তে তেনালির কাছে এসে তাকে জিজ্ঞাসা করলেন, 'তেনালি তুমি এই কুকুরটাকে নিয়ে কী করছ?' তেনালি খুব বিনয়ের সঙ্গে বলল, 'আমি এই কালো কুকুরটাকে সাদা গরুতে রূপান্তরিত করার চেষ্টা করছি।'

তেনালির এই কথা শুনে মহারাজ তাকে উপহাস করে বললেন, 'তেনালি কেমন করে এই কালো কুকুর, সম্ভবত যে কোনও কুকুরকে ওই স্তোত্র শুনিয়ে আর নদীর জলে স্নান করিয়ে সাদা গরুতে রূপান্তরিত করবে? এতো নিরেট বোকামি।' খুব সরল মুখ করে তেনালি বলল, 'মহারাজ আমার বোকামির জন্য মার্জনা করবেন। যদি একটি নাপিতকে ব্রাহ্মণে পরিবর্তিত করা যায় তবে কেন এই কালো কুকুরকে সাদা গরুতে পরিবর্তন করা যাবে না?'

তেনালির কথা শুনে মহারাজ হাসি থামিয়ে চিন্তা করতে লাগলেন এবং বুঝতে পারলেন তেনালি তাঁর চোখ খুলে দেবার উদ্দেশ্যে এই কাজ করছে।

তিনি তক্ষুণি নাপিতকে ডেকে বললেন, 'তোমাকে ব্রাহ্মণ করা সম্ভব নয়—তোমার এই ইচ্ছা ত্যাগ করে অন্য কিছু চেয়ে নাও।'

নাপিত খুব বাধিত হয়ে বলল, 'আমি আপনার উদারতায় খুশি। আমি কিছুই চাই না। আমি এখন বাড়ি যেতে চাই। নাপিতকে বাড়ি পাঠিয়ে দেওয়া হল। মহারাজ তার চোখ খুলে দেবার জন্য এবং ধর্মের বিরুদ্ধে এই ধরনের কাজ থেকে তাঁকে বিরত করার জন্য তেনালিকে অভিনন্দিত করলেন।

**জীবন থেকে শেখা**

যে কোন রূপান্তরই কঠিন হতে পারে কিন্তু সেটা বাস্তবসম্মত এবং কাঙ্খিত হতে হবে। পরিবর্তন এবং রূপান্তর কারো হুকুমে করা কেবল অনাকাঙ্খিতই নয় অযৌক্তিকও বটে।

**জ্ঞান কণা**

* ব্যক্তিগত গুণাবলী এবং নৈতিকতা মনের জন্য স্বাস্থ্যকর এবং ভালো। * এগুলি ক্রমে ক্রমে অধ্যবসায় এবং ধৈর্যের সঙ্গে বৃদ্ধি পায়। এবং এগুলি অর্জনের জন্য কোন তৈরি বা সংক্ষিপ্ত পথ নেই। * সকলেই নৈতিকতা এবং গুণাবলীর কাছে মাথা নত করে কিন্তু তাদেরকে আইন করে মাথা নত করানো যায় না।

## Quotable Nugget

"Virtue is better than immortality and life kingdoms, sons, glory, wealth, all these do not equal one sixteenth part of the value of virtue."

Mahabharats

## বুদ্ধির দৌড়

রাজগুরু তথ্যাচার্য সবসময় চেষ্টা করতেন তেনালি রামনের চেয়ে শ্রেষ্ঠতর হবার। একদিন সকাল বেলা তথ্যাচার্য দেখলেন তার বাগানের গাছে একটা হৃষ্টপুষ্ট পাকা আপেল বেশ বাড়ন্ত অবস্থায় ঝুলে আছে। তিনি সেটাকে পেড়ে মসলিন কাপড়ে ঢেকে তেনালি রামনের জন্য অপেক্ষা করতে লাগলেন।

তেনালি আসলে, তথ্যাচার্য তাকে ডেকে বললেন, 'এই যে তেনালি, শোন শোন তোমার সমাধানের জন্য আমি একটা ধাঁধাঁ রেখেছি। তুমি বলতে পারবে, আমার

হাতে, কাপড়ে জড়ানো ফলটা কী ফল? তুমি যদি সঠিক অনুমান করতে পারো, তাহলে আমার বাড়ি থেকে প্রথম দু'হাতে যেটা ধরবে সেটা যে কোনও জিনিষই হোক, নিয়ে আসতে পারবে, আর যদি তুমি না পারো তাহলে তোমার বাড়ি থেকে আমি প্রথম দু'হাতে যেটা আনতে পারি, সেরকম কোন জিনিষ নিয়ে আসব।'

'ঠিক আছে', তেনালি বলল, কারণ সে সব সময় তথ্যাচার্যের বুদ্ধিমত্তার সাথে প্রতিদ্বন্দ্বিতা করতে প্রস্তুত থাকত।

'এটা অবশ্যই একটা পেয়ারা'—তেনালি বিনীতভাবে জানাল।

'না, হয়নি'—তথ্যাচার্য হাসি হাসি মুখে বললেন।

'ঠিক আছে, অনুমানের জন্য আমি তোমাকে আরও দুটো সুযোগ দেব। এইবার বল এটা কী?' হাতের মোড়কটা দেখিয়ে তথ্যাচার্য আবার জানতে চাইলেন।

'এটা'... একটু ভাবনার ভান করে তেনালি বলল, 'এখনতো বেদনার সময় কাজেই এটা নিশ্চিতভাবে বেদানা।'

'এবারেও তোমার ঠিক হয়নি, এটা বেদানা নয়।' তথ্যাচার্য বললেন, 'এইটা তোমার শেষ সুযোগ, বল আমার হাতে কী ফল।'

'এটা অবধারিত ভাবে কমলা লেবু' বিনম্রভাবে জানাল তেনালি।

'তোমার কোনওটাই ঠিক হয়নি। স্পষ্টত তুমি অসফল' এই কথা বলে তথ্যাচার্য খুব অহংকারের সঙ্গে কাপড়ের আবরণ খুলে হাতের আপেল দেখালেন।

'প্রতিশ্রুতি মতো তাহলে আমি বাড়ি গিয়ে আপনার উপস্থিতির জন্য একটু গোছগাছ করি—খুব বিনীত ভাবে তেনালি বলল, 'অনুগ্রহ করে বিকেল বেলা আপনি আমার বাড়িতে চলে আসুন।'

বিকেল বেলা, তথ্যাচার্যকে তেনালির বাড়ির দরজার সামনে দেখা গেল।

উনি যখন তেনালির বাড়িতে ঢুকতে যাবেন তখন একটা বস্তুর ঝলক ওনার চোখে পড়াতে তথ্যাচার্য ওপর দিকে তাকিয়ে দেখলেন ছাদের ওপর একটা লোহার বাক্স শোয়ানো আছে।

'আচ্ছা তেনালি সত্যি করে বলতো, ওপরে যে বাক্সটা দেখা যাচ্ছে ওর ভেতরে কি কোন জিনিষপত্র আছে?' তথ্যাচার্য তেনালির কাছে খুঁটিয়ে জানতে চাইল।

তেনালি বলল, 'হ্যাঁ, আমার সমস্ত টাকাকড়ি মূল্যবান জিনিষপত্র এবং আমার স্ত্রীর অধিকাংশ গয়নাগাটি ওর মধ্যে রাখা আছে। আমি ভেবেছিলাম আমি ওইগুলো খুব

গোপন করে রেখেছি—কিন্তু এটা আপনার চোখে পড়ে গেল।'

'তোমার ওটা বেশ ভালোভাবে ঢেকে ঢুকে রাখা উচিত ছিল', তথ্যাচার্য খুব খুশি খুশি ভাবে বললেন। যদিও এটা তোমার বাড়ির বাইরে আছে, তবু এগুলো তোমাদের বাড়িরই একটা অংশ, সেই কারণে আমি অনায়াসেই ওগুলো দাবি করতে পারি।' তথ্যাচার্য তাঁর উত্তেজনা নিয়ন্ত্রণ করতে পারলেন না।

'আমাদের প্রতিশ্রুতি মতো প্রথমে ওই জিনিষটা আপনাকে হাত দিয়ে ধরতে হবে, মনে রাখবেন। আমাদের কথা ছিল প্রথমে যেটা আপনি দু'হাত দিয়ে ধরবেন সেটাই আপনি বাড়িতে নিয়ে যেতে পারবেন'—তেনালি তথ্যাচার্যকে স্মরণ করিয়ে দিল।

'একটা জিনিষই যথেষ্ট' এই বলে তথ্যাচার্য জোর করে তেনালির বাড়িতে ঢুকে একটা মোটা মই এনে ছাদের সঙ্গে লাগালেন।

তেনালি বলল, 'ঠিক আছে আপনি তবে দয়া করে ওই বাক্সটা আমার জন্যে নীচে নামিয়ে আনুন। আমার ওই মূল্যবান জিনিষগুলো নামিয়ে আনার জন্য আপনার ধন্যবাদ প্রাপ্য।'

'তোমার জিনিষগুলো নামিয়ে আনবো? '—কি বলছো—তোমার জিনিস?' অপ্রতিভ হয়ে তথ্যাচার্য বললেন, 'তুমি কি করে ভাবতে পারলে আমি ওই মূল্যবান জিনিষগুলো তোমাকে দেব। ওগুলো তো এখন আমার জিনিষ।'

তেনালি রামন দেঁতো হাসি হেসে বলল, 'আমাদের দু'জনের মধ্যে চুক্তি হয়েছিল যে জিতবে সে কেবল মাত্র একটি জিনিষই বাড়ি থেকে, যেটা সে প্রথমে দু'হাত দিয়ে ধরবে, সেটা নিয়ে যেতে পারবে। এবং আপনি প্রথমে আমার বাড়ির মইটা দু'হাতে ধরছেন ওইটা আপনি নিয়ে যেতে পারেন'—এই কথা শুনে তথ্যাচার্য হতবুদ্ধি হয়ে দাঁড়িয়ে রইল। এবং বুদ্ধির দৌড়ে তেনালিই শেষ পর্যন্ত জয়ী হল।

**জীবন থেকে শেখা**

সম্মান বা পুরস্কারের জন্য দৌড়িও না। তোমার আকাঙ্খাকে নিয়ন্ত্রণ কর। চুক্তির কথা ভাবো। সব সময় ঠাণ্ডা মাথায় এবং স্থির ভাবে সবকিছু দেখো, নইলে সুযোগ নষ্ট হতে পারে।

**জ্ঞান কণা**

* যে কোন শব্দের ক্ষেত্রে এটা সবচেয়ে প্রয়োজনীয় যে তুমি তাকে কিভাবে বুঝতে পারছো। ভুল শব্দ এবং ঠিক শব্দের মধ্যে একটা বিরাট পার্থক্য আছে। * শব্দের যথাযথ ব্যবহারই সমস্ত পার্থক্য তৈরি করে। * শব্দের ব্যাখ্যা এবং আসল অর্থ বের করার মধ্যেই প্রাজ্ঞতার প্রশ্ন জড়িয়ে আছে।

## Quotable Nugget

"A careless word may kindle strife,
A cruel word may wreck a life;
A bitter word may hate instill;
A brutal word may smile and kill;
A gracious word may smooth the way;
A joyous word may light the day;
A timely word may lessen stress,
A living word may heal and bless."

Anonymous

# হাতের দৌলতে

কৃষ্ণদেব রাও ছিলেন একজন দক্ষ এবং সর্বজন শ্রদ্ধেয় রাজা। তিনি ছিলেন অন্যতম শ্রেষ্ঠ শাসক এবং ন্যায়পরায়ণতার প্রতীক। তিনি তাঁর রাজ্য শাসন করতেন ধর্মীয় চেতনায়। কোন এক সময়ে দেখা গেল রাজধানী শহর হাম্পিতে চোরের উপদ্রব ভীষণভাবে বৃদ্ধি পেয়েছে। রাজ্যের আইনশৃঙ্খলা ভেঙে পড়ার মতো অবস্থা। এর জন্য রাজা কৃষ্ণদেব খুবই উদ্বিগ্ন হয়ে পড়লেন। তিনি আর কাল বিলম্ব না করে প্রধানমন্ত্রী (মহাপ্রধান) এবং মুখ্যসচীবকে (কার্যকর্তা) নির্দেশ দিলেন কঠোরভাবে অবস্থার মোকাবিলা করতে। যদি কোন চোর ধরা পড়ে অপরাধী প্রমাণিত হয় তবে যেন তাকে ৫০০টি বেত্রাঘাত করা হয়। এই ধরনের কঠোর শাস্তি অপরাধীদের পুনরায় অপরাধ করা থেকে বিরত রাখবে এবং অন্যদের পক্ষেও এটা

একটা দৃষ্টান্তমূলক শিক্ষা হবে বলে তিনি মনে করেন।

কিছুদিন যেতে না যেতেই একদিন চৌর্যরত অবস্থায় এক দল চোর রাজরক্ষীদের হাতে ধরা পড়ল। 'ভূবন বিজয়ম্-এ' শাস্তিদানের জন্য রাজার সামনে তাদেরকে নিয়ে আসা হল। রাজা কৃষ্ণদেবের নির্দেশক্রমে যখন রাজরক্ষীরা তাদেরকে শাস্তিদানের জন্য উদ্যত হল, সেই সময় চোরেদের মধ্য থেকে একজন একটু বুদ্ধিমান চোর লক্ষ্য করল, রাজা মশাই যেখানে বসে আছেন ঠিক তার পিছনে প্রভু ভেঙ্কটেশ্বরের একটা বিশাল ছবি টাঙানো। সেই ছবিতে প্রভু ভেঙ্কটেশ্বরের ডান হাতটি আর্শীবাদ করার ভঙ্গীমায় উন্মুক্ত এবং উত্তোলিত। এই ছবিটা দেখে চোরটির মাথায় একটা বুদ্ধি খেলে গেল। ভাবল ছবির কথা বলে মহারাজের কাছে মার্জনা চাওয়া যেতে পারে। চোরটি বলল, 'হে রাজন, আপনার পিছনে ক্ষমার প্রতিমূর্তি প্রভু ভেঙ্কটেশ্বরের ছবি থাকা সত্ত্বেও আপনার রক্ষীরা কি করে এমন নিষ্ঠুর এবং হৃদয়হীন ভাবে আমাদের শাস্তি দেবার জন্য তৎপর হতে পারে ভেবে পাচ্ছি না।'

বুদ্ধিমান চোরটির কথা শুনে মহারাজ কিছু সময়ের জন্য স্তব্ধ হয়ে রইলেন। এই অবস্থায় তেনালি রামন তৎক্ষণাৎ উঠে দাঁড়িয়ে শান্ত ভাবে বললেন, 'ঠিকই তো, মহারাজ কেন ঠিক পাঁচশো বেত্রাঘাতের কথা বলছেন। যেখানে প্রভু ভেঙ্কটেশ্বর তাঁর হাতের মুদ্রায় কমপক্ষে পাঁচটি বেত্রাঘাতের কথা বলতে চেয়েছেন।'

তেনালি রামনের মন্তব্যে রাজসভার সকলে হাসতে আরম্ভ করলেন। চোরের দল তেনালি রামনের কথা শুনে হতবাক হয়ে গেল।

**জীবন থেকে শেখা**

অপরাধীর সবসময়েই অধিকার আছে মার্জনার জন্য আবেদন করার। রাজা / বিচারকের কর্তব্য এবং দায়িত্ব হল নিরপেক্ষ ভাবে বিচার করে অপরাধের আনুপাতিক দণ্ড বিধান করা। কেবলমাত্র সমস্যা তখনই বৃদ্ধি পায় যখন কেউ ঠগের ফাঁদে পা দেয়।

**জ্ঞান কণা**

* একজন দোষীকে কখনও ছাড়ার অনুমতি দেওয়া উচিৎ নয়। * এমনকি ঈশ্বরও চান না একজন অপরাধী ছাড়া পাক তিনি চান সে যেন উচিত শাস্তি পায়। মন্দ কাজ থেকে বিরত করতে শাস্তিদানই সঠিক পদ্ধতি। শাস্তির ভয় একজন দুষ্ট লোককে শিষ্ট করতে পারে।

## Quotable Nugget

"If pubishment reaches not the mind, it hardens the offender."

John Locke

# দৃশ্যান্তর

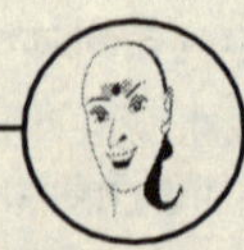

একদিন বিজয়নগরের রাজা কৃষ্ণদেব রাও যখন তার সভাসদদের সঙ্গে একটি গভীর বিষয় নিয়ে আলোচনা করছেন, তখন তার সভার অন্যতম সভাসদ তেনালি রামন বলল, 'মহারাজ, মানুষ জাতির মধ্যে মিথ্যে বলাটা একটা খুব সাধারণ ঘটনা। সময় অসময়ে মানুষ মিথ্যা বলেই থাকে।'

তেনালির এই কথা শুনে কৃষ্ণদেব বললেন, 'তুমি এই ধরনের কথা কি করে বলছো আমি বুঝতে পারছি না। তোমার এই ধারণার সঙ্গে সহমত পোষণ করতে পারছি না। আমি নিজে কখনো মিথ্যা বলিনি। শুধু আমিই নই, আমার মতো অনেকেই আছেন যারা কখনো মিথ্যা বলেন না।'

রাজার এই দৃঢ়তাসূচক কথা শুনে তেনালি বলল, 'মার্জনা করবেন মহারাজ, আমি কিন্তু আমার অভিমতের ব্যাপারে অনড়। আমি আবার বলছি যে পৃথিবীতে এমন কেউ নাই যে কখনও মিথ্যা বলেননি বা বলেন না।

প্রত্যেক মানুষই কোন না কোন ঘটনার পরিপ্রেক্ষিতে একটু আধটু মিথ্যা বলেন।'

মহারাজ বললেন, 'বেশ তুমি যদি তোমার ধারণায় স্থির নিশ্চিত হও, তবে সেটা প্রমাণ করে দেখাও।'

'আজ্ঞে মহারাজ আমি আমার কথার সত্যতা প্রমাণ করে দেখাতে পারি যদি আপনি আমায় যথোপযুক্ত পুরস্কারে পুরস্কৃত করেন এবং একটু সময় দেন', তেনালি শান্তভাবে কথাগুলি জানালেন।

রাজা কৃষ্ণদেব রাও বললেন, 'বেশ আমি তোমার আবেদন মঞ্জুর করলাম।'

এই ঘটনার পর অনেকদিন ধরেই তেনালিকে আর কোথাও দেখা যাচ্ছে না। এইভাবে ছ'মাস কেটে গেল তিনি রাজসভায় আসেন না। এদিকে তেনালি খুব গোপনে হাম্পি শহরের কেন্দ্রবিন্দুতে একটি সুদৃশ্য বাড়ি বানিয়ে তুললেন। অন্দরমহলের সাজসজ্জা হল খুব রুচিপূর্ণ এবং আকর্ষণীয়। একটি ঘরের দেওয়ালে প্রমাণ সাইজের একটি আয়না টাঙিয়ে রাখলেন। সবদিক থেকে বাড়িটি রাজকীয় আভিজাত্যে সম্পূর্ণভাবে গড়ে উঠল।

একদিন তেনালি একটি সাধুর ছদ্মবেশে রাজসভায় এসে হাজির হলেন। কোনভাবেই তাকে চেনার কোন উপায় ছিল না। চলন-বলন সবের মধ্যে একটা সাধু সুলভ ভাবভঙ্গি প্রকাশিত।

রাজসভায় এক সৌম্যদর্শন সাধুর উপস্থিতিতে রাজা কৃষ্ণদেব রাও তার অভিপ্রায় জানতে চাইলেন।

সাধু খুব বিনম্র ভাবে জানালেন, 'হাম্পি নগরে আমার একটি বাড়ি আছে। বাড়ির মধ্যে আমার একটি দেবালয় আছে। আমি সেই দেবালয়ে প্রতদিন ঈশ্বরের ধ্যান করি। ঈশ্বর আমার প্রতি প্রসন্ন হয়ে আমাকে দেখা দেন। আপনি যদি ঈশ্বর দর্শন করতে আমার দেবালয়ে আসেন তবে আমি খুব খুশি হবো।'

কৃষ্ণদেব রাও সাধুর কথা শুনে খুবই উৎসাহিত হলেন। এবং দেবালয় দর্শনে সম্মত হয়ে বললেন, 'আপনার দেবালয়ে আমি ঈশ্বর দর্শন করতে পারবো ভেবে আমি খুব আলোড়িত, আমি শীঘ্রই আপনার দেবালয় দর্শনে যাব।'

রাজার কথা শুনে সাধু বলললেন, ‘একটা কথা আছে জীবনে যারা কখনও মিথ্যা কথা বলেননি তারাই একমাত্র দেবতার দর্শন পান। আমি আশা করছি আপনার পক্ষে দেবতা দর্শন বিঘ্নিত হবে না।’

রাজা কৃষ্ণদেব রাও মৃদু হেসে বললেন, ‘এ ব্যাপারে আমি আত্মবিশ্বাসী।’

সাধু চলে যাবার পর সাধুর দেবালয় দেখার জন্য রাজা খুব উৎসুক হয়ে পড়লেন। কিন্তু সাধুর কথার সত্যাসত্য জানার জন্য রাজা কৃষ্ণদেব রাও অষ্টদিগগজের মধ্যে একজন, আলাসানি পেড্ডানাকে সাধুর দেবালয় দর্শনে পাঠালেন। পেড্ডানা ফিরে এসে সেই নয়ন শোভন দেবালয়ের প্রশংসায় পঞ্চমুখ হয়ে উঠলেন। দেবালয়ের আভিজাত্য কারুকার্য তাকে মুগ্ধ করেছে।

আলাসানি সাধুর দেবালয়ে পৌঁছুলে সাধু তাকে একটি ঘরে একাকি শুদ্ধ চিত্তে যাবার জন্য অনুরোধ করলেন। আলাসানি ঘরে প্রবেশ করে দেখলেন একটা দেয়ালে একটা বিশাল আয়না টাঙানো। তিনি আয়নায় সামনে দাঁড়াতে নিজের প্রতিকৃতি ছাড়া আর কিছুই দেখলেন না। এদিকে ওদিকে আতিপাতি খুঁজেও ঈশ্বরের দেখা পেলেন না। কিন্তু আলাসানি রাজার সামনে এসে সত্যি কথাটা বলতে সাহস পেল না—কারণ পাছে তার মিথ্যা বলাটা প্রমাণ হয়ে যায়।

তাই রাজার কাছে বলল, ‘মহারাজ আমি সাধুর দেবালয়ে একটি দেয়ালে ঈশ্বরকে দেখতে পেয়েছি।’ কিন্তু আলাসানির কথায় রাজা কৃষ্ণদেব খুব একটা স্থির নিশ্চিত হতে পারলেন না। তাই তিনি নাদি টিম্মানা নামে আর একজন অষ্টদিগগজকে পাঠালেন সাধু যা বলেছেন তা সত্য কিনা যাচাই করার জন্যে। টিম্মানাও সাধুর দেবালয়ে গিয়ে আয়নায় নিজের প্রতিকৃতি ছাড়া আর কিছু দেখতে পেলেন না। তিনি যে ঈশ্বরেরদেখা পাননি এই সত্যি কথাটা বলতে পারলেন না। তিনি ভাবলেন, আমি যদি বলি ঈশ্বরের দেখা পাইনি তবে আমি যে মিথ্যা বলি এই কথাটা প্রমাণ হয়ে যাবে। তাই তিনি কৃষ্ণদেবকে বললেন, মহারাজ, আমি ঈশ্বরের দেখা পেয়েছি। তাঁকে দেখে আমি বিমূঢ় বিস্ময়ে হতবাক হয়ে গিয়েছিলাম।’

সুতরাং রাজা ভাবলেন, সাধুর কথা অবিশ্বাস করার কারণ নাই। কারণ অষ্টদিগগজদের মধ্যে দু’জনই যখন ঈশ্বরের দেখা পেয়েছে তখন ঘটনাটা সত্যি।

এই ভেবে রাজা কৃষ্ণদেব রাও আসল সত্যটা উদ্‌ঘাটনের জন্য সাধুর দেবালয়ে গিয়ে হাজির হলেন। এবং সাধুর কথা মতো একটি ঘরের মধ্যে প্রবেশ করলেন। ঘরে গিয়ে দেখলেন ঘরের মধ্যে একটা বিশাল বড় আয়না টাঙানো। রাজা যখন সেই

আয়নার সামনে গিয়ে দাঁড়ালেন তিনিও তার প্রতিকৃতি ছাড়া আর কিছুই দেখতে পেলেন না। কিন্তু তখন তাঁর সাধুর কথা মনে পড়ে গেল—সাধু বলেছিলেন জীবনে যে কোনদিন মিথ্যা বলেননি সেই কেবল ঘরের দেয়ালে ঈশ্বরকে দেখতে পাবে। এখন যদি আমি সবাইকে সত্যি কথাটা বলি যে আমি ঈশ্বরের দেখা পাইনি তাহলে সবাই ভাববে আমি মিথ্যা কথা বলি বলেই ঈশ্বরের দেখা পাইনি।

সেইজন্য ঘর থেকে বেরিয়ে এসে তিনি সাধুকে বললেন, 'আপনার কথা সত্য, আমি ঘরের দেওয়ালে ঈশ্বরের দেখা পেয়েছি।'

সাধু বললেন, 'আপনি নিশ্চিত যে আপনি ঈশ্বরের দেখা পেয়েছেন।'

মহারাজ বললেন, 'হ্যাঁ আমি নিশ্চিত যে আমি ঈশ্বরের দেখা পেয়েছি।'

'আপনি কি সত্যি সত্যি ঘরের দেওয়ালে ঈশ্বরকে দেখেছেন', সাধু আবার রাজাকে একই প্রশ্ন করলেন।

সাধু রাজাকে বারবার একই প্রশ্ন করাতে রাজা খুব বিরক্ত ও বিক্ষুব্ধ হয়ে বললেন, 'আপনি আমাকে অবিশ্বাস করছেন। আপনি যদি সাধু সন্ত না হতেন তবে আমার কথাকে অবিশ্বাস করার জন্য আপনাকে চরম শাস্তি পেতে হত।'

রাজার এই কথা শুনে স্মিত হাসি হেসে সাধু তার পরচুল দাড়ি এবং ছদ্মবেশ খুলে ফেলল। দেখা গেল ছদ্মবেশধারী সাধু আসলে তেনালি রামন।

তেনালিকে দেখে রাজা মশায়ের চোখেমুখে বিস্ময় ফুটে উঠল।

তেনালি মৃদু হেসে বললেন, 'আপনি বলেছিলেন আপনি মিথ্যা বলেন না। আমি বলেছিলাম পৃথিবীর সব মানুষই কোন না কোন সময়ে মিথ্যা বলেন, আমি প্রমাণ করতে পেরেছি আমার কথার সত্যতা। আসলে মিথ্যা বলাটা ঠিক নয়—কিন্তু'—

রাজা কৃষ্ণদেব তেনালির কথাকে সমর্থন করে মিথ্যা বলার জন্য লজ্জিত হলেন।

**জীবন থেকে শেখা**

ফ্র্যান্সিস বেকন তাঁর সত্যের ওপর রচনাটা পাইলেটকে জিজ্ঞাসার মাধ্যমে এইভাবে শুরু করেছিলেন —'সত্য কি?' এবং এর কোন উত্তর চাননি। সত্য এবং মিথ্যা সব সময়েই আমাদের মধ্যে বিরাজ করছে। মানুষ মাত্রেরই সবলতা এবং দুর্বলতা দুটোই থাকবে। দুর্বলতাকে অস্বীকার করা এটাই একটা দুর্বলতা এবং সেই দুর্বলতাকে

অতিক্রম না করার চেষ্টা আরও একটা দুর্বলতা।

**জ্ঞান কণা**

* আমাদের প্রত্যেকেরই তার দুর্বলতা স্বীকার করে নেওয়া উচিত কারণ এটি সকলের মধ্যে বিরাজিত নিত্যসত্য। যুক্তির দরবারে কোন কুসংস্কারই তার যথার্থতা কখনও প্রমাণ করতে পারেনি। কুসংস্কার একটা হতশ্রদ্ধ মত যার কোন বাস্তব সমর্থন নেই। কুসংস্কার ত্যাগ করার জন্য কখনই দেরী করা উচিত নয়।

## Quotable Nugget

"Reasoning against a prejudice is like fighting against a shadow; it exhausts the thinker, without visibly affecting the prejudice."

Charles Mildmay

# এরপর কী

বিজয়নগর রাজ্যে রাজা কৃষ্ণদেব রাওয়ের রাজত্বকালের বেশ কিছু আগে দাক্ষিণাত্যের হিন্দু রাজ্যগুলি উত্তরের মুসলিম দের দ্বারা বারবার আক্রান্ত হত। প্রথমদিকে আলাউদ্দিন খিলজী এবং মহম্মদ বিন তুঘলক একাদিক্রমে আক্রমণসূচিত করতেন।

পরবর্তী সময়ে রাজা কৃষ্ণদেব রাও সমগ্র দক্ষিণ ভারতে নিজের আধিপত্য বিস্তার করেন। তিনি তাঁর রণচাতুর্যকে ঢাল হিসেবে ব্যবহার করে উত্তরের মুসলমান শাসন কর্তা এবং দক্ষিণের সুলতানদের হাত থেকে দেশকে রক্ষা করেন।

বিজয়নগর রাজ্যে যখন রাজা কৃষ্ণদেব রাও রাজত্ব করছেন তখন দিল্লির মসনদে ছিলেন বাবর। তিনি যখন কৃষ্ণদেব রাওয়ের রাজসভা 'ভূবন বিজয়ম্'-এর অষ্টদিগগজদের কথা শুনলেন, বিশেষ করে প্রতিভাশালী রাজ বিদূষক তেনালি রামনের

কথা, তখন তিনি তার সাথে মিলিত হবার ইচ্ছা প্রকাশ করে—হাম্পিতে দূত পাঠালেন তেনালি রামনকে সঙ্গে করে দিল্লিতে নিয়ে যাবার জন্যে। মহারাজের কাছে অনুমতি নেবার পর তেনালি দূতের সাথে দিল্লি দরবারের উদ্দেশ্যে রওয়ানা হয়ে গেলেন।

দিল্লিতে সুলতানি মহল তেনালিকে সাদর সম্ভাষণ জানিয়ে রাজ অতিথিশালায় তাঁকে সমাদরে রাখার ব্যবস্থা করলেন। পরের দিন মোগল সম্রাট বাবরের সাথে তাঁর সাক্ষাতের সময় স্থির করা হল।

তেনালির সাথে মিলিত হবার আগে সম্রাট বাবর তাঁর মন্ত্রীদের বললেন, 'আমি শুনেছি তেনালি রামন রাজ পারিষদদের মধ্যে একজন বিশিষ্ট বুদ্ধিমান ও রসিক মানুষ। তাঁকে দিল্লি দরবারে আমন্ত্রণ জানিয়ে আনা হয়েছে। আগামীকাল তিনি রাজসভায় উপস্থিত হবেন। আপনাদের কেউ যেন তাঁর রসিকতায় আস্তে বা জোরে হাসবেন না বা তাঁর বুদ্ধিদৃপ্ত কথার প্রশংসা করবেন না। আমি তাঁর প্রাজ্ঞতা পরীক্ষা করতে চাই, এত যে তাঁর নাম শুনেছি, দেখতে চাই কেমন করে তিনি তাঁর সুনাম রক্ষা করে পুরস্কার জয় করেন।'

একথা শুনে দিল্লি দরবারের পারিষদরা জানালেন তাঁরা ওইদিন তেনালির রসিকতায় হাসবেন না বা তার বুদ্ধিদৃপ্ত কথার প্রশংসা করবেন না।

পরেরদিন যথা সময়ে তেনালি রামন দিল্লির দরবারে হাজির হয়ে অনেক মজার মজার গল্প এবং বুদ্ধিদৃপ্ত রসিকতা শুরু করলেন, কিন্তু সম্রাট বা তাঁর পারিষদরা কেউত তাঁর গল্প বা রসিকতায় হাসলেন না বা কোনও মন্তব্য করলেন না। পক্ষকাল ধরে এই রকমই চলল।

পক্ষকাল পরে তেনালি আর দিল্লির দরবারে হাজির হলেন না। বরং নিজেকে লুকিয়ে রেখে সম্রাট বাবারকে অনুসরণ করে তার দৈনন্দিন কার্যধারাকে লক্ষ্য করলেন।

তেনালি দেখলেন সম্রাট বাবর প্রধানমন্ত্রীকে সঙ্গে নিয়ে নিয়মিত ভাবে ভোরবেলা যমুনা নদীর ধারে বেড়াতে যান। যাতায়াতের পথে অনগ্রসর এবং গরিব লোকদের রৌপ্যমুদ্রাও দান করেন।

তেনালি লুকিয়ে লুকিয়ে কিছুদিন ধরে সম্রাটকে অনুসরণ করে প্রত্যেকটি জিনিষ লক্ষ্য করার পর মনে মনে একটা পরিকল্পনা ছকলেন।

তারপর একদিন সকাল বেলা তেনালি একটা বৃদ্ধের ছদ্মবেশ ধারণ করে একটা কোদাল আর একটা আম গাছের চারা নিয়ে যমুনা নদীর তীরে যেখানে সম্রাট ভোরবেলা বেড়াতে আসেন সেখানে তাঁর জন্য অপেক্ষা করে রইলেন।

যেই মুহূর্তে তেনালি দেখতে পেলেন যে সম্রাট তাঁর দিকে আসছেন তখনই তিনি আম গাছ পোঁতার জন্য কোদাল দিয়ে মাটি খুঁড়তে আরম্ভ করলেন।

সম্রাট বৃদ্ধের কাছে এসে উদগ্রীব হয়ে জিজ্ঞাসা করলেন, 'আপনি এখানে কী করছেন?'

বৃদ্ধ লোকটি খুব বিনম্রভাবে বললেন, 'হুজুর, আমি খুব ভাল জাতের একটা আম গাছের চারা কিনে এখানে পোঁতার চেষ্টা করছি।'

'কিন্তু আপনি তো বেশ বৃদ্ধ এবং দুর্বলও, আমার মনে হচ্ছে আপনি তো আর বেশি দিন বাঁচবেন না। আপনি যে গাছ পুঁতছেন তার ফল খাবার তো সুযোগ থাকবে না তবু কেন আপনি এই বৃদ্ধ বয়সে বৃক্ষরোপণ করার মতো পরিশ্রমের কাজ করছেন?'—সম্রাট জিজ্ঞাসা করলেন।

'মাননীয় মহাশয় আমার পূর্বপুরুষেরা যে আম গাছ রোপণ করে গিয়েছিলেন আমি এখন তার ফল খাচ্ছি। আমি এখন যে গাছ রোপণ করছি আমার ভবিষ্যৎ প্রজন্ম তার ফল খেয়ে পরিতৃপ্ত হবে—আমি আমার জন্য গাছ পুঁতছি না আগামী সকলের কথা চিন্তা করেই আমার এই আম গাছ পোঁতা।' বৃদ্ধ লোকটি শান্ত ভাবে এই কথাগুলো বললেন।

সম্রাট বাবর বৃদ্ধ লোকটির উত্তর শুনে খুবই খুশি হলেন। এবং সঙ্গে সঙ্গে এক থলি স্বর্ণমুদ্রা দিয়ে তাঁকে পুরস্কৃত করলেন। পুরস্কার পেয়ে বৃদ্ধ লোকটি ধন্যবাদ জানালেন সম্রাটকে। বললেন—

'আপনি সত্যি দয়ালু এবং চিন্তাশীল সম্রাট। মানুষেরা তার পরিশ্রমের ফল পায় যখন গাছ বড় হয়ে ফল দেয় তখন কিন্তু আপনি অনেক আগেই আমার পরিশ্রমের ফল দিলেন। স্রেফ অন্যকে সাহায্য করার ভাবনার জন্য আমি উপকৃত হলাম।' —বৃদ্ধ লোকটি কৃতজ্ঞ চিত্তে সম্রাটকে একথা জানালেন।

'আপনার দয়ার্দ ভাবনাও আমার খুব পছন্দ, পরের জন্য আপনার শুভাকাঙ্খা সত্যি আমাকে মুগ্ধ করেছে।' মোগল সম্রাট বাবর বললেন, 'আমার এই দ্বিতীয় স্বর্ণমুদ্রার থলিটিও পুরস্কার স্বরূপ আপনি গ্রহণ করুন।'

'আমার এই গাছটি বছরে একবারই ফল দান করবে কিন্তু আপনি আমার পরিশ্রমের ফল দিয়ে এর মধ্যে দু দু'বার হাত পূর্ণ করেছেন—আমি সত্যি বাধিত। এরজন্য অসংখ্য ধন্যবাদ'—বৃদ্ধ লোকটি বললেন।

'আর একবার জানাচ্ছি, আপনার জনহিতৈষী ভাবনা আমার খুবই পছন্দ। আমি আপনার সহৃদয় মন্তব্য শুনে অত্যন্ত প্রীত হয়েছি। এই নিন স্বর্ণমুদ্রার তৃতীয় থলিটি। এটিও পুরস্কার স্বরূপ'—এই কথা বলে সম্রাট বাবর তৃতীয় থলিটিও বৃদ্ধকে দিলেন।

এটা দেখে প্রধানমন্ত্রী খুবই উদ্বিগ্ন হয়ে বাবরকে ফিসফিস করে বললেন, 'চলুন সম্রাট এখান থেকে চলে যাই, এই বৃদ্ধলোকটিকে আমার খুব বুদ্ধিমান ও চালাক মনে

হচ্ছে। এখানে বেশিক্ষণ থাকলে উনি তাৎক্ষণিক মেধা ও চালাকিতে আপনার সব সম্পদই হস্তগত করে নেবেন।'

একথা শুনে সম্রাট চলে যাবার জন্য যখন ঘুরে দাঁড়ালেন। সেই মুহূর্তে বৃদ্ধ লোকটি বলে উঠলেন, 'আপনি যদি একটু আমার দিকে ফিরে তাকান আমি খুব বাধিত হবো।'

সম্রাট বৃদ্ধ মানুষটির অনুরোধে ঘুরে তাকিয়ে দেখতে পেলেন তেনালি রামন একটা ঝুটো দাড়ি হাতে নিয়ে দাঁড়িয়ে। তেনালিকে দেখে মোগল সম্রাট বাবর হো হো করে হেসে উঠলেন।

বললেন, 'তেনালি আমি সত্যিই বিমোহিত। আপনি যে একজন শ্রেষ্ঠ বুদ্ধিমান এবং রসিক প্রধান সেটা খুব ভালোভাবেই প্রমাণ করেছেন। সাথে এটাও বলতে পারি সমানভাবে আপনি একজন শিক্ষাবিদ পণ্ডিতও বটে।'

পরের দিন সম্রাট তাঁর রাজসভায় ডেকে তেনালিকে আরও অনেক পুরস্কারে ভূষিত করলেন। এরপর সম্রাটের মন জয় করে তেনালি হাম্পিতে ফিরে আসলে রাজা কৃষ্ণদেব রাও যখন জানতে পারলেন তেনালি তাঁর এবং বিজয়নগর রাজ্যের গৌরব বৃদ্ধি করে ফিরে এসেছেন, তখন তিনি আনন্দে উদ্বেলিত হয়ে উঠলেন। এই খবরটাও অরণ্যের আগুনের মতো সর্বত্র ছড়িয়ে পড়ল।

**জীবন থেকে শেখা**

কাঠামোর বাইরে অভিনব চিন্তা, অভাবিত কিছু করার পরিকল্পনা, অতিসাবধানী পরিকল্পনা এবং তা কার্যকরী করা—এসব করতে গেলে একটা দীর্ঘ প্রস্তুতির বিরুদ্ধতাকে জয় করতে হয়। সম্রাট বাবর দেখিয়েছেন এটা কিভাবে সম্ভব এবং এটা কেমন করে সকলের শিক্ষণীয় বিষয় হয়ে দাঁড়ায়।

**জ্ঞান কণা**

* যখন অহংকার বিনাশে শেষ হয়, তখন বিনয় সর্বদা সম্মান এবং পুরস্কার আনে। * বিনয় এবং ভদ্রতা জীবনের শ্রেষ্ঠ অলঙ্কার। * নম্রতা এবং শিষ্ঠতা সমস্ত গুণের মূল, ভিত্তি এবং বন্ধনী। * সুভদ্র এবং সবিনয়ী মানুষ একটি উৎকৃষ্ট বৃক্ষের মতো, যেটা ফলে পূর্ণ অথচ নত থাকে।

## Quotable Nugget

"A man would adopt humility in order to be of desirable conduct. Such a man is not discarded anywhere."

Uttaradhyayana Sutra

# সতর্কতামূলক ব্যবস্থাপনা

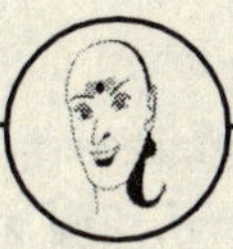

একদিন 'ভূবন বিজয়ম্' রাজসভায় একজন ব্যবসায়ী বেশ চটকদারী পোষাক পরে একটা ধাতু নির্মিত ভারি বাক্স নিয়ে রাজা কৃষ্ণদেব রাওয়ের সামনে এসে হাজির হলেন। ভারি বাক্সটা মহারাজের সামনে রেখে নিজের পরিচয় দিয়ে বললেন, 'আমার নাম গুণশেখর, আমি বিদুর থেকে আসছি, আমি একজন ব্যবসায়ী। অ্যানেগোন্ডির বার্ষিক পূর্ণধারা দেশ উৎসবে যোগদান করতে যাব বলে তীর্থযাত্রা করতে বেরিয়েছে। আমি আমার পূর্বপুরুষদের সব সম্পদ এই বাক্সে তালাচাবি দিয়ে রেখেছি। দয়া করে যদি এই বাক্সটি নিরাপদ তত্ত্বাবধানে রাখার ব্যবস্থা করেন তাহলে বাধিত হবো। আমি তীর্থস্থান থেকে ফিরে এসে এই বাক্সটি ফেরত নিয়ে যাব।'

মহারাজ ব্যবসায়ীর অনুরোধে রাজি হয়ে কোষাধ্যক্ষকে ডেকে পাঠিয়ে বললেন, ‘বাক্সটা ওজন করে কোষাগারের নিরাপদ স্থানে রেখে দাও।’ কোষাধ্যক্ষ মহারাজকে জানালেন, কোষাগার পরিপূর্ণ, আর কিছু রাখার মতো জায়গা নাই। কোষাগারের অবস্থার কথা জেনে মহারাজ তেনালি রামনকে ডেকে পাঠালেন।

তেনালি আসলে তিনি তার কাছে বাক্সটা দিয়ে বললেন, ‘তোমার কাছে এই বাক্সটা যত্ন করে রেখে দাও এতে অনেক মূল্যবান জিনিষ আছে।’

তেনালি মহারাজকে আশ্বস্ত করে বললেন, ‘ঠিক আছে মহারাজ এই বাক্সটা নিরাপদ স্থানে রাখার জন্য আমি সমস্তরকম সতর্কতামূলক ব্যবস্থা নেব।’ এই কথা বলে তেনালি বাক্সটা তাঁর বাড়িতে নিয়ে গেলেন।

একমাস পরে গুণশেখর তীর্থস্থান থেকে ফিরে এসে সরাসরি রাজসভায় গিয়ে তাঁর সেই পূর্বপুরুষের সম্পদ ভরা বাক্সটি ফেরত চাইল।

মহারাজ তেনালিকে বললেন, ‘খুব তাড়াতাড়ি তোমার বাড়ি থেকে বাক্সটা নিয়ে এসো।’ তেনালি এক মুহূর্ত দেরি না করে তার বাড়ি থেকে বাক্সটা আনার জন্য চলে গেলেন।

বাড়িতে গিয়ে বাক্সটা তোলার সাথে সাথে তেনালি প্রচণ্ড একটা ধাক্কা খেলেন। প্রথম দিন বাক্সটার যা ওজন ছিল তার থেকে এখন বাক্সটার ওজন অনেক কমে গেছে।

তেনালি বুঝতে পারলেন গুণশেখর মহারাজকে প্রতারিত করার চেষ্টা করেছেন।

তেনালি বেশকিছুক্ষণ মনোযোগ দিয়ে বাক্সটা নিরীক্ষণ করলেন। তারপর খুব তাড়াতাড়ি রাজসভায় গিয়ে হাজির হলেন।

তেনালি খুব ভীত সন্ত্রস্থ কণ্ঠে জোড় হাত করে মহারাজের উদ্দেশ্যে বললেন, ‘মহারাজ এই বাক্সের পূর্বপুরুষেরা জোর করে আমার ঘরে ঢুকেছেন, তাঁরা কিছুতেই এই বাক্সটা আমাকে এখানে আনতে দিলেন না।’ এই কথা শুনে ব্যবসায়ীটি চিৎকার করে উঠলেন, ‘এটা একটা বাজে লোক, মিথ্যে কথা বলছে। ও চাইছে আমার বাবার এবং পূর্বপুরুষের সম্পত্তির ওপর থাবা বসাতে।’

মহারাজ বললেন, ‘তেনালি আমরা এই মুহূর্তে তোমার বাড়ি যাব—সেখানে গিয়ে যদি দেখি মিথ্যা কথা বলেছ, তাহলে তোমাকে রীতিমত ভয়ঙ্কর শাস্তির মুখোমুখি হতে হবে।’

এরপর মহারাজ তাঁর ক’জন পারিষদ এবং গুণশেখরকে নিয়ে তেনালির বাড়িতে

গিয়ে উপস্থিত হলেন। যেখানে বাক্সটা রাখা আছে তেনালি ওদেরকে নিয়ে সেই ঘরে ঢুকলেন।

সেখানে গিয়ে মহারাজ এবং তার পারিষদরা দেখলেন অসংখ্য পিঁপড়ে ওই বাক্সটার মধ্যে ঢুকছে আর বের হচ্ছে। মহারাজ সঙ্গে সঙ্গে তার সহযোগীকে বললেন বাক্সর ডালাটা খুলতে। ডালাটা খোলার পর উপস্থিত সকলে সবিস্ময়ে দেখলেন, বাক্সর মধ্যে মিষ্টি গুড় ভর্তি। এরমধ্যে অর্ধেকটাই পিঁপড়েরা খেয়ে শেষ করেছে।

প্রত্যেকে বুঝতে পারলেন গুণশেখর মহারাজ এবং নির্দোষ তেনালির প্রতি বিদ্বেষ পরায়ণ হয়ে তাঁদেরকে প্রতারণা করার জন্য এমন একটা জঘন্য পন্থা অবলম্বন করেছেন।

মহারাজ এবং তার পারিষদবর্গ গুণশেখরের এমন একটা শয়তানি পরিকল্পনা দেখে বিস্ময়াভূত হয়ে গেলেন।

রাজা কৃষ্ণদেব আর দেরি না করে শয়তান ব্যবসায়ীকে বন্দি করার নির্দেশ দিলেন।

**জীবন থেকে শেখা**

সর্বদা খুদ্র নির্দেশকে লক্ষ্য করা দরকার। সচরাচর এটা লক্ষ্য করতে ভুল হয়ে যায়। কিন্তু এরা আমাদের সঠিক এবং চূড়ান্ত সিদ্ধান্ত নিতে সাহায্য করে। তবে এর জন্য তীক্ষ্ণ দৃষ্টি, গভীর শ্রুতি এবং অনুসন্ধিৎসু মন দরকার।

**জ্ঞান কণা**

* বিজ্ঞতার প্রথম ধাপ হল সন্দেহ, কোন জিনিষই সম্পূর্ণ সঠিক বলে মেনে নেওয়া উচিত নয়। সন্দেহ বুদ্ধিমত্তার পরিচয়। যুক্তি বা প্রমাণ ছাড়া কোন কিছু বিশ্বাস করা ঠিক নয় এবং এটাই প্রত্যেকটি জিনিষ মেনে নেবার বিরুদ্ধে রক্ষা কবচ। যখন কেউ বলবে আমি সব তাস টেবিলে রাখতে যাচ্ছি, তখন তার হাতের আস্তিনটা দেখে নেওয়া দরকার।

## Quotable Nugget

"I think one of the troubles of the world has been the habit of dogmatically believing something or other... we ought always to entertain our opinions with some measure of doubt."

Bertrand Russell

# উপদেশের সারবত্তা

হাম্পির সীমান্তবর্তী অঞ্চলের একটি গ্রামে হনুমন্ত রাও নামে একজন প্রবীণ মানুষ একাকী বাস করতেন। তিনি ছিলেন তেনালি রামনের অন্তরঙ্গ বন্ধু। গ্রামের লোকেরা হনুমন্ত রাওকে খুব ভালোবাসতেন। তাঁরা প্রায়ই হনুমন্তর বাড়িতে এসে তাঁর একমাত্র পুত্র পড়াশোনা করার জন্য চন্দ্রগিরিতে চলে যাওয়ায় হনুমন্ত রাওকে সমবেদনা জানিয়ে যেতেন। তাঁর পুত্র আর কখনো ফিরে আসবে কিনা এই নিয়ে বেশ জোরালো আলোচনাও হতো।

তাঁর পুত্র অনেক দূরে পড়তে যাওয়ার জন্য তাঁদেরই এই উদ্বেগে হনুমন্ত খুব

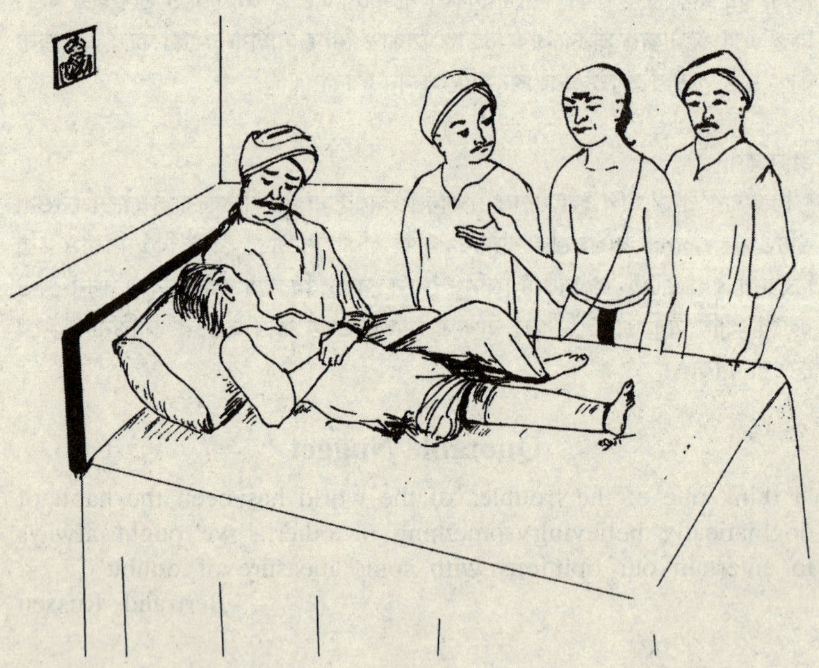

অসহয়া বোধ করতেন। কিন্তু বন্ধু তেনালি সবসময়েই হনুমন্তকে বলতেন, 'যা কিছু ঘটে সবই ভালোর জন্য।'

তেনালির এই কথা হনুমন্তর কাছে খুবই বিরক্তিকর ছিল। কথাগুলো তাঁর কাছে পরিহাসপূর্ণ বলে মনে হত। সেই জন্য তিনি তেনালির কাছে এই ধরনের পরিহাসপূর্ণ মন্তব্যের যৌক্তিকতা নিয়ে প্রশ্ন করতেন।

তেনালি সবসময়েই তাঁকে বলতেন সময় আসলে তিনি নিজেই এই কথার যৌক্তিকতা বুঝতে পারবেন।

একদিন হনুমন্তর ছেলে তার নিজের গ্রামে ফিরে আসল। গ্রামের সকলেই এর জন্য খুশি হয়ে হনুমন্তকে অভিনন্দন জানাতে আসলেন। তেনালিও বন্ধুর বাড়িতে এসে উপস্থিত হলেন, এবং যথারীতি নম্রভাবে হনুমন্তকে বললেন, 'যা কিছু ঘটে সবই ভালোর জন্যে।'

কয়েকদিন কাটতে না কাটতে একদিন হনুমন্তর ছেলে দুঃখজনক ভাবে ঘোড়ার থেকে পড়ে গিয়ে পা-টি ভেঙ্গে বসল।

আর একবার সমস্ত গ্রামের লোকেরা তাঁদের সমবেদনা জানানোর জন্য হনুমন্তর বাড়িতে এসে উপস্থিত হলেন। তেনালিও হনুমন্তকে সান্ত্বনা দেবার জন্য তার বাড়িতে এসে সহানুভূতি জানিয়ে বললেন, 'যা কিছু ঘটে সবই ভালোর জন্যে।'

এইরকম একটা সঙ্কটপূর্ণ সময়ে তেনালির মুখে এই ধরনের কথা শুনে গ্রামবাসীরা খুবই অবাক হয়ে গেলেন। হনুমন্তর ছেলে যখন যন্ত্রণায় কাতরাচ্ছে সেইসময় তেনালির এই ধরনের মন্তব্য তাকেও খুব ক্ষুব্ধ করে তুলল। হনুমন্ত ভাবতেও পারছিল না তার এই দুঃখের সময়ে তেনালি যে এইরকম এটা পরিহাসতরল কথা বলতে পারে। সে ভাবল ছেলের পা ভাঙাতে তার কি আর ভালো হতে পারে।

এর কিছুদিন পরে মহারাজের দণ্ডনায়ক গ্রামে এসে কর্মঠ যুবকদের নামের তালিকা তৈরি করতে লাগলেন। যাতে তারা রাজরক্ষী হিসেবে বাহমনী সুলতানের সাথে উদ্ভুত ভয়ঙ্কর পরিস্থিতির মোকাবিলা করতে পারে।

তালিকা তৈরি করতে করতে দণ্ডনায়ক এবং রাজ অধিকারীরা যখন হনুমন্ত রাওয়ের বাড়িতে আসলেন, তারা দেখলেন হনুমন্তর ছেলে ভাঙা পা নিয়ে বিছানায় শুয়ে আছে। কাজেই তাঁরা হনুমন্তর ছেলের নাম তালিকাভুক্ত না করে তাকে বাদ দিয়ে

চলে গেলেন। এবারও গ্রামবাসীরা হনুমন্ত রাওয়ের বাড়িতে আসল তার সৌভাগ্যের জন্য তাকে অভিনন্দন জানাতে। তেনালিও হনুমন্তর বাড়িতে এসে সবসময় যা বলেন তারই খেই ধরে বললেন, 'যা কিছু ঘটে সবই ভালোর জন্য।'

তেনালির মন্তব্য শুনে এবার হনুমন্ত রাও সঙ্গে সঙ্গে বুঝতে পারল, তেনালির কথার সারবস্তু কী? এবং এই কথার গূঢ় অর্থ তার মনে নতুন করে বিশ্বাস সঞ্চার করল। সে জানাল যে তার ছেলে এখন থেকে তার কাছেই থাকবে—এবং তার পা ভেঙেছে সত্যি সত্যি ভালোর জন্যেই।

**জীবন থেকে শেখা**

মানুষের জীবনে স্রোত আছে, সেটা বন্যায় পর্যবসিত হতে পারে নিয়ে যেতে পারে তবে... হ্যাঁ, একটা নির্দিষ্ট গন্তব্যও আছে—ঈশ্বরের পরিকল্পিত—যেটা এর সাথে সংশ্লিষ্ট একটা প্রবাদের জন্ম দিয়েছে—'কাজ কর যেন তোমার ওপর সবকিছু নির্ভর করছে, প্রার্থনা কর যেন সব কিছু ঈশ্বরের ওপর নির্ভর করছে।'

**জ্ঞান কণা**

* মানুষের জীবনই একটা বৃহৎ পাঠশালা, সেখান থেকে তুমি সব সময় শিখতে পারছো কি করে তুমি পরিকল্পনা করবে, কি করে তুমি ভালো কাজ করবে এবং কি করে তুমি বেশি সাফল্য এবং ভালো জিনিষ অর্জন করতে পারবে। * প্রত্যেক মানুষের জীবনই ঈশ্বর দ্বারা পরিকল্পিত। সবই তাঁর নিজস্ব পদক্ষেপ, ইচ্ছা এবং নির্দেশ অনুযায়ী চলে। * জীবন কখনও চাওয়া-পাওয়ার মধ্যে নির্দিষ্ট নয়, হতে চাওয়া এবং হওয়ার মধ্যে নির্ধারিত। * প্রকৃতির এবং জীবনের নিয়ম কখনো পরিবর্তন করা যায় না তাকে মেনে নিতে হয়। * প্রকৃতিকে শাসন করা যায় না তাকে কেবল মান্য করতে হয়।

## Quotable Nugget

"Nature creates ability; luck provides it with opportunity."
Anonymous

# রামনকে শেষ বিদায় সম্ভাষণ

একদিন সকালবেলা, অন্যান্য দিনের মতো তেনালি রামন যখন তাঁর বাগানে পায়চারি করছেন, সেই সময় তাঁকে একটা বিষধর সাপ এসে কামড়ায়। সঙ্গে সঙ্গে সেই সাপের মারাত্মক বিষ তাঁর সারা শরীরে ছড়িয়ে পড়ে। সাপে কামড়ানো রোগী তেনালিকে সুস্থ করার জন্যে এক মুহূর্ত দেরি না করে বিশিষ্ট চিকিৎসকদের ডেকে পাঠানো হয়। চিকিৎসকদের সর্বোৎকৃষ্ট প্রচেষ্টা সত্ত্বেও তাঁদের চিকিৎসায় কোন কাজ হল না। তীব্র যন্ত্রণাকাতর তেনালি অসহায় ভাবে মৃত্যু শয্যায় শুয়ে রইলেন। শেষ ইচ্ছা স্বরূপ তেনালি চাইলেন মহারাজ কৃষ্ণদেব রাওকে দেখতে। অবিলম্বে একজন সংবাদ বাহককে রাজসভায় পাঠানো হল রাজা কৃষ্ণদেবকে জানানোর জন্য যে তেনালির আয়ু শেষ হয়ে আসছে এবং মৃত্যুর আগে তিনি একবার আপনাকে দেখতে চান।

মহারাজ সংবাদ বাহকের কথা বিশ্বাস করলেন না। কার্যত তিনি ভাবলেন তেনালি নিশ্চয়ই আবার কোন মজা করার ফন্দি এঁটে তাঁর সাথে দেখা করতে চাইছেন। তিনি সংবাদ বাহককে বললেন, 'তেনালি খুবই বুদ্ধিমান, কিন্তু তিনি আমার সাথে আর চালাকি করে পারবেন না। তাঁকে বলবে তিনি যেন মৃত্যুর আছিলা ত্যাগ করে 'ভূবন বিজয়ম্'-এ এসে যোগ দেন।'

সংবাদ বাহক বারবার মহারাজকে বোঝাতে চাইল এটা তেনালির কোন দুর্বুদ্ধি নয়, সত্যি সত্যি তাঁকে একটা সাংঘাতিক বিষাক্ত সাপ কামড়েছে এবং যে কোন মুহূর্তে তাঁর মৃত্যু হতে পরে। কিন্তু মহারাজ সংবাদ বাহকের কথা মোটেও বিশ্বাস করলেন না।

মহারাজকে কোনরকমে বিশ্বাস করাতে না পেরে সংবাদ বাহক তেনালির কাছে ফিরে সবিস্তারে সব ঘটনা তাঁকে জানাল। এই কথা শুনে তেনালির দু'চোখ জলে ভরে গেল। তিনি কাঁদতে কাঁদতে ভাবলেন, হায়রে ভাগ্যের কি পরিহাস কেউই বিদূষকের কথা বিশ্বাস করেন না। সকলেই তার কৌতুক, তামাশা আর ভাঁড়ামির কথাই মনে রাখে।

আমি নিশ্চিত ভাবে জানি মহারাজ যখন আমার মৃত্যু সংবাদ পাবেন তখন তিনি আমার জন্য সম্পূর্ণভাবে দুঃখে কাতর হবেন।

তবে আমি এই ভেবে আনন্দিত যে আমি সারা জীবন সর্বদাই মহারাজের অনুগত থেকে তাঁর সেবা করতে পেরেছি। আমি এখন পূর্ণ পরিতৃপ্তির সঙ্গে মৃত্যুকে বরণ করতে পারি।'

এইসব দুঃখ কাতর শব্দ উচ্চারণ করতে করতে তেনালি যখন মারা গেলেন তখনও তার মুখে স্মিত হাসি লেগে আছে।

পরে যখন মহারাজ সংবাদ বাহকের মন্তব্য এবং তার বিষাদভরা মুখের কথা চিন্তা করলেন, তখন ভাবলেন সংবাদ বাহকের কথা সত্যিও তো হতে পারে। সুতরাং মহারাজ আর কাল বিলম্ব না করে তেনালির বাড়িতে যাবেন বলে মনস্থির করলেন।

মহারাজ যখন তেনালির বাড়িতে প্রবেশ করলেন—তখন তাঁর অনেক দেরি হয়ে গেছে। তিনি দেখলেন তেনালির মৃতদেহ শায়িত। সর্বত্রই বিষণ্ণতার ছবি। এবং তেনালির পরিবারের সবাই মৃতদেহকে গিরে বিলাপ করছেন।

এই দৃশ্য মহারাজকে ভীষণভাবে নাড়া দিল। তিনি মৃতদেহর কাছাকাছি এসে মানসিক যন্ত্রণায় ভেঙে পড়লেন এবং বিলাপ করে বলতে লাগলেন, 'তেনালি তুমি এই মৃত্যুর অভিনয় বন্ধ কর। তুমি আমাকে এইভাবে ছেড়ে যেতে পার না। আমরা

জানি তুমি আমাদেরসাথে কৌতুক করছ। তুমি উঠে এসো তেনালি, তুমি উঠে আসলে আমি তোমাকে আমার সমস্ত সম্পদ উপহার দেব।' মহারাজ যখন কাঁদছেন তখন তার গাল বেয়ে অশ্রুধারা নেমে আসছে। রাজার পারিষদরা অনেক চেষ্টায় তাঁকে শান্ত করে বাড়ি নিয়ে গেলেন।

তেনালির শোকে ভগ্ন হৃদয় মহারাজ, তেনালির জন্য রাষ্ট্রীয় শোক ঘোষণা করলেন।

পরের দিন যথাযোগ্য মর্যাদার সঙ্গে রাষ্ট্রীয় শোক পালন করা হল। লাখো লাখো মানুষ এসে তাঁদে শ্রদ্ধা জানালেন। পবিত্র অগ্নিতে চিতা প্রজ্জ্বলিত হল। প্রার্থনা সঙ্গীতের সুরে শুরু হল স্তোত্রপাঠ। আগুনের শিখা তার সমস্ত হাত মেলে দিয়েছে। জনসাধারণের কান্না আর বিলাপ বাধা মানছে না। গোটা বিজয়নগর রাজ্য বিলাপ করছে। এমনকি তেনালির শত্রুদেরও চোখ আজ জলে ভরা। একটা ধোঁয়ার কুণ্ডলী চিতা থেকে উঠে পাক খেতে খেতে অসীম আকাশের দিকে চলে যাচ্ছে। মহারাজ অশ্রুভরা চোখে সাক্ষী হলেন আকাশে অদৃশ হয়ে যাওয়া ধোঁয়ার কুণ্ডলীর। শোক বিহ্বল মহারাজ বললেন, 'বিখ্যাত কবি আজ আমাকে একাকী ফেলে চলে গেলেন। তেনালি রামনের মতো এমন রসিক, বুদ্ধিমান, প্রতিভাবান স্থিতধী মানুষ আর কখনো জন্মাবে না।'

**জীবন থেকে শেখা**

ভালো কাজ করার একটা তৃপ্তি এবং নিজস্ব পুরস্কার আছে। এমন কি যদি সময় সুযোগ নাও থাকে এই ধরনের তৃপ্তির স্বীকৃতি দেবার, তবুও।

**জ্ঞান কণা**

* একজন সত্যিকারের মহান মানুষকে স্পষ্টভাবে তিনটি চিহ্ন দ্বারা চেনা যায়—যথা দয়া, মানবতা এবং মিতাচার। * আমাদের মধ্যে কেউ কেউ মহান হয়ে জন্মান, কেউ কেউ মহত্ব অর্জন করেন, আবার কাউকে কাউকে জোর করে মহান বানানো হয়। * একটা জিনিষ নিশ্চিত যে বিশ্ব মহান মানুষ ছাড়া কিছু করতে পারে না, এবং মহৎ মনের মৃত্যু একটি অপূরণীয় ক্ষতি।

## Quotable Nugget

"Immortality is when a man dies but his words live on in man."

Samuel Butler

# বুদ্ধির জোর

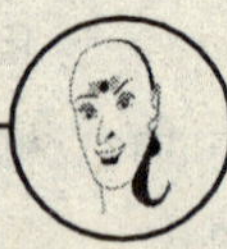

একবার তেনালি রামন তার জন্মভূমি 'তেনালির' নিকটবর্তী গ্রাম টুমুলুরুতে তার বাবা মার সাথে দেখা করতে গিয়েছিল। সেখানে সে তার ছোটবেলাকার বন্ধুবান্ধবদের সাথে দেখা করে অতীত স্মৃতি রোমন্থন করতে করতে এত আবেগ বিহ্বল হয়ে পড়ল যে ভাবল এখানে সে বেশ কিছুদিন থেকে যাবে।

সারাদিন ধরে তেনালি তার বন্ধু বান্ধবদের সাথে গল্প গুজব করে কাটাল। মাঝে মাঝে তাদেরকে রাজসভার বিস্ময়কর কাহিনিও শোনাল। এই সব গল্প শুনতে শুনতে তেনালির প্রতি তার ছোটবেলার বন্ধুদের শ্রদ্ধাও অনেকটা বেড়ে গেল।

তেনালির অসাধারণ বুদ্ধিমত্তা এবং চাতুর্যে বিমোহিত হয়ে একদিন তার বন্ধুরা তেনালিকে বলল, 'তোমার বুদ্ধির জোর বুঝতে পারব যদি তুমি নিকটবর্তী শহরের মানুষদের কৌশল করে ঠকাতে পারো।' তেনালির বন্ধুরা আবার তাকে শহরের মানুষদের সম্পর্কে সতর্ক করে দিয়ে বলল, 'এরা কিন্তু খুব চালাক। এদেরকে ফাঁদে ফেলা খুব মুশকিল।'

তেনালি বন্ধুদের দাবি মেনে নিয়ে বলল, 'শহরের মানুষদের আমি যে শুধু ফাঁদে ফেলব এমন নয়। দেখো তাদের কাছ থেকে আমি বেশ বড় অঙ্কের অর্থও আদায় করে নেব।'

সারা রাত্রি ধরে তেনালি কেবল কীভাবে ফাঁদে ফেলা যায় সে কথাই চিন্তা করল। তারপর সহসা সরাসরি শহরের বড় রাস্তার চৌমাথার মোড়ে একটা ছোটখাটো তাঁবু বানিয়ে সেখানে তার ঘোড়াটি রেখে দিল।

পরের দিন সকালবেলা যতক্ষণ না শহর অঞ্চল মানুষের ভীড়ে পূর্ণ হচ্ছে ততক্ষণ তেনালি খুব ধৈর্য ধরে অপেক্ষা করতে লাগল। তারপর একটা চৌকি জোগাড় করে তার ওপরে উঠে চিল্লিয়ে বলতে লাগল, 'ভদ্র মহোদয় এবং মহোদয়াগণ, আমি আপনাদের সবাইকে একটা বিস্ময়কর জিনিষ দেখার জন্য আমন্ত্রণ জানাচ্ছি।' তেনালির বক্তব্য শুনে বেশ বড় সংখ্যক জনতা তার চারপাশে সমবেত হল।

'এটা একটা বিরল দৃশ্য। আসুন, আসুন এসে দেখুন একটা ঘোড়ার যেখনে লেজ থাকার কথা সেখানে তার মাথা রয়েছে এবং যেখানে মাথা থাকার কথা সেখানে লেজ রয়েছে।' তেনালি এই কথা বারবার বলতে লাগল।

কৌতূহলী জনতা হাঁপাতে হাঁপাতে সেখানে এসে হাজির হল। তারা আগে এমন অদ্ভুত প্রাণী দেখেনি যে যার লেজের জায়গায় মাথা এবং মাথার জায়গায় লেজ আছে।

এই ধরনের উদ্ভট ঘোড়া দেখার উত্তেজনা আরও মানুষকে আকর্ষণ করতে লাগল। শীঘ্রই তেনালির তাঁবু ঘিরে জনতার ভীড় জমে গেল।

এমন অভাবিত জনতার ভীড় দেখে তেনালি বলল, 'এই বিস্ময়কর দৃশ্য দেখার জন্য কোন মূল্য দিতে হবে না। তবে আমি উদার প্রকৃতির দানশীল মানুষদের অনুরোধ করব আপনারা যা পারেন দান করে যান, কারণ আমি গরিব মানুষ কেবল আপনাদের দানের পয়সায় আমার ঘোড়ার খাদ্য যোগাড় করি।' সমবেত জনতা স্বেচ্ছায় দান করতে আরম্ভ করলেন এবং শীঘ্র তেনালি বেশ একটা বড়সড় অঙ্কের টাকা সংগ্রহ করতে পারল।

‘ঠিক আছে, এবারে আপনারা পিছনে এসে দাঁড়ান এবং বিস্ময়কর দৃশ্য দেখার জন্য প্রস্তুত হন।’ এই কথা বলে তেনালি তার তাঁবু উন্মুক্ত করল। উপস্থিত জনতা প্রচণ্ড ধাক্কা খেল যখন তারা দেখল তেনালির ঘোড়ার মাথা যেখানে থাকার কথা সেখানে তার লেজ আছে এবং যেখানে লেজ থাকার কথা সেখানে মাথা রয়েছে।

যখন প্রত্যেকেই খুব আগ্রহ নিয়ে ঘোড়াকে দেখছে, তখন হঠাৎ একজন দর্শক হাসতে হাসতে বলল, ‘কী চমৎকার এই ধোকাবাজি—এই চতুর লোকটা তার ঘোড়াটাকে লেজের দিক থেকে থামের সাথে বেঁধে রেখে আমাদের বোকা বনিয়ে বলছে যে এটা তার মাথা।’

সমগ্র জনতা হাসতে লাগল এবং বুঝতে পারল বুদ্ধিমান এবং কৌশলী তেনালি তাদের সাথে প্রতারণা করেছে। এবং সকাল বেলাতেই বিশুদ্ধ হাসির খোরাক জুগিয়েছে।

এই জনতার মধ্যে তেনালির গ্রামের বন্ধুরাও ছিল। তেনালির বুদ্ধি যে শহরের চালাক মানুষদেরও বোকা বানাতে পারে তার প্রমাণ পেয়ে খুশি হল। পরে তেনালি জনগণকে নম্রভাবে জানাল আসলে সে গ্রামের বন্ধুদের দাবি মেটাতে গিয়ে নিজের বুদ্ধিমত্তার প্রমাণের জন্য শহরের মানুষদের সাথে প্রতারণা করেছে। এরজন্য সে দুঃখিত।

**জীবন থেকে শেখা**

এটা সর্বজনবিদিত যে সৃষ্টিশীল মন যে কোন দুঃসাধ্যকে অতিক্রম করতে পারে। সেখানেই আমাদের বিচক্ষণতার শক্তি যেখানে আমরা চূড়ান্ত কল্পনা শক্তিকে আমাদের যথাযথ উপকারে লাগাতে পারি। কল্পনা শক্তি হচ্ছে মানুষের উদ্যগের প্রধান ভিত্তি প্রস্থর। আমরা নিঃসন্দেহ যে পশুত্ব থেকে মনুষ্যত্বে উত্তরণ, এবং মানুষ হিসেবে পৃথিবী জয়করার আসল ভিত্তি এখানেই। বিশ্বকে বশীভূত করার ক্ষেত্রে এটা খুব ভালোভাবে চালনা করতে পারে। যখন তুমি কোন কাজ খোঁজ বা ব্যবসায় মনোনিবেশ করতে চাও তখন কল্পনা শক্তিই হচ্ছে তোমার সাফল্যের আসল চাবিকাঠি।

## Quotable Nugget

"Imagination, not invention, is the supreme master of art as of life."

Joseph Conrad

# রত্ন বিচার

'ভুবন বিজয়ম্' রাজসভার সভাসদেরা সব সময়েই তেনালি রামনের প্রতি ঈর্ষান্বিত ছিল। তেনালি যে ক্রমশ রাজা কৃষ্ণদেব রাওয়ের আস্থাভাজন এবং প্রিয় পাত্র হয়ে উঠছে এটা তারা মোটেই সহ্য করতে পারত না। তারা সর্বদা চেষ্টা করত তেনালি সম্পর্কে রাজার মনটা বিষিয়ে দিতে। যাতে তেনালি রাজার বিরূপভাজন হয় সেই জন্য রাজার কানে তেনালির আনুগত্য সম্পর্কে অবিশ্বাস-এর বাতাবরণ তৈরি করত। সভাসদদের প্ররোচনা সত্ত্বেও তেনালি সম্পর্কে রাজা কৃষ্ণদেব বিন্দুমাত্র অন্য ভাবনাকে প্রশ্রয় দিতেন না। তেনালির প্রতি তাঁর বিশ্বাস অটুট ছিল।

কোন এক সময়ে রাজা কৃষ্ণদেব তাঁর পারিষদ এবং রক্ষীদের নিয়ে দীর্ঘ পথ

অতিক্রম করে উড়িষ্যা যাত্রা করছিলেন। রাজপারিষদদের মধ্যে তেনালি রামনও ছিলেন। সকলের আগে ছিল কৃষ্ণদেব রাওয়ের ঘোড়া। তারপরেই আসছিলেন পারিষদবর্গ এবং সবশেষে রাজরক্ষীরা। সময়টা ছিল গ্রীষ্মকালের দুপুর। প্রখর রৌদ্রতাপে সকলেই পরিশ্রান্ত ও ক্লান্ত হয়ে পড়ছিল। তাদের একটানা অনেকটা পথই জনমানবহীন উষর ভূমির মধ্যে দিয়ে অগ্রসর হতে হচ্ছিল। হঠাৎ কৃষ্ণদেব ঘোড়া থেকে নেমে দাঁড়ালেন। তার দেখা দেখি সকলেই ঘোড়ার পিঠ থেকে নামলেন।

রাজা কৃষ্ণদেব রাও সঙ্গীদের বললেন, 'আমার কাছে একটা মুক্তর থলি ছিল মনে হচ্ছে উষর ভূমিটা পার হবার সময় থলিটা পড়ে গিয়ে মুক্তগুলো রাস্তাতেই ছড়িয়ে গেছে। আপনারা গিয়ে ওই মূল্যবান মুক্তগুলো একটু খুঁজে দেখুন—যে যটা মুক্ত খুঁজে পাবেন তাকে সেই মুক্তগুলি পুরস্কার স্বরূপ দেওয়া হবে।' এই কথা বলে কৃষ্ণদেব আবার ঘোড়ার পিঠে উঠে যাত্রা শুরু করলেন।

এদিকে রাজা কৃষ্ণদেব রাওয়ের কথা শুনে তার সঙ্গীদের মধ্যে হুড়োহুড়ি পড়ে গেল। সকলেই চাইছিল অধিক সংখ্যক মুক্ত খুঁজে আনতে। কাজেই আবার তারা পিছনের পথ ধরল।

তেনালি ভাবল সকলেই রাজাকে ছেড়ে মুক্ত অনুসন্ধানের জন্য মরিয়া হয়ে চলে গেল। রাজামশাইকে এই নির্জন এবং দুর্গম স্থানে একা ছেড়ে দিয়ে যাওয়াটা ঠিক হবে না। কতরকম বিপদ ঘটতে পারে এই বিপদের সময় তার পাশে থাকা একান্ত কর্তব্য এই কথা ভেবে আবার ঘোড়ার পিঠে উঠে রাজাকে অনুসরণ করতে লাগল।

এর কিছুদিন পরে মহারাজ রাজসভায় সপারিষদ বসে তাঁর সাথে উড়িষ্যা ভ্রমণে যারা গিয়েছিলেন তাঁদের জিজ্ঞাসা করলেন—'আপনাদের মধ্যে মুক্ত অনুসন্ধানে গিয়ে কে কটা মুক্ত পেলেন আমার খুব জানতে ইচ্ছা করছে।'

তাঁর এই কথায় যারা রাজার সঙ্গে সেদিন ছিলেন সকলেই খুব উৎসাহিত হয়ে মুক্ত প্রাপ্তির কথা সবিস্তারে বলতে আরম্ভ করল।

একজন পারিষদ বললেন, 'আমি দুটো মুক্ত পেয়েছি মহারাজ।'

'আমি চারটি' আর একজন বলে উঠলেন। সঙ্গে সঙ্গে একজন বললেন, 'আমি ছটা খুঁজে পেয়েছি।'

এক এক করে তাঁর সেদিনের সঙ্গী সবাইকার মুক্ত পাওয়ার কথা শোনার পর রাজামশাই তার পরম বিশ্বস্ত তেনালির দিকে তাকালেন। বললেন, 'আপনি কটা মুক্ত পেয়েছেন?'

তেনালি বলল, 'একটিও না।' তেনালির এই কথায় সতীর্থ অষ্টদিগগজরা খুবই খুশি হল। কারণ তেনালি যে মূল্যবান মুক্ত থেকে বঞ্চিত হয়েছে এই সংবাদ তাদের

ঈর্ষাকাতর মনে বেশ একটা ফুরফুরে ভাব আনল। রাজা কৃষ্ণদেব সবাইকে শুনিয়ে আবার তেনালিকে জিজ্ঞাসা করলেন, 'আপনি একটিও মুক্ত পেলেন না কেন?'

তেনালি খুব বিনয়ের সঙ্গে জানালে, 'মহারাজ আপনার কথাতে সকলেই যখন মুক্ত খুঁজতে চলে গেল। আমি দেখলাম আপনি একলাই ঘোড়ার পিঠে চড়ে এগিয়ে যাচ্ছেন। আমি ভাবলাম পথে যদি আপনার কোন বিপদ ঘটে কিংবা কোন জরুরি প্রয়োজন পড়ে সেই জন্য আমি আর মুক্ত খোঁজার জন্য না গিয়ে আপনার পাশে পাশে ছিলাম। মুক্ত খুব মূল্যবান রত্ন ঠিক কথা, কিন্তু আপনার জীবন আমার কাছে মুক্তর চেয়ে অনেক বেশি মূল্যবান। তাই সেদিন আপনার কথার মান্য করতে পারিনি—এরজন্য যদি আমার কোন অন্যায় হয়ে থাকে তবে দয়া করে আমাকে মার্জনা করবেন।'

রাজা কৃষ্ণদেব রাও তখন অন্যান্য পারিষদ এবং রক্ষীদের দিকে তাকিয়ে বললেন, 'আপনারা সকলেই তেনালির কথা শুনলেন। আমি জানি তেনালি রামন আমার বেশি প্রিয় পাত্র বলে আপনাদের অনেকের মনেই একটা ক্ষোভ আছে।

এখন বুঝতে পারছেন তো কেন আমি আমার একান্ত বিশ্বস্ত কর্তব্যনিষ্ঠ তেনালিকে বেশি পছন্দ করি। তেনালি সত্যিই আমার প্রিয় পাত্র কারণ তারমত সত্যিকারের মূল্যবান রত্ন আমার এই বিশাল সাম্রাজ্যে দ্বিতীয় আছে বলে মনে করি না।'

রাজা কৃষ্ণদেব রাওয়ের কথা শুনে তাঁর পারিষদ এবং রক্ষীরা হতবুদ্ধির মতো নির্বাক হয়ে রইল, এবং বুঝতে পারল রাজা কৃষ্ণদেব রাও যথার্থই রত্ন চেনেন।

**জীবন থেকে শেখা**

কর্তব্য পরায়ণতা একটা অভ্যাস, কেবল একটা কর্মই নয়। কোন কাজ যদি আমাদের ওপরে তোলে সেটা আমাদের সুকর্ম এবং কর্তব্য। কোন কাজ যদি আমাদের নীচে ফেলে সেটা অপকর্ম এবং কর্তব্যহীনতা। যারা নিজের সুখের জন্য কর্তব্যে অবহেলা করে তাদের জীবনে অন্ধকার নেমে আসে। সব কাজ ভালোভাবে সম্পন্ন করার উপায় হল, হাতের যা কাজ তার ওপর পুরোপুরি মনোনিবেশ করা, আর অন্য কিছু না ভেবে যথাসম্ভব তাকে সফল করতে আন্তরিকভাবে চেষ্টা করা।

## Quotable Nugget

"Let no one forget his duty for the sake of another's, however great; Let a man after he has discerned his own duty, be always attentive to his Duty."

Dhammapada

# কিছুই অসম্ভব নয়

দাক্ষিণাত্যে তখন গ্রীষ্মের প্রখর দাবদাহ। সূর্যদেবও তাঁর সর্বশক্তি দিয়ে তাপ বিকিরণ করছেন। প্রত্যেক মানুষের তখন একটি মাত্র আলোচনার বিষয়—গরমের অসহ্যতা।

এমনি এক গ্রীষ্মের মধ্যাহ্নে রাজা কৃষ্ণএদব রাও ঘর্মাক্ত অবস্থায় রাজসভা চালাচ্ছিলেন। তাপ প্রবাহ ছিল জ্বালাধরানো এবং সহ্যসীমার বাইরে। রাজকর্মচারীদের সকল চেষ্টা সত্ত্বেও গরমের কোন সুরাহা হচ্ছিল না।

ওইদিন ভোরবেলায় মহারাজ তার রাজউদ্যানে ভ্রমণ করছিলেন, সেখানে শীতল

এবং মৃদুমন্দ বাতাস তাঁকে সতেজ রাখছিল। রাজ পারিষদরা রাজসভায় যখন অসহ্য করম সম্পর্কে আলোচনা করছিলেন, মহারাজ তার ভারি পোষাক সরিয়ে রেখে বললেন, 'গরমটা সারা শরীরকে বিদ্ধ করছে, এখানে সত্যিই খুব গরম, অথচ ভোরবেলায় আমি যখন উদ্যানে ভ্রমণ করছিলাম তখন সেখানে বেশ মনোরম আবহাওয়া ছিল।'

ঠিক তখনই মাধ্যগারি মাল্লানা, অষ্টদিগগজের একজন বলল, 'মহারাজ আপনি কেন আপনার রাজসভার কাজ রাজউদ্যানে করার নির্দেশ দিচ্ছেন না। তাহলে তো আমরা চরম উষ্ণ প্রবাহ থেকে রেহাই পেতে পারি।' সঙ্গে সঙ্গে দণ্ডনায়ক, যিনি সেনাপ্রধান, বিষয়টিতে হস্তক্ষেপ করে বললেন, 'নিরাপত্তার দিক থেকে দেখলে এটা গ্রহণযোগ্য নয়। কারণ যে কোন ধরনের দুর্ভাগ্যজনক ঘটনা রাজউদ্যানে ঘটে যেতে পারে। তাছাড়া আমরা বারবার যখন বাহমনী সুলতান এবং মাদুরাই প্রধানের কাছ থেকে বিপদের আশঙ্কা করছি, তখন এই পরামর্শ মেনে নেওয়াটা ঠিক হবে না।'

হঠাৎই ক্লান্ত মহারাজ বললেন, 'তাহলে খুব শীঘ্রই এমন একটা ব্যবস্থা করা হোক যাতে এখানেও ক্লান্তি অপনোদনকারী ঠাণ্ডা বাতাস বইতে পারে, কারণ আমি আর এই উষ্ণতা একটুও সহ্য করতে পারছি না'

সব রাজপারিষদই মহারাজের এই অদ্ভুত নির্দেশে হতবাক হয়ে গেলেন। কিভাবে উদ্যানের মৃদুমন্দ শীতল বাতাস রাজসভায় প্রবাহিত করা যায় কেউই ভেবে পেলেন না। কিন্তু এ ব্যাপারে মহারাজ জেদ ধরলেন, বাগানের বাতাস রাজসভায় সঞ্চারিত করতেই হবে এবং অবিলম্বেই।

শেষমেষ নিরূপায় হয়েই রাজসভাসদ সকলেই রসিক প্রবর তেনালিকে বলল, এরকম একটা অভাবিত অবস্থা থেকে সকলকে উদ্ধার করার জন্য একটা উপায় বের করতে।

তেনালি অল্প একটু সময় চিন্তা করে একটা সমাধান বের করে দিলেন। তিনি বললেন, 'বিশজন রাজকর্মচারী বিশটা বিশাল পাখা গোলাপ জলে ভিজিয়ে কেওড়ার সুগন্ধ মাখিয়ে এবং চন্দনের গুঁড়ো সিঞ্চন করে রাজসভায় নিয়ে আসুক তাহলেই উদ্দেশ্য সিদ্ধ হবে।'

তেনালির পরামর্শ অনুযায়ী পাখার বন্দোবস্ত করার সাথে সাথে রাজসভা ঠাণ্ডা এবং মধুর সুগন্ধী বাতাসে ভরে গেল। রাজা কৃষ্ণদেব এবং তার পারিষদবর্গ ঠাণ্ডা বাতাসের সংস্পর্শে ক্লান্তি থেকে মুক্তি পেয়ে সতেজ হয়ে উঠলেন।

মহারাজ খুশি হয়ে তেনালিকে বললেন, 'রামন এটা উদ্যানের মিষ্টি বাতাস না হলেও কিন্তু আপনার উদ্যোগে এবং উদ্ভাবনীতে আমাদের রাজসভা শীতল বাতাসের সুরভিতে ভরে গেল।'

তেনালি রামন হাসতে হাসতে বললেন, 'না মহারাজ এটা উদ্যানেরই বাতাস। বায়ু প্রবাহ সর্বত্রই এক।' এই কথা শোনার পর, মহারাজের আর বেশি কিছু বলার থাকল না। তিনি চুপ করে রইলেন।

**জীবন থেকে শেখা**

কোন কাজই অধ্যবসায় এবং একাগ্রতার কাছে অসম্ভব নয়। যে কোন সমস্যা সমাধানের জন্য উদ্দেশ্য, শিক্ষা এবং প্রত্যক্ষ জ্ঞানের গভীর পারস্পরিকতা থাকলে, সৃষ্টিশীল পথ পাওয়া যায়। সমস্যাগুলো কেবল কি আছে এবং কি চাই-এর মধ্যে পার্থক্য। যে কোন অবস্থাই সমস্যা সৃষ্টি করতে পারে। কিন্তু সৃষ্টিশীলতা দিয়ে সমস্যা তৈরি করা, সমাধান করা, দূরদর্শিতা এবং অগ্রগতির ভিত্তি। কারো যদি উচ্চাশাকে পুষ্ট করার মনোভাব থাকে তবে সে সৃষ্টিশীল এবং ফলপ্রসূ উপায়ের মাধ্যমে 'অসম্ভব'-কে 'আমার দ্বারা সম্ভবে' পরিণত করতে পারে।

## Quotable Nugget

"By asking for the impossible, we obtain the possible."

Italian Proverb

# অন্ধ বিশ্বাস দুঃখ আনে

গারিয়াপতি তেনালি রামকৃষ্ণ, তেনালি রামন নামে পরিচিত ছিল। তেনালি ছিল বর্তমানে অন্ধ্রপ্রদেশের গুন্টুর জেলার অন্তর্গত 'তেনালি' অঞ্চলের কাছাকাছি টুমুলুরু গ্রামের এক সাধারণ ব্রাহ্মণ পরিবারের ছেলে। সে ছোটবেলাতে খুব দুষ্টুমি আর খেলাধূলা করে বেড়াত। কখনও গ্রামের বিদ্যালয়ে যেতে চাইতো না। অদ্ভুত উপায়ে নিরস পড়াশোনাকে এড়িয়ে চলতো। কাজেই প্রায়ই তাকে শ্রেণীকক্ষতে অনুপস্থিত থাকতে দেখা যেত।

একবার বিদ্যালয়ের প্রধানশিক্ষক মনস্থির করলেন এমন অমনোযোগী তেনালিকে আর বিদ্যালয়ে রাখবেন না। এবং খুব শীঘ্রই তিনি তার সিদ্ধান্তকে কার্যকরী করে তেনালিকে বিদ্যালয় ছাড়তে বাধ্য করবেন।

এইসব ভাবতে ভাবতে প্রধান শিক্ষক যখন দুপুরের ভোজন সারবার জন্য বাড়ির উদ্দেশ্যে রওয়ানা হবেন ঠিক সেই সময় হঠাৎই তেনালির আবির্ভাব ঘটল।

'এটা কি তোমার বিদ্যালয়ে আসার সময়?' প্রধান শিক্ষক মশাই খুব রেগে তেনালিকে বললেন।

তেনালি খুব কাকুতি মিনতি করে বলল, 'আজকে বিদ্যালয়ে আসতে আমার দেরি হয়ে গেছে, আমি ক্ষমা চাইছি। তবে সত্যি কথা বলতে গেলে এতে আমার কোন দোষ নেই। আমি খুব ভোর বেলাতেই বিদ্যালয়ে আসার জন্য বাড়ি থেকে বের হয়েছিলাম। কিন্তু যখন আমি ধান ক্ষেত আর জোয়ার ক্ষেতের পাশ দিয়ে আসছিলুম দেখলাম আমাদের ক্ষেতে এক তাল সোনা পড়ে চকচক করছে।' 'এক তাল সোনা বলকি!' এই কথাগুলো বলার সময় প্রধান শিক্ষকের চোখ জ্বলজ্বল করে উঠল। তিনি হতচকিত হয়ে জিজ্ঞাসা করলেন, 'এই এক তাল সোনা নিয়ে তুমি কী করবে?'

তেনালি বলল, 'প্রথমত আমি ঠিক করেছি হাম্পির রাজধানী শহরে একটা চমৎকার বাড়ি বানাবো। এরপর আমি কয়েক একর জমি এবং গবাদি পশু কিনবো। এবং আমি আরও স্থির করেছি এর থেকে যেটা বাঁচবে সেটা আপনাকে দেব। আমাকে লেখাপড়া করাতে গিয়ে যে মহামূল্য সময় আপনি ব্যয় করেছেন তার মূল্য হিসেবে।'

প্রধান শিক্ষক মশাই তেনালির এই মনোভাবের কথা শুনে খুবই খুশি হলেন এবং তেনালিকে তাঁর সাথে দুপুরের আহার গ্রহণের জন্য আমন্ত্রণ জানালেন। তেনালি মাষ্টার মশায়ের প্রস্তাবে রাজি হয়ে তাঁর বাড়িতে গিয়ে পেটুকের মতো সব চেটেপুটে খেল। প্রধান শিক্ষক মশাইয়ের উত্তেজনায় আর খাওয়া হল না।

তাঁর মাথায় কেবল একটা ভাবনাই ঘুরপাক খাচ্ছিল, তেনালি তাকে কতখানি সোনা দিতে পারে, যা দেবে তাতে একটা ছোট ধানক্ষেত কেনার স্বপ্ন পূরণ হবে কিনা। হঠাৎই যেন দিবা স্বপ্ন ভেঙে প্রধান শিক্ষক তেনালিকে বললেন, 'আশাকরি তুমি তোমার একতাল সোনা বেশ একটা ভালো জায়গায় সুরক্ষিত রেখেছ।'

'আমি এটা রাখার সুযোগ পাইনি', তেনালি ঝটপট উত্তর করল। 'কারণ যেই মুহূর্তে মা আমাকে ঘুম থেকে ডেকে তুললেন সেই মুহূর্তেই সোনার তালটা মিলিয়ে গেল।'

'কী বলছো' প্রধান শিক্ষক চিৎকার করে উঠলেন, 'তুমি বলতে চাইছো স্বর্ণপ্রাপ্তিটা পুরোপুরি স্বপ্ন ছিল।' মাষ্টার মশাই প্রচন্ড ক্ষিপ্ত হয়েও প্রবল ইচ্ছা শক্তিতে নিজেকে

সংযত রাখলেন।

প্রধান শিক্ষক মশায়ের মোহভঙ্গ হলেও শেষমেষ তেনালিকে বললেন, 'যাইহোক তুমি যে অন্তত স্বপ্নেও আমার কথা মনে রেখেছ এরজন্য আমি খুশি। আমি আশা করব তুমি সত্যি সত্যি যেদিন সোনা পাবে সেদিনও আমার কথা মনে রাখবে। ঠিক আছে তুমি এখন যেতে পারো।'

তেনালির চলে যাবার পরই প্রধান শিক্ষক মশাই তাকে বিদ্যালয় থেকে বিতারিত করার সিদ্ধান্ত স্থগিত রাখলেন।

**জীবন থেকে শেখা**

মানুষেরা যেটা বিশ্বাস করতে চায় সেটা খুব আনন্দের সঙ্গে বিশ্বাস করে, এমনকি উদ্ভট কল্পনা এবং স্বপ্নকেও, প্রত্যেক মানুষের কাছে তার বিশ্বাসটাই সঠিক। কিন্তু এটা বোঝা দরকার কল্পনা শক্তিকে যুক্তির ওপরে স্থান দেওয়া এক ধরনের পাগলামি। আমরা অবিশ্বাস করি না বরং সহজে বিশ্বাস করি এটা সমাজের পক্ষে ভয়ঙ্কর। কোন কিছু নিশ্চিত ভাবে বিশ্বাস করার আগে সন্দেহ দিয়ে শুরু করা উচিত। সমস্ত প্রেক্ষাপট, পরিবেশ খুঁটিয়ে দেখে তারপর আমরা কোন কিছু বিশ্বাস করব।

## Quotable Nugget

"Believe only half of what you see and nothing that you hear."

Dinah Mulock Craik

Author: Surendra Dogra 'Nirdosh'

Format: Paperback

Language: English

Pages: 112

Have you ever thought of addressing an audience and making them listen to you without batting an eyelid? Do you want to create a trance-like spell on people listening to your speech?

It has carefully dissected every aspect of public speaking and presents a clear map that any aspiring speaker can follow. Besides, it also incorporates the necessary techniques to motivate, captivate, and persuade the audience while making various presentations, etc.

You will master 'How to'

- Conquer stage fright
- Organize material in a flowing manner
- Customise speech for different sets of gathering
- Inspire audience

Author: Prof. Shrikant Prasoon

Format: Paperback

Language: English

Pages: 200

Group Discussions (GD) are commonly used to assess several personality aspects of candidates during various entrance tests and as a part of selection process for various jobs. This book can be a game changer for most students, since even most technically sound and brilliant students often falter at GD.

This comprehensive guide book helps you clear the fog surrounding GD and its step-by-step instructions will make you a winner in GD.

This book includes:

- Insight into: Need of GD, Do's & Don'ts in GD, Body Language & Public Speaking, Skills & Ability required in GD, and so on
- Important GD topics, How to gather Information for GD, Reading & Practice for GD

Author: Aparna Chattoupadhyay

Format: Paperback

Language: English

Pages: 176

This fascinating book authored by Dr. Aparna Chattopadhyay, offers you a new vision of self-awareness which would enable you to assess your feelings, capabilites and aptitudes. As you develop self-awareness, you will not only be able to identify the emotional pattern in your life and manage then well, but will also be able to activate all-round personality development.

It will help lead life more powerfully than before through a wide range of psychological quizzes.

This book enables you to:

- Generate fresh enthusiasm and ambition in your life
- Live more happily and effectively
- Build self-confidence and develop inner peace
- Enjoy better interpersonal relationship

visit our online bookstore: **www.vspublishers.com**